KB070542

위안부 운동,
성역에서 광장으로

심규선의 위안부 운동단체 분석

나남
nanam

위안부 운동,
성역에서 광장으로

심규선의 위안부 운동단체 분석

2021년 2월 18일 발행
2021년 3월 10일 2쇄

지은이   심규선
발행자   趙相浩
발행처   (주) 나남
주소   10881 경기도 파주시 회동길 193
전화   (031) 955-4601(代)
FAX   (031) 955-4555
등록   제 1-71호 (1979.5.12)
홈페이지   http://www.nanam.net
전자우편   post@nanam.net

ISBN 978-89-300-4073-0
ISBN 978-89-300-8655-4 (세트)

책값은 뒤표지에 있습니다.

나남신서 2073

위안부 운동, 성역에서 광장으로

심규선의 위안부 운동단체 분석

나남
nanam

일러두기

– 기사를 인용하며 출처를 "〈○○신문〉 ○월 ○일 자"라고 표기한 경우는
신문에 실린 기사를 직접 확인한 경우입니다.

– 기사를 인용하며 출처를 "〈○○신문〉 ○월 ○일 입력"이라고 표기한 경우는
언론사 온라인판이나 인터넷신문 기사를 인용한 경우입니다.

– 검색일이 아니라 입력일을 밝힌 것은 최초 보도일을 중시했기 때문입니다.

책을 내며

기사로 만든 스테인드글라스

이 책은 '윤미향 사건'과 위안부 합의, 강제징용 문제와 위안부 첫 승소 판결 등 한일 간의 가장 첨예한 현안을 다루고 있다. 살아 움직이는 문제들이어서 최근에 나온 기사들을 많이 인용했다. 원래 그런 방식으로 책을 쓰려고 했기 때문이기도 하다. 그런데 언론계의 한 지인이 메이저 언론사의 대기자까지 지낸 사람이 후배 기사들을 모아 쉽게 책을 쓴 것 같다는 인상을 줄 수도 있다고 걱정했다. '변명'을 해야 할 것 같다.

글이나 논문을 쓰면서 짜깁기나 '복붙'(복사하여 붙여넣기)을 하면 비난받아 마땅하다. 원전의 출처를 감추고, 마치 본인이 쓴 것처럼 속이기 때문이다. 그러나 나는 정반대다. 내가 인용한 기사는 정확하게 출처를 밝혔고, 왜곡의 소지를 줄이기 위해 기사, 칼럼, 성명서, 판결문, 법조문 등을 충분히 인용했다.

직접 취재하면 될 일 아니냐고 할 수도 있다. 그러나 윤미향 사건이나 위안부 합의, 징용 문제와 위안부 판결 등은 보통의 사건·사고와 달리 딱히 현장이란 게 없다. 발언과 해석, 주장과 반론, 해법과 반박, 성명서와 판결문 등이 주요 기삿거리다. 내 책이 필요로 하는 것은 바로 그런 것들이

5

고, 그래서 인용이 곧 취재다.

나는 왜 이 책을 쓰는가. 나는 기사라는 유리조각을 갖고 나만의 스테인드글라스를 만들려고 시도했다. 그 스테인드글라스를 통해 25년 가까이 일본 문제에 천착해 온 나만의 시각을 보여 주고 싶었다. 그러려면 피해자의 호소문, 운동가의 성명서, 법관의 판결문, 학자의 논문보다 자유로운 방식이 필요했고, 그 고민의 결과가 이 책이다. 결국은 내가 오랫동안 몸담았던 저널리즘의 세계를 보여 주는 글쓰기가 된 것 같다(고백하건대 쏟아져 나오는 관련 기사들을 읽고 필요한 기사를 가려내는 것은 그냥 앉아서 내 의견을 쓰는 것보다 힘들다).

기자들 사이에서 널리 알려진 얘기가 있다. "가장 쓰기 쉬운 기사는 혼자만 쓰는 기사이고, 가장 쓰기 어려운 기사는 모든 기자가 함께 쓰는 기사이다." 특종기사는 아무렇게나 써도 모두가 주목하지만, 모두가 쓰는 기사는 뭔가 색다른 내용이나 주장, 시각이 없으면 의미가 없다. 주제로는 이 책도 후자에 속한다. 하지만, 이 책이 한일 간의 현안을 다른 숱한 기사들을 어떻게 읽고, 분석하고, 정리할지를 보여 주는 작은 시도라는 평가라도 받았으면 좋겠다.

부록으로 1세대 친한파 구로다 후쿠미(黒田福美) 씨의 인터뷰를 실었다. 정말로 일본을 극복하고 싶다면 우리의 냉철한 시선은 이제 일본이 아니라 우리 내부로 옮겨와야 한다는 시사를 얻었으면 하는 바람 때문이다.

2021년 2월
고향 안성의 공부방에서
심 규 선

위안부 운동, 성역에서 광장으로

심규선의 위안부 운동단체 분석

차 례

윤미향 사건과 문희상 법안, 법과 감정 사이

문재인 대통령이 2021년 1월 18일 신년 기자회견에서 한일 간 현안에 대해
언급한 내용은 매우 의외였다. 그는 회견 열흘 전에 나온 일본 정부 상대의
위안부 첫 승소 판결이 곤혹스럽고, 2015년 한일 위안부 합의를 공식 합의
로 인정하며, 강제징용 판결에 따라 일본 기업의 자산을 강제집행(현금화)
하는 것은 바람직하지 않다고 했다. 이 발언은 문 정권이 한일관계의 적정
한 관리에 실패했음을 인정하고, 국익과 국민감정 사이에서 국익을 고려하
는 쪽으로 방향을 선회하고 싶다는 의지를 보인 것이다. 그렇지만 문 정권
의 방향 전환은 너무 늦었다.

이 책은 ① 윤미향 사건과 위안부 운동의 비판적 분석, ② 2015년 위안
부 합의와 화해·치유재단 해산, ③ 강제징용 문제와 문희상 법안에 대한
내용을 다룬다. 윤미향 사건에 더 많은 비중을 두고 있지만, 세 사안 모두
법과 감정, 국익과 감정이라는 상반된 잣대 사이의 어디쯤에 자리 잡고 있
다는 면에서는 공통점이 있다. 이런 관점은 모든 현안이 법과 감정, 국익
과 감정 중 한 가지 잣대만으로는 해결할 수 없고, 결국은 두 잣대 사이의
어디쯤에서 해결할 수밖에 없음을 시사한다. 그걸 인정하는 것이 외교이자

국제관계지만, 우리는 그동안 국내 논리와 국민감정을 우위에 둔 것이 사실이다. 세 가지 사안을 분석해 보면 그런 경향이 뚜렷하다.

2020년 9월 14일 검찰(서울서부지검)은 윤미향 의원을 사기, 준사기, 업무상 횡령 및 배임 등 8가지 혐의로 불구속 기소했다. 신문들은 "재판에서 가려지겠지만", "법원의 판단이 남아 있지만", "향후 재판에서 혐의가 인정된다면"이라며 여지를 남겨 두고 윤 씨의 범죄 혐의를 비판했다.

그러나 필자의 생각은 다르다. 이 사건에는 법이 단죄할 문제와 감정이 정죄할 문제가 동시에 존재하고, 검찰과 법원이 법으로 단죄하기 이전에 세상이 먼저 감정으로 정죄했다고 본다. 세상의 판결은 언제나 법의 판결보다 빠르다. 세상의 판단은 '윤미향 유죄'다. 감정이 법 위에 설 수 있느냐고 묻는다면, 우리는 감정이 법보다 더 정의롭다는 경험을 자주 해오지 않았느냐고 답하겠다.

윤미향 사건은 2020년 5월 7일 이용수 할머니의 기자회견으로 시작했다. "30년간 속을 만큼 속았다"는 할머니의 '울분'을 들여다봐도 법으로 달래 줄 것은 없었다. 2015년 한일 위안부 합의 당시 윤 대표가 일본 정부의 '10억 엔 출연'을 미리 알았는지 여부는 처벌 대상이 아니다. 윤 대표가 국회의원이 돼서는 안 되고, 수요집회를 없애야 하며, 위안부와 근로정신대를 똑같이 취급하지 말라고 한 주장도 마찬가지다. "데모해서 돈 걷어서 뭘 합니까. (할머니들에게) 하나도 쓴 거 없다"는 성토가 유일한 수사 단초였는지 모른다.

이용수 할머니의 발언이 나오자 윤 의원과 그 지지세력은 감정을 이용했다. '친일파'니 '토착왜구'니 하는 말로 이 사건을 보도하는 보수언론을 비판했다. '친일파'나 '토착왜구'라는 프레임은 그리 큰 효과를 보지 못했다. 검찰이 수사에 착수하자 이번에는 법으로 달려가 수사결과를 지켜보자고 했고, 기소까지 하자 이번에도 법에 매달려 법원의 판단을 기다려 보자고 태도를 바꿨다.

윤미향 의원이나 지지세력이 놓친 것이 있다. '친일파'나 '토착왜구'라는 말로 방어에 나섰을 때 윤미향 의원을 공격한 민심도 감정에 따라 움직였다는 것이다. 할머니를 지원한다는 단체가 '피해자중심주의'를 안 지킨 것 같고, 돈을 많이 거둬서는 할머니들에게는 조금만 쓴 것 같고, 지원단체가 할머니들 눈치를 보는 것이 아니라 할머니들이 지원단체의 눈치를 본 것 같다는 '수상한' 분위기가 확산하면서 민심을 자극했다. 이런 의심은 감정의 영역이다. 보도와 수사는 감정에 대한 응답일 때가 많다. 이번에도 마찬가지이다.

윤미향 사건을 감정의 공방에서 법의 영역으로 끌고 간 것이 언론이다. 언론은 이용수 할머니의 회견 이후 윤미향 의원에 대해서는 '기부금 유용 의혹'을, 일본군성노예제 문제해결을 위한 정의기억연대(정의연)에 대해서는 '회계부정 의혹'을 집중적으로 제기했다. 시민들은 2020년 5월 14일부터 8월 26일까지 17건의 고발과 31건의 진정을 검찰에 접수했다.

검찰은 수사 착수 4개월 만에 윤 의원은 불구속 기소했으나 정의연의 회계부정 의혹은 불기소 처분했다(그렇다고 도의적 책임마저 없다는 것은 아니다). 검찰의 이번 기소는 '벽을 세운 기소'처럼 보인다. 윤 의원 개인에 대해서는 확실하게 책임을 묻되, 정의연에게는 '면죄부'를 줌으로써 윤 의원과 정의연 사이에 벽을 세웠다는 것이다. 검찰은 정의연 이사 1명만 공범으로 기소했다. 정대협 이사 10명, 정의연 전·현직 이사 22명 등 다른 관계자들은 '혐의 없음' 처분하고, 가담 정도가 중하지 않은 회계 실무자 2명을 기소유예한 것도 벽을 세우려는 느낌을 준다.

윤미향 의원과 검찰의 법정 공방은 상당 기간 계속될 것이다. 그래도 그것이 '윤미향 사건'의 전체상을 보여 주지는 못한다. 이 책의 제1장은 윤미향 사건에서 논의나 기소 대상은 되지 않았으나 짚고 넘어가야 할 문제들에 대한 필자 나름의 의견을 담고 있다. 이는 윤미향 의원이 법원에서 어떤 판결을 받는지와는 관계없이 제기할 수 있다고 생각한다.

제 2장은 위안부 합의와 화해·치유재단 해산에 대해 논한 것이다. 위안부 합의는 잘못됐다는 문 대통령의 굳은 생각은 화해·치유재단은 곧 해산될 것이라는 강력한 암시로 작동했다. 관련 부처는 대통령의 의중에 맞게 행동했다. 외교부는 위안부 합의를 검증하는 태스크포스를 만들어 사실상 합의를 파기하는 이론적 근거를 제공했다. 여성가족부는 재단을 감사한 결과 별다른 문제가 없는데도 그런 사실을 공개하길 꺼렸고, 결원 이사를 충원하지 않아 재단을 기능부전에 빠뜨린 뒤 그것을 빌미 삼아 재단을 해산했다. 행정안전부는 재단 업무상 위안부 생존자와 사망자 유족들의 소재파악과 서류접근이 꼭 필요한데도 '개인정보보호법'을 방패 삼아 협조하지 않았다. 국회에서 여당은 예산으로 지원하던 재단 인건비와 운영비를 한 푼도 주지 않으면서 재단 해산만을 윽박질렀다. 위안부 합의와 화해·치유재단은 고사할 수밖에 없었다.

　문재인 대통령이 뒤늦게 위안부 합의를 한일 간의 공식합의로 인정한다고는 했지만, 합의의 골간인 화해·치유재단을 이미 해산했기 때문에 합의를 파기한 것이나 마찬가지다. 이 사안도 위정자가 국제관계와 국내감정 사이에서, 국익과 국민감정 사이에서 후자에 치우친 나쁜 선례로 기록될 것이다.

　제 3장은 강제징용 판결과 이 문제를 해결하기 위한 문희상 법안을 다루었다. 이 사안은 윤미향 사건과는 반대로, 입법은 가능하지만 국민적 감정이 수용을 하지 못하는 사례로 볼 수 있다. 이 법안에 대해서는 정작 책임을 져야 할 일본의 '전범기업'이 배상에 참여하지 않을 수도 있다는 등 여러 이유를 들어 반대하는 전문가가 많다. 그럼에도 불구하고 필자는 문희상 법안에 담긴 의도나 장치는 살펴볼 필요가 있다고 주장해 왔다. 완벽함만을 추구하지 말고 불완전하지만 연구의 대상으로 볼 필요가 있다는 것이다. 한일 양국이 이 문제로 다시 협상 테이블에 앉는다면 이 법안을 피해가지 못할 것이라고 예상하기 때문이다.

세 가지 사안을 법과 감정, 국익과 감정의 잣대로 분석할 수 있고, 문제 해결도 두 잣대 사이의 어디쯤에서 해결될 것으로 본다고는 했으나 어쩌면 그보다 더 중요한 문제를 간과하고 있는지도 모른다. 신뢰의 문제이다. 한 일 두 나라는 현재 무한 불신의 늪에 빠져 있다. 두 나라의 현안 해결은 구 체적인 대안 제시보다는 상대방에 대한 신뢰 회복부터 시작해야 할지 모르 겠다.

제1장

윤미향 · 위안부 · 대통령

1. 윤미향 사건을 쓴다는 것

다음은 이용수 할머니가 2020년 5월 7일 첫 기자회견을 하기 두 달 전인 3월에 필자가 썼던 글의 한 대목이다.

지금까지 위안부 문제나 한일관계에 관여하는 지원단체나 시민단체는 비판이나 견제, 감시를 받은 적이 없다. (일을 잘하고 있으니 비판이나 견제, 감시받을 일이 뭐가 있느냐고 한다면 오만이다. 현대사회는 공조직이든, 사조직이든 투명한 운영을 전제로 존재하고 활동한다.) 이런 갈라파고스 같은 일이 빚어지고 있는 것은 '일본에 대해 호의적인 기사를 쓰면 안 된다'는 기자들의 '자기검열'이 작동하고, 이 '자기검열'이 지원단체나 시민단체에 대해서는 역으로 '불리한 기사를 쓰면 안 된다'는 과잉옹호 메커니즘으로 변용되기 때문이다. 그런 점에서 일본의 한 시민운동가가 "한국의 시민운동에서 피해자와 지원단체는 분리해야 한다"고 주장한 것은 타당하다. 우리는 지금까지 위안부 할머니와 그를 지원하는 단체를 '한 몸'으로 생각해 왔다. 그러나 '화해·치유재단'이 위안부 할머니들과 접촉하는 과정에서 그런 전제는 잘못됐다는 것을 확인할 수 있었다.

필자는 평상시 위안부 지원단체에 대한 문제의식을 갖고 있었고, '윤미향 사건'은 그런 문제의식의 연장선에 있다. 문제의식이란 위안부 할머니와 지원단체의 전도된 관계와 단체중심주의적 운영방식이다.

이용수 할머니의 2020년 5월 7일 기자회견은 큰 파문을 일으켰다. 할머니는 정대협과 정의연의 문제가 최근의 것이 아니라 오래된 문제라고 주장한다. "30년 동안 속았다"는 말이 그것이다. 9월 14일 검찰은 윤미향 의원을 사기, 준사기, 횡령, 배임 등의 혐의로 기소했다.

검찰이 낸 자료를 근거로 정리한 수사결과는 다음과 같다(검찰 수사에 대한 윤미향 의원의 반론도 함께 소개한다. '피고인들'이라 함은 공범으로 함께 기소된 윤미향 의원과 정의연 이사 1명을 말한다).

1. 기소 내역

보조금 관리에 관한 법률 위반, 지방재정법 위반, 사기	혐의 내용	(1) 피고인들은 공모하여, 정대협이 운영하는 '전쟁과여성인권박물관'이 법률상 박물관 등록 요건인 학예사를 갖추지 못하였음에도 학예사가 근무하는 것처럼 허위 신청하여 등록한 후, 마치 정상 등록된 박물관인 것처럼 국고·지방 보조금을 거짓 신청하여 2013~2020년 문화체육관광부로부터 총 10개 사업에서 합계 1억 5,860만 원, 2015~2020년 서울시로부터 총 8개 사업에서 합계 1억 4,370만 원을 지급받아 보조금 부정 수령 및 사기.
		2건 부정수령 총계 3억 230만 원
	공모자	정의연 이사
	윤 의원 반박	정대협은 정해진 절차에 따라 필요한 일체의 서류를 제출하고 요건을 갖추어 보조금을 수령하고 집행했다.
	혐의 내용	(2) 피고인 윤미향은 정대협 직원 BOO, COO 등과 공모하여, 2014년 1월부터 2020년 4월까지 여성가족부의 '위안부 피해자 치료사업', '위안부 피해자 보호시설 운영비 지원사업'과 관련하여, 사실은 인건비 보조금을 받아도 인건비가 아닌 운영비 등 다른 용도로 사용할 것임에도 거짓으로 인건비 보조금 신청을 하여 총 7개 사업 합계 6,520만 원을 지급받아 보조금 부정수령 및 사기.
	공모자	정대협 직원 2명
	윤 의원 반박	보조금 지원사업을 통해 활동가들이 정당한 노동의 대가로 받은 인건비를 단체에 기부한 사실을 부정과 사기로 왜곡·폄훼해서는 안 된다.
기부금품의 모집 및 사용에 관한 법률 위반	혐의 내용	(3) 피고인들은 공모하여, 관할관청에 등록하지 않고, 단체계좌로 2015~2019년 정대협 및 전쟁과여성인권박물관 관련 약 27억 원, 2016~2020년 정의연 (명칭 변경 전 정의기억재단 포함) 관련 약 13억 원, 2019~2020년 '김복동의 희망' 관련 약 1억 원 등 합계 약 41억 원의 기부금품을 모집.
	공모자	정의연 이사
	윤 의원 반박	정대협은 정관에서도 밝히고 있는바 정대협의 활동 취지에 공감하고 지지하는 후원회원들의 회비로 주로 운영했다.
	혐의 내용	(4) 피고인 윤미향은 관할관청에 등록하지 않고, 개인계좌로 2015년 나비기금 (해외 전시성폭력피해자 지원) 명목 약 4천만 원, 2019년 김복동 할머니 장례비 명목 약 1억 3천만 원 등 합계 약 1억 7천만 원의 기부금품을 모집.
	윤 의원 반박	김복동 할머니의 장례비 등 통상의 기부금과 다른 성격의 조의금마저 위법행위로 치부하고 있다.
업무상 횡령	혐의 내용	(5) 피고인 윤미향은 2012년 3월부터 2020년 5월까지 개인계좌 5개를 이용하여 위안부 피해자 할머니 해외여행 경비, 조의금, 나비기금 등 명목으로 합계 3억 3천여만 원을 모금하여, 그중 합계 5,755만 원을 개인용도로 임의 소비.

업무상 횡령	혐의 내용	(6) 피고인 윤미향은 2011년 1월부터 2018년 5월까지 정대협 경상비 등 법인계좌에서 ① 지출 근거나 증빙 없이 개인계좌로 금원을 이체받아 사용하거나, ② 개인지출 영수증을 업무 관련 지출증빙 자료로 제출하여 보전받는 등의 방법으로 합계 2,098만 원을 개인 용도로 임의 소비.
		(7) 피고인 윤미향은 2018년 10월부터 2020년 3월까지 정대협 마포쉼터 운영 관련 비용을 보관하던 직원 C○○ 명의 계좌에서 합계 2,182만 원을 이체받아 임의 소비.
		이상 3건 횡령액 1억 35만 원
	윤 의원 반박	검찰은 모금에 개인명의 계좌를 사용한 것이 업무상 횡령이라고 주장한다. 그러나 모금된 금원은 모두 공적 용도로 사용했고, 윤미향 개인이 사적으로 유용한 바 없다.
준사기	혐의 내용	(8) 피고인 윤미향은 마포쉼터 소장인 직원 C○○와 공모하여, 2017년 11월 중증치매를 앓고 있는 일본군 위안부 피해자 D○○ 할머니의 심신장애를 이용하여 할머니가 받은 여성인권상 상금 1억 원 중 5천만 원을 정의기억재단(현 정의연)에 기부하게 하는 등 그 무렵부터 2020년 1월까지 정의연 등에 총 9회에 걸쳐 합계 7,920만 원을 기부·증여하게 함.
	공모자	마포쉼터 직원
	윤 의원 반박	당시 할머니들은 '여성인권상'의 의미를 분명히 이해하셨고, 그 뜻을 함께하기 위해 자발적으로 상금을 기부하셨다. 중증치매를 앓고 있는 할머니를 속였다는 주장은 해당 할머니의 정신적·육체적 주체성을 무시한 것으로, '위안부' 피해자를 또 욕보인 주장에 검찰은 책임을 져야 한다.
업무상 배임	혐의 내용	(9) 피고인들은 공모하여, ○○회사가 사회복지공동모금회에 '위안부 할머니 주거시설 지원'을 목적으로 지정기탁한 10억 원을 사회복지공동모금회로부터 배분받아 사업을 진행하면서, 사업 목적이나 용도에 부적합한 주택(안성쉼터)을 거래 시세조차 확인하지 않고 이사회에서도 제대로 가격을 심사하지 않은 채, 지인으로부터 소개받은 매도인이 요구하는 대로 시세보다 고가인 7억 5천만 원에 매수하여 매도인에게 재산상 이득을 취득하게 하고 정대협에 손해를 가함.
	공모자	정의연 이사
	윤 의원 반박	이사회에서 제대로 가격을 심사하지 않고 매도인의 재산상 이익을 취득하고 정대협에 손해를 가했다는데, 검찰은 정대협의 모든 회의록을 확인했고, 정대협에 손해가 될 사항도 아니었기에, 배임은 맞지 않다. 그리고 이와 관련 배임혐의가 없다고 발표한 검찰의 조사결과와는 앞뒤가 맞지 않는다.
공중위생 관리법 위반	혐의 내용	(10) 피고인들은 공모하여, 관할구청에 신고 없이 2014년 1월부터 2019년 7월까지 안성쉼터를 시민단체, 지역 정당, 개인 등에 50여 회 대여하고 합계 900여만 원을 숙박비로 지급받아 미신고 숙박업을 운용.
	공모자	정의연 이사
	윤 의원 반박	안성힐링센터를 미신고 숙박업소로 바라본 검찰의 시각에 참담함을 느낀다. 안성힐링센터는 일본군 '위안부' 피해자들을 위한 공간이었으나, 이를 활용할 상황이 되지 않았다. 하지만 안성힐링센터는 일본군 '위안부' 피해자들의 정신을 올곧게 이어받기 위한 평화와 연대의 공간으로 활용했으며, 공간을 활용하는 단체들의 공간사용 책임성을 부여하기 위해 소정의 비용을 받았을 뿐, 마치 안성힐링센터를 숙박시설로 치부한 검찰의 시각은 부당하다.

2. 불기소 내역

① 개인재산 관련

	고발 요지	불기소 이유
1	윤미향 부부의 신고된 연수입이 5천만 원가량인데, 수억 원의 딸 유학비를 지출한 것으로 보아, 정대협, 정의연의 자금을 유용하여 업무상 횡령	▶ 윤미향 본인의 급여소득, 강연 등 기타 부수입과 배우자가 운영하는 신문사의 광고료 등 각종 수입을 종합하면 실제 가계 수입은 신고된 부부의 연수입보다 많았고, ▶ 약 3억 원에 달하는 유학자금은 윤미향 부부 및 친인척의 자금, 윤미향 배우자의 형사보상금 등으로 대부분 충당된 것으로 확인됨.
2	정대협, 정의연 단체 자금을 유용하여 대출 등 없이 현금으로 개인 부동산 구입	▶ 거주 중인 아파트(2012년 4월경 경매로 취득) 구매자금의 출처는 정기예금 해약금 및 가족, 직원에게 차용한 금원으로 확인됨. ▶ 단체 자금이 아파트 구매에 사용되었다고 볼 증거는 없었음.
3	선관위에 신고한 예금 3억여 원에 기부금이 포함되었다는 의혹	▶ 신고한 예금 3억 원 상당은 윤미향이 기존에 보유하던 예금과 배우자의 형사보상금 등이 자금원이었음.
4	배우자가 운영하는 ○○신문사에 부당하게 일감을 몰아주어 업무상 배임	▶ 압수자료 등에 의하면, 복수의 업체로부터 견적서를 받아, 제시금액이 가장 저렴한 ○○신문사를 선정한 것으로 확인됨.
5	윤미향 부친을 쉼터 관리자로 형식상 등재하고 2014년 1월경부터 2020년 4월경까지 총 7,580만 원 지급	▶ 윤미향 부친의 다이어리 기재 내용, 통화기지국 위치 등에 의하면, 부친이 실제로 쉼터 관리자로 근무한 사실이 확인되므로, 배임 등 범죄를 인정하기는 어려움.

② 단체 회계처리 등 관련

	고발 요지	불기소 이유
1	보조금 및 기부금 수입·지출내역을 국세청 홈택스에 허위공시하거나 공시 누락하는 방법으로 유용(공시상 '맥줏집 과다 지출', '2016~2020년 국고보조금 8억 2천만 원 누락' 등)	▶ 공시 누락 등 부실공시가 상당히 있었으나 확인 결과 의혹 제기된 부분에 대하여 정상 회계처리는 되어 있고, 지출에도 특별히 문제를 발견하지 못하였음. ▶ 국세청 홈택스 허위공시 및 누락에 대하여 현행법상 처벌 규정은 없음.
2	정대협·정의연이 같은 사업으로 보조금을 각각 받는 등 보조금 중복·과다 지급 받음	▶ 정대협·정의연의 보조금 사업내용 분석 결과, 세부적인 사업 내용이 다르거나 매년 반복되는 사업으로 수령하는 보조금인 점 등에 비추어 보조금 중복·과다지급으로 보기 어려움.

	고발 요지	불기소 이유
3	정의연의 2017~2019년 기부금 수입 약 22억 1,900만 원 중 피해자 직접 지원사업 등에 사용한 약 9억 1,100만 원을 제외한 나머지 약 13억 800만 원을 유용하여 업무상 횡령	▶정의연 기부금 모금사업은 일본군 위안부 피해자들에 대한 직접 지원사업뿐만 아니라, 기림사업, 교육·해외홍보, 장학사업 등 내용이 다양하므로 피해자 직접 지원사업 외 다른 사업에도 사용할 수 있음.
4	주무관청인 외교부 및 인권위에 기부금 및 보조금 수입 및 지출 내역 거짓보고	▶주무관청에 후원금 수입·지출을 일부 누락하여 보고하였으나, 공익법인으로 설립된 것이 아니어서 공익법인법을 적용하여 처벌할 수 없음.
5	2020년 4월경 안성쉼터를 첫 호가가 6억 원대임에도, 4억 2천만 원으로 헐값으로 매각하여 업무상 배임	▶2020년 8월 7일 기준 시세 감정평가 금액이 4억 1천여만 원인 점, 매수자가 없어 약 4년간 매각이 지연된 점을 고려할 때 배임이라고 보기 어려움.
6	2011~2012년경 안성쉼터 불법 증축	▶건축법 공소시효 5년이 도과하여 공소권 없음.

※ 기타 제기된 의혹들에 대하여도 면밀히 검토하였으나, 혐의점을 발견하지 못하였음.

필자는 검찰이 공개한 여러 혐의 중에서도 두 가지 점에 주목한다.

하나는 업무상 횡령 혐의이다.

윤미향 사건이 터졌을 때 일반국민이 가장 의심한 것은 윤 국회의원 당선인(이하 당선인)이 기부금이나 보조금에 손을 댄 것이 아닐까 하는 것이었다. 검찰은 딸의 유학자금이나 아파트 구입비, 선관위에 신고한 3억 원의 현금은 혐의가 없다고 확인했다.

그러나 개인계좌를 이용한 모금액에서 5,755만 원을 횡령했고, 정대협 경상비에서 2,098만 원을, 마포쉼터 운영비에서 2,182만 원을 개인계좌로 이체받아 유용했다고 발표했다. 모두 1억 35만 원이다. 검찰은 이 돈을 어디에 썼는지는 밝히지 않았으나 생활비나 교통비 등으로 썼다는 보도가 있다. 이것이 사실이라면 정대협이나 정의연은 '할머니 생활지원단체'는 아니라면서 '윤미향 생활지원단체'가 됐다는 비난을 피할 수 없다.

본인의 개인계좌로 모금한 돈을 유용하는 것은 본인이 마음만 먹으면 그럴 수 있다고 치더라도, 정대협의 법인계좌와 마포쉼터 직원명의 계좌에서 윤미향 개인계좌로 돈을 보내는 것은 직원의 묵인이나 협조가 없으면 불가능하다. 나중에 이런 돈을 어떻게 회계처리했는지도 궁금하다. 정의연은 검찰의 기소는 피했지만, 이런 사실까지 책임이 없다고는 할 수 없다.

윤미향 당선인이 이 혐의를 반박한 방식도 조금 특이하다. 모든 사안에 대해 조목조목 반박한 윤 당선인이 개인모금 유용 혐의, 정대협 경상비 유용 혐의, 마포쉼터 운영비 유용 혐의에 대해서는 한꺼번에 "모금된 금원은 모두 공적인 용도로 사용되었고 윤미향 개인이 사적으로 유용한 바 없다"고 일괄 반박했다. 이 해명은 개인계좌로 모금한 돈에 대해서는 통할지 모르겠으나, 정대협 경상비와 마포쉼터 운영비는 '모금된 금원'이 아니기 때문에 반박이라고 할 수 없다. 어설피 반박했다가 되레 역공을 당할 것을 우려했는지도 모른다.

다음은 준사기 혐의이다.

윤 대표가 마포쉼터 직원과 공모해서 그곳에서 생활하던 D할머니의 중증치매를 이용하여 9차례에 걸쳐 7,920만 원을 기부, 또는 증여하도록 유도했다는 것이 검찰의 주장이다. 준사기는 미성년자의 모자람이나 타인의 심신장애를 이용하여 재산상의 이득을 취할 때 성립하는 범죄이다(형법 348조). D할머니는 이미 길원옥 할머니로 밝혀졌으니 실명을 쓰고자 한다.

길 할머니가 2017년 11월 '여성인권상'으로 받은 1억 원 중 5천만 원을 '길원옥 여성평화상' 기금으로 정의기억재단에 기부했다는 것은 이미 알려진 사실이다. 그때 김복동 할머니도 '김복동 평화기금'으로 5천만 원을, 송신도 할머니도 '송신도 희망씨앗기금'으로 1억 원을 기부했다.

이 혐의에 대해서는 검찰과 윤미향 의원 사이에 치열한 법정 공방이 예상된다. 윤미향 의원과 정의연의 도덕성과 직결되는 문제이기 때문이다. 이 사실이 인정되면 지원단체가 할머니를 위해 존재했던 것이 아니고, 할머니가 지원단체를 위해 존재했다는 비판에서 자유로울 수 없다.

윤 의원은 기소 당일 입장문을 통해 "당시 할머니들은 '여성인권상'의 의미를 분명히 이해하셨고, 그 뜻을 함께하기 위해 자발적으로 상금을 기부하셨다. 중증치매를 앓고 있는 할머니를 속였다는 주장은 해당 할머니의 정신적·육체적 주체성을 무시한 것으로, '위안부' 피해자를 또 욕보인 주장에 검찰은 책임을 져야 한다'고 했다.

정의연도 이튿날(2020년 9월 15일) 입장문에서 "무엇보다 스스로 나서서 해명하기 어려운 사자에게까지 공모죄를 덮어씌우고 피해생존자의 숭고한 행위를 '치매노인'의 행동으로 치부한 점에 대해서는 강력한 유감을 표한다. 일본군 '위안부' 문제 해결운동 전반은 물론, 인권운동가가 되신 피해생존자들의 활동을 근본적으로 폄훼하려는 저의가 있다고밖에 보기 어렵다"고 비판했다.

검찰 측도 그냥 있지 않았다. 서울서부지검 관계자는 "길 할머니의 의료 기록 등 관련 자료를 (기부를 시작한) 2017년 이전부터 모두 검토했으며 실제로 할머니도 여러 차례 만나 봤다. 담당 의료진의 소견은 물론 의료 전문가의 견해까지 참고해 종합적으로 판단했다"고 전했다(〈동아일보〉 2020년 9월 16일 자).

'법'을 위반한 행위는 앞으로 법원이 정죄할 것이지만, 윤미향 사건은 '법'을 뛰어넘는 '어떤 시사'를 준다. 감정의 문제이기도 하다. 이 글은 그 '어떤 시사'에 대한 필자 나름의 분석이자, 그 '어떤 시사'를 묵살하려는 움직임에 대한 반박이다.

이 글을 쓰게 된 데는 몇 가지 이유가 있다. 그리고 밝혀 두고 싶은 것도 있다.

이 글은 분명 2020년 5월 7일 이용수 할머니의 기자회견이 계기가 됐다. 뒤에서 상세히 언급하겠지만 정대협과 정의연은 오랫동안 언론의 취재 대상에서 벗어나 있었다. 정대협과 정의연을 비판하는 것은 두 단체의 '대의'(大義)를 부정하는 것이고(윤미향 의원은 검찰 기소에 대한 입장문에서도 '위안부 운동의 30년 역사와 대의'를 언급했다), 이는 곧 '친일파'나 '토착왜구'라는 비판을 받기 쉽다. 그런 족쇄를 풀어 준 이가 다름 아닌 이용수 할머니다. 언론은 이번에 이용수 할머니에게 큰 빚을 졌다.

비록 언론사를 퇴직하긴 했으나, 아니 오히려 언론사를 퇴직했기 때문에 이 사건을 정리할 의무감 같은 것을 느꼈다. 후배들이 활발하게 취재하고 기사를 썼지만, 바쁜 현역 생활에서는 종합적으로 문제를 정리하기가 쉽지 않다. 필자는 현역 기자시절 마음만 먹으면 정대협과 정의연을 취재하거나 취재할 위치에 오랫동안 있었다. 그러나 그러지 못했다. 안 했다는 말이 더 정확할지 모르겠다. 이 글은 그런 나태함에 대한 반성문이기도 하다.

밝혀 두고 싶은 점 가운데 첫 번째는 필자는 정대협과 정의연의 업적을 부인하지도 않고, 해체를 주장하지도 않는다는 것이다. 그럼 왜 비판하느냐고 묻는다면, 존재가치를 인정하는 것과 비판하지 않는 것은 다른 문제라고 답할 수밖에 없다. 우리는 공(功)이 있는 사람도 비리가 드러나면 공을 고려하지 않고 매섭게 비판해 왔다. 이번에는 정의연 내부에서 무시 못할 고발이 있었고, 윤미향 의원과 정의연(정대협)은 오랫동안 건전한 감시의 대상에서 벗어나 있었으며, 저널리즘의 역할이 원래 칭찬보다는 비판하는 것이므로 윤 의원과 정의연도 이번에는 외부의 비판을 겸허하게 경청할 일이다.

필자는 2015년 12월 28일 한·일 합의로 만든 화해·치유재단 이사였다는 점도 다시 한 번 밝힌다. 현역 기자시절 칼럼을 통해서, 토론회나 세미나 등 공개석상에서 여러 번 언급했기 때문에 새삼스러울 것은 없다. 다만 이 책에 화해·치유재단에 관한 글도 들어 있고, 그곳에서 경험한 부분도 녹아 있기 때문에 다시 한 번 밝히는 것이다. 화해·치유재단 이사였기 때문에 정대협이나 정의연에 더 비판적이지 않느냐는 질문도 있을 수 있다. 그런 인상을 피할 수 없을 것이다. 다만, 필자가 화해·치유재단 이사가 아니었더라도 이번에 윤미향 사건을 다루는 글은 비판적이어야 할 것이다.

왜 일본은 적극적으로 비판하지 않느냐는 지적도 나올 수 있다. 필자는 일본 비판은 일본 측이 나서 주길 희망한다. 요즘 한국과 일본은 서로의 충고에 대해 전혀 귀를 기울이지 않는다. 불행하지만 사실이다. 한국이 일본을, 일본이 한국을 비난하는 것처럼 쉬운 일은 없다. 그런데 쉬운 만큼 효과도 없다. 한일관계가 나아진다면 그때는 예전처럼 상대방의 비판이나 충고가 먹힐지도 모르겠다. 필자가 일본을 비판하지 않는 것은 일본은 잘못이 없어서가 아니라 일본의 언론과 지식인이 직접 비판해 주길 희망하기 때문이다.

윤미향 사건을 정리한다고 해도 윤 의원과 정의연을 비판하는 것이 궁극적 목표는 아니다. 상대방인 일본 변수는 그것대로 고려하되, 위안부 문제가 도대체 왜 해결되지 못한 채 여기까지 왔는지, 이번 사건을 통해 시민단체의 바람직한 역할은 무엇인지, 언론, 국민, 국가는 시민단체와 어떤 식의 관계를 맺어야 하는지를 고민할 필요가 있다.

2. 윤미향 사건의 함의

윤미향 사건은 피해자와 지원단체, 진영과 진영, 여당과 야당, 지지자와 비판자 사이에서 공격과 방어, 주장과 해석이 난무하는 등 현란하지만 낡은 옷을 입고 나타났다. 그런데 시간이 흐르면서 낡은 겉옷 안에 있던 새로운 속옷이 서서히 드러났다.

새로운 속옷이란 첫째, '피해자중심주의'를 다시 생각하도록 만들었고, 둘째, '피해당사자'를 재정의하도록 했으며, 셋째, 언론의 '마지막 성역'을 무너뜨렸고, 넷째, '내부 비판'의 물꼬를 텄으며, 다섯째, '특권 시민단체'는 더 이상 존속가능하지 않다는 점을 보여 줬다는 것이다.

1) '피해자중심주의'는 이용당했다

필자가 '피해자중심적 접근'이라는 말을 처음 들은 것은 문재인 정부 출범 이후 박근혜 정부의 위안부 합의를 검토한 태스크포스(이하 '검토 태스크포스')가 2017년 12월 27일에 발표한 보고서에서였다(필자가 무지했다면 그 비판은 감수하겠다. 필자가 주장하고 싶은 것은 '피해자중심주의'라는 말이 널리 쓰이지도, 그 개념이 확립되어 있지도 않았다는 점이다).

검토 태스크포스의 보고서는 "위안부 합의에 관하여 중요하게 부각되고 있는 문제의식은 이 합의가 위안부 피해자 및 관련단체와 유엔 등 국제사회가 강조해 온 피해자중심적 접근과 그 취지를 반영하고 있는가?"라고 의문을 제기했다. 그러면서 결론 부분에서 위안부 합의는 4가지 점에서 잘못됐다고 지적하고, 그 첫 번째 잘못으로 "피해자중심적 접근을 충분히 안 했다"고 비판했다.

첫째, 전시 여성인권에 관해 국제사회의 규범으로 자리 잡은 피해자중심적 접근이 위안부 협상과정에서 충분히 반영되지 않았고, 일반적인 외교 현안처럼 주고받기 협상으로 합의가 이루어졌다. 한국 정부는 피해자들이 한 명이라도 더 살아 있는 동안 문제를 풀어야 한다면서 협의에 임하였다. 그러나 협의과정에서 피해자들의 의견을 충분히 수렴하지 않은 채, 정부 입장을 위주로 합의를 매듭지었다. 이번의 경우처럼 피해자들이 수용하지 않는 한, 정부 사이에 위안부 문제의 '최종적·불가역적 해결'을 선언하였더라도, 문제는 재연될 수밖에 없다.

— 〈한·일 일본군 위안부 피해자 문제 합의(2015.12.28.) 검토결과 보고서〉, 2017년 12월 27일

그 후 위안부 합의를 비판할 때마다 '피해자중심주의'는 전가의 보도처럼 쓰였다. '피해자의 의견과 이익을 중심에 두고 문제를 해결했어야 하는데 위안부 합의는 그렇지 못했다'는 지적이다. 문재인 대통령도 2020년 8월 14일 '제3회 위안부 기림의 날' 메시지에서 이 용어를 다시 썼다. '피해자중심주의'라고 하면 전문가라면 혹 이의나 비판을 제기할 수도 있겠으나 일반인은 모두 고개를 끄덕이게 마련이다.

결론적으로 말해 위안부 운동단체가 말해 온 '피해자중심주의'는 문제가 있다. 정확하게는 문제가 있었음이 드러나고 있다. 분명히 해두고 싶은 것은 '피해자중심주의' 자체가 문제라는 것이 아니다. 운동단체가 '국제사회의 규범으로 자리 잡았다'고 한 '피해자중심주의'를 실천하며, '피해자중심주의'의 중요한 원칙이나 가치를 무시한 사례가 꽤 많았다는 것, 그리고 '무시'를 통해서 생긴 '편익'을 일방적으로 운동단체가 누렸다는 것이 문제의 핵심이다.

2020년 7월경 '피해자중심주의'에 대해 전문가들과 의견을 나눌 기회가 있었다. 국제기구가 제시한 원칙과 외국의 사례 등을 기반으로 제시한 '피해자중심주의'는 피해자의 존엄과 인권의 존중, 신체적·정신적 건강 보

호, 신변 안전과 비밀 보장, 2차 피해 방지, 가해자 수사와 처벌, 공식 사죄, 재발 방지 약속, 적절한 배상, 피해자 추모와 교육을 통한 전수 등이었다. 자주 들어 온 말이고, 누구나 동의할 수 있는 것들이었다.

그런데 필자의 눈길을 끈 것은 따로 있다.

피해자는 단일집단이 아니다. 피해자 개인마다 다른 요구와 우선순위를 가질 수 있다. 피해자 개개인의 필요와 선택을 존중해야 한다.

피해자를 위해 일하는 전문인들이 피해자를 위한 것을 정해서는 안 된다. 피해자의 요구는 책임을 규명하려는 (피해자가 아닌 사람들의) 요구와 충돌할 수 있다. 피해자와 접하거나 피해자에게 서비스를 제공하는 사람들은 피해자의 신뢰를 얻어야 한다. 피해자를 지원하는 사람은 실현불가능한 것에 대해 피해자의 기대를 높여서는 안 된다.

피해자에 대한 지원과 지지는 수사나 재판에 협조했는지 여부와 관계없이 제공해야 한다. 피해자의 권리와 최선의 이익을 생각해서 지원과 지지를 제공해야 한다. 지원할 때 피해자의 프라이버시와 비밀 보장, 피해자가 내용을 이해한 후에 동의하는 것(informed consent) 등은 피해자의 권리라는 점을 존중해야 한다.

피해자(또는 부모·보호자)는 필요한 지원방식을 결정할 권리가 있으며, 사전에 자유로운 상황에서 모든 가능한 선택지에 관해 정보를 받아야 한다. 피해자와 관련된 행동이나 과정의 진전 상황 및 결과에 대해 피해자에게 정보를 제공해야 한다. ─ 전문가들이 만든 자료를 필자가 정리, 2020년 7월

이런 원칙들은 그간 정대협과 정의연의 행동이 얼마나 적절했는지를 묻게 만든다. 정대협과 정의연은 과연 할머니들의 요구와 우선순위를 인정했는가. 할머니 개개인의 선택을 존중했는가. 할머니들의 협조 여부와 관계없이 똑같이 대우했는가. 할머니들에게 충분한 정보를 제공했는가. 할머

니들이 자유롭게 선택하도록 허용했는가. 할머니들과 단체의 지향점이 달라서 충돌한 적은 없는가. 그럴 때 무엇을 우선했는가. 실현불가능한 것을 약속해 기대를 높이지는 않았는가. 할머니의 권리와 이익을 우선했는가, 아니면 단체의 이익을 우선했는가. 할머니들의 동의를 얻으려고 노력했는가, 아니면 단체의 입장을 수용하라고 했는가. 할머니들이 결정할 권리를 인정했는가.

정대협 결성 이후 근자에 올수록 이런 원칙들을 무시한 정황이 있다. 그 결과가 이용수 할머니의 문제제기이다. 이용수 할머니의 기자회견 이후 그의 말을 '해석한' 칼럼이 여럿 있었다. 윤미향 의원과 정의연의 잘못은 징검다리 밟듯 가볍게 건너뛰고 비판의 화살은 현해탄을 건너 곧바로 일본으로 향한다. 그게 온당한가. 할머니의 말은 '해석'이 아니라 '경청'이 우선이다. '경청'하면 지원단체, 운동단체, 시민단체들이 만능열쇠처럼 써온 '피해자중심주의'를 다시 정의하라는 요구가 들린다.

윤미향 사태가 발생하고 얼마 지나지 않아 나온 칼럼 중에 주목한 것이 있다. 진영논리로 도망가거나 양비론 뒤로 숨지 않아서다.

중요한 것은 피해자의 말에 대한 우리 사회의 선택적 듣기 방식이다. "이용당했다"는 호소, 피해자와 운동가의 관계에 대한 갈등을 보수언론은 여당 흔들기에 이용한다. 운동단체는 '고령자'의 오해와 배후설로 폄훼하고, 진보매체는 운동의 명분 약화를 걱정한다. 모두 팩트를 주장한다. 하지만 타인의 말, 특히 역사적 증언 듣기는 사회가 수용할 수 있는 말을 선택하는, 당파적 행위다. 말에 대한 해석은 듣는 사람의 이해관계에 의해 재구성된다. …

이번 사태가 중요한 이유는 사회적 약자의 목소리를 듣는 방식에 대한 전면적 성찰을 요구하기 때문이다. 문제를 특정 단체와 개인에게 떠넘기거나, 피해자와 운동가의 이해는 충돌한다는 식의 상대주의에 기대어 도망치지 말자. …

말의 흔적은 사라지고, '친일세력 총공세', '정의연 의혹 규명'이라는 두 가지 프레임만이 난무할 때 피해자는 무엇을 보았을까. 그들은 말할 수 있을까. 존중받을 수 있을까.

— 정유진(전 도시샤대 조교수 · 한일관계 전공), 〈한겨레〉 2020년 5월 15일 자

필자는 이 글을 "각 진영은 사회적 약자의 목소리를 자기네 진폭기를 통해서 필요한 부분만 듣거나 키우지 말 것이며, 그들을 위한 단체와 운동가도 피해자 개인의 다양성과 성장의 목소리를 막으려 해서는 안 된다"는 것으로 이해한다.

일본군 '위안부' 피해자 이용수 할머니(92)가 정의기억연대 등 위안부 단체의 운동방향을 비판하기 전까지 '피해자중심주의'는 위안부 문제를 해결할 '만능열쇠'처럼 쓰였다. 문재인 정부 역시 2015년 한 · 일 위안부 합의를 사실상 파기하며 '피해자중심적 접근의 부족'을 근거로 들었다. 하지만 이 할머니의 문제제기로 피해자중심주의는 다름 아닌 '피해자'에 의해 도전받게 된 것이다.

피해자중심주의는 일본이 위안부 피해에 대한 국가 책임을 부인하고 문헌자료를 은폐해 왔기 때문에 생존 피해자들의 증언이 범죄를 입증할 중요한 근거로 인정받을 수 있어야 한다는 것에서 출발했다. 그 의미가 2015년 한 · 일 위안부 합의 논란을 거치면서 피해자들이 원하고 동의하는 방식으로 문제가 해결되어야 한다는 것으로 바뀌면서 문제가 생겼다.

〈경향신문〉은 위안부 문제를 연구하는 학자, 활동가 등 10여 명에게 피해자중심주의에 대해 물었다. 정치권, 학계, 시민운동계에서 이에 대한 합의된 정의는 아직 없다. 다만 "피해자의 뜻을 존중하는 운동방식과 합의절차가 필요하다"는 정도의 합의가 있을 뿐이었다.

'피해자의 공통된 뜻'이 있다는 것은 이 운동이 가진 환상이었을지도 모른다. … 쉬운 해결책으로 한국 사회는 그간 알려진 몇몇 피해자와 이들과 함께하는 운동단체의 행보를 '피해자의 뜻'으로 해석해 왔다. 최근 사태가 이용수

할머니와 정의연의 대립 구도로 단순화된 것은 이러한 위안부 문제의 소비방식 때문으로 볼 수 있다. 그간 한국정신대문제대책협의회의 활동방식을 비판했던 피해자가 이 할머니 외에도 있었다. 하지만 이번처럼 크게 불거지지 못했다는 사실은, 목소리를 낼 수 있고 사회가 경청해 주는 피해자가 소수였다는 점을 역설적으로 보여 준다.

— "'위안부' 운동 다시 쓰기 ①: '피해자 이미지'에 들어맞지 않은 목소리들은 묻혀야 했다",
〈경향신문〉 2020년 6월 11일 입력

이 글은 '피해자중심주의'의 문제점을 아주 쉬운 말로, 그리고 가장 적확하게 비판하고 있다. 윤미향 사건을 돈 문제로 접근하는 것이 아니라, 방법론적 관점에서 위안부 운동의 방향성을 자성해 본 좋은 기사이다.

필자는 특정 단체가 '피해자중심주의'를 오랫동안 독점하면서 다음과 같은 형태로 왜곡, 변질됐다고 생각한다.

첫째, '피해자이용주의'로 흘러갔다.

나중에 상술하겠지만 정대협과 정의연은 "우리는 피해자의 생활지원단체가 아니다"라고 주장한다. 단체가 후원이나 보조를 받거나, 보유한 돈에 비해 할머니들에게 쓴 돈이 너무 적다는 비판에 대한 반박이다.

정의연의 정관 제1장 총칙 제2조(목적)는 "재단은 일본군 '위안부'라 불렸던 일본군 성노예제 문제의 범죄 인정, 진실 규명, 공식 사죄, 법적 배상, 책임자 처벌 등을 통한 정의로운 해결을 이룸으로써 피해자들의 명예와 인권 회복에 기여하며, 역사교육 및 추모사업 등을 통해 미래세대로 하여금 일본군 성노예제 문제를 올바르게 기억하게 하고, 무력갈등 및 전시 성폭력 재발 방지와 전시 성폭력 피해자의 인권 회복에 기여함을 목적으로 한다"고 규정하고 있다. 할머니들과 직접적 관련이 있는 대목은 "피해자들의 명예와 인권 회복에 기여하며 …"라는 구절뿐이다.

그러나 자세히 읽어 보면 정의연의 목적 전체가 할머니들과 불가분의 관계에 있다. 정의연이 '정의로운 해결'이라고 부르는 "일본군 '위안부'라 불렸던 일본군 성노예제 문제의 범죄 인정, 진실 규명, 공식 사죄, 법적 배상, 책임자 처벌"은 누구 때문에 나왔고 누구를 위한 것인가. 또 "역사교육 및 추모사업 등을 통해 미래세대로 하여금 일본군 성노예제 문제를 올바르게 기억하게 하고, 무력갈등 및 전시 성폭력 재발 방지와 전시 성폭력 피해자의 인권 회복에 기여함을 목적으로 한다"는 구절의 앞부분도 할머니들과 직접적인 관련이 있고, 뒷부분도 그간 할머니들을 위한 활동에서 쌓아 온 경험을 세계와 나누겠다는 것이 아닌가.

정대협과 정의연은 할머니의, 할머니에 의한, 할머니를 위한 단체다. 각종 기부금, 보조금, 후원금을 받을 때는 할머니들의 존재와 그들을 위한 편의를 전면에 내세워서 돈을 받아 놓고는 정작 그 돈을 쓸 때는 "우리는 할머니들의 생활보호단체가 아니다", "우리가 만든 설립 목적에 따라 정당하게 사용하고 있다"고 하니 비판받는 것이다.

둘째, '피해자단체중심주의'로 과잉대표 문제를 야기했다.

단체는 할머니를 전면에 내세워 지원을 받으면서도 지금껏 자금 용도 등을 결정하는 데 할머니들이 의견을 경청하거나 수렴한 흔적이 없다. 모든 것은 정대협과 정의연이 결정했고, 할머니는 결정에 따르는 피동체였다. 이 과정에서 단체는 3가지를 과잉대표했다. ① 피해자와 단체 중에서 단체 쪽을 과잉대표했다. ② 위안부, 징용, 징병, 군속이라는 4가지 피해자 카테고리 중에서 위안부를 과잉대표했다. ③ 국가가 해야 할 일을 장기간 사회단체가 맡는 바람에 국가의 권한을 과잉대표했다. 그 결과 '대한민국은 NGO공화국'이라고 할 때, 정대협과 정의연은 그 대표적 단체가 됐다.

정의기억연대(정의연) 사태가 일파만파다. 윤미향 전 정의연 이사장(더불어민주당 비례대표 당선인)을 둘러싼 추문은 한국 시민운동의 변질을 온몸으로 증언한다. 권력을 감시하는 파수꾼에서 이권단체로 전락한 시민단체도 역사적 배경이 있다. 민주주의와 인권을 위해 싸운 시민운동은 민주화 이후에도 사회적 의제를 발굴하고 인권 감수성을 높였다. 거액의 성금 횡령 및 배임 의혹 당사자인 윤미향 당선인조차 위안부 문제를 국제인권운동으로 격상시키는 데 기여했다.

하지만 시민운동과 현실정치의 상호 침투는 필연적으로 시민단체의 권력화를 낳는다. 시민운동이 운동가의 출셋길로 악용된다. 이는 보수·진보 진영에서 두루 나타나지만 특히 진보 정권에서 두드러진다. 힘 관계에서 약세였던 한국 진보는 시민운동과의 전략적 연대를 정권장악의 지름길로 삼았다. 운동가들 자신도 권력에 투신해 관직과 이권을 얻는 행위를 현실참여로 미화한다. 한국 시민운동의 권력 지향성은 촛불 정부를 자임한 문재인 정권에서 정점에 이른다. …

정의연 사태에서 문 정권은 친여 언론과 시민단체를 총동원해 탈진실(Post-truth)을 양산하는 진지전(陣地戰)에 나섰다. 대대적인 여론조작으로 공론장을 교란하는 게 조국(曺國) 사태와 똑같다. 하지만 민심의 공분(公憤)은 정권과 어용 시민단체들의 공동전선을 일거에 무너뜨린다. 강대한 국가가 민심의 역린을 건드릴 때 국가라는 배를 뒤집어 버리는 게 한국인이다. 한국 시민사회는 결정적 순간에 결정적 행동으로 역사의 물길을 바꾼다. 윤미향 사건이 우리 모두에게 생사(生死)의 물음을 던진다. 한국 시민사회는 죽었는가.

　　　　— "윤평중 칼럼: 한국 시민사회는 죽었는가", 〈조선일보〉 2020년 5월 22일 자

이 칼럼은 '피해자중심주의'가 '피해자단체중심주의'로 변질된 이유가 특정 정권과의 연대를 통한 이권과 권력의 확보 때문이며, 그런 구조가 진영 논리로 보호받고 있다고 주장한다.

셋째, '피해자 이상(理想)주의'를 고착화했다.

정대협과 정의연은 위안부 피해자의 '이상형'(理想型)을 만들어 냄으로써, 부지불식간에 할머니들의 행동을 구속했다. 할머니들은 '일제의 총칼

에 강제로 끌려간 흰옷 입은 소녀'여야 하고, 그래서 끝까지 일본에게 사죄를 요구해야 하며, 당연히 사죄 없는 일본의 배상금은 거부해야 한다는 강박을 준 것은 아닌지 모르겠다. 이는 국민과 언론에게도 '이상적인 위안부상'에 대한 선입견을 심어 줬다.

홍승기 인하대 법학전문대학원 교수는 박유하 세종대 교수의 《제국의 위안부》가 위안부 할머니들의 명예를 훼손했다며 박 교수를 기소한 형사소송에서 서울고등법원이 1심의 무죄 선고를 파기하고 벌금 1천만 원을 선고한 것을 비판한다. 그는 "위안부 운동을 주도한 연구자들은 일제의 식민지 조선에 대한 인력 동원방식을 포괄적으로 '강제동원'으로 파악한다. 훈련된 제국 군대가 제복을 입고 조선반도를 헤집으며 어린 소녀를 총칼로 위협하여 위안부로 끌고 갔다는 주장의 설득력은 의문"이라고 지적한다.

넷째, '피해자차별주의'를 노정했다.

정대협과 정의연은 단체를 비판하거나, '피해자이상주의'를 부정하거나, 일본이 준 돈을 받은 할머니들은 비판하고, 기림비 명단에서 제외했으며, 청와대 초청행사 등에서 배제했다. 이러한 피해자 편 가르기는 일본이 만든 '여성을 위한 아시아 평화국민기금'(아시아여성기금)의 돈을 받거나 한·일이 합의해서 만든 '화해·치유재단'의 돈을 받은 할머니들을 부끄럽게 만들었다.

진정한 '피해자중심주의'에 따르면 정대협과 정의연은 지원단체일 뿐이고, 할머니들에게 선택을 강요할 아무런 권한이 없다. 그런데도 지원단체는 '단체중심주의' 시각에서, 할머니들이 '이상적인 위안부상'을 이탈했다는 이유로, '피해자중심주의'를 스스로 존중하지 않았다.

거기서 인제 또 정대협에서 (국민기금을) 주지 말라고 일본에 소문을 퍼뜨려 놨더라고. (그러니) 보상을 주나? 안 주지. 아무 거고 몇천만 원이나 주면 주는 대로 할머니들 타 먹게 내버려 두지. 할매들은 다 죽어 가잖아. 그런데 모금을 받지 말라, 그것 받으면 더러운 돈이다, 화냥년이다, 이런 귀 거슬리는 소리만 하더라고.　　　　　　— 석복순, 증언집《강제로 끌려간 조선인 군위안부들》5권

일부 운동가와 학자들은 일본이 '아시아여성기금'과 '화해·치유재단'을 통해 할머니들을 이간질했다고 주장한다. 특히 '화해·치유재단'에서 돈을 받은 할머니들과 안 받은 할머니들 사이에 반목이 생겼으니 합의해 준 박근혜 정부가 잘못했다는 말도 한다. 어불성설이다. 할머니들은 각자의 입장에 따라 고민 끝에 1억 원을 받거나 받지 않기로 결정했을 뿐이다. 그 선택을 두고 잘했니 잘못했니 하며 편을 가른 것은 재단이 아니라 운동단체다. 합의 당시 46명의 생존 위안부 할머니 중 34명이 화해·치유재단이 주는 1억 원을 받겠다고 신청했는데도(재단이 문을 닫을 때는 피해자가 1명 늘어 47명 중 35명이 수령했다) 이 사실은 무시하고, 성금을 거둬 이 돈을 받지 않은 8명의 할머니에게만 '여성인권상'이라는 이름으로 1억 원씩을 준 곳은 어디인가. 재단에서 돈을 받은 할머니들은 '여성인권'과는 거리가 먼 사람인가. 할머니들 스스로 편을 갈랐다고 하는 것은 할머니들에 대한 책임 전가다.

다섯째, '피해자방치주의'로 '제2의 부작위' 상태를 이어가고 있다.

헌법재판소는 2011년 8월 30일 '위안부 문제 해결 부작위 위헌 결정'을 내렸다. 이 결정의 요지는 1965년 한·일 기본조약의 해석과 실시에 관해 양국 간에 분쟁이 발생할 경우 한·일 기본조약은 1차적으로는 외교상 경로를 통하여, 2차적으로는 중재를 통하여 해결하도록 규정하고 있는데도 정부가 아무것도 하지 않는 것, 즉 부작위(不作爲)는 헌법에 위배된다는 것이다.

이 결정을 의식해 이명박, 박근혜 대통령은 나름대로 위안부 문제를 해결하려고 노력했다. 2007년 대통령 후보 당내 경선과정에서 두 사람은 화해하지 못할 정도로 감정의 골이 깊어졌다. 박 대통령은 전임 이명박 정부의 정책을 모두 부정했는데, 유일하게 이어받은 것이 '위안부 문제'라는 말

이 있을 정도였다.

이명박 대통령은 2012년 8월 10일 '독도가 분쟁지역이라는 인상을 주지 않는다'는 그간의 정부 기조를 깨뜨리고 전격적으로 독도를 방문했다. 그의 독도 방문은 며칠 동안은 지지를 받았으나(특임장관실 조사, 84.7% 지지) 이후의 평가는 부정적으로 바뀌었고, 전문가들은 더 부정적이었다. 독도 방문보다, 며칠 후에 잇따라 터져 나온 "국제사회에서 일본의 영향력도 예전 같지 않다"는 발언(8월 13일)과 "(천황이) 한국방문을 하고 싶어 하는데 독립운동을 하다 돌아가신 분들을 찾아가서 진심으로 사과할 거면 오라고 했다"는 발언(8월 14일)이 일본을 더 자극했다는 지적이 많다.

당시 이 대통령의 독도 방문에 대해 대통령을 옹호하는 그룹은 '오래전부터 계획한 일이다', '대통령이 자기 나라 영토를 방문하는 것이 무슨 문제가 되느냐'고 반론했으나, 독도 방문 배경에는 위안부 문제가 있었음을 부인할 수 없다. 이 대통령이 "일본의 위상이 떨어졌다"고 한 자리는 강창희 국회의장과 박병석, 이병석 부의장을 청와대로 불러 오찬을 할 때였다. 이 대통령은 이때 독도 방문 배경에 대해 "일본이 국내정치 문제로 인해 (과거사 문제 해결에) 소극적 태도를 보이고 있어서 행동으로 보여 줄 필요를 느꼈다"며 독도 방문이 과거사와 관련이 있다는 점을 분명히 했다(〈한국경제〉 2012년 8월 13일 입력).

이 대통령은 독도 방문이 논란을 빚자 어느 날 한일문제 전문가 몇 명을 청와대로 불러 의견을 들었다. 이때 '일본의 소극적 태도'가 무엇인지를 자세히 설명했다. 다음은 그 자리에 참석한 최서면 국제한국연구원장(2020년 5월 92세로 작고)의 증언이다.

대통령도 나의 (질문) 의도를 알아챘다. 자기 나라인데 왜 굳이 (독도에) 가서 남들이 싫어하는 일을 했느냐는 (질문 의도를). 대통령이 말하길 "자, 들어 보세요. 실은 국제회의 정상회담에서 국가 원수들이 모이면 모두 사이좋게 말을 나누는데, 노다 (요시히코) 총리만이 혼자 앉아 있길래 안됐다는 생각이 들어 말을 건넸다. '위안부 문제를 한마디 해서 정리합시다. 다음번에 올 때는 둘이 손을 잡고 (해결합시다)'라고 하자 '그럽시다'라고 했다. 다음번에 국제회의에 왔는데 아무 말도 안 하길래 '어떻게 됐습니까?'라고 하자 우물쭈물했다. 요전번에 그렇게까지 말을 하고는…, 이라고 생각하며 자리를 떴는데 (노다 총리가) 또 혼자 앉아 있어도 아무도 상대를 안 해줬다. 안됐다는 생각에 또 가서 요전번에 말한 것을 얘기해 봤다. 두 번이나 얘기했는데도 두 번이나 반응이 없었다. 그래서 '에잇' 하고 (독도에) 갔다'라고 했다.

—《최서면 오랄 히스토리》 일본어판(비매품), 2018년 3월

박근혜 대통령도 헌재 결정을 의식해 2015년 12월 28일 일본과 합의한 것인데, 문재인 정부는 그 합의가 "피해자중심적 접근을 하지 않았다"며 사실상 파기하고 화해·치유재단도 해산했다. 그러면서 일본에 새로운 협상은 요구하지 않겠다고 밝혔다. 이는 명백한 모순이며 '제2의 부작위'라고 할 수밖에 없다.

문재인 대통령과 주호영 미래통합당 원내대표가 2015년 위안부 합의 이행 문제를 두고 묘한 설전을 벌였던 것으로 알려졌다. 주호영 원내대표가 최근 더불어민주당 윤미향 국회의원 당선자를 둘러싼 논란을 언급하자, 문 대통령은 위안부 합의 자체의 문제점을 강조했다는 것이다.

28일 청와대에서 열린 문 대통령과 여야 원내대표 간 오찬 회동에서 주 원내대표는 "헌법재판소에서 위안부 할머니 문제에 대한 국가의 부작위는 위헌이라는 결정이 있었다"고 운을 뗐다. 이어 "이 정권이 (위안부) 합의를 무력화하며 3년째 아무런 노력을 하지 않는 것처럼 보여서 위헌상태가 지속되고 있다"면서, 특히 "보상과 관련한 할머니들의 입장을 제대로 반영하지 않아 윤미향 사건 같은 게 나왔다"고 했다. …

이에 문 대통령은 "위안부 합의로 문제가 해결될 것이라는 기대가 있었으나 피해자들이 받아들이지 못했다"면서 위안부 합의에 대한 비판 의견을 제시했다. 문 대통령은 "당시 할머니들과 사전에 (합의내용을) 공유했으면 이를 받아들였을 수도 있으나 일방적이었다"면서 "일본도 합의문상 (아베 신조 일본) 총리가 사과의 뜻을 밝히는 것으로 간주했는데 돌아서니 설명이 없었다"고 했다. 이어 "위로금 지급 식으로 정부 스스로 합의 취지를 퇴색시켰는데, 앞으로의 과제"라고 언급했다.　　　　　　　　 ─〈한국일보〉 2020년 5월 28일 입력

문 대통령이 박근혜 정부의 합의를 사문화한 것은 문 정부의 정책적 판단이라고 치부할 수도 있다. 다만, 그 후 아무런 조치도 취하지 않은 것은 '제2의 부작위'이며 헌법에 위배된다고 할 수 있다. 주호영 원내대표가 "위헌 상태가 지속되고 있다"고 지적한 것이 바로 그 지점이다.

문재인 정부는 2017년 12월 27일 검토 태스크포스의 발표와 이튿날 대통령의 입장문을 통해 합의 파기를 시사하고, 2018년 1월 4일에는 이용수 할머니와 윤미향 정의연 이사장 등을 청와대로 초청한 자리에서 "지난 정부 합의는 잘못됐으니 빠른 시일 안에 후속조치를 마련하라"고 관계자에게 지시했다. 문 대통령은 같은 해 9월 아베 신조 총리와 만나 "위안부 합의를 파기하거나 재협상을 요구하지는 않겠다"면서도 화해·치유재단은 해산하겠다는 뜻을 전했고, 같은 해 11월 여성가족부는 실제로 화해·치유재단 해산 방침을 발표했다. 화해·치유재단의 해산은 사실상 합의를 파기하는 것이나 마찬가지였다.

문제는 또 있다. 필자가 과문한 탓인지 모르겠으나 문 정부의 이런 방침에 대해 윤미향 이사장이나 정의연, 정의연 계열의 학자 등이 문제를 제기했다는 말은 듣지 못했다(2020년 처음으로 정의연이 홈페이지에 실은 재협상 촉구 글에 대해서는 157쪽 참조). 여기에서도 '진영논리'의 그림자가 어른거린다. "침묵의 대가가 국회의원이냐?"는 말이 나오는 연유다. 문제를 해결

하지 못하고 왜 국회로 가느냐며 윤미향 이사장을 질타한 것이 바로 이용수 할머니다.

2) '피해당사자'의 말은 강하다

2020년 5월 7일 이용수 할머니의 기자회견 요지는 정대협과 정의연이 할머니들을 이용만 해왔고, 단체가 받은 성금을 할머니들에게 쓰지 않았으며, 윤미향 당선인은 일본에서 10억 엔이 온다는 것을 알았으나 설명해 주지 않았고, 윤 당선인은 국회의원이 돼서는 안 되며, 수요집회는 도움이 안 되므로 없애야 하고, 본인도 참석하지 않겠으며, 한·일 학생은 친하게 지내야 한다는 것이다(이용수 할머니는 5월 25일 2차 기자회견 때는 운동단체가 할머니들을 이용했다는 주장을 더 강하게 했다). 정의연과 윤 당선인은 지금까지 경험하지 못한 메가톤급 공격을 받은 것이다. 윤 당선인은 2020년 5월 29일 기자회견에서 "피해자를 넘어 인권운동가로 정대협 운동의 상징이 되신 피해 할머니의 통렬한 비판에서 비롯되었기에 더욱 힘들었다"고 고백했다.

이용수 할머니가 기자회견에서 주장한 것과 똑같은 내용을 어느 언론사가 취재해서 '단독 보도'를 했다면 어떻게 되었을까(완벽하게 취재를 하고도 보도하지 못했을 가능성이 높다). 정의연과 윤미향 당선인은 단칼에 부인하고, 국민도 그 보도를 지지하지 않았을 것이며, 다른 언론사도 후속 보도를 하지 않았을 것이다. 정의연과 윤미향 당선인은 명예훼손으로 언론사를 제소하고, 국민은 댓글 등을 통해 '○○일보는 친일신문', '××× 기자는 토착왜구'라며 벌떼처럼 공격했을 것이다. 그런데 이용수 할머니의 기자회견으로 결과는 전혀 달라졌다.

피해당사자인 이용수 할머니가 직접 윤미향 당선인과 단체를 비판한 것은 두 가지 다른 결과를 가져왔다. 하나는 '언론 현실적', 또 하나는 '운동 이론적'인 관점에서다.

언론 현실적 관점에서 보면, 이용수 할머니의 기자회견은 언론이 관련 기사를 부담 없이, 자세하게, 오래 보도할 수 있도록 해줬다. 이는 그동안 정대협과 정의연이 누려 왔던 이점이었는데, 이번에는 역으로 언론이 누린 것이다. 정대협과 정의연은 그동안 위안부의 존재에 의문을 표시하면 "할머니가 곧 증거"라고 했고, 할머니들도 "내가 증거"라고 엄호했다. 할머니는 '증거'일 뿐만 아니라 듬직한 '방패'였다. 그런데 바로 그 '살아 있는 증거'인 이용수 할머니가 작심하고 비판한 것이니 정의연과 윤 당선인은 할머니의 비판을 반박하기가 어려웠고, 언론은 반대로 확실한 '방패'를 얻은 셈이다. 필자는 이용수 할머니가 직접 나서지 않았다면 사태는 이렇게까지 커지지 않았을 것이라고 단언한다. 이용수 할머니 본인조차도 자신의 주장이 이렇게까지 큰 파문을 일으킬지는 짐작하지 못했을 것이다.

한편 운동 이론적 관점에서 보면, 피해자인 할머니가 지원단체와 다른 의견을 제시했다는 점에서 스스로 운동의 주체가 되었다.

이달 들어 두 차례에 걸쳐 이뤄진 이용수 할머니의 기자회견(공개증언)을 어떻게 받아들여야 할 것인가. 결론부터 말해, 일본군 '위안부' 문제를 역사의 심연에서 처음 끌어올린 1991년 8월 14일 김학순 할머니의 첫 증언만큼 이용수 할머니의 이번 증언을 여성 운동사에서 매우 중요한 사건으로 받아들여야 한다고 판단한다.

그동안 우리는 위안부 피해당사자의 목소리를 들을 때 그들이 증언하는 '피해 사실'과 비극적 삶의 이야기에 집중했다. 이를 통해 이들의 '아픔'과 이를 극복해 낸 '용기'를 기려 왔다. 이야기를 하는 것은 그들이었지만, 문제해결의 주체는 지원단체나 정부였고, 그런 의미에서 할머니들은 수동적 존재였다. 이번 이용수 할머니의 증언은 결이 크게 다르다. 정의기억연대(한국정신대문제대책협의회의 후신)가 주도적으로 이끌어 왔던 기존의 운동 방식을 비판하며, 스스로 위안부 문제를 정의하고, 운동방향을 정하려는 주체적 의지를 표현하고 있다. 우리가 원하는 모습이든 아니든 그가 우리 앞에 주체로서 서겠다고 결심했다는 사실만은 인정해야 한다. 지난 30년 동안 정대협·정의연을 중심으로 이어진 운동이 '피해당사자' 이용수와 얼마만큼 문제의식을 공유했고, 실제 얼마만큼 피해자의 치유와 회복에 기여했는지 되새겨 볼 기회이기도 하다.

— 한혜인(아시아평화와역사연구소 연구위원), "'위안부 운동을 말하다' 전문가 릴레이 기고 ②: 둥지를 떠난 새: 독립한 '피해자'의 목소리", 〈한겨레〉 2020년 5월 29일 자

문재인 대통령이 2020년 8월 14일 제3회 기림의 날 메시지에서 "피해자를 넘어 인권운동가로서 끊임없이 우리 사회에 새로운 가치를 심어 주고 계신 할머니들"이라고 표현한 것도 전문가의 이런 시각을 수용한 것으로 보인다.

그렇다면 예전에도 정대협 활동에 대해 비판적인 할머니들이 있었는데, 그때는 왜 뉴스가 되지 않았는가.

노무현 정부 시절인 지난 2004년 일부 위안부 피해자 할머니들이 정신대문제대책협의회(정대협)를 상대로 '수치스러운 과거 경험을 적시한 모금행위와 수요집회를 금지해 달라'는 소송을 냈던 것으로 14일 확인됐다. 정대협은 최근 회계부정 논란에 휘말린 정의기억연대의 전신(前身)이다.

심미자(2008년 별세) 씨 등 위안부 피해자 13명은 지난 2004년 서울서부지방법원에 정대협과 나눔의 집을 상대로 '모금행위 및 시위동원 금지 가처분'을 냈다. … 그러면서 "정대협이 수치스러운 과거를 들춰 비디오물, 책자 등을 동의 없이 무단으로 제작해 모금활동을 하고 있다"며 당장 홍보활동을 중지해 달라고 했다. "피해당사자도 아닌 정대협이 위안부 후원 명목으로 자신들의 배만 불리고 인격권을 침해하고 있다"고도 했다. 이들은 또 정대협이 1990년부터 개최해 온 수요집회도 실제 위안부 피해자들이 아닌 중국에서 온 사람들이 섞여 있어 한·일 문제해결에 도움이 되지 않는다며 중단할 것을 주장했다.

하지만 법원은 가처분 신청을 기각했다. 법원은 "후원금 모집과 비디오 판매 등은 피해자들의 생계 지원과 대국민 홍보, 외교적 권익보호 목적"이라며, "심 씨 등 원고 3명 외에 나머지 생존 피해자 125명은 오히려 정대협 덕분에 명예와 인격권을 회복했다고 여길 여지도 있다"고 했다. 13명 중 10명은 소송을 취하해 결정문에 남은 사람은 심 씨 등 3명이었다. — 〈조선일보〉 2020년 5월 15일 자

'피해자를 이용해 돈을 버는 행위를 하지 마라', '수치스러운 과거를 파는 모금운동을 하지 마라', '수요집회를 중지하라'는 것이 심미자 할머니 등이 제기한 소송의 취지였는데, 16년 후에 터진 이용수 할머니의 주장과 판박이다. 그런데 왜 2004년에는 주목을 받지 못하고, 2020년에는 큰 파문을 일으켰을까.

우선 앞서 지적했듯 30년간 위안부 운동의 최전선에 섰던 이용수 할머니가 직접 문제를 제기했다는 점에서 주장의 무게와 디테일이 달랐기 때문이다. 다른 하나는 30년간 위안부 운동을 선도해 온 정대협과 정의연 내부에서 답을 찾을 수 있다. 단체의 문제점은 두 가지로 분석할 수 있다. 정대협과 정의연이 30년간 위안부 운동을 '과잉대표'해 온 것에 대한 반작용이 첫 번째이고, 시민단체도 이제 투명해져야 한다는 일반적 요구가 두 번째로서, 이 둘이 상승작용을 일으켜 관심을 키운 것이다.

3) 언론의 '마지막 성역'이 무너졌다

필자는 공 · 사석에서 일본 관련 보도가 한국 언론의 '마지막 성역'이라는 말을 자주 했다. 한국 언론은 권력기관에 대한 금기를 깨면서 성장했다. 지금은 청와대, 정보기관, 국회, 군부, 고위공직자 등을 비판하는 데 아무런 장애가 없다(최근 '새로운 성역'으로 재벌, 종교계, 시민단체 등이 고개를 들고 있긴 하지만 아직은 예전의 권력기관만큼은 아니다). 햇병아리 기자라도 그

럴 만한 이유를 대고 대통령을 비판하겠다고 하면 지면을 주는 것이 요즘의 언론계 풍토다.

그런데 단 하나의 예외가 바로 일본 관련 보도다. 세분하면 두 가지 영역에서 그렇다. 첫째로, 설령 '사실'이라 하더라도 일본을 두둔하거나 한국을 비판하는 기사를 쓰는 것은 힘들다. 둘째로, 일제 피해자를 지원하는 단체나 그들의 주장도 비판하기 힘들다. 대한민국에서 가장 센 '주홍글씨'는 '빨갱이'에서 '친일파'로 옮겨 온 지 오래다. 기자의 부담감은 회사나 선배가 시켜서 생기는 것이 아니다. 기자가 스스로 느낀다. 이를 '자기검열'이라고 한다. '자기검열'이 작동하는 것은 반일(反日) 감정이 그만큼 넓고, 뿌리 깊고, 강하기 때문이다.

그래서 정대협과 정의연도 오랫동안 언론의 비판이나 감시 대상에서 벗어나 있었다. 어쩌면 이런 풍토가 정대협과 정의연의 '일탈'을 부추겼는지도 모른다. 하지만 이용수 할머니의 기자회견을 계기로 보수와 진보 언론 모두가 윤 의원과 정의연을 비판적으로 보도했다. 두 가지 '성역' 중에서도 일본을 두둔하는 것보다 더 힘들었던, 피해자 지원단체에 대한 비판이 가능해진 것이다.

일본의 입장을 전하거나 한국을 비판하는 기사는 최근 10년간 점차 늘고 있다. 대표적인 한국 비판 사례가 이명박 대통령의 독도 방문, 쓰시마에서 훔쳐온 불상을 돌려주지 않아도 된다고 한 법원의 판결, 박근혜 대통령이 위안부 문제해결을 전제로 아베 신조 총리와 2년 8개월간 정상회담을 하지 않은 일, 박 대통령에 대한 명예훼손혐의로 가토 다쓰야(加藤達也)〈산케이신문〉전 서울지국장을 기소하고 출국금지시킨 일, 일본의 수출규제에 맞서 한일정보보호협정(GSOMIA・지소미아)을 대응카드로 쓴 일 등의 문제점을 지적한 것이다. 이런 기사는 스트레이트 뉴스보다 칼럼 등에 많다.

필자처럼 정대협과 정의연을 '성역'으로 언급한 이들이 있다.

1995년 '무라야마 담화'로 유명한 무라야마 도미이치 당시 일본 총리의 주도로 아시아여성기금이 발족했고, 위안부 피해자들에 대한 배상이 시작됐다. 위안부 피해자 중 일부는 배상금을 수락했지만 일부는 거부했다. 일본 정부의 공식적 배상이 아니라는 이유에서였다. 위안부 피해자들을 돕던 한국정신대문제대책협의회(2018년 현재의 정의기억연대로 통합)는 여성기금에 협조하는 활동가나 피해자들과 결별했다. 정대협이 성역(聖域)이 되고 활동가들이 성소(聖所)를 지키는 신관(神官)이 된 것은 아마 그때부터였을 것이다. 여성기금의 배상을 받은 61명의 한국인 피해자들과 그들을 돕던 일본인 활동가는 용서받을 수 없는 이단의 무리가 되었다. 피해자들은 자취를 감추었고, 일본인 활동가는 입국이 금지됐다. …

2015년 들어 '일본 총리의 사죄'라는 한국의 요구를 일본이 수용할 수도 있다는 소문이 도쿄에 퍼졌지만 나는 그 소문을 믿지 않았다. 아베 신조 일본 총리에게는 영혼을 파는 일이라고 생각했기 때문이다. 그래서 합의문이 발표되던 당일 내 귀를 믿을 수 없었다. 나는 피해자 할머니들이 최종적이고 불가역적인 승리를 거두었다고 생각했다. …

그런데 그 합의가 거부되었고, 나는 정확한 이유를 알 수 없어 당황했다. 내 한국인 친구들은 "피해자의 의견이 배제된 합의이기 때문"이라고 했다. 그러나 그들 중 누구도 고노 담화나 무라야마 담화는 물론이고 2015년의 위안부 합의문을 읽어 본 사람이 없었다. 아시아여성기금에 의한 배상이 왜 거부되었는지를 알고 있는 사람도 없었다. 30여 명의 피해자가 배상금을 받기로 결정했다는 내용은 모두에게 금시초문이었다. 피해자의 의견이 가장 중요하다고 말하면서도 피해자의 목소리를 들은 적이 없었다. 피해자들은 성소에 갇혀 있었고, 우리가 들을 수 있는 것은 신관의 신탁(神託)뿐이었기 때문이다.

— 박상준(와세다대 국제학술원 교수), 〈동아일보〉 2020년 5월 30일 자

윤미향 의원을 둘러싼 위안부 피해자 후원금 유용 등 의혹에 대해 천영

우 전 청와대 외교안보수석은 "알 만한 사람들은 다 아는 비밀"이라고 했다. 그러나 그 비밀은 보도하거나 언급하지 못하는 성역이라고 했다.

천 전 수석은 지난 16일 유튜브 천영우TV에 '정의연과 윤미향의 민낯, 위안부 합의 비화'라는 제목의 영상을 올려 이같이 말했다. … 천 전 수석은 … "이용수 할머니가 정의연과 윤미향을 향해 한 말은 알 만한 사람들은 다 아는 엄청난 비밀이지만, 언론이나 정부 당국자는 다 알고 있어도 보도하거나 언급하는 것 자체가 금기시되어 온 성역이었다"고 털어놨다. … 그러면서 "이용수 할머니가 보여 준 용기를 정말 높이 평가해야 할 이유는 우리 사회의 성역 하나를 허물었기 때문"이라며 "금기와 성역이 많을수록 병든 사회다. 아무도 감히 할 수 없는 큰일을 이용수 할머니가 하셨다"고 평가했다. ─〈서울경제〉 2020년 5월 19일 입력

그러나 언론 보도의 목적은 위안부 지원단체의 '성역'을 깨는 데 있지 않다. '성역'을 깬 이후가 문제다. 다만, 예전과는 달리 언론사는 이제 의지만 있으면 얼마든지 위안부 운동단체의 문제점을 지적할 수 있게 됐다.

4) 내부 비판의 물꼬를 텄다

언론과 마찬가지로 관련 학계와 운동단체도 그간 정대협과 정의연의 '빛'만 보고 '그늘'에 대해서는 함구했다. 몇 가지 이유가 있었을 것이다. 운동단체 내부의 일을 밖으로 드러내는 것에 대한 껄끄러움, 남을 깎아내리는 데서 오는 오해와 비난의 우려, 인적 네트워크와 지원 등에 대한 불이익 가능성 등이 입을 막았을 것이다. 하지만 가장 큰 이유는 아마도 정대협과 정의연이 이미 한두 사람의 문제제기나 한두 마디의 비판으로는 흔들리지 않을 정도로 '철옹성'이 되어 버렸기 때문일 것이다. 그런데 이용수 할머니의 외침이 성문의 빗장을 풀고, 성벽에 사다리를 놓았다.

시민단체가 정부의 지원을 많이 받는 것은 문제다. 1990년 정대협 출범 후 2007년까지 정부지원금은 김대중 정부 시절 받은 2천만 원이 전부다. 정대협 운동의 성과로 1993년 위안부 생활안정지원법이 제정돼 피해자들은 지원금을 받았지만 단체는 지원대상이 아니었다. 정대협 출신인 이미경 씨가 국회의원이 돼 2002년 위안부 생활안정지원 및 기념사업법으로 개정하면서 단체지원이 가능해졌다. 하지만 이후로도 내가 있을 때까지 정부의 지원은 없었다. 윤 의원이 국회로 가는 것이 맞느냐, 그 질문부터 해야 한다. '위안부 운동 = 윤미향'으로 여겨지는 상황인데 그 운동의 성과를 모두 자기가 갖고 특정 정당의 '간택'을 받아 가는 것, 그것이 위안부 운동과 단체에 어떤 영향을 줄지 생각하지 않고 가는 게 옳은 일이었을까. 30년 운동의 성과가 개인의 성과로 귀착돼 유감이다. ― 신혜수(유엔인권정책센터 이사장), 〈동아일보〉 2020년 6월 10일 자

신혜수 이사장은 한국여성단체연합 공동대표와 정대협 공동대표를 지냈고, 일본군 '위안부' 기록물 유네스코 세계기록유산 등재 국제연대위원회 사무단장을 맡고 있다.

2000년 법정은 진상 규명과 법적 해결이라는 큰 틀을 제시하고 뼈대를 만들었다. 그 뒤 다양한 활동 등이 이루어졌으나 뼈대 사이사이를 모두 메우지는 못했을 것이다. 현재 남아 있는 수많은 빈 공간을 메우는 일이 어찌 시민단체만의 몫이겠는가? 이번 논란은 우리 앞에 놓여 있는 채워야 할 공간에 대한 질문으로부터 시작해야 한다. 몇 가지 제안을 하고 싶다.

첫째, 지난 30년의 운동을 상세하게 복기하면서 혹시 우리 안에 그동안 해왔던 관성은 없었는지 살펴보는 일이다. 지속적으로 운동을 하다 보면 이제까지 해왔던 방식에 익숙하기에 꼼꼼히 챙겨야 할 것을 놓칠 수도 있다. 둘째, 국민적 눈높이에서 재정과 조직, 사업 등 전반에 걸쳐 투명성과 책무성에 기반한 강도 높은 혁신안을 만들어야 한다. 셋째, 2000년 법정이 21세기를 맞이하

는 시대적 요구였던 것처럼, 2020년의 시대적 요구에 관한 사회적 합의를 공론화 과정을 통해 만들어 내야 한다. 다양한 이해당사자들이 함께 모여 머리를 맞대고 이 시대에 필요한 과제가 무엇인지 공론의 장으로 이끌어 내는 일은 국민적 공감대를 확산시키는 일이기도 하다. 물론 활동가와 피해자의 관계를 재정립하고 신뢰를 회복하는 일로부터 시작되어야 한다. 넷째, 네 편, 내 편 가르는 진영논리에 기대어 피해자를 폄훼하거나 단체를 악의적으로 왜곡하는 일은 당장 그만두어야 한다. 근거 없는 가짜뉴스들, 마구잡이식 보도들, 피해자들의 트라우마를 외면한 인신공격성 발언들, 진위와 상관없이 색깔론을 덧씌워 단체를 공격하는 일은 문제해결에 전혀 도움이 되지 않는다. 다섯째, 정치와 운동을 분리시켜야 한다.

— 양미강(전 한국정신대문제대책협의회 사무총장), 〈한겨레〉 2020년 6월 9일 자

양미강 전 사무총장의 다섯 가지 제안은 이번 사태의 해법을 잘 요약한 것으로 보인다. 이 해법은 정의연 혼자만이 아니라 정의연의 변화를 요구하는 관련단체들도 함께 져야 할 의무인지도 모른다.

어느 날 이용수 여성인권운동가가 찾아오셨다. 좋아하신다는 국밥을 시켜 놓고도 그간의 하고 싶은 말씀을 하느라 거의 드시지 못했다. 그날 만난 이용수는 1992년 친구의 피해를 대신 말한다고 증언했던 피해자 이용수가 아니라 당신 말대로 여성인권운동가였다. 그런데 요즘 나는 '또 다른' 이용수를 만난다. 그 이용수는 그간 하고 싶었던, 누구도 하지 못했던 피해자의 설움과 분노를 쏟아 내면서 운동의 방향과 방법에 대해 비판했다. 배움이 짧아서 그 방법이 구체적이지 않다고 안타까워했지만 이것은 말 그대로 '겸손'이다.

이제까지 우리가 알던 이용수는 국제사회에 위안부 문제를 제기한 공식적 여성인권운동가였다면 2020년 이용수는 화려한 옷도 입고 싶고, 배고플 때 밥도 먹고 싶고, 화나면 화났다고 말하는 평범한 여성 시민으로서 우리 내부의

'부정의'를 솔직하게 말하고 있다. 다양한 욕망을 가진 여성, 인간으로서 이제는 당신 뜻대로, 주체적인 사람으로 살겠다는 자기 정의를 선언한 것이다. 여성, 인간, 선언! … 어쩌면 일본의 사과보다 더 중요한 것은, 피해 증명 이외에는 그녀들의 그 어떤 것에도 관심 없었던 국가·운동·언론이 일상적 삶을 살아가는 '이용수들'의 고통을 듣는 것이다. 그래야 그녀들이 그동안의 무거웠던 짐을 내려놓고 편안하게 살 수 있다. 이것이 남아 있는 우리가 그녀들과 함께 살아가며 그 역사를 기억하는 방법이며 바로 우리가 배워야 할 새로운 '이용수들'의 '여성인권선언'이다. 이용수는, 우리가 더 많은 '이용수들'을 마주할 수 있도록 준비시키고 있다.

— 변혜정(전 한국여성인권진흥원장), 〈경향신문〉 2020년 6월 28일 입력

변혜정 전 원장은 국가, 운동, 언론이 '운동가 이용수'가 아니라 '여자 이용수', '인간 이용수'가 되는 것을 허(許) 하라고 요구하고 있다.

주성수 한양대 제3섹터 연구소 소장(공공정책대학원 명예교수)은 시민단체의 운동환경이 2017년 촛불혁명을 기점으로 완전히 변했다고 분석했다. 시민운동의 핵심주체가 '시민단체'에서 '개인 당사자'로 옮겨 왔지만, 정작 시민단체가 그 변화에 적응하지 못해 각종 문제가 불거져 나왔다는 것이다. … 그는 시민단체 내에서 당사자들의 목소리가 배제된 것도 이런 현상의 핵심 원인 중 하나라고 분석했다. 시민단체 내 거버넌스가 당사자들이 배제된 채 전문가, 교수 등 엘리트 중심으로 꾸려졌다는 것이다. … 주 소장은 일련의 과정을 시민운동의 개인화라고 명명했다. '정치 민주화' 시대를 지나 '생활 민주화' 시대에 접어들었다는 것이다. 그는 "앞으로의 시민단체는 당사자들과 더욱더 밀착해야 한다"면서 "단체 내 이사회나 운영위원회 등에 당사자들이 포함돼 목소리를 반영해야 하며, 기부자들에게 회의록 등 관련 정보를 모두 투명하게 공개해야 한다"고 강조했다.

그러면서 대형단체 중심의 시민사회 운동도 지양해야 한다고 주장했다. 주 소장은 "2000년 이후 정부의 시민단체 지원은 공모사업 형태가 대부분이었는데, 이로 인해 대형 시민단체가 이를 독식하는 일이 비일비재했다"면서 "작은 단체들도 성장할 수 있는 인큐베이팅 시스템을 마련해 '비빌 언덕'을 마련해야 다양한 목소리를 낼 수 있을 것"이라고 내다봤다.

— "시민사회단체, 신뢰의 길을 잃다", 〈한국일보〉 2020년 7월 1일 입력

주성수 소장의 '시민운동의 개인화'라는 개념이 신선하다. 이제 시민단체가 밖을 향해 몸집을 불리는 시대는 지났으며, 개인 중심의 콘텐츠를 고민하는 단체로 변해야 생존할 수 있다는 것이다.

이용수 할머니의 기자회견을 계기로 백가쟁명식 해법이 나오고 있다. 일단 '내부 비판'의 물꼬가 터졌다는 점은 긍정적으로 평가할 수 있을 것 같다. 그러나 우리가 진실이라고 믿는 것도 나중에 보면 진실의 한 면에 불과하다는 것을 알게 될 때가 많다. 정대협과 정의연에 대한 비판도 그럴지 모른다. 하지만 분명한 것은 정대협과 정의연은 오랜 기간 '내부 비판의 장'에서 열외였다는 것이다. 이번 사건은 정의연에게 다른 단체들과 마찬가지로 겸허하게 '내부 비판의 장'에 서라고 요구하고 있다.

5) '특권 시민단체'는 존속가능하지 않다

한국에서 시민단체의 위상은 점점 높아졌다. 일부 시민단체는 특정 정권의 인재 풀 역할을 할 정도로 덩치와 힘이 커졌다. 그 과정에서 이율배반적 현상이 빚어졌다. 일부 시민단체는 '우리는 힘이 세니까 제대로 대접해 달라'고 한다. 동시에 '우리는 착하니까 검증은 사양하겠다'고 한다. 총은 들었지만 천사라는 주장이다. 권력과 이권 앞의 천사는 절대 착하지 않다. 착한 천사도 오랫동안 검증을 받지 않으면 흰 날개에 때가 끼게 마련이다.

윤미향 사건은 아무리 '훌륭한' 단체도, 아무리 '센' 단체도 '셀프 감사'에 의존해서는 안 된다는 교훈을 준다. "개방성, 투명성, 민주성은 방역 3원칙에 국한되지 않는다."(정유진 전 도시샤대 조교수) 시민단체의 원점을 묻는 검증은 두 가지 방향으로 진행해야 한다. 하나는 윤리의 문제이고, 하나는 제도의 문제이다. 윤리는 단체 스스로가 확립해야 하고, 제도는 단체 밖에서 강제해야 한다.

문재인 대통령이 제도의 문제를 언급하면서 여·야당이 앞다퉈 이른바 '윤미향 방지법'을 제출하고 있다.

'비 온 뒤에 땅이 굳어진다'는 말이 있습니다. 지금의 논란과 시련이 위안부 운동을 발전적으로 승화시키는 계기가 되길 기대합니다. 특히 정부는 이번 논란을 계기로 기부금 통합관리 시스템을 구축하여 기부금 또는 후원금 모금활동의 투명성을 근본적으로 강화하겠습니다. 자신이 낸 기부금이나 후원금이 어떻게 사용되는지 투명하게 알 수 있다면 국민들의 선의가 바르게 쓰이게 되고, 기부문화도 성숙해질 수 있을 것입니다.

정부와 지자체의 보조금도 투명하게 관리하겠습니다. 시민단체들도 함께 노력해 주시기 바랍니다. 국민들께서도 시민운동의 발전을 위해 생산적인 논의가 될 수 있도록 지혜를 모아 주시기 바랍니다.

— 문재인 대통령, 2020년 6월 8일 수석보좌관 회의

정부·여당이 공익단체 회계 투명화를 위한 '윤미향 법' 입법을 본격 추진한다. 이를 통해 이른바 '정의연(정의기억연대) 사태'는 물론 과거 K스포츠재단, 미르재단 사태를 초래했던 구조적 문제를 올해 안으로 해결한다는 목표다. 정의연 사태 관련 야당의 국정조사 요구의 '대응 카드'로도 풀이된다.

7일 국회 법제사법위원회에 따르면 법무부는 이르면 정기국회 개회 전인 오는 8월까지 '공익법인의 설립·운영에 관한 법'(공익법인법) 개정안을 입법 예

고한다. 문재인 정부 100대 국정과제 중 '반부패 개혁으로 청렴한국 실현'의 일환으로, 2년여간 논의 및 연구 끝에 법안 작업을 사실상 마무리했다.

개정안은 공익단체에 대한 설립 허가와 관리·감독 권한 등을 일원화하는 시민공익위원회(가칭) 설립을 골자로 한다. … 여당도 적극적이다. 윤호중 법제사법위원장은 지난달 '공익법인의 운영 및 활성화에 관한 법안'(제정안)을 대표발의했다.

국무총리실 산하에 독립적 업무를 수행하는 시민공익위원회를 설치하고, 공익법인의 설립 허가 및 취소, 설립 허가를 위한 공익성 검증 및 결정, 업무 감독 및 감사, 수익사업에 대한 시정이나 정지 명령, 지정기부금 단체 지정 추천 등 권한을 부여한다.

민관 협의체로 구성되는 점이 특징이다. 공익활동 관련 업무를 10년 이상 해온 사람으로서 사회적 신망이 높은 자, 10년 경력 이상의 변호사·회계사나 세무사, 10년 경력 이상의 대학이나 공인된 연구기관의 부교수 등, 3급 이상 공무원 등으로 꾸린다. ─〈머니투데이〉 2020년 7월 7일 입력

미래통합당이 21대 첫 임시국회 중점법안으로 선정한 윤미향 방지법의 윤곽이 드러났다. 위안부 할머니 피해 진상규명 TF(곽상도 단장) 소속 윤창현 의원은 국민 성금인 기부금의 수입 투명성을 높이고 지출내역을 국민이 직접 확인할 수 있도록 하는 기부금 단체 국민참여 확인제도를 비롯한 기부금품법, 상속증여세법, 조세특례제한법 3개 법안을 발표했다.

윤 의원은 19일 보도자료를 통해 '윤미향 방지 3법'의 내용을 공개했다. 가장 눈에 띄는 항목은 수입·지출 항목 전체를 사업 단위별·비목별(인건비, 식비, 물품구입비 등)로 세분화시켜 행정안전부 기부금통합관리시스템에 공시하는 방안이다. 국민들이 이 사이트에 접속하면 내가 낸 기부금이 정상적으로 수입항목에 회계처리됐는지, 어떤 지출에 사용됐는지 온라인 확인이 가능해진다. 국회의원의 정책연구비, 의원 연구단체의 연구용역비가 영수증 원본과

사업결과물이 대국민 공개되는 것을 벤치마킹한 것으로 알려졌다.

　성실신고 세무사 확인제도 도입된다. 기부금을 받은 단체가 세무서에 회계자료를 제출하기 전 세무사로부터 회계자료가 관련규정에 맞게 작성됐는지, 누락된 수입은 없는지, 단체의 목적에 맞게 지출은 투명하게 이루어졌는지를 사전에 확인받는 제도이다. 대상은 기부금과 국고보조금 등을 합해 연간 총 수입이 5억 원을 넘거나 기부금 수입만으로 2억 원 이상을 거두는 단체다. 현재 연간 총수입 50억 원(기부금 수입 20억 원) 이상의 단체에 대해서는 외부 회계감사가 의무화돼 있는 만큼 총수입이 5억~49억 원 규모인 중소 공익법인에 대해 적용된다. 성실신고 확인서를 발급하는 세무사에게 세액공제(연간 250만 원 한도)를 해주거나 국세청 공익 세무사(신설)로부터 확인서를 받게 하는 등 공익법인의 추가적인 부담 없이 제도를 운영할 계획이다.

—〈서울경제〉 2020년 7월 19일 입력

　2020년 9월 14일 윤미향 의원을 기소한 검찰은 "정대협·정의연은 '공익법인법'상 공익법인으로 설립되어 있지 않으나 '상속세 및 증여세법'상의 공익법인으로 세제혜택을 받고 있었고, 감독관청 보고나 공시에 부실한 점이 상당하였음에도 이에 관하여 처벌은 할 수 없었다"고 문제점을 지적했다. 또 "정대협과 정의연의 홈택스 공시내용이 부실하거나 사실과 달라 많은 의혹이 제기되었는데, 이러한 부실공시는 처벌규정이 없는 점에 기인하는 점도 있다고 보인다"고도 했다. 그래서 검찰은 "기부금을 모집하여 사회 일반의 이익을 위해 각종 활동을 하는 법인들의 자금집행 투명성 제고를 위해 ① 공익법인법의 적용 확대, ② 상속세 및 증여세법상의 공익법인에 대하여 부실공시 제재 강화 등 관련 법제도 개선을 법무부에 건의할 계획"이라고 밝혔다. 지원단체의 투명성 문제는 법을 새로 제정하거나 기존 법률을 개정하면 이를 성실히 준수하면 될 일이다. 단, 이제는 국민도 더 지켜보고 더 따져봐야 한다. 게으른 국민이 더 게으른 단체를 낳는다.

3. 윤미향과 정의연의 주장들에 대하여

2020년 5월 7일 이용수 할머니 기자회견 이후 수많은 기사와 기획, 사설, 논평, 칼럼 등이 나왔다. 어떤 뉴스를 언제, 어떤 방식으로, 어떤 크기로 보도할지는 각 언론사가 판단할 문제다. 그런데 일부 뉴스를 둘러싸고 진실공방이 벌어진 경우가 있었고, 어떤 칼럼과 논평은 윤미향 당선인과 정의연을 보호하려는 나머지 납득하기 어려운 논리를 전개한 경우도 있었다.

다음은 일부 진실공방과 논쟁적 주장들에 대해 필자의 의견을 피력한 것이다. 필자가 볼 때 납득하기 어려운 주장들에 대해 '그렇게 생각하지 않는다'고 이견을 제시하지 않고는, 공방만 하고 끝나 버린 사안들에 대해 '그래서 무엇이 진실에 가까운데?'라는 질문을 던지지 않고는, 이번 사건의 전체상을 파악하기 힘들다는 생각에서다.

1) 윤미향은 '위안부 합의'를 어디까지 알았을까

이용수 할머니는 5월 7일 첫 기자회견에서 이렇게 말했다.

2015년 한·일협정 때입니다. 10억 엔이 일본서 들어오는데 윤미향 대표만 알고 있었습니다. 그러면 외교통상부도 죄가 있습니다. 피해자들한테도 알려야죠. 제가 알았으면 돌려보냈을 텐데, 그 대표들한테만 얘기하고 저는 몰랐습니다.

윤미향 당선인이 한·일 위안부 합의내용의 일부인 일본 정부의 10억 엔 출연 사실을 사전에 알고 있었다고 주장한 것이다. 그러나 윤 당선인은 5

월 29일 기자회견에서 다음과 같이 반박하는 등 기회 있을 때마다 이용수 할머니의 주장을 부인했다.

2015 한·일 합의내용을 제가 사전에 알고 있었음에도 이를 이용수 할머니를 포함한 할머니들에게 알리지 않았다는 주장이 있었습니다. 그러나 누차 밝힌 바처럼 이는 명백히 사실이 아닙니다. 이런 사실은 외교부의 입장 발표를 통해서도 확인되었습니다. 지난 5월 12일 외교부 대변인은 한·일 일본군 위안부 피해자 문제 합의 검토결과 보고서에 "구체적으로 알려 주지 않았다", "피해자 의견을 수렴하지 않았다"는 구절이 있다고 브리핑한 바 있습니다.

윤 당선인이 이 기자회견을 하기까지 어떤 말을 했는지 살펴보자.

오늘(5월 7일) 오전 할머니와 통화하는 중에 할머니의 기억이 달라져 있음을 알았다. 한·일 합의 발표 당일, 할머니가 일찌감치 사무실로 오셔서 다 함께 TV를 틀어놓고 윤병세 장관의 발표를 보고 있었고, 발표가 끝난 뒤 할머니와 기자회견도 했다. ─ 윤 당선인의 페이스북, 〈CBS 노컷뉴스〉 2020년 5월 8일 입력

윤 당선인은 합의내용을 발표 당일 알았다는 식으로 말하고 있다.

윤 당선인은 7일 페이스북에 "(위안부 합의내용은) 협상 당일에 알았다"고 해명했다. 위안부 합의내용을 사전에 전혀 몰랐다는 의미다. 하지만 윤 당선인은 8일에는 〈중앙일보〉와 통화에서 "협상 전날 통보를 받았다"고 말을 바꿨다. 다만 윤 당선인은 "외교부가 기자들에게 엠바고 상태로 뿌린 것과 똑같은 내용을 일방적으로 통보받았다"며 "당일 발표는 (사전에) 통보받은 내용과도 달랐다. 소녀상 문제와 불가역적 해결, 국제사회 비난 자제 등의 내용은 당일 이용수 할머니와 처음 들었다"고 말했다. ─ 〈중앙일보〉 2020년 5월 8일 입력

이 발언에 대해 〈중앙일보〉는 "외교부가 기자들에게 엠바고 상태로 전달한 것과 같은 내용이었다"는 윤 당선인의 주장은 사실이 아니라고 반박했다. 〈중앙일보〉는 "외교부는 기자들에게 미리 알린 내용이 없었다. 12월 28일 당일 점심 때 외교부 고위 당국자가 언론사 간부들을 모아 놓고 설명한 게 전부다. 결과적으로 10억 엔 등에 대한 내용은 윤 당선인이 언론인들보다도 빨리 알았다는 얘기가 된다"고 보도했다(〈중앙일보〉 2020년 5월 11일 입력).

윤 당선인이 "합의내용을 발표 당일 오전에 알았다"고 발언한 적도 있다고 한다.

윤미향 '일본군 성노예제 문제해결을 위한 정의기억연대' 전 이사장이 2015년 12월 위안부 합의내용을 언제 알았는지가 논란인 가운데, 그가 '일본이 국고에서 10억 엔을 출연해 재단을 설립한다'는 등 일부 내용을 합의 당일 오전에 통보받았다고 밝혔던 과거 발언이 확인됐다.

그러나 위안부 문제의 '최종적·불가역적 해결'이나 소녀상 이전 관련 사항 등 위안부 합의가 여론의 지탄을 받은 주요 대목에 대해선 합의 발표를 보고서야 알았다고 주장했다. … 윤 전 이사장은 위안부 합의가 발표되고 한 달여가 지난 2016년 2월 19일 서울 마포구에 있는 한국정신대문제대책협의회(정대협) 사무실에서 외교부를 취재하는 기자들과 간담회를 가졌다.

12일 〈연합뉴스〉가 파악한 바에 따르면, 당시 정대협 상임대표 자격으로 간담회에 참석한 윤 전 이사장은 "외교부에서는 합의가 임박한 시점에 합의내용을 사전 설명했다고 얘기하는데 맞느냐"는 질문에 "(외교부가) 당일 아침에 지역단체들에 전화로 통보한 것으로 안다"면서 "저도 마찬가지(로 그때 통보받았다)"라고 말했다. 그러면서 "그것은 (단체 측과 논의해 내린) 합의가 아니라는 것"이라며 "통보란 얘기"라고 덧붙였다. —〈연합뉴스〉 2020년 5월 12일 입력 윤 당선인은 5월 8일 페이스북에 작성한 입장문에서 "다른 할머니들은 10억 엔 받는 걸 알고 있었는데 당신만 몰랐다고 하더라"는 말도 했다(〈조선일보〉 2020년 5월 9일 입력). 그러나 '다른 할머니들'이 10억 엔 받는 것을 알았다는 이 발언으로는 할머니들의 인지시점이 합의 발표 이전인지, 이후인지 불분명하다. 본인이 합의 전에 알았는지, 몰랐는지도 불분명하다. 할머니들은 아마도 2015년 12월 28일 합의 발표 이후에 알았을 것이다. 그렇다면 윤 당선인의 이 해명은 의미가 없다. 이용수 할머니가 문제 삼는 것은 할머니들의 인지시점이 아니라 '윤 당선인 혼자서 합의 발표 이전에 알지 않았느냐'는 것이기 때문이다.

5월 10일에는 윤미향 당선인이 속한 더불어시민당 제윤경 수석대변인이 논평을 통해 "외교부는 관련단체와 어떤 사전 협의도 없이 (2015년) 12월 27일 오후 한·일 국장급 협의에서 모든 사항을 결정하고, 당일 밤 윤미향 당시 한국정신대문제대책협의회(정의연의 전신) 상임대표에게 합의내용 일부를 기밀 유지를 전제로 일방 통보했다"고 했다. 〈중앙일보〉 기사와 제윤경 수석대변인의 말을 종합하면 일단 윤 당선인이 2015년 12월 27일 밤에 외교부로부터 뭔가 설명을 들었다는 사실은 맞는 것 같다.

그런데 윤 당선인은 5월 11일에 다시 "그건 이미 언론에 나오고 있었고요. 국가 책임을 인정한다, 그다음에 총리가 사과한다, 국고에서 도출한다는 것은 언론에도 나오고 있었기 때문에 다 국민들도 알고 있는 사실이었어요"라고 했다. 외교부로부터 사전에 들은 사실이 없었다는 것처럼, 들은 적은 있어도 새로운 내용은 전혀 없었다는 것처럼 다시 말하고 있다(CBS 〈시사자키 정관용입니다〉 2020년 5월 11일 입력).

'10억 엔 사전인지설'은 이렇게 윤 당선인 본인이 조금씩 뉘앙스를 달리하며 여러 말을 하는 바람에 불필요하게 증폭된 측면이 있다. 윤 당선인이 발표 전날 합의내용의 일부를 알았다는 것을 부인하고 싶어 하다 보니 이런 일이 벌어진 것이다.

2020년 5월 29일의 기자회견으로 돌아가자. 윤 당선인은 "2015 한·일 합의내용을 제가 사전에 알고 있었음에도 이를 이용수 할머니를 포함한 할머니들에게 알리지 않았다는 주장이 있었습니다. 그러나 누차 밝힌 바처럼 이는 명백히 사실이 아닙니다"라고 했다. 이용수 할머니가 주장한 '10억 엔 인지설'을 부인하며 '사전 설명설'까지도 다시 포괄적으로 부인한 것이다. 본인이 합의에 동의했는지와 상관없이 합의내용 일부에 대해 하루 전날 설명을 듣고도 이런 식으로 "명백히 사실이 아니다"라고 말할 수 있는지는 의문이다. "일부 내용은 들었으나 10억 엔에 관한 언급은 없었다"고 하면 모르겠으나.

윤 당선인이 외교부 대변인의 2020년 5월 12일 발언을 인용해 "합의 검증보고서도 '구체적으로 알려 주지 않았다', '피해자의 의견을 수렴하지 않았다'고 했다"고 말한 부분도 오해의 소지가 있다.

검토 태스크포스 보고서에 "구체적으로 알려 주지 않았다", "피해자의 의견을 수렴하지 않았다"는 구절이 들어 있는 것은 사실이다. 그런데 "구체적으로 알려 주지 않았다"라는 말 앞에는 다른 말이 더 있다. 다른 말이란 "또, 외교부는 협상을 진행하는 과정에서 피해자 쪽에 때때로 관련 내용을 설명하였다. 그러나 최종적·불가역적 해결 확인, 국제사회 비난·비판 자제 등 한국 쪽이 취해야 할 조치가 있다는 것에 관해서는 구체적으로 알려 주지 않았다"는 것이다. 그렇다면 일본 측의 책임 인정, 총리의 사죄, 10억 엔 재단 설립 등은 알려 줬다는 해석이 가능하다.

"피해자의 의견을 수렴하지 않았다"는 말도 마찬가지다. 이 말의 원문은 "돈의 액수에 관해서도 피해자의 의견을 수렴하지 않았다"는 것이다. 즉, 윤 당선인이 인용한 "피해자의 의견을 수렴하지 않았다"는 것은 돈의 액수에 관한 것이지 전반적으로 의견을 수렴하지 않았다는 뜻이 아니다. 윤 당선인이 인용한 구절 바로 앞에는 이런 언급이 있다.

"외교부는 국장급 협의 개시 결정 뒤 전국의 피해자단체, 민간 전문가 등을 만났다. 2015년 한 해에만 모두 15차례 이상 피해자 및 관련단체를 접촉하였다." "외교부는 협상에 임하면서 한일 양국 정부 사이에 합의하더라도 피해자단체가 수용하지 않으면 다시 원점으로 돌아갈 수밖에 없으므로 피해자단체를 설득하는 것이 중요하다는 인식을 가졌다. 또 외교부는 협상을 진행하는 과정에서 피해자 쪽에 때때로 관련 내용을 설명하였다."

따라서 윤 당선인이 검토 태스크포스 보고서의 "구체적으로 알려 주지 않았다"와 "피해자의 의견을 수렴하지 않았다"는 말을 인용해 마치 본인도 외교부와 아무런 접촉도 하지 않았고, 사전에 아무것도 통보받지 못했다는 뉘앙스를 풍기는 것은 사실에 부합하지 않는다.

윤 의원이 과거 외교부 간부와의 접촉에서 어떤 발언을 했고, 어떤 반응을 보였는지를 알 방법이 전혀 없는 것도 아니다. 윤 의원 관련 면담자료는 적어도 세 종류다.

첫째, 일본과 위안부 문제를 논의하는 과정에서 외교부 간부가 윤미향 정대협 대표에게 설명하기 위해 만났을 때의 기록이다. 몇 차례인지는 알 수 없다. 다만, 앞의 검토 태스크포스 보고서가 "2015년 한 해에만 모두 15차례 이상 피해자 및 관련단체를 접촉했다", "협상을 진행하는 과정에서 피해자 쪽에 때때로 관련 내용을 설명했다"고 했으니 2015년 당시 가장 중요한 키플레이어였던 윤미향 대표에게 설명을 안 했을 리가 없다('한반도 인권과 통일을 위한 변호사 모임'이 제기한 윤미향 의원 면담 관련 정보공개 소송에서 외교부는 "위안부 합의 당시 윤 의원은 외교부와 4번의 면담을 했다"는 답변서를 제출했다는 보도가 있었다. ─TV조선, 2021년 1월 23일).

둘째, 위안부 합의내용을 발표하기 하루 전인 2015년 12월 27일의 면담 기록이다. 아마도 이 기록이 가장 중요한 자료일 것이다.

셋째, 검토 태스크포스가 2017년 하반기에, 합의에 관여했던 외교부 간부들을 청문했을 때 윤 대표의 발언과 반응에 대해 증언한 기록이 남아 있을 것이다.

따라서 이들 자료를 모두 모아 대조하면 윤 의원이 당시 어떤 입장이었는지, 어떤 발언을 했는지 아는 것은 그리 어렵지 않을 것이다. 문서를 공개한다 해도 윤 의원은 "그런 말을 한 기억이 없다. 외교부 간부들이 멋대로 쓴 소설이다"라고 부인할 수 있다. 하지만 기록되어 있는 '구체적 단어'의 힘은 예상외로 강하다.

윤 당선인의 주장에 대해 당시 외교부 간부들은 뭐라고 했을까.

2015년 협상 과정에 밝은 복수의 소식통에 따르면 이 할머니의 발언이 사실에 부합할 가능성이 적지 않다. 이들은 그해 12월 28일 한·일 외교장관이 협상을 타결하기 전 한국 측 협상팀 소속의 외교부 당국자가 직접 윤 당선인(당시 정대협 대표)을 만나 합의내용을 사전에 설명했다고 전했다. 다만 일본 측은 협상 막판에 주한 일본대사관 앞에 있는 소녀상과 관련한 내용이 들어가지 않으면 합의에 응하지 않겠다고 버텼다. 이에 한국 정부는 "관련단체와 협의해 적절히 해결되도록 노력하겠다"는 내용을 넣었다.

거의 마지막에 이뤄진 양보이기 때문에 정대협 측에 소녀상 관련 내용을 전할 수는 없었다. 하지만 그 외에 일본의 내각 총리대신이 사죄하고, 피해자를 위해 일본이 예산으로 10억 엔을 거출한다 등의 내용은 이미 윤 당선인에게 설명했다고 한다. ──〈중앙일보〉 2020년 5월 8일 자

당시 협상내용을 잘 알고 있는 전직 고위 당국자는 "2015년 12월 28일 한·일 위안부 합의를 발표했는데 그 전에 상당 시간을 두고 협상을 담당했던 외교부 국장이 윤 당선자에게 주요 내용을 설명했다"며, "윤 당선자의 반응이 나쁘지 않았고 그런 반응도 기록으로 남아 있다"고 말했다. 협상에 관여한 또 다른 소식통도 "담당 국장이 윤 당선자에게 합의 주요 내용을 얘기했던 것 같다"고 말

했다. 외교부 차관 출신인 미래한국당 조태용 당선자도 "위안부 합의 당시 외교부가 윤 당선자에게 미리 설명했다"고 말했다.

— 〈조선일보〉 2020년 5월 11일 자

전직 외교부 최고위 당국자는 11일 〈동아일보〉와의 통화에서 "외교부 담당 국장이 (언론 발표 전) 윤미향 당선자(당시 한국정신대문제대책협의회 대표)에게 (일본 정부 출연금) 10억 엔 등 합의 뼈대를 설명했고, 당시 윤 당선자가 '(결과가) 괜찮다'는 반응을 보였다는 보고를 받았다"고 주장했다. 이 최고위 당국자는 이어 "일본 정부의 책임을 인정하고, 사죄와 반성, 치유금으로 일본 국고에서 10억 엔을 거출한다는 게 당시 (윤 당선자에게) 설명해 준 합의의 핵심 내용"이라며 이렇게 말했다. 이어 "전체 합의문을 알려 주긴 어려웠을 테지만, 필요한 범위 내에서 할머니들께 필요한 핵심 내용은 알려 줬던 것으로 외교부 간부들뿐 아니라 전날 열린 외교부 자문회의에 참석했던 외부 인사들도 기억하고 있다"고 했다.

이 당국자는 "(사전 설명 후) '윤 대표의 반응이 괜찮았다', 더 나아가 '좋았다'는 보고를 몇몇 간부들이 받았기 때문에 합의 발표 후 정대협 반응을 보고 의아했었다"고도 했다. 그러면서 "합의 결과를 언론에 앞서 외교부 바깥에 알려 줬다는 건 외교부로서도 합의가 자칫 잘못될 수도 있다는 위험을 감수한 결정이었다"고 했다.

— 〈동아일보〉 2020년 5월 12일 자

이상의 기사와 주장, 발언 등을 종합하면 이렇게 추론할 수 있다.

'외교부는 윤미향 대표에게 주요 합의내용을 설명해 줬다. 그러나 전부 설명해 준 것은 아니다.'

외교부는 윤 대표에게 일본 정부가 책임 인정, 사죄, 금전적 조치를 한다는 것은 설명하고, 최종적·불가역적 해결 확인, 국제사회에서의 상호 비난·비판 자제, 소녀상 문제의 적절한 해결 노력은 설명하지 않았을 가능성이 있다. 이유가 3가지쯤 있었을 것이다.

첫째, 일본 정부가 책임을 통감한다고 밝히고, 일본 총리가 사죄와 반성을 표시하며, 일본 정부의 예산 10억 엔으로 재단을 설립한다는 것이 합의의 '핵심 3개 항'이며, 이 정도의 합의를 이끌어 낸 것은 선전한 것이라고 자평했을 것이다.

둘째, 최종적·불가역적 해결 확인, 국제사회에서의 상호 비난·비판 자제, 소녀상 문제의 적절한 해결 노력은 '비핵심 3개 항'이라고 생각했을 것이다. 불가역적 해결 확인은 일반적인 예상과는 반대로 일본이 아니라 우리 쪽이 요구한 것이다. 나중에 나올지도 모를 일본의 '망언'을 막기 위해서였다. 국제사회에서의 상호 비난·비판 자제는 주고받을 수 있는 합의라고 생각했을 것이고, 소녀상 문제의 적절한 해결 노력은 소녀상을 이전하겠다고 약속한 것이 아니고 관련단체와 협의하겠다고 한 것이니 큰 문제는 없을 것으로 판단했을 것이다.

셋째, 그럼에도 불구하고 '비핵심 3개 항'이 문제가 될 수도 있으니 미리 설명을 해줄 것까지는 없지 않겠느냐고 생각했을 것이다. 검토 태스크포스 보고서는 그럴 가능성을 지적하고 있다.

2015년 4월 제4차 고위급 협의에서 잠정 합의내용이 타결된 뒤 외교부는 내부 검토회의에서 4가지 수정·삭제 필요사항을 정리하였다. 여기에는 비공개 부분의 제3국 기림비와 성노예 표현, 두 가지가 들어 있었고, 공개 및 비공개 부분의 소녀상 언급도 포함되어 있었다. 이는 외교부가 비공개 합의내용이 부작용을 불러올 수 있음을 인지하고 있었다는 것을 보여준다.

외교부의 우려는 현실이 됐다. 피해자와 지원단체는 외교부의 생각과는 전혀 달랐다. '비핵심 3개 항'을 '핵심 3개 항'으로 봤고, '굴욕적 협상'이라고 평가했다. 검토 태스크포스도 '비핵심 3개 항'을 '큰 하자(瑕疵)'라고 평가해 합의 전체를 사실상 파기하는 논리적 근거를 제시했다. 즉, 합의의

'핵심'을 무엇으로 보느냐를 놓고 당시 외교당국자와 지원단체 간에 큰 시각차가 있던 것이다. 외교부 입장에서 보면 꼬리가 몸통을 흔들어 버린 결과가 됐지만, 운동단체로서는 반대할 만했다.

필자는 이 논쟁은 당시 외교부 관계자는 본인들이 말한 대로, 윤미향 의원은 본인이 들은 대로 인정하면 정리할 수 있는 문제라고 본다. 윤 의원은 외교부 당국자가 이른바 '비핵심 3개 항'은 알려 주지 않았다고 비난한다. 외교부 당국자들은 이에 대해서는 분명하게 언급하지 않고 있다.

윤 의원은 외교부 당국자와 접촉도 하지 않았고, 들은 내용도 없다는 인상을 주고 싶어 하는데, 이는 옳지도 않고 사실도 아니다. 외교부가 주장하는 '핵심 3개 항'을 전달받았을 때는 그래도 진전된 합의라고 평가했으나, 외교부가 '비핵심 3개 항'이라고 본 내용을 나중에 알고는 생각이 바뀌었다고 하면 될 일이다. 합의 발표 불과 하루 전인 2015년 12월 27일 시점에 강력하게 반대하지 않은 것이 윤미향 의원의 잘못일 리도 없다. 다만 '10억 엔 출연'은 '핵심 3개 항'에 속한 문제로, 사전 설명을 해줄 때 언급했을 가능성이 높은데(실제로 10억 엔 출연을 윤 의원에게 말해 줬다고 하는 외교부 고위 당국자도 있다) 윤 의원은 들은 바가 없다고 하니 이 문제만큼은 여전히 불씨로 남을 듯하다.

이 논쟁에서는 생각할 것이 또 하나 있다. 외교부와 정대협의 힘의 관계다. 겉으로는 외교부가 많은 권한을 쥐고 있는 듯 보이지만, 위안부 문제에 관해서는 정대협이 슈퍼 갑이고, 외교부는 을이라고 필자는 본다. 시한폭탄 같은 이 문제에서 국민 여론은 절대적으로 정대협 편이었다. 그래서 외교부는 일본과 협상하면서 협상결과가 정대협을 설득할 수 있을지를 늘 고민했다. 검토 태스크포스 보고서가 "외교부는 협상에 임하면서 한·일 양국 정부 사이에 합의하더라도 피해자단체가 수용하지 않으면 다시 원점으로 돌아갈 수밖에 없으므로 피해자단체를 설득하는 것이 중요하다는 인식을 가졌다"고 한 그대로이다.

필자가 직접 경험한 일도 있다. 수년 전 일본의 고위 인사들과 포럼을 열었을 때 한국 측에서 위안부 해법을 제시하자, 외상을 지낸 일본의 한 중진 국회의원은 대뜸 "한국의 시민단체가 수용하겠느냐"고 물었다.

이처럼 외교부와 운동단체의 기울어진 운동장 때문에 다음과 같은 현상이 빚어진다. 첫째, 외교부는 일본이라는 협상 상대가 있기 때문에 요구의 수준을 조절해야 하지만 정대협(정의연)은 마음껏 요구할 수 있다. 둘째, 외교부는 정대협과 논의한 내용이나 정대협 쪽의 입장을 시시콜콜 공개할 수 없으나 정대협은 외교부의 주장이나 입장을 공개해 외교부를 곤경에 빠뜨릴 수도 있다. 셋째, 외교부는 협상과정을 정대협에 알려 줘야 한다는 부담을 안고 있지만 정대협은 설명을 듣고도 의견을 말해 줄 의무가 없다. 넷째, 외교부는 한번 한 말에 책임을 져야 하지만 정대협은 말을 번복하거나 바꿔도 딱히 문제 될 것이 없다. 외교부 당국자가 "사전 설명해 줄 때는 '괜찮다'고 한 윤 대표가 합의 발표 후 다른 반응을 보여 의아했다"고 한 것이 사실이라면 바로 이런 경우에 해당한다. 도대체 정대협 말고 어떤 단체에게 정부 고위 당국자가 일본과의 협상내용을 중간중간에 알려 주고, 마지막엔 합의내용까지 귀띔해 준단 말인가.

이 논쟁은 수세적인 외교당국자와 공세적인 지원단체의 관계를 고려하지 않으면 진상에 다가갈 수 없다. 윤미향 대표는 결코 무기력한 피해자가 아니다.

2) 윤미향의 위안부 해법은 변하지 않았나

2015년 합의 당시 외교부 당국자들이 윤미향 대표로부터 '긍정적 신호'를 감지했다고 주장하는 데는 나름의 근거가 있다. 위안부 문제가 장기화하면서 윤 대표와 정대협의 요구가 변했다는 느낌을 받았기 때문이다. 윤 의원은 달라진 것이 없다고 부인하지만, 당시 외교부 간부들의 주장은 그렇지 않다. 이번 문제가 불거지기 전에 필자도 2014년 아시아연대회의의 해법과 윤 대표의 태도 변화 가능성에 대한 얘기를 들은 적이 있다.

이 논쟁은 용어의 함의와 과정이 중요하기 때문에 전문(全文)은 아니더라도 기사를 길게 인용한다. 2014년과 2015년의 윤 대표 활동이다.

'일본군 성노예제 문제해결을 위한 정의기억연대'(정의연대) 대표 출신 윤미향 더불어시민당 당선인이 2015년 한·일 위안부 합의가 이뤄지기 8개월 전에 그와 매우 유사한 내용의 해결방안을 제시했던 것으로 12일 확인됐다. 합의 공표 직전에는 실무 담당 외교부 당국자에게 '감사하다'는 취지의 문자를 보냈다는 얘기도 나왔다.

윤 당선인은 2015년 4월 23일 위안부 피해자인 김복동 할머니를 모시고 일본 도쿄의 참의원 의원회관을 찾아 김 할머니의 연설을 참관한 바 있다. 이 자리를 주최한 일본 단체 '일본군 위안부 문제해결 전국행동'은 군 위안부 문제와 관련한 사실 인정, 뒤집을 수 없는 명확하고 공식적인 방식의 사죄, 사죄의 증거로서의 피해자에 대한 배상 등을 해결책으로 제시했다. 특히 주최 측은 해결방안에 '일본 정부의 법적 책임 인정'을 명시하지 않고 "피해자에 대한 배상을 이행하는 것 자체가 법적 책임을 인정하는 일"이라며 "사실 인정과 책임 이행을 중시한다"고 설명했다.

윤 당선인 역시 당시 한국정신대문제대책협의회 대표로서 관련회의에 참여해 문건 작성을 주도한 것으로 전해진다. 한 외교 소식통은 "당시 이 발표를 보고 관계자들이 '윤미향 씨를 비롯한 위안부 단체들이 현실적인 해결방안으로 한발 물러섰다'고 생각해 반색했다"고 전했다. 그해 12월 28일 체결된 위안부 합의는 일본 정부 책임 통감, 아베 신조 총리가 총리로서 반성 및 사과, 일본 국고에서 10억 엔 출연 등이 주요 내용으로, 윤 당선인이 해결책으로 제시한 해법과 크게 다르지 않다. 다른 소식통은 "윤 당선인이 실무 책임자였던 외교부 A국장에게 '감사한다'는 취지의 문자를 보냈던 것으로 기억한다"며 "그랬던 그가 합의 공표 후 갑자기 반대 입장을 밝혀 다들 당황했다"고 밝혔다.

— 〈매일경제〉 2020년 5월 12일 입력

‘법적 책임’에 대해서는 뒤에서 언급하기로 하고, 이 기사에서 윤미향 대표가 외교부 A국장에게 합의 발표 전에 설명을 듣고 ‘감사하다’는 취지의 문자를 보냈다는 대목은 주목할 만하다. 이것이 사실이라면 윤 대표가 적어도 합의 발표 전에는 합의내용에 대해(전달받은 내용에 한한 것이라고 해도) 긍정적으로 평가했다고 해석할 수 있다.

윤미향 더불어시민당 당선인이 한국정신대문제대책협의회(정대협·정의기억연대 전신) 상임대표이던 2015년 한·일 위안부 협상 타결 전에 일본 정부가 ‘법적 책임’을 명시적으로 밝히지 않더라도 실질적 조치를 취한다면 수용할 수 있다는 취지의 언급을 했던 것으로 파악됐다. 당시 우리 측 위안부 협상팀은 이를 일본 정부가 책임을 인정하고 공식 사죄와 배상을 하면 사실상 법적 책임을 인정한 것으로 받아들이겠다는 의미로 해석했다. 이런 입장에 따라 최종 합의문에 ‘일본 정부의 책임 통감’과 ‘일본 정부예산 투입’이라는 문구가 반영됐다는 게 전직 외교부 당국자들의 설명이다.

윤 당선인은 당시 협상과정에서 외교부 당국자를 여러 차례 접촉해 의견을 교환했으며 합의 발표 직전 내용을 설명듣고 긍정적 반응을 표시했던 것으로 알려졌다. 하지만 윤 당선인이 이끌던 정대협은 합의 당일인 2015년 12월 28일 위안부가 ‘조직적 범죄’였으며 ‘일본 정부가 범죄의 주체’라는 점이 문안에 반영되지 않았다는 등 강경한 입장을 내세우며 수용을 전면 거부했다. 당시 외교부 당국자들은 윤 당선인과 정대협이 합의 발표 전과 180도 다른 태도를 보인 데 대해 상당한 당혹감을 느꼈던 것으로 전해졌다.

윤 당선인은 위안부 합의 타결 8개월 전인 2015년 4월 일본 도쿄에서 열린 심포지엄에 참석했다. 〈국민일보〉가 12일 입수한 당시 발언 요지를 보면 윤 당선인은 그 1년 전인 2014년 아시아연대회의에서 채택된 '일본 정부에 대한 제언'(이하 '제언')을 언급했다. 그는 "이것을 법적 책임의 내용으로 이해하면 된다. 그러니까 법적 책임의 내용을 해결할 수 있는 길이자 틀"이라며 "결국 법적 책임의 내용이 무엇이냐는 것이 이 제언 속에 들어가 있다"고 밝혔다.

정대협 주도 국제행사인 아시아연대회의는 2014년 채택한 제언에서 일본 정부에 사죄와 배상을 촉구하면서도 '법적 책임'이라는 문구 없이 '사실과 책임을 인정할 것'이라고만 밝혀 주목을 받았다. 이를 두고 정대협이 '일본 정부가 법적 책임이라는 말을 명시적으로 밝혀야 한다'는 기존 입장에서 다소 물러섰다는 평가가 나왔다. 윤 당선인은 심포지엄에서 "(제언은) 우리가 일본 정부에 요구하는 해결의 내용"이라고 말하기도 했다.

한·일 위안부 협상에 참여했던 당국자들은 이 제언을 일종의 가이드라인으로 간주하고 협상에 임했던 것으로 전해졌다. 협상 실무에 관여했던 외교부 당국자는 2016년 2월 비공식 브리핑에서 "윤미향 대표와 여러 차례 의견 교환을 했다"며 "2014년 아시아연대회의를 잘 보면 몇 가지 변화가 눈에 띈다. 우선 '법적 책임'에서 '법적'이 빠졌고 책임자 처벌 요구도 빠졌다"고 평가했다.

당시 협상을 총지휘했던 전직 외교부 고위 당국자는 윤 당선인과 정대협이 합의 당일 입장을 뒤집은 것으로 기억했다. 이 전직 당국자는 〈국민일보〉와의 통화에서 "윤 당선인이 합의 발표 전 외교부 국장급 간부로부터 설명을 듣고 괜찮은 반응을 보였다는 게 당시 관계자들의 공통된 기억"이라며 "우리는 아시아연대회의를 보고 정대협이 과거 스탠스보다 상당히 유연해졌다고 판단했었다. 정대협은 이런 입장을 한동안 유지하다가 합의 발표 직후 예전의 강경한 입장으로 되돌아갔다"고 말했다. —〈국민일보〉 2020년 5월 13일 자

위의 두 기사에서 공통적으로 주목한 것이 위안부 문제와 관련한 일본 정부의 '법적 책임' 문제이다. 지원단체들이 그동안 주장했던 '법적 책임'이라는 말을 고집하지 않고, '사실과 책임의 인정'이라고 용어를 바꿨다면 이

는 중요한 변화이다. '법적 책임'이라는 문제로 머리를 싸매고 있던 외교부가 그런 변화를 놓칠 리 없다. 외교부 당국자가 이런 변화를 "책임을 인정하고 공식 사죄와 배상을 하면 사실상 법적 책임을 인정한 것으로 받아들이겠다는 의미로 해석했다"고 한 것도 무리가 아니다. 그런 판단에 근거해 협상했고, 2015년 그런 요구에 근접한 합의를 이뤘다고 자평한 것이다.

와다 하루키(和田春樹·82) 도쿄대 명예교수는 19일 윤미향 국회의원 당선인이 이끈 정의기억연대가 2014년부터 일본에서 '한·일 위안부 합의'와 비슷한 방안을 잇달아 제시, 양국 협상의 토대가 됐다고 밝혔다. 윤 당선인과 함께 위안부 문제해결을 촉구해 온 와다 교수는 19일 전화 인터뷰에서 "정의기억연대가 주축이 돼 2014년 6월 도쿄에서 개최한 아시아연대회의에서 일본 정부의 법적 책임을 거론하지 않은 채 사죄의 표시로 돈을 내는 방안을 제시했다"고 밝혔다. 그의 증언은 윤 당선인이 2015년 12월 위안부 합의 이전에 양국 간 협상에 영향을 미치는 방안을 제시했다가 막상 발표 이후에는 반대에 나섰다는 의혹을 일본 측에서 제기한 것이다. 와다 교수는 한·일 강제병합 무효 공동성명을 주도하고 위안부 문제해결 등을 위해 노력해 온 일본의 대표적 진보 인사다. 와다 교수는 "2014년 아시아연대회의 결의문에는 법적 해결 요구가일절 없어서 일본 정부를 설득할 수 있는 전환점으로 보고 윤미향 씨를 2015년 합의문 발표 전까지 4~5차례 만났다"고 했다.

정의기억연대 홈페이지에 게재된 아시아연대회의 결의문은 일본 정부의 위안소 설치 및 관리를 통해 중대한 인권침해가 있었음을 인정하라고 주장했다. 또 '사죄의 증거로 피해자에게 배상할 것'과 '번복할 수 없고 명확하고 공식적인 방식으로 사죄'하라고도 요구했다. 이는 1년 6개월 뒤에 발표된 한·일 위안부 합의문에 일본 총리의 사과, 일본 정부의 10억 엔 출연, 최종적이고 불가역적인 해결의 3개 항으로 상당 부분 반영됐다는 것이 와다 교수의 주장이다.

그는 위안부 문제해결을 촉구하기 위해 2015년 4월 일본 국회에서 윤 당선인 등과 함께 공동 기자회견을 개최했다. 이때도 윤 당선인은 아시아연대회의의 결의문을 바탕으로 위안부 합의의 3개 항과 비슷한 주장을 했다. 그는 "윤미향 씨 등이 밝힌 방안 정도라면 한·일 간 합의가 가능할 것이라고 판단했고, 당시 이병기 주일 대사와 야치 쇼타로 국가안전보장국장이 이를 바탕으로 위안부 합의문 작성에 착수했다"고 했다.

와다 교수는 윤 당선인이 합의문이 나오자 반대한 이유에 대해선 "많은 고민을 했으나 당시 요구한 것에 100% 미치지 못하고 소녀상 이전 문제 등 생각하지 못했던 내용이 담기면서 반대하기로 한 것 같다"고 했다. 그는 "정의기억연대는 위안부 문제를 제기해서 일본 정부, 일본 국민이 반성하게 하는 데 큰 공을 세웠다. 그런 노력이 없었다면 진전이 없었을 것이기에 이번 사태는 가슴이 아프다"고 했다. 또 "문재인 대통령은 피해자중심주의를 강조해 왔는데, 위안부 피해자 4분의 3이 일본 정부가 준 돈을 받은 것은 의미가 크다"며 "일본의 총리가 사과하고 위안부를 위해서 일본 정부가 돈을 전달했다는 점을 알아 줬으면 좋겠다"고 했다. ─〈조선일보〉 2020년 5월 21일 자

와다 교수는 정의연이 2014년 아시아연대회의를 기점으로 '법적 책임'에서 '법적'이라는 말에 매달리지 않게 됐다고 말한다. 와다 교수가 2014년의 아시아연대회의에 의미를 부여한 것은 윤미향 사건이 터진 이후가 아니라 그 이전부터였다. 그는 2018년 10월 22일 동북아역사재단에서 정재정 서울시립대 명예교수와 인터뷰할 때도 그 점을 분명히 했다.

2014년 6월 정대협과 일본의 운동단체 '전국행동'이 대화를 하고 제12차 '위안부' 문제해결을 아시아연대회의에서 새로운 해법을 이끌어 냈습니다. 그것은 매우 합리적인 안이었기 때문에 뭔가 될 것 같았어요. 저는 그 안이 좋다고 생각했기 때문에 외무성에 즉시 알렸고, 잡지에도 기고하여 한국 측 사람들에게도 알렸습니다. 2015년 4월에 아베가 미국에 가게 되었을 때 일본의 한 단체가

저에게 같이 하자고 접촉을 해왔습니다. 같은 집회에 저와 윤미향 씨를 세우겠다는 거였어요. 두 사람이 나란히 나오면 임팩트가 강할 것이라는 이유였습니다. 그래서 4월에 "일본군 '위안부' 문제는 해결할 수 있다"라는 심포지엄을 열었습니다. 김복동 할머니, 양진자 씨(양징자 씨의 오기 — 필자), 윤미향 씨 그리고 제가 함께 나갔습니다. 그때 저는 윤미향 씨와 이틀 동안 3번 정도 같이 식사를 하면서 완전히 터놓고 이야기하는 사이가 되었습니다. 적어도 저는 그렇게 생각했습니다.

— 동북아역사재단, 《일본 지식인에게 듣는 한일관계와 역사문제》, 2020년 9월

윤 대표와 정의연이 '법적 책임'에 대한 요구를 완화한 것 같다는 추정의 근거가 된 2014년 제12차 아시아연대회의 결의문과 제언문에서 일본 정부에 제출했다는 '제언'을 언급한 대목은 다음과 같다.

제12차 일본군 '위안부' 문제해결을 위한 아시아연대회의 결의문

(전략) 우리는 이번 회의에서 피해자들의 증언과 요구를 들었다. 그것을 토대로 각국 지원단체들과 지원자들은 "피해자들이 납득할 만한 해결이란 무엇인가?"에 대해 토론하여 일본 정부에게 "일본군 '위안부' 문제해결을 위하여"라는 제언을 공식 전달한다. 제언의 근거가 되는 여러 자료들도 첨부해 고노 담화 발표(1993년) 이후 발견된 막대한 역사자료 등도 준비했다. 아울러 우리는 각국 및 국제연대행동을 통해 일본군 '위안부' 문제의 조기 해결을 위해 노력할 것을 확인했다.

한국의 김학순 할머니가 1991년 8월 14일 '위안부' 피해자임을 밝힌 이후 아시아의 피해자들이 잇따라 피해 사실을 공개하며 문제해결을 요구한 지 23년이 되었다. 특히 2015년은 전후 70년이자 여성에 대한 폭력근절을 지향한 베이징세계여성회의에서 20년이 되는 중요한 해이다. 이제 고령화된 피해 여성들의 정의실현을 요구하는 목소리에, 또한 피해자들에게 사죄와 배상 등 법적

책임을 요구하는 국제사회의 목소리에, 일본 정부는 즉시 대답할 의무가 있다.

우리는 미래세대에 어떠한 성폭력도, 전쟁도 없는 평화로운 세계를 물려주고 싶다는 피해 여성들과 함께하며 다음과 같이 결의한다.

1. 우리의 요구

1) 12차 아시아연대회의에서 채택한 제언을 지지하며, 조기실현을 일본 정부에 강력히 촉구한다.

2) 2007년 잘못된 답변서(각의결정)의 즉각적인 철회를 일본 정부에 강력히 촉구한다.

3) 유엔 각 기관의 권고를 준수하라. 특히 피해자들의 명예를 훼손하는 폭언과 폭력적 행동에 대해 공개적이고 공식적으로 반박할 것을 일본 정부에 강력히 촉구한다.

4) 교과서 기술을 비롯해 '위안부' 문제를 기억하여 계승하는 활동을 강화하라. (하략)   ― 제 12차 일본군 '위안부' 문제해결을 위한 아시아연대회의
(2014년 6월 1일 도쿄) 참가자 일동, 정의연 홈페이지 자료실

제 12차 아시아연대회의 제언

일본 정부에 대한 제언

일본군 '위안부' 문제해결을 위해

(전략) 전후에도 심신에 상처를 안고 피해를 회복하지 못한 채 고통스런 인생을 살아온 피해자들이 고령화된 지금, 일본이 이 문제를 해결할 수 있는 시간은 이제 얼마 남지 않았다. 제 12차 일본군 '위안부' 문제해결을 위한 아시아연대회의에 참가한 피해자와 지원단체와 참가자인 우리는 일본 정부가 고노 담화를 계승, 발전시키고, 아래와 같은 사실을 인정한 위에 필요한 조치를 취할 것을 요구한다.

일본군 '위안부' 문제해결을 위해 일본 정부는

1. 다음과 같은 사실과 책임을 인정할 것.
   - 일본 정부 및 일본군이 군 시설로 위안소를 입안·설치하고, 관리·통제 했다는 점.
   - 여성들이 본인의 의사에 반해 '위안부·성노예'가 되었고, 위안소 등에서 강제적인 상황에 놓였었다는 점.
   - 일본군에게 성폭력을 당한 식민지, 점령지, 일본 여성들의 피해는 각각 다른 양태이며, 또한 그 피해가 막대했고, 현재도 지속되고 있다는 점.
   - 일본군 '위안부' 제도는 당시의 여러 국내법·국제법에 위반되는 중대한 인권침해였다는 점.

2. 위 인정에 기반하여 다음과 같은 조치를 취할 것.
   - 번복할 수 없는 명확하고 공식적인 방식으로 사죄할 것.
   - 사죄의 증거로 피해자에게 배상할 것.
   - 진상 규명을 위하여 일본 정부 보유자료 전면공개, 일본 국내외에서의 새로운 자료조사, 국내외의 피해자와 관계자의 증언조사.
   - 재발 방지를 위하여 의무교육과정의 교과서 기술을 포함한 학교교육·사회교육 실시, 추모사업 실시, 잘못된 역사인식에 근거한 공인의 발언 금지 및 공인 외 발언에 대해서는 명확하고 공식적으로 반박할 것.

   — 제12차 일본군 '위안부' 문제해결을 위한 아시아연대회의, 정의연 홈페이지 자료실
   (한글자료를 영어 제언문과 비교해 필자가 일부 수정했다.)

'법적 책임'이라는 단어는 결의문에서 "피해자들에게 사죄와 배상 등 법적 책임을 요구하는 국제사회 목소리에, 일본 정부는 즉시 대답할 의무가 있다"는 대목에서 한 차례만 나온다. 2014년 아시아연대회의가 현장의 결의를 통해 꼬집어서 '법적 책임'을 요구한다는 것도 아니다. '법적 책임'을 평상시 국제사회의 요구로서 언급하고 있다.

그에 앞서 "일본 정부에게 '일본군 위안부 문제해결을 위하여'라는 제언을 공식 전달한다"는 말이 나온다. 결의문 다음 날 공개한 제언문에서 주목해야 할 대목은 둘째 항목에서 제시한 '다음과 같은 조치'이다. '번복할 수 없는 명확하고 공식적인 방식으로 사죄할 것'과 '사죄의 증거로 피해자에게 배상할 것'만 제시하고 있다. 즉, 언제나 '3종 세트'로 붙어 다니던 법적 책임 인정, 공식 사죄, 피해자에 대한 배상 중 '법적 책임 인정'이 빠져 있다. 그래서 당시 외교부 당국자나 와다 교수가 윤미향 대표나 정의연이 협상의 최대 걸림돌인 '법적 책임'의 명시적 언급은 피하려는 것 같다고 본 것이다.

그러나 윤 당선인은 그런 사실을 부인한다. 앞에 소개한 〈국민일보〉 기사의 말미에서 윤 당선인은 이렇게 반론한다.

윤 당선인은 이런 주장에 대해 "제언 자체가 법적 책임"이라고 반박했다. 그는 "그게 법적 책임이 아니라는 얘기가 너무 웃기다"며 "제언을 보면 일본이 이러이러한 사실을 인정해야 한다고 나와 있다"고 말했다. 그러면서 "이런 인정 위에서 사죄의 방법은 이러이러해야 하고 사죄의 증거로 배상해야 한다고 나온다"며 "법적 책임으로 지급하는 금전이 배상금이었다"고 강조했다.

— 〈국민일보〉 2020년 5월 13일 자

윤 당선인의 주장은 제언의 첫 번째에서 제시한 "다음과 같은 사실과 책임을 인정할 것"에서 일본 정부와 일본군이 위안소를 관리 통제했고, 위안부 제도는 국내법과 국제법을 위반한 중대한 인권침해이니, 그런 사실과 책임을 인정한다는 것이 곧 법적 책임을 인정하는 것이 아니고 무엇이냐는 말로 들린다. 윤 당선인의 주장도 일리가 있다.

그러나 국제협상에서는 명시적으로 요구하는 것과 해석상 그런 요구가 들어가 있는 것으로 볼 수 있는 것은 큰 차이가 있다. 합의 여부까지 좌우한다. 그 점에서 외교부 당국자는 '법적 책임 인정'을 '명시하지 않은 것'이

'협상의 물꼬'를 터줄 것으로 본 것이다. 와다 교수는 앞서 소개한 정재정 서울시립대 명예교수와의 인터뷰에서 "요컨대 일본 정부에 대해 '위안부' 문제의 기본적인 '사실과 그 책임의 인정'을 요구한 것입니다. 법적 책임을 인정하라는 것은 일체 없고 군 위안소에서 '위안부'로서 고통을 받은 사실, 인권침해 관련 사실 등 4가지의 사실관계를 인정하고 사과할 것을 요구한 것이죠"라고 했다. 일본에서 이 문제에 대해 가장 잘 알고 있는 와다 교수 조차 2014년 아시아연대회의의 요구에서 '법적 책임을 인정하라는 것은 일체 없다'고 본 것이다.

진실이 무엇인지는 한쪽에서 부인하면 알기가 힘들다. 그러나 이상의 기사와 증언 등을 통해 당시 외교부 간부들이 윤 대표의 태도가 바뀐 것 같다는 느낌을 받은 것은 사실이라고 추정할 수 있다(만약 그것이 오인이라면 당시 간부들을 무능하다고 해야 하나).

이 문제에서도 윤 대표가 외교부보다 운신의 폭이 훨씬 넓다는 것을 알 수 있다. 외교부가 아무리 윤 대표의 변화를 감지해서 협상에 나섰다고 해도, 윤 대표는 그런 적이 없다고 하면 그뿐이다. 이 말은 이런 뜻이 아니었느냐고 해도, 그 말은 그런 뜻이 아니었다고 하면 그 또한 그뿐이다.

3) 윤미향이 합의내용을 미리 알았다면 책임이 있나

이 질문의 대답은 'No'이다. 그에게는 책임이 없다. 윤 당선인은 2020년 5월 29일 기자회견에서 "피해 할머니들을 배제한 채 일방적으로 밀실에서 합의를 강행한 외교당국자들이 잘못된 합의의 책임을 정대협과 저에게 전가하는 점에 대해 깊은 유감을 표합니다"라고 말했다.

이런 보도도 있었다.

2015년 한일 합의는 박근혜 청와대와 전직 외교부 최고위 당국자의 판단과 전략에 따른 결과물이며 책임도 그들에 있다는 게 명백합니다. 이제 와서 "윤미향도 알고 있었다"는 증언으로 무엇을 얻고자 하는지, 그렇다면 그 책임을 면할 수 있다고 생각하는 건지 연일 언론에 등장하는 익명의 전직 관료들에게 묻고 싶습니다.   — MBC 2020년 5월 13일 입력

30년간 동고동락한 윤 당선인-위안부 피해자 할머니의 관계를 극단적 갈등으로 끌고 가면서 위안부 운동의 근간을 흔들어 보겠다는 의도, 이 사태를 정치 쟁점화하면서 2015년 한·일 위안부 합의를 정당화하고자 하는 시도까지 보도로 나타나고 있습니다. … 〈조선일보〉처럼 노골적이지는 않으나 2015년 위안부 합의 사전인지 의혹에 집중한 〈중앙일보〉도 정치적 태도를 보인다는 점에서는 매한가지입니다. 〈조선일보〉가 보인 2015년 합의에 대한 정당화 의도는 이러한 '사전인지 의혹 보도'에서 더 뚜렷합니다. 〈중앙일보〉는 관련 첫 보도일인 8일부터 12일까지 하루도 빼놓지 않고 '사전인지 의혹'을 조명해 6건이나 보도를 쏟아 냈습니다. 그 내용은 요컨대 윤미향 당선인이 2015년 12월 한·일 위안부 합의 당시 합의내용을 미리 알고 있으면서도 피해자들에게 숨겼으며 합의 발표 후에는 돈을 받고 싶은 피해자들의 뜻도 무시했다는 것입니다.
      — '민언련 신문모니터', 〈미디어오늘〉 2020년 5월 14일 입력

두 기사의 공통점은 전 외교부 고위 당국자들이 2015년 잘못된 합의의 책임을 윤미향 대표와 정대협에게 떠넘기려는 불순한 의도에서 윤 대표에게 사전에 설명했다고 일종의 '물귀신 작전'을 벌이고 있다는 것이다. 이런 주장은 '오버'다. 위안부 합의에 대한 전제가 틀렸다.

전직 외교부 고위 당국자들은 2015년 합의가 몽땅 부정당할 만큼 잘못한 합의라고는 생각하지 않는다. 따라서 누구에게 책임을 전가하지도 않는다.

윤미향 대표는 책임질 자격도 없다. 윤 대표가 위안부 문제에 영향력이

큰 것은 사실이지만, 협상에 참여하지 않은 민간인에게 책임이 있을 리 없다. 책임이 있다면 할머니들에 대한 설명 책임이 있을 뿐이다.

조직적 저항이라는 예단도 틀렸다. 일부 언론은 전직 외교부 고위 당국자들이 조직적으로 저항하면서 2015년 합의를 정당화하려 한다는 프레임으로 본다. 그러나 그들은 이용수 할머니가 윤미향 대표의 '10억 엔 사전인지설'을 주장했을 때 일주일 정도 반짝 등장했다가 사라졌을 뿐이다. 윤 대표가 사전 설명을 받은 적이 없다고 하니 기자들이 "그 말이 맞느냐"고 물었고, 그들은 "그렇지 않다"고 대답했을 뿐이다.

이들과 관련해 또 하나 논쟁거리가 있다. 왜 익명으로 인터뷰를 했느냐는 것이다. 어떤 인터넷매체는 "자신의 주장이 정당하고 근거가 있다면 '공개적으로' 실명을 밝히면서 책임지는 자세를 보이는 게 '전직 공직자'의 자세 아닌가"라고 했다(〈고발뉴스닷컴〉 2020년 5월 13일 입력).

한국 언론은 전반적으로 '익명 보도'를 많이 한다. 그에 대한 비판이 최근 늘고 있다. 그런 점에서 '익명 보도'를 비판한 것이라면 일리가 있다. 그러나 '전직 외교부 간부들, 너희들만큼은 실명을 밝혀라'는 요구라면 공평하지 않다. 그들이 '익명'을 요구한 것은 자신의 주장이 틀려서가 아니라 심리적으로 위축되어 있기 때문일 것이다. '적폐세력'으로 몰린 그들이 살아 있는 권력의 주장이 틀리다고 반박하기란 쉽지 않다.

20년 이상 일본 문제를 들여다봤고, 34년간 기자 생활을 한 필자도 미묘한 한·일 간 쟁점에 대해 한국과 일본의 매스컴에서 코멘트를 요구받고 내 말이 어떻게 실릴지 몰라 익명 보도를 요구한 경우가 적지 않다. 필자가 전직 외교부 당국자라면 "내가 말한다고 윤미향 씨가 인정할 것도 아니고, 상황이 달라질 것도 아닌데 괜히 …"라며 인터뷰에 응하지 않았을 것 같다. 그러니 전직 외교부 당국자들이 익명으로 자신의 의견을 피력한 것을 놓고 비아냥댈 것까지는 없다.

4) 윤미향과 외교부 간부의 면담내용은 공개해야 하나

보수 성향 변호사 단체인 '한반도 인권과 통일을 위한 변호사모임'(한변)은 2020년 5월 15일 외교부에 2015년 12월 28일 한·일 위안부 합의를 전후한 윤미향 대표와 외교부 간부의 면담 기록을 공개하라고 정보공개를 청구했다. 외교부는 당초 답변 시한(2주)인 5월 29일까지 정보공개 여부를 결정하지 못하고, 답변 기간을 열흘 연장했다. 윤미향 당선인은 답변 연장결정 다음 날인 5월 30일 정식 국회의원이 됐다. 그리고 외교부는 6월 11일 한변 측에 '공개하지 않겠다'는 결정을 통보했다.

앞서 한변은 윤 의원이 위안부 합의내용을 알고 있었는지, 윤 의원의 의견이 합의에 반영됐는지 국민이 알 권리가 있다며 외교부에 윤 의원 면담과 관련한 모든 자료와 정보를 청구했다. 외교부는 "'공공기관 정보공개에 관한 법률' 제9조 1항 2호에 따라 이와 같은 결정을 내렸다"며 "정부로서는 관련 규정 등을 감안한 신중한 검토를 거쳤다"고 밝혔다.

이 조항은 '국가안전보장·국방·통일·외교관계 등에 관한 사항으로서 공개될 경우 국가의 중대한 이익을 현저히 해칠 우려가 있다고 인정되는 정보'는 공개하지 않을 수 있다고 규정하고 있다. 외교부는 면담 내용이 공개될 경우 한일관계에 부정적인 영향을 미칠 가능성을 우려하는 것으로 알려졌다.

또 당시 비공개를 전제로 한 면담내용이 공개될 경우 향후 다른 시민단체와 협의에 어려움이 생길 수 있는 점도 고려했다.

— 〈연합뉴스〉 2020년 6월 11일 입력

필자는 공개적으로 의견을 표명한 적은 없으나 사석에서는 검토 태스크포스가 2015년 합의 당시의 자료들을 공개한 데 대해 비판적 입장을 피력해 왔다. 이번에 외교부가 밝힌 것처럼 당시에도 국익을 해치고 한일관계에 부정적 영향을 줬다고 믿기 때문이며, 특정 정권의 이익에 관계없이 예외를 인정해서는 안 된다고 생각하기 때문이다. 따라서 이번의 비공개 결정 자체도 비난할 생각이 없다.

다만, 조건이 달라진 것이 하나도 없는데 "그때는 되고 지금은 안 된다"는 주장에 당국자들은 부끄러움을 느껴야 마땅하다. 2017년 12월 27일 검토 태스크포스가 공개한 것은 한일 양국 정부가 합의한 내용이고, 이번에 공개하라는 것은 국내에서 생산한 자료이므로 공개한다고 하면 이번 것이 훨씬 쉽다. 더욱이 한일 합의 검토 태스크포스는 비공개자료를 비판적으로 분석해 국가 간 합의를 사실상 파기하는 데 결정적인 논리를 제공했다. 당시 출범한 지 얼마 안 되는 문재인 정부의 외교당국은 검토 태스크포스의 민간인 위원이 국가기밀에 접하는 문제점을 알고, 민간인 위원들에게 '비밀유지 서약서'를 받고 합의 당시의 기록을 열람시키는 등 적극적으로 편의를 제공했다.

특히 사실상의 이면합의를 포함한 한일 간의 협상 경과가 소상히 공개됨에 따라 국내에서뿐 아니라 일본의 반발도 예상된다. 통상의 외교문서는 30년 후에 공개하는 것이 원칙인데, 이번에 외교문서를 전문 그대로 공개하지는 않았지만 한일 간에 비공개한 내용과 비공개 협상경위 등을 공개한 것은 협상 상대방인 일본의 반발을 초래할 가능성을 배제할 수 없다는 지적도 나온다.

일부 퇴역 외교관들은 상대방과의 신의를 깬 좋지 않은 선례를 남긴 것으로, 문재인 정부의 외교 행보에도 제약이 우려된다는 반응을 내놓고 있다.

앞서 2014년 일본 아베 내각은 위안부 제도에 일본군과 관헌이 관여한 사실을 인정한 고노(河野) 담화(1993년)를 검증하면서 한일 간의 외교협의 경과를 상세히 공개해 한국의 큰 반발을 산 바 있다. 일본 측은 당시 고노 담화 검증 결과 발표 후 담화를 계승했지만, 외교협상 과정을 소상히 공개함으로써 고노 담화가 한일 간 물밑에서 이뤄진 정치적 협상의 결과물이라는 인상을 자국민에게 심어 담화에 흠집을 냈다는 지적을 받아 왔다.

— 〈연합뉴스〉 2017년 12월 27일 입력

이런 비난을 받아 가며 합의내용을 공개했던 외교당국이 이번에는 시침 뚝 따고 '공공기관 정보공개에 관한 법률 제 9조 1항 2호'를 방패삼아 '신중한 검토', '한일관계에 부정적 영향을 미칠 가능성' 운운하며 공개를 거부한 것은 전형적인 '내로남불'이자 블랙코미디이다.

한변 측이 6월 23일 "윤미향과 외교부가 면담한 내용은 국가 간 합의도 아니고 국민은 2015년 위안부 협상 당시 위안부 합의내용을 윤미향이 미리 알고 있었는지, 윤미향 의견이 반영된 것이 있는지 알 권리가 있다"며 외교부를 상대로 면담기록 비공개 결정을 취소하라며 행정소송을 제기한 것은 먼젓번의 사례에 비추어 일리가 있다.

이와 똑같은 문제를 놓고 법원에서 다룬 적이 있지만, 1심과 2심의 결과는 달랐다. 따라서 이 문제는 맞고 틀리고의 문제가 아니라 어느 가치를 중시하느냐는 선택의 문제이며, 필자는 비공개를 지지한다.

2015년 말 한국과 일본 사이에 발표된 '위안부 합의'와 관련한 협상문서를 비공개한 건 정당하다는 법원 판단이 나왔다. 앞서 1심은 국민의 알 권리와 국정운영의 투명성 확보 차원에서 문서를 공개하는 게 맞다고 판단했지만, 2심은 문서 비공개가 국익 차원에서 더 바람직하다고 판단한 것으로 보인다.

서울고법 행정3부(문용선 부장판사)는 18일 송기호 변호사가 외교부장관을 상대로 낸 정보 비공개 처분 취소 소송 항소심에서 1심을 뒤집고 송 변호사의 청구를 기각했다. 재판부는 별도의 선고이유를 설명하진 않았으나 문서를 공개할 경우 한일 외교관계에 심각한 영향을 초래할 수 있다고 판단한 것으로 해석된다.

송 변호사는 한일 양국이 위안부 합의를 발표하는 과정에서 일본군과 관련의 강제연행 인정 문제를 논의한 문서를 공개하라며 2016년 소송을 제기했다. 1심을 심리한 서울행정법원 행정6부는 2017년 1월 송 변호사의 청구를 받아들여 해당 문서들을 공개하라고 판결했다. 해당 문서를 비공개함으로써 보호할 수 있는 국가의 이익이 국민의 알 권리와 이를 충족해서 얻을 공익보다 크지 않다고 판단했다.

당시 1심은 "12 · 28 위안부 피해자 합의로 이 문제가 최종적 · 불가역적으로 해결되는 것이라면, 피해자뿐만 아니라 대한민국 국민은 일본 정부가 어떠한 이유로 사죄 및 지원을 하는지, 그 합의 과정이 어떠한 방식으로 진행됐는지를 알아야 할 필요가 크다"고 설명했다. 또 "일본은 위안부 합의과정에서 한일 외교당국 간의 과거 협의내용을 날짜별로 자세히 소개하면서 그 내용까지 상세히 적시해 외교 관행 및 국제 예양을 저버린 전력도 있다"며 우리 정부가 해당 문서를 공개한다 해도 외교적 결례가 되지 않을 것이란 취지도 덧붙였다.

— 〈연합뉴스〉 2019년 4월 18일 입력

위안부 합의 관련 문서를 공개하라는 1심 판결의 요지는 '문서를 공개하지 않아서 얻을 국익보다 국민의 알 권리를 충족시켜서 얻는 공익이 더 크다'는 것이다. 이 논리는 검토 태스크포스가 2017년 위안부 합의과정에서 생산한 비밀자료를 공개한 근거이기도 하다.

같은 정권의 같은 외교부가 이번에는 손바닥을 뒤집어 '국익이 국민의 알 권리라는 공익보다 크다'고 주장하는 것은 '정권 안보'를 위해 어쩔 수 없었을 것으로 이해한다. 그러면서도 '부끄러움을 알라'고 한 것은 똑같은 일이 재발하는 것을 막고 싶다는 순진한 희망 때문이다. 이런 일을 부끄러워하는 공무원이 있어야 다음에 비슷한 일이 벌어졌을 때 "어떤 경우든 공개해선 안 된다"고 말할 수 있지 않을까 해서이다. 그런 '멋진 일'이 실제로 가능할지는 모르겠으나.

5) 윤미향이 할머니들의 1억 원 수령을 반대하지 않았다고?

윤미향 당선인은 2020년 5월 29일 기자회견에서 이렇게 말했다.

> 또한 당시 2015년 한일 정부 간 합의 후 제가 할머니들의 일본 정부가 주는 위로금 수령을 막았다는 주장이 있었습니다. 이 또한 정의연이 수차례 충실히 해명한 것처럼, 모든 할머니들에게 수령의사를 확인하였으며 온전히 각자의 뜻에 따라 수령 여부를 결정하도록 하였습니다. 당시 저는 할머니들이 위로금을 수령한다고 해서 그 할머니들을 2015 한일 합의에 동조한 것으로 매도해서는 안 되며, 오히려 이 문제의 근본적 책임은 양국 정부에 있음을 분명히 하였습니다.

정의연도 5월 11일 기자회견에서 이렇게 말했다.

> 정의연은 위안부 피해자에게 2015년 한·일 위안부 합의로 지급된 일본 정부 지원금을 수령하지 말라고 종용했다는 문제제기와 관련해서는 "사실무근"이라며 "화해·치유재단 기금 수령 여부는 전적으로 할머니들이 결정하게끔 했다"고 답했다. 이상희 이사는 "당시 민주사회를 위한 변호사모임(민변)에서 2015 한·일 위안부 합의에 대해 국가를 상대로 소송을 제기했다"며 "그 과정에서 변호사들이 할머니들을 일일이 만나 뵙고 의사를 확인했다. 물론 정의연에서도 먼저 확인했다"고 설명했다. 이어 "만약 할머니들이 여러 사정으로 기금을 수령하겠다고 한다면 수령은 수령이고 이후에 우리가 문제를 제기할 수 있다는 정도로 설명을 드렸다"고 덧붙였다. ―〈중앙일보〉 2020년 5월 11일 입력

필자는 이 말을 곧이곧대로 믿지 않는다. 할머니들의 1억 원 수령은 말이 분위기를 결정하는 것이 아니라 분위기가 행동을 결정지은 문제다. 즉,

윤미향 대표가 1억 원 수령 여부를 할머니들이 선택할 문제라고 '말했다'고 해서 할머니들이 1억 원을 '편한 마음으로 수령했다'고 주장할 수는 없다는 것이다. 윤 대표와 정대협이 1억 원 수령을 탐탁지 않게 생각했다는 정황은 많으며, 1억 원을 받지 않은 할머니들에게만 국민성금을 모아 1억 원을 준 것이 그 대표적 예이다. 대대적으로 이런 모금운동을 벌이면서 어떻게 할머니들이 알아서 수령 여부를 결정하도록 했다고 말할 수 있는지 모르겠다. 또 앞의 기사에서 정의연이 "수령은 수령이고 이후에 우리가 문제를 제기할 수 있다는 정도로 설명을 드렸다"고 했는데, '차후에 있을 우리 측의 문제제기'를 할머니들은 어떻게 받아들였을까 궁금하다.

일본이 '아시아여성기금'(여성을 위한 아시아평화국민기금, 1995∼2007)을 만들어 1997년 위안부 할머니들에게 위로금을 지급하려 했을 때 정대협은 극력 반대했다. 정대협은 그때도 국민성금을 모으고 정부예산을 합쳐 156명에게 아시아여성기금의 위로금(500만 엔)에 해당하는 4,412만 5천 원씩을 지급했다.

정대협은 위로금을 받으려는 할머니들과 마찰을 빚었다. 석복순 할머니가 "정대협이 더러운 돈을 받으면 화냥× 운운했다"고 한 증언도 그때의 분위기를 잘 보여 준다. 윤정옥 당시 정대협 대표가 "돈 받으면 공창(公娼)이 되는 것"이라고 한 말을 그렇게 표현했을 것이다. 심미자, 박복순 할머니는 이 돈을 받고 정대협과 불편한 관계가 됐다.

이런 분위기 때문에 아시아여성기금이 위로금을 줄 당시 정부가 인정한 생존 위안부 할머니 207명 중 7명만이 위로금을 받은 것으로 알려졌다. 그러나 7명도 많다고 생각한 것이 당시 정대협이었다.

처음 7명의 기금 수령이 알려지자 활동가들은 즉각적으로 국민기금 측의 '공작'을 비난하는 동시에 기금을 수령한 할머니에 대한 섭섭함을 표출하였다. '이 극소수 할머니들의 행동은 다른 많은 할머니를 더욱 굴욕스럽게 하고 있다'

고 평가되었으며 더 열악한 상황에 있는 필리핀 할머니와 비교하면서 '낯 뜨겁지 않게' 흔들리지 말 것을 당부하였다. 기금을 수령했거나 이를 원하는 피해자들은 전적인 거부를 표명한 정대협과는 의견을 달리하였고 이후 양자의 갈등은 첨예화되었다.

— 김정란 박사학위 논문, "일본군 '위안부' 운동의 전개와 문제인식에 대한 연구: 정대협의 활동을 중심으로", 2004.(〈월간조선〉 2020년 6월호에서 재인용)

그런데 2014년 새로운 사실이 밝혀진다. 아시아여성기금을 수령한 할머니는 7명이 아니라 61명이나 됐다(61명 중 한 명은 배달 사고로 돈을 받지 못한 것으로 추정하고 있다). 이 숫자는 고노 담화 검증 보고서에도 들어 있고 아시아여성기금의 사무국장이었던 와다 하루키 도쿄대 명예교수도 밝힌 바 있다. 이 사실은 무엇을 의미하는가. 피해자 할머니와 운동가의 이익이 반드시 일치하지는 않는다는 것을 극명하게 보여 준다.

이런 구조는 화해·치유재단이 치유금을 지급하던 2016, 2017년에도 별반 달라지지 않았다. 다만 정대협이 아시아여성기금 때 공개적, 공세적으로 반대했던 것이 후에 비판받는 것을 보고 이번에는 무리한 방법을 써서는 안 된다는 '학습효과'를 얻은 것 같다.

더불어시민당 제윤경 수석대변인은 2020년 5월 11일 논평을 통해 "한국정신대문제대책협의회는 밀실 추진된 위안부 합의에 공식 사죄, 법적 배상이 아니라 위안부 문제에 대한 국제사회 언급 금지 등 독소조항이 들어 있다고 할머니들에게 설명했다. 이 과정에서 위로금 수령 의사를 최대한 존중했다"고 말했다. '독소조항'을 자세히 설명하고 수령 의사를 최대한 존중했다는 것은 이율배반적이다.

분명하게 말하지만 당시는 할머니들이 자유롭게 돈을 받을 분위기가 아니었다. 정대협은 "지급받는 피해자 숫자를 전면에 내세워 부당한 합의 이행을 끝내 강행한다"면서 박근혜 정부를 비판했다. 이런 논리에 따르면 돈을 받는 할머니는 부당한 합의 이행의 부당한 협조자가 된다.

본격적으로 현금지원을 시작한 화해·치유재단은 생존 피해자 전체의 동의를 받지 못한 채 사업 취지를 수용한 일부 피해자 중심으로 사업의 첫걸음을 뗐다. 일본이 소녀상 이전설치 문제를 강하게 요구하는 데다 최근 아베 신조 일본 총리가 피해자들에게 사죄편지를 전할 용의가 "털끝만큼도 없다"고 밝힌 상황에서, 일방적으로 양국 정부의 합의사항 '이행'만을 강조하는 정부의 태도는 거센 비판을 받을 수밖에 없을 것으로 보인다. …

'위안부' 피해자단체들은 즉각 반발하고 나섰다. 한국정신대문제대책협의회(정대협)는 성명서를 발표해 "말로 하기조차 힘든 일본군 '위안부'로서의 고통스러운 경험을 국내외에 증언하며 정의 회복을 요구해 온 피해자들의 목소리를 이제 와 소수의 목소리처럼 치부하고 지급받는 피해자 숫자를 전면에 내세워 부당한 합의 이행을 끝내 강행하는 정부는 피해자들을 양분시키고 있는 꼴"이라고 비판했다. 피해당사자인 김복동 할머니는 기자회견을 열고 "돈은 물론 재단과 면담할 생각도 없다. 정부가 어떤 행동을 하더라도 우리는 일본과 싸워서 일본의 사죄와 법적 배상을 받기를 바란다"며 "정부가 이런 사업을 하면 우리를 위로금 받고 팔아먹는 것밖에 안 되지 않느냐. 정부는 정부대로 하고, 우리가 싸우는 데 관여하지 말라"고 정부를 일갈했다.

10명의 피해 할머니들이 거주하는 나눔의 집 안신권 소장도 〈한겨레〉와의 통화에서 "재단이 (10억 엔) 배분사업을 중단해야 한다. 일본이 보낸 10억 엔이 배상금도 아닌데, 피해자에게 이 돈이 배분되는 순간 일본은 위안부 문제에 대한 책임이 끝났다고 생각할 것"이라며 "이는 단순히 할머니들에 대한 지원만이 아니라 여성인권을 위해 희생하고 싸워 온 전 국민의 문제이며, 국가의 자존심 문제"라고 강조했다. 안 소장은 "기자회견과 항의집회를 열어 우리의 의견을 강하게 말할 것"이라고 밝혔다.   —〈한겨레〉 2016년 10월 14일 입력

할머니들에게 '선택의 자유'를 줬다고 하면서 운동단체는 돈을 받지 말라고 종용하거나 강력하게 반대운동을 전개했다.

윤미향 씨가 한국정신대문제대책협의회(정대협) 대표 시절에 일본이 출연한 10억 엔에서 주는 1억 엔을 받겠다는 위안부 피해자에게 이를 받지 말라고 종용했다는 증언도 나왔다.

〈중앙일보〉가 입수한 친필 서신에서 위안부 피해자 A할머니는 "(정부가) 일본 돈 10억 엔을 받아 와서 정신대 할머니들한테 1억 원씩 줄 때 윤미향이 전화해서 '할머니 일본 돈 받지 마세요. 정대협 돈 생기면 우리가 줄게요' 하면서 절대 받지 못하게 했다"고 주장했다. "그런데 나는 억울해서 받아야 되겠다"면서다.

최용상 가자!평화인권당 대표가 전한 편지는 총 2장으로, A할머니가 3월 문희상 국회의장에게 쓴 것이다. 편지는 아직 실제 전달되지는 않았다. 2015년 12·28 위안부 합의에 따라 일본은 2016년 정부예산으로 10억 엔을 거출했고, 정부는 화해·치유재단을 출범해 피해자 지원에 나섰다. A할머니 주장대로라면 위안부 합의가 피해자중심주의에 어긋난다며 비판해 온 윤 당선인이 오히려 일부 피해자의 자발적 의사와 선택권을 무시한 게 된다. 〈중앙일보〉는 이에 대해 수차례 윤 당선인의 입장을 요청했지만 연락이 닿지 않았다.
— 〈중앙일보〉 2020년 5월 11일 입력

A할머니의 말은 지어낼 수 있는 말이 아니다. "정대협 돈 생기면 우리가 줄게요"라고 했다는 윤미향 대표는 그 약속을 나중에 실천했다. 2017년 하반기 백만시민 모금운동으로 돈을 모아 8명의 할머니에게 1인당 1억 원을 '여성인권상금'으로 전달했다.

일제 강제징용·위안부 피해자와 유가족들의 단체인 태평양전쟁희생자 유족

회는 1일 개최한 기자회견에서 정의기억연대(정의연) 이사장을 지낸 더불어
민주당 윤미향 의원을 강도 높게 비판했다. 유족회는 이날 인천시 강화군 선원
면 알프스 식당에서 기자회견을 열어 "지난 30년간 위안부 문제를 악용한 윤미
향은 의원직을 사퇴하고 정의연을 해체하라"고 주장했다.

유족회는 "정대협(한국정신대문제대책협의회 · 정의연의 전신)과 윤미향은
수십 년 동안 일본군 위안부 할머니들을 위한 피해자 중심의 단체가 아닌 권력
단체로 살찌웠다"고 비판했다.

특히 양순임(76) 유족회 회장은 "죽으면 망향의 동산에 묻어 달라는 고 강순
애 할머니의 유언을 정대협이 무시했다"며 "강 할머니는 결국 납골당에 안치됐
다"고 주장했다. 이어 "위안부 할머니들은 생전에 정대협과 윤미향을 무서워
했다"며 "정부가 더는 이 단체에 대한 지원금을 보내선 안 된다"고 덧붙였다.
양 회장은 이날 기자회견 전 〈연합뉴스〉와 통화에서는 "정대협이 그동안 어떻
게 했는지에 대해 이용수 할머니가 한 말이 다 맞다"며 "윤미향이 거짓말만 안
했다면 지켜보려고 했는데, 거짓말을 하니 기자회견을 하기로 했다"고 말했
다. … 태평양전쟁희생자 유족회는 일본이 일으킨 태평양전쟁을 전후해 군인,
노무자, 여자근로정신대, 일본군 위안부 등으로 강제로 끌려간 한국인 피해자
와 그 유가족들이 1973년 만든 단체다.　　　　— 〈연합뉴스〉 2020년 6월 1일 입력

다른 주장은 그렇다 치고 "위안부 할머니들은 생전에 정대협과 윤미향을
무서워했다"는 말은 정말로 의외이다.

정의기억연대(정의연 · 당시 한국정신대문제대책협의회) 출신 윤미향 더불어시
민당 당선인이 2015년 한일 위안부 합의 전 "채널을 일원화하자. 피해자 할머
니들에겐 우리가 설명하겠다"며 외교부와 할머니들 간 직접 접촉을 막은 뒤 당
선인 본인만 설명을 들었다는 증언이 나왔다. …

당시 협상 사정에 밝은 전직 외교당국자 등이 11일 증언한 바에 따르면 윤

당선인은 한·일 간 협의를 담당한 당국자들에게 "할머니들에 대한 직접 접촉은 허용할 수 없으니 의견 전달은 우리를 통해서 해달라"는 방침을 밝혔다.

당시 외교당국자들은 이 같은 윤 당선인 방침에 따라 정대협과 나눔의 집 소속 할머니 14명과는 직접 만나 합의내용을 설명할 수 없었다고 전했다. 한 관계자는 "접촉을 불허하는 데 대한 정확한 이유는 들을 수 없었고, 윤 당선인이 할머니들에게 제대로 협의내용을 전달했는지에 대해서도 알 수 없었다"고 말했다.

반면 윤 당선인은 이를 통해 협상 실무자였던 이상덕 당시 외교부 동북아국장의 실질적 카운터파트가 됐고, 최소 11차례 이상 합의내용에 대해 설명을 들은 것으로 전해진다. 10억 엔 거출, 총리 사과, 일본 정부 책임 명시 등 합의에 대한 핵심 내용은 윤 당선인에게 전부 설명했다는 게 이들의 공통된 증언이었다.

— 〈매일경제〉 2020년 5월 11일 입력

"할머니들에 대한 직접 접촉은 허용할 수 없으니 의견 전달은 우리를 통해서 해달라"는 말의 의미는 무엇일까. 윤미향 대표나 정대협에게 그럴 권한이 있는지 의문이다. 이런 요구는 운동단체의 이익을 할머니들의 이익으로 포장했을 위험성을 엿보게 한다.

윤미향 대표와 정의연은 할머니의 선택을 존중했다고 주장하지만, 그들을 지지하는 그룹에서는 "윤 대표가 '돈 받지 마세요'라고 설득했어도 괜찮다"는 말까지 한다. 윤 대표가 그런 말을 했을 것으로 추정하지 않고서야 그렇게 노골적인 지지 표현을 할 수는 없다.

물론 위안부 피해자 개인마다 사정이나 의사가 모두 다르기 때문에 어떤 분은 일본의 위로금을 받을 수 있으며, 이용수 할머니 등 다른 분들처럼 끝까지 수령을 거부할 수도 있는 것이죠. 자연스러운 일입니다. A할머니가 서신에서 밝힌 것처럼 윤 당선인이 "할머니 일본 돈 받지 마세요. 정대협 돈 생기면 우리가 줄게요"라고 피해자들에게 말했다면 그것도 이상할 게 없습니다.

··· 그렇다면 피해자들을 대변하는 단체와 윤 당선인의 입장에서 피해자들의 본질적인 합의 반대 의지에 따라 피해자들께 되도록이면 일본의 돈을 받지 말자고 '설득'하는 것도 당연한 일입니다. 〈중앙일보〉는 이렇게 당연한 '설득 과정'을 "회유와 종용"이라는 표현, "배신자 낙인", "윤미향이 못 받게 했다", "피해자 뜻 존중 안 한 윤미향" 등 과장된 보도 제목으로 비약한 겁니다. '낙인'은 〈중앙일보〉가 윤 당선인과 위안부 운동 자체에 찍고 있는 것으로 볼 수 있습니다.   — '민언련 신문모니터', 〈미디어오늘〉 2020년 5월 14일 입력

민언련의 이 주장은 정말로 어불성설이다. '피해자중심주의'가 '단체중심주의'로 변질된 것을 비판하기는커녕 오히려 두둔하고 있다.

앞서 소개한 '피해자중심주의'에는 ① '피해자는 단일집단이 아니어서 피해자 개인마다 다른 요구와 우선순위를 가질 수 있다', ② '피해자를 위해 일하는 전문인들이 피해자를 위한 것을 정해서는 안 된다', ③ '실현불가능한 것에 대해 피해자의 기대를 높이면 안 된다', ④ '피해자(또는 부모·보호자)는 자신에게 필요한 지원방식을 결정할 권리가 있고, 사전에 자유로운 상황에서 모든 가능한 선택지에 관한 정보를 받아야 한다'는 내용 등이 들어 있다.

따라서 "할머니들을 대변하는 정대협과 정의연이 대다수 할머니들이 일본이 주는 돈을 반대하고 있으므로, 돈을 받으려는 일부 할머니들에게 돈을 받지 말라고 설득하는 것도 당연하다"는 주장은 무지의 소치이자 월권이다. 정대협이나 정의연은 그럴 권한이 없다. '대변권'을 인정한다 하더라도, '대변'을 해야지 '자기주장'을 해서는 안 된다. 대변도 할머니들 각자의 요구를 대변해야지, 지원단체의 운동방향에 맞는 할머니만 대변해서는 안 된다. 그런 자기엄격성이 부족하다 보니 '피해자중심주의'가 '단체중심주의'로 변질됐고, 모두가 피해자인데도 할머니들을 내 편, 네 편으로 가르

게 된 것이다.

앞서 어느 칼럼에서 지적했듯 우리는 성소(聖所)에 갇힌 피해자의 말을 전하는 신관(神官)의 신탁(神託)을 피해자의 말로 오인했거나, 아니면 '인형'의 입을 빌릴 뿐 자신의 얘기를 하는 복화술사의 말을 다른 이의 진심을 전하는 것으로 착각했는지 모른다.

앞에서 설명한 '피해자중심주의'의 4번째 항목에 '피해자(또는 부모·보호자)는 자신에게 필요한 지원방식을 결정할 권리가 있고, 사전에 자유로운 상황에서 모든 가능한 선택지에 관한 정보를 받아야 한다'는 것이 있다. 그러나 정대협이 관리하는 서울 '마포쉼터'와 대한불교조계종 산하 사회복지법인이 관리하는 경기도 광주의 '나눔의 집'에 거주하는 할머니들은 그런 권리를 누리지 못했다.

2015년 12월 28일 합의 직후, 2016년 1월부터 화해·치유재단이 출범하는 2016년 7월 이전까지 외교부와 재단설립준비위원회는 생존자 할머니들을 평균 3차례씩 만나 합의내용을 설명했고, 재단 설립 이후에도 평균 두 차례씩 만나 1억 원을 수령하겠다는 의사를 재확인하고 청구서 작성 등을 돕기도 했다. 그런데 마포쉼터의 3명과 나눔의 집의 10명 등 13명의 할머니는 재단 설립 후 일절 만날 수가 없었다. 마포쉼터와 나눔의 집이 면담을 막았기 때문이다.

재단은 2016년 10월 정대협 윤미향 대표와 나눔의 집 안신권 소장 앞으로 공문을 보냈다. 마포쉼터와 나눔의 집에 거주하는 할머니들에게 합의내용을 설명하겠다는 내용이었다. 나눔의 집 측은 사흘 후 이런 회신을 보내왔다.

나눔의 집 일본군 '위안부' 피해자분들께서는 2015년 12월 28일 한일 합의안 내용에 대해 반대하고 있으며, 재단법인 화해·치유재단 설립에 대해서도 반대하고 있습니다. 따라서 나눔의 집 피해자분들께서 방문하시는 것은 원하지 않습니다. 때문에 저희 기관에서도 피해자분들의 의견을 수렴하여 협조드릴 수 없음을 양해 바랍니다.

이 말은 사실일까. 2015년 말 합의 당시 생존자 46명과 새로 위안부로 인정받은 할머니 1명(2016년 12월 20일 신규 등록) 등 47명의 생존 위안부 할머니 중 35명이 1억 원의 수령 의사를 밝혔고, 실제로 수령했다. 1억 원을 받은 35명 중 29명은 자택에, 6명은 시설에 거주했는데, 시설 거주 6명이 바로 나눔의 집에 사시는 분들이었다. 그러니까 "피해자분들의 의견을 수렴하여 협조할 수 없다"는 나눔의 집 측의 회신은 할머니들의 의견을 제대로 수렴한 것이 아니다. 회신대로 할머니들이 합의에 반대했다면 1억 원을 수령한 할머니가 6명이나 나올 리가 없다(6명 중 2명은 직접 화해·치유재단을 찾아왔고, 4명은 가족을 통해 연락했다). 만약 합의에는 반대하지만 수령 의사는 있는 할머니가 있었다고 주장하고 싶다면 수령 의사가 있는 할머니들에게라도 설명할 기회를 줘야 마땅하다.

나눔의 집에 계신 할머니가 지인들과 갑자기 재단을 방문해 1억 원 수령 의사를 밝혔을 때의 녹취록을 보면 이런 내용이 들어 있다.

나눔의 집에 있는 할마씨들 모를 거예요. 그거를(합의내용을). … 예, 그래 내가 가니까 그라(러) 드라구, 일본에서 사죄도 안 하는 돈을 그 받아서 뭐하느냐(고). ― 2017년 12월 14일 녹취

이용수 할머니는 2020년 5월 7일 기자회견에서 이런 말을 했다.

제가 나눔의 집에도 자주 갔습니다. 거기에 윤○○이라는 저와 동갑인 할머니가 있는데, 아침에 제가 식사하러 들어가니까 "너 여기 좀 와봐라" 합니다. 10억 엔 들어오고 한참 됐을 때입니다. 나한테 "나는 암이 두 군데다. 폐암, 자궁

암. 나는 그 10억 엔에서 1억 원을 받아야 된다. 아들 줘야 된다" 하면서 웁니다. "그래, 그럼 써라" 하니까 자기는 못 쓰겠대요. 그때도 나눔의 집 소장은 이 얘기를 안 해줬습니다.

나눔의 집은 합의내용을 제대로 설명도 안 하고서 할머니들이 반대한다고 했고, 합의내용을 알고 찾아가는 할머니들에게는 '받지 말라'고 종용한 정황이 보인다. 나눔의 집도 결국은 '피해자중심주의'가 아니라 '시설중심주의'였던 것이다.

정대협은 화해·치유재단의 공문에 회신조차 하지 않았다. 정대협이 할머니들의 선택을 존중했다면 설명 기회를 따로 마련해 주지는 못할망정 재단이 가서 설명하겠다는 것까지 막을 권한은 없다.

6) 3장의 영수증은 "철저히 검증받아 왔다"는 증거가 되나

이용수 할머니가 정대협과 정의연이 받은 돈을 어디에 썼는지를 문제 삼자 윤미향 당선인과 정의연은 "받은 돈은 투명하게 써왔으며, 내부적으로 철저하게 검증을 받아 왔다"고 주장했다. 그러면서 이용수 할머니가 기자회견을 한 다음 날인 2020년 5월 8일 이용수 할머니의 지장이 찍힌 영수증 3장을 공개했다.

우선 내부 검증에 대한 언급을 보자.

(성금은) 철저하게 관리하고 감사받고 보고하는 과정을 거치고 있다. 1992년부터 할머니들께 드린 지원금 등의 영수증을 할머니들 지장이 찍힌 채로 보관하고 있다.
— 윤미향, 2020년 5월 8일 페이스북

이상에 말씀드린 모금 사용 내역에 대해서는 정기적인 회계감사를 통해 검증

받고 공시절차를 통해 공개되고 있습니다.

— 이용수 할머니 기자회견에 대한 정의연 입장, 2020년 5월 8일

13일 오후 서울 종로구 수송동 옛 일본대사관 앞에서 열린 제 1439차 수요시위에서 이나영 정의연 이사장(중앙대 사회학과 교수)은 "… 매년 변호사와 공인회계사로부터 회계감사를 받아 왔으며, 그때마다 문제가 없다는 의견을 받아 왔다"며, "다만 국세청 시스템 공시 입력과정에서 아주 약간의 실수가 있었다. 그러나 이는 국세청 재공시 명령에 따라 바로잡도록 할 것"이라고 덧붙였다.

— 〈헤럴드경제〉 2020년 5월 13일 입력

윤미향 당선인과 정의연은 회계부정 의혹을 전면 부인하면서 공시에 약간의 문제가 있었다고만 인정했다.

일부 언론은 마치 정의연이 고의성을 갖고 회계부정을 저지른 것인 양 관련 의혹을 연일 쏟아 내고 있습니다. 특히 국고보조금의 일부 공시 누락을 마치 보조금 유용인 양 보도하는 일이 지속되고 있습니다.

저희의 미흡함으로 인한 공시 오류에 대해서는 다시 한 번 사과드립니다. 하지만 정의연이 그동안 수행한 국고보조금 사업은 성실하게 집행되고 투명하게 관리되었습니다. 국고보조금 사업은 주무관청의 목적사업 공모를 통해 선정된 것으로 사업계획과 그 집행이 목적사업에 맞게 쓰여지도록 특정되어 있습니다.

— 정의연 입장문, 2020년 5월 28일

정의연은 외부점검 결과 "재단 회계는 전반적으로 양호하다"고 주장했다.

회계관리체계 개선과 관련해 이 이사장은 "7월 한 달 공인회계사 네트워크 '맑은'에 회계관리체계 개선방안 용역을 의뢰해 최종 검토보고서를 받았다"며 "재

단 회계공시의 정확성과 신뢰성을 제고하기 위해서다"라고 밝혔다.

정의연에 따르면 '맑은'은 2019년 회계업무, 세무업무 및 공시업무와 2020년 현재 재단의 회계관리 수준은 전반적으로 양호한 편으로 평가했다.

다만 일부에 집중된 업무량을 축소하고 회계 관련 업무의 균형을 조정해 효율성을 증대할 것을 제안했다. 또 회계 관련 주요 내부 통제절차를 정비하고 회계 공개자료의 정확성과 충분성 향상을 모색하라고 권고했다.

— 〈연합뉴스〉 2020년 8월 12일 입력

정의연은 문제가 불거진 지 4개월 만인 2020년 9월 1일에 회계내역을 재공시했다.

후원금 회계 관련 의혹을 받는 일본군 성노예제 문제해결을 위한 정의기억연대(정의연)가 국세청의 수정 요구에 따라 국세청 홈페이지에 회계 내역을 재공시했다. 1일 국세청 홈페이지 공익법인 공시에 따르면 정의연은 '공익법인 결산서류 등 공시목록' 중 2016년을 제외한 2017~2019년 사업내역 공시를 지난달 30~31일 다시 수정해 올렸다. '법정·지정기부금단체 공개목록'은 2016~2019년 사업 내역을 모두 지난달 29~31일 사이에 재공시했다.

국세청은 5월 12일 정의연이 공시한 결산내역 중 2018년 기부금품 모집 및 지출명세서에서 기부금 수익 약 22억 7,300만 원을 2019년으로 이월한다고 기록했으나 2019년 같은 항목의 이월 수익금이 '0원'이라는 점, 2018년 기부금 약 3,340만 원을 맥줏집 '옥토버훼스트' 운영사인 디오브루잉주식회사에서만 사용했다고 기록한 점, 피해자 지원사업 수혜자 수를 99명 혹은 999명으로 기재했다는 점 등에 대해 회계오류가 있다고 판단했다.

정의연은 2018년 기부금 수익을 약 4억 6,177만 원으로 재공시하고, 2019년 기부금 수익란의 이월금액도 0원에서 4억 6,177만 원으로 변경했다. 2018년 기부금 지출 명세서에는 '디오브루잉주식회사 외'에 1,600여만 원을 사용했다고 밝혔으며 피해자 지원사업의 수혜자 수도 구체적으로 표기했다.

정의연 관계자는 "회계전문가의 의견을 받아 재공시 필요성이 있다고 생각되는 부분을 다시 공시했다"며, "지속적인 검토를 통해 재공시가 필요하다고 판단되는 부분이 있다면 다시 공시할 예정"이라고 설명했다.

정의연 전신이자 현재 전쟁과여성인권박물관 운영 법인인 한국정신대문제대책협의회(정대협)도 '공익법인 결산서류 등 공시목록' 중 2019년 사업내역을 지난달 31일 재공시했다.　　　　　—〈연합뉴스〉 2020년 9월 1일 입력

이에 대해 검찰은 2020년 9월 14일 수사 결과를 발표하며 정의연의 손을 들어 줬다. 보조금과 기부금 수입, 지출 내역을 국세청 홈텍스에 허위로 공시하거나 누락하는 방법으로(맥줏집 과다 지출, 2016~2020년 국고보조금 8억 2천만 원 누락 등) 유용한 것이 아니냐는 의혹에 대해 "공시누락 등 부실공시가 상당히 있었으나, 확인 결과 의혹 제기된 부분에 대하여 정상 회계처리는 되어 있고 지출에도 특별한 문제는 발견하지 못하였다"고 했다. 또 "국세청 홈텍스 허위 공시 및 누락에 대하여 현행법상 처벌규정은 없다"고 덧붙였다.

그런데 한 가지 궁금한 게 있다. 윤미향 의원이나 정의연이 '정기적 회계 감사'라고 언급한 감사는 도대체 어떤 감사인지, 이를 담당했던 변호사와 공인회계사는 누구였는지 알고 싶다. 윤 의원과 정의연의 회계 의혹이 마구 쏟아져 나오는데도 "문제가 없다"고 한 변호사와 공인회계사는 한 번도 공개적으로 언론 보도를 반박한 적이 없다. 자신들의 명예를 연일 훼손하고 있었는데도 말이다.

요즘은 회계사나 회계법인이 분식회계 등을 통해 주주나 회원들에게 손해를 끼쳤을 경우 매우 엄한 처벌을 받는다. 정의연을 감사했던 변호사와 공인회계사는 검찰이 기소한 윤미향 의원의 기부금품모집법 위반이나 업무상 횡령, 배임 혐의 등에 대해서는 주의를 기울이면 충분히 인지할 수 있

었다고 본다. 그것이 그들의 의무이다. 그런데도 장시간 문제가 없었다고 판단한 근거는 무엇인지, 그렇게 판단한 회계책임자는 누구인지, 그런 관행을 용인해 온 구조적 원인은 무엇인지를 규명할 필요가 있다.

감사과정도 그렇지만 필자는 정의연이 제시한 3장의 영수증에 더 큰 위화감을 느낀다. 이용수 할머니는 정대협과 정의연이 받은 돈의 집행과정 전체에 대해 의문을 제기했다. 윤미향 의원과 정의연은 "할머니의 지장이 찍힌 영수증을 가지고 있다"고 반박했다. 이 말을 들으면 이용수 할머니가 거짓말을 했다고 믿기 쉽다.

이용수 할머니로부터 받았다고 정의연이 제시한 3장의 영수증은 100만 원짜리(1992년 7월 15일), 250만 원짜리(1993년 7월 26일), 1억 원짜리 (2017년 11월 22일)이다. 100만 원은 생활지원금 명목으로, 250만 원은 생활기금모금액 중에서, 1억 원은 화해·치유재단이 지급하는 1억 원을 안 받은 대가로 준 돈이다.

이들 돈은 어떻게 마련한 것일까.

1990년 결성된 정의연(정대협)은 1991년 김학순 할머니의 최초 증언 이후 피해자 신고전화를 개설하였고, 당시 경제적으로 어려운 상황에서 생활하고 계시던 일본군 '위안부' 피해자들의 생활안정을 위해 1992년 '정신대할머니 생활기금모금 국민운동본부'를 설립해 모금활동을 전개했으며, 당시 피해자 62명에게 250만 원씩을 지급하는 한편, 피해자들에게 재정적·의료적 지원 등을 가능토록 하는 지원법 제정 운동을 전개해 부족하나마 1993년 국내 입법을 이끌어 낸 바 있습니다.

김학순 할머니 등 피해자들의 반대에도 불구하고 1995년 일본 정부가 공식적 배상이 아닌 민관협력 기금인 '아시아여성기금'을 통해 문제를 봉합하려고 시도하였을 때도 전 국민 기금모금운동을 진행하여, 국내외 거주 일본군 '위안부' 피해자 156명에게 정부지원과 시민모금을 합쳐 각 4,412만 5천 원을 전달한 바 있습니다. 2015년 한일 정부 간 일본군 '위안부' 합의(이른바 2015 한일 합의)가 발표된 이후 위로금 10억 엔으로 문제를 '해결'하려고 시도했을 때에도 끝까지 일본 정부의 위로금 수령을 반대하며 싸워 주셨던 이용수 할머니를 비롯한 피해자 8명에게 2017년 하반기 백만 시민모금을 진행해 조성된 기금으로 개인당 1억 원을 여성인권상금으로 전달해 드린 바 있습니다.

— 이용수 할머니 기자회견에 대한 정의연 입장, 2020년 5월 8일

입장문에 따르면 '아시아여성기금' 문제가 불거졌을 때도 할머니 156명에게 4,412만 5천 원씩을 지급했는데, 이에 대한 영수증은 갖고 있지 않은 것 같다. 앞에서 언급한 돈의 공통점은 모두 할머니들에게 주기 위해 모금했다는 것이다. 그러니 할머니에게 줘야만 하는 돈이다. 이용수 할머니가 문제 삼은 '회계의 투명성'은 쓸 곳을 정해 놓고 일회성으로 모금한 돈이 아니다. 이용수 할머니는 "수요집회에서 받은 성금은 할머니들한테 쓰지 않고 어디에 쓰는지 모르겠다"고 말한 것이다. 그런데도 정의연은 곧바로 이들 영수증을 공개함으로써 이용수 할머니가 받을 돈을 전부 받고도 안 받았다고 주장한다는 식으로 반박했다. 이는 '쟁점 이탈'을 통해 문제를 호도한 것이다.

이용수 할머니의 문제제기에 '반박의 증거가 될 수 없는' 영수증을 찾아내 곧바로 공개하는 정의연의 태도는 '피해자중심주의'가 아니라 단체에 누를 끼치는 할머니는 즉각 비판의 대상으로 재정의하는 '단체중심주의'를 드러낸 것이나 다름없다.

7) 정대협이 할머니에게 생활비를 주는 단체가 아니라면

이용수 할머니의 기자회견 중 가장 큰 쟁점은 윤미향 의원과 정대협(정의연)이 기부받은 돈을 할머니들에게 제대로 쓰지 않았다는 주장이다. "30년

간 속아 왔고, 속을 만큼 속았다"는 말은 국민에게 큰 충격을 줬다. 문제가 터지고 나서 얼마 안 지나 할머니들에게 쓴 돈은 기부금 수입의 20%도 채 안 된다는 통계가 나왔다.

일본군 위안부 피해자 이용수 할머니(92)가 성금 사용에 대한 문제를 제기해 논란이 확산되는 가운데 정의기억연대(정의연)가 최근 4년간 49억 1,606만 원을 기부금 수입으로 모금한 것으로 나타났다. 기부금 수입의 약 18.7%인 9억 2,014만 원이 피해자 현금 지원금으로 사용됐다.

정의연이 국세청 홈텍스에 공시한 2016~2019년 '연간 기부금 모금액 및 활용실적 명세서'에 따르면 기부금 수익은 2016년 12억 8,806만 원, 2017년 15억 7,554만 원, 2018년 12억 2,696만 원, 2019년 8억 2,550만 원 등이었다. 지난해 말 기준 남아 있는 누적 기부금은 총 22억 5,841만 원이다. 위안부 피해자 할머니에게 현금성 지원을 하는 '피해자 지원사업비'는 2016년 30명에게 270만 원, 2017년 45명에게 8억 6,990만 원, 2018년 27명에게 2,321만 원, 2019년 23명에게 2,433만 원 등이다.

이에 대해 정의연 측은 "재단 성격이 현금을 직접 지원하는 인도적 재단이 아니라 위안부 피해자와 관련된 다양한 지원사업을 하는 단체"라고 설명했다. 정의연의 후원금 사용 명세를 보면 수요집회와 홍보사업 등 다양한 사업에 대해 기부금을 사용하고 있다. 앞서 이 할머니는 7일 기자회견을 열어 "수요집회에서 받은 성금은 할머니들한테 쓰이지 않고 어디에 쓰이는지 모르겠다"고 말했다.

— 〈동아일보〉 2020년 5월 9일 자

이에 대해 정의연은 "정의연은 운동단체이지 할머니들의 생활만을 돕는 인도적 지원단체가 아니다"라고 반박한다.

정의기억연대(옛 한국정신대문제대책협의회)가 최근 불거진 '후원금 논란'에 대해 11일 "정의연은 일본군 '위안부' 피해자들의 생활안정만을 목적으로 하는 인도적 지원단체가 아니다"라고 밝혔다. 정의연은 이날 오전 10시 30분 기자회견을 열고 2017년부터 3년간 목적지정기부금을 제외한 일반 기부수입 22억 1,900여만 원 중 41%인 9억 1,100여만 원을 '피해자 지원사업비'로 집행했다고 설명했다. 나머지 59%에 해당하는 금액은 수요시위·기림사업·나비기금·장학사업 등에 쓰였다고 했다.

연도별 일반 기부수입 가운데 피해자 지원사업비는 2017년 12억 6,700만 원 중 8억 6,300만 원, 2018년 5억 3,800만 원 중 2,300만 원, 2019년 4억 1,300만 원 중 2,400만 원이 쓰였다. 2017년 당시 100만 시민모금을 통해 모금한 7억여 원에 일반후원금을 더한 8억 원을 총 8명의 할머니들에게 여성인권상금으로 지급한 것이 가장 눈에 띄는 지원금액이다.

정의연은 피해자 지원사업비 항목은 후원금을 할머니들에게 단순히 현금으로 전달하는 사업이 아닌 할머니들의 인권과 명예 회복을 위한 활동에 쓰인다고 설명했다. 여기엔 건강치료 지원, 인권과 명예 회복활동 지원, 정기 방문, 외출 동행 등 정서적 안정 지원, 비정기적 생활물품 지원, 쉼터 운영 등이 포함된다는 것이다. 이와 관련 한경희 사무총장은 "예산으로 표현될 수 없는 할머니들과 친밀감을 형성하고 가족 같은 관계를 맺으며 위로가 되려고 한다"고 했다. 피해자 지원사업 중 '현금지원'은 1990년 초 정대협 활동 초기 할머니들의 어려운 생활형편을 돕기 위해 일시 생활지원금을 전달한 이후 1995년, 2017년 일본의 위로금 지급에 반대해 진행한 모금으로 피해자들에 전달한 후원금 등이 전부다. ─〈중앙일보〉 2020년 5월 11일 입력

할머니들에게 쓴 돈은 보도 시점으로 보면 이틀 만에 18%대에서 41%로 늘어났다. 할머니에게 쓴 돈이 너무 적다는 비판이 거세지자 '건강치료지원, 인권과 명예 회복활동 지원, 정기 방문, 외출 동행 등 정서적 안정 지원, 비정기적 생활물품 지원, 쉼터 운영'에 들어가는 돈도 모두 할머니

에게 쓴 돈으로 계산해서 나온 결과이다. 즉, 할머니에게 직접 지급하거나 쓴 돈만이 아니라 간접경비까지도 할머니를 위해 쓴 돈에 포함한 것이다. 그렇게 해서 나온 평균 41％라는 수치도 8명의 할머니에게 1억 원씩을 지급한 2017년 68％를 제외하면 2018년은 4％, 2019년은 6％에 불과하다.

이용수 할머니의 여러 지적과 고견을 깊게 새기는 것과 별개로, 직접 피해자들에게 현금지원을 목적으로 모금한 돈을 전달한 적이 없다는 주장은 사실이 아닙니다. 기본적으로 정대협·정의연은 일본군 위안부 문제해결을 위해 일본 정부에게 ① 역사적 사실 인정, ② 진실 규명, ③ 공식 사죄, ④ 법적 배상, ⑤ 역사교과서에 기록하고 교육, ⑥ 추모비와 사료관 건립, ⑦ 책임자 처벌을 요구하며 활동하고 있습니다. 그것을 실현하기 위해 정대협은 생존자 복지활동을 포함하여 문제해결을 위한 다방면의 활동을 공개적으로 했으며 이러한 활동 모두가 할머니들의 명예와 인권 회복을 위한 길이라고 생각하며 활동했습니다. 물론 지금도 매월 피해자 방문, 전화, 생활에 필요한 지원 등을 하고, 할머니들이 거주하는 지역에도 함께 지원하는 조직들이 있습니다.

한편, 할머니들에 대한 생활비 지원 등 복지사업의 경우 이미 30여 년 전부터 정대협 주도의 입법운동으로 1993년 '일본군 위안부 피해자 생활안정지원 및 기념사업지원법'이 제정되어 국가와 지방자치단체에서 수행하고 있습니다. 따라서 왜 성금을 전부 할머니에게 지원하지 않느냐는 일부의 비난은 그간의 성과와 정대협·정의연 운동의 지향을 살피지 않은 측면이 있습니다. 아무쪼록 30년간의 운동사를 폭넓게 헤아려 주시면 감사하겠습니다.

— 윤미향 당선인 기자회견 입장문, 2020년 5월 29일

이 주장도 생활비 지원만을 정의연의 활동이라고 생각하지 말아 달라는 것이다. 실제로 '일본군 성노예제 문제해결을 위한 정의기억연대'의 정관에 있는 전문(前文)도 할머니들에 대한 생활지원사업을 직접적으로 언급

하고 있지는 않다.

전문

일본군 성노예제 문제해결을 위한 정의기억연대(이하 '정의기억연대')는 1990
년 11월 16일 37개 여성단체의 결의로 발족하여 전후 반세기 동안 침묵하고 있
던 한국사회와 국제사회를 일깨우며, 가해 사실과 책임을 부정하는 일본 정부
에게 범죄 인정을 포함한 법적 책임 이행을 촉구하며, 1991년 8월 14일 김학
순 할머니의 첫 공개증언을 시작으로 스스로 생존자임을 밝히고 나아가 일본
군 성노예제 문제의 해결을 위해 평화와 여성인권 운동가로 살아오신 모든 피
해자들의 존엄한 삶을 기억하고 기리고, 1992년 1월 8일부터 시작하여 지금까
지 계속해 온 수요시위를 통해 진실과 정의의 목소리를 지속적으로 전하며, 남
북·아시아·국제사회와 연대하여 일본군 성노예제 문제해결의 목소리를 범
세계적으로 확산하며, 국제인권기구에 무력분쟁하 여성폭력 피해자 문제해결
의 국제인권기준을 제시하며, 전쟁과여성인권박물관과 평화비를 건립하여 미
래세대를 향한 평화교육과 피해자에 대한 기림활동을 실천하며, 나비기금을
설립하여 현재에도 계속되는 무력분쟁하에서의 성폭력 피해자들을 지원하고
연대하며, 일본군 성노예제 피해자들의 인권 회복뿐 아니라 전시 성폭력 피해
자의 인권 회복, 재발 방지에 기여하며 활동해 온 한국정신대문제대책협의회
의 지난 28년 동안의 업적과 활동을 계승하고, 2016년 6월 9일 2015 한·일
합의 무효화와 일본군 성노예제 문제의 정의로운 해결을 위해 100만 시민의
참여로 설립된 일본군 성노예제 문제해결을 위한 정의기억재단의 설립취지와
활동을 이어받는다.

제1장 총칙, 제2조(목적)도 할머니에 대한 직접 지원은 규정하고 있지
않다.

재단은 일본군 '위안부'라 불렸던 일본군 성노예제 문제의 범죄 인정, 진실 규명, 공식 사죄, 법적 배상, 책임자 처벌 등을 통한 정의로운 해결을 이룸으로써 피해자들의 명예와 인권 회복에 기여하며, 역사교육 및 추모사업 등을 통해 미래세대로 하여금 일본군 성노예제 문제를 올바르게 기억하게 하고, 무력갈등 및 전시 성폭력 재발 방지와 전시 성폭력 피해자의 인권 회복에 기여함을 목적으로 한다.

제4조(사업)의 10개가 넘는 사업 중에 5번째에 비로소 '생존자 복지사업과 쉼터 운영'이 등장한다.

재단은 제2조의 목적을 달성하기 위하여 아래와 같은 각 호의 사업을 수행한다.

1. 일본 정부에 대한 ① 진상 규명, ② 범죄 인정, ③ 공식 사죄, ④ 법적 배상, ⑤ 책임자 처벌, ⑥ 역사교과서 기록, ⑦ 추모비와 사료관 건립 등 7가지 요구를 이행시키기 위한 사업
2. 일본군 성노예제 문제에 대한 제반 진상조사와 연구, 기록보존 사업
3. 일본군 성노예제 문제와 관련하여 가해국, 피해국, 구연합군 정부의 책임을 규명, 이행하게 하는 사업
4. 일본군 성노예제 관련 인권교육사업
5. 일본군 성노예제 생존자 복지사업과 쉼터 운영
6. 일본군 성노예제 피해와 전시 성폭력 피해 재발 방지를 위한 국제연대, 교류사업
7. '전쟁과여성인권박물관' 운영, 평화비 건립과 추모 기림사업
8. 미래세대를 위한 장학사업
9. 나비기금 지원사업
10. 위 각 호 사업과 관련한 홍보·출판사업
11. 기타 재단의 목적 달성에 필요한 사업

12. 위 각 호 사업을 추진하기 위한 모금, 수익사업 피해자 쉼터 '평화의 우리
    집' 운영비 지원

재단이 어떤 정관을 두고, 어떤 목적 사업을 하든 그것은 재단의 자유
다. 정의연은 정관의 전문이나 재단의 목적, 재단의 사업 등에서 '일본군
성노예제 생존자', 즉 '살아 있는 위안부 할머니'를 딱 한 번 언급한다. 그
래서 "정의연은 할머니에게 생활비를 주는 단체가 아니다"라는 주장은 표
면적으로는 맞을 수도 있다.

검찰도 "정의연이 2017~2019년에 받은 기부금 수입 약 22억 1,900만
원 중 피해자 직접지원 사업 등에 사용한 약 9억 1,100만 원을 제외한 나
머지 약 13억 800만 원은 유용하여 업무상 횡령한 것이 아니냐"는 고발에
대해 "정의연 기부금 모금사업은 일본군 위안부 피해자들에 대한 직접지원
사업뿐만 아니라, 기림사업, 교육·해외홍보, 장학사업 등 내용이 다양하
므로 피해자 직접지원 사업 외 다른 사업에도 사용할 수 있다"며 불기소 처
분했다.

그러나 내용을 살펴보면 사정은 달라진다. 정의연은 2020년 5월 11일
기자회견에서 배포한 자료를 통해 재단의 사업을 12개라고 밝혔다. 그러
면서 '피해자 지원'을 가장 앞에 내세웠다. 할머니들에게 쓰는 돈이 적다는
비판을 의식한 것으로 보인다. 그밖에 수요시위, 기림사업, 국내연대, 남
북연대, 국제연대, 나비기금, 연구조사 지원사업, 교육사업, 장학사업,
홍보사업, 모금사업을 들었다. 이들 사업은 모두 자금을 필요로 한다.

그 자금은 어디서 나오나. 비영리법인의 재정은 기부금(모금 포함), 정
부보조금, 기업후원금, 사업수익금, 자산수익금 등이다. 2019년 정의연
운영성과표는 지정기부 수입, 정기후원 회비, 일시후원 수입, 캠페인 수
입, 행사 협찬 등을 사업수익금으로 잡았다. 이 중 정의연이 자체적으로
번 돈은 캠페인 수입 정도이고(2,400만 원, 물론 캠페인도 할머니 관련이다),

8억 원 정도를 기부, 후원, 보조금으로 얻었다. 정의연의 자산은 보통예금 (4억 6천여만 원)과 정기예금(18억 3천여만 원) 정도여서 자산수익금은 여기서 나오는 이자 4천여만 원 정도이다. 상품, 자료, 행사 매출이 있긴 하나 모두 합쳐 300만 원을 조금 넘는 수준이다. 따라서 정의연이 매년 얻는 수익도, 보유하고 있는 예금자산도, 대부분은 기부금, 정부보조금, 기업후원금으로 조성했다고 볼 수 있다.

그런데 기부금, 정부보조금, 기업후원금을 얻을 때 누구를 앞세우나. 말할 필요 없이 위안부 할머니들이다. 일반국민, 정부, 기업은 '할머니'를 위해 기부도 하고, 보조금도 주고, 후원금도 내는 것이다. 정의연은 그렇게 해서 받은 돈을 할머니를 직접 지원하는 것이 아니라 당초 목적했던 사업에 맞게 쓰고 있다고 주장한다. 하지만 돈을 마련한 경위를 감안하면 그렇게 가볍게 "정의연은 할머니에게 생활비를 주는 단체가 아니다"라고 말할 수는 없다. 윤미향 당선인은 5월 29일 기자회견 입장문에서 이렇게 밝혔다.

정대협 활동을 하면서 제 개인명의 계좌 4개로 모금이 이루어진 사업은 총 9건입니다. … 특별한 경우라서, 이제 보니, 제 개인명의 계좌를 사용한 것이 잘못된 판단이었습니다. 다만 고 김복동 할머니 장례비 모금의 경우, 법적 지위가 없는 시민장례위원회가 장례를 주관하기에 정대협 명의계좌를 활용하는 것이 적절치 않았고, 관행적으로 개인명의 계좌가 많이 활용되어 제 명의로 통장을 개설했습니다.

최초 모금은 2012년부터 이루어진 전시 성폭력 피해자 지원을 위한 '나비기금'이었습니다. 그 외에도 길원옥 할머니, 김복동 할머니 미국, 유럽 캠페인을 위한 모금, 베트남 빈딘성 정수조 지원을 위한 모금, 베트남 빈호아 학살 50주년 위령제 지원을 위한 모금, 안점순, 김복동 할머니 장례비 모금 등이 있었습니다.

일시적인 후원금이나 장례비를 모금하기 위해 단체 대표자 개인명의 계좌가 활용되는 경우가 많았고, 저도 크게 문제의식이 없었던 것 같습니다. 금액에만 문제가 없으면 된다는 안이한 생각으로 행동한 점은 죄송합니다.

사업에 필요한 비용을 충당하고 남은 돈을 정대협 계좌로 이체하는 방식으로 나름대로 정산을 하여 사용하여 왔지만 최근 계좌이체 내역을 일일이 다시 보니 허술한 부분이 있었습니다. 스스로가 부끄러워집니다.

하지만 제 개인계좌를 통하여 모금하였다고 해서, 계좌에 들어온 돈을 개인적으로 쓴 것은 아닙니다. 최근 문제제기 이후 모금계좌로 이용된 4개 계좌의 거래내역을 하나하나 다시 살펴보았습니다. 그 결과, 계좌 내역상 9건의 모금을 통해 약 2억 8천만 원이 모였고, 모금 목적에 맞게 사용된 돈은 약 2억 3천만 원이며, 나머지 약 5천만 원은 정대협 사업에 사용한 것으로 확인되었습니다. … 2014년부터 6년이 넘는 기간 동안 수많은 거래내역이 있기에 세부적인 내용을 이 자리에서 일일이 말씀드릴 수는 없겠지만, 고발된 사실 중 하나이므로 구체적으로 조사과정에서 자세히 소명하겠습니다.

대한민국에서 누가 죽었다고, 누가 미국 간다고, 누가 유럽 간다고 모금하면 단체장 개인통장으로 아무 의심 없이 돈을 보내 주는 경우가 어디 있나. 정대협밖에 더 있겠는가. 서울 마포에 종교단체가 15억 원을 주고 마련해 준 번듯한 쉼터가 있는데도, 또 다른 대기업이 10억 원을 들여 경기도 안성에 제2의 쉼터를 만들어 주겠다고 나서는 경우가 어디 있나. 정대협밖에 더 있겠는가. 안성쉼터 지원을 따낼 때 할머니 8명을 모시고 건강관리, 심리치료, 매주 목욕하기 등의 프로그램을 실시하겠다는 기획서를 제출했으나 하나도 지키지 않았고, 쉼터를 '정대협 MT장소'쯤으로 활용해서 운영평가 중 가장 낮은 F등급을 받았다고 해도 그런 '흑역사'가 그 후 다른 지원을 얻는 데 영향을 주지 않은 경우가 어디 있나. 정대협밖에 더 있겠는가. 그만큼 우리 사회에서 '위안부 할머니'가 주는 상징성은 큰 것이다.

개인명의 모금과 관련해 검찰은 윤 당선인의 주장과 다른 수사결과를 내놨다. 윤 당선인은 2020년 5월 29일 기자회견에서 "2억 8천만 원을 모아 목적에 맞게 2억 3천만 원을 쓰고, 나머지 5천만 원은 정대협 사업에 사용한 것으로 확인됐다"고 했다. 사적으로 쓴 것은 없다는 것이다. 그러나 검찰은 "2012년 3월부터 2020년 5월까지 개인계좌 5개를 이용해서 위안부 피해자 할머니 해외여행 경비, 조의금, 나비기금 등 명목으로 3억 3천여만 원을 모금하여, 그중 5,755만 원을 개인 용도로 사용했다"며 업무상 횡령 혐의로 기소했다. 필자는 윤 당선인이 주장하는 전체 모금액수가 2억 8천만 원이고, 검찰이 밝힌 전체 모금액수가 3억 3천여만 원이라는 점에 주목한다. 차이는 5천만 원이다. 검찰이 주장하는 횡령 액수도 그와 비슷한 5,755만 원이다. 그래서 윤 당선인은 용도를 증명할 수 있는 액수만큼만 모금했다고 한 것은 아닐까 하는 의심을 하게 된다. 그러나 윤 당선인은 검찰 기소 후 입장문에서 "모금된 금원은 모두 공적인 용도로 사용되었고, 윤미향 개인이 사적으로 유용한 바 없다"고 다시 결백을 주장했다.

수사결과를 본 뒤 윤 당선인이 그 전에 낸 5월 29일 입장문을 다시 읽어봤다. 횡령 부분은 상당히 겸손하게 썼음을 알 수 있다. "안이하게 생각했고", "허술한 부분이 있었으며", "스스로 부끄럽다고 생각한다"고 했다. 윤 당선인 본인도 이 부분이 '아킬레스건(腱)'이 될 수 있다고 생각했던 것은 아니었을까. 모금한 돈을 개인적으로 쓴 것이 나오면 법적으로도 문제지만 정의연이 '할머니 생활지원단체'가 아니라 '윤미향 생활지원단체'라는 비판을 받을 게 분명하니까 말이다.

한경희 정의연 사무총장은 5월 11일 기자회견에서 "정의연의 피해자 지원사업은 후원금을 모아 할머니들께 전달하는 것이 아니라 할머니들의 건강치료 지원, 인권과 명예 회복활동 지원, 외출 동행 등 정서적 안정 지원 등의 내용"이라며, "할머니들에게 후원물품을 연결하고, 전화를 드리고, 장도 같이 보는 데는 오히려 사비가 더 들어간다"고 주장하기도 했다. 무엇과 비교해 사비가 더 들어갔는지는 모르겠으나 만약 사비를 '많이' 썼다면 지금이라도 단체가 가지고 있는 돈에서 보전해 주는 게 마땅하다. 지금 우리는 '회계부정 의혹' 등을 보도하며 정의연은 '시스템'으로 움직여야 한다고 요구하고 있기 때문이다.

'나눔의 집'도 비슷한 의혹을 받았다. 민관합동조사단이 조사를 벌여 나눔의 집 법인이 2015년부터 2019년까지 5년간 88억 8천만 원의 후원금을 받고도 할머니들의 생활시설에 보낸 금액은 2.3%인 2억 원에 불과하다고 발표했다. 그러자 법인은 국가와 지자체가 충분히 지원하기 때문에 할머니들의 생활시설에 후원금을 보낼 필요성이 별로 없었다는 입장문을 발표했다. 그러자 합동조사단은 그 주장을 다시 반박했다.

> 만일 나눔의 집 법인이나 시설이 시민들에게 나눔의 집이 국가와 도·시의 지원만으로도 운영되고 있다는 사실을 밝혔다면, 후원금은 '할머니들의 생활, 복지, 증언활동'을 위하여 사용하는 것이 아니라 미래의 요양병원, 국제평화인권센터 건축을 위하여 비축하고 있다고 밝혔다면, 후원인들이 여전히 후원금을 똑같이 냈을 것인지 묻지 않을 수 없습니다. 어린이들의 저금통에서 기업의 후원금에 이르기까지 시민들이 낸 후원금은 할머니들이 보다 편안한 공간에서, 의식주 및 치료, 복지가 보장된 양질의 서비스를 받으면서 생활하기를 기대하면서 낸 것입니다.

정대협이나 정의연도 똑같은 반박을 받을 수 있다. 이 반박 글을 정의연에 적용해 보면 어떨까.

> 만일 정의연(정대협)이 시민들에게 할머니들은 1993년 제정한 '일본군 위안부 피해자 생활안정지원 및 기념사업지원법'에 따라 지원을 받고 있다고 밝혔다면, 마포쉼터는 명성교회가 15억 원에 구입해 무상으로 제공하면서 매달 운영

비까지 주고 있다고 밝혔다면, 후원금은 '할머니들의 생활, 복지, 증언활동'을 위하여 사용하는 것이 아니라 직원의 급여와 국제연대, 기림사업과 홍보활동 등에 쓰고 있다고 밝혔다면, 후원인들이 여전히 후원금을 똑같이 냈을 것인지 묻지 않을 수 없습니다. 수요집회에 참석한 학생들이 군것질을 참아 가며 낸 돈과 기업의 후원금에 이르기까지 시민들이 낸 후원금은 할머니들이 보다 편안한 공간에서, 의식주 및 치료, 복지가 보장된 양질의 서비스를 받으면서 생활하기를 기대하면서 낸 것입니다.

기부금을 어느 정도 할머니에게 써야 하느냐는 문제는 원래부터 법으로 따질 사안이 아니다. 기부금을 받아 미리 정해 놓은 다양한 목적사업에 맞게 쓰면 문제가 없다는 것은 일견 맞는 말이지만, 어떤 단체가 어떻게 돈을 거두는지를 고려하면 '목적사업에 맞게 쓰는 것'이라는 전제 자체가 잘못이라는 것이 이 쟁점의 본질인 것이다. 그러니 검찰이 '문제가 없다'고 해서 진짜로 문제가 없는 것이 아니다. 앞으로 정의연은 기부금 등의 용도와 관련한 외부의 따가운 시선을 어떻게 바꿀지를 고민해야 한다.

정의연이 할머니들에게 돈을 적게 쓰고 있다는 비난을 참을 수 없다면, 그리고 그것이 사실이 아니라고 생각한다면, 정의연은 운동단체로 남고 지원단체는 별도로 만들 것을 권고한다. 그렇게 하면 여러 문제와 비난과 오해를 모두 피할 수 있다. 지원단체를 따로 만들어 지원단체는 할머니들의 생활지원을 전담하고, 정의연은 운동단체로 남는다면 정의연은 '살아 있는 할머니'를 내세우지 못하고 '돌아가신 할머니'를 '기억'하기 위해 기부금, 정부보조금, 기업후원금을 얻으려고 발에 땀이 나도록 뛰어다녀야 할 것이다.

만약 현 체제를 그대로 유지하고 싶다면, 일찌감치 할머니들의 의사를 예산과 사업 등에 반영하는 시스템을 갖췄어야 옳다. 그러나 어디에도 그런 흔적이 없다. '피해자중심주의'를 어떻게 적용했는지를 도무지 알 수 없는 것이다. 그러다 보니 "속이고 이용하고. 재주는 곰이 부리고 돈은 몇 사람이 받아먹었습니다. 저는 30년 동안 재주넘었습니다. 그 돈은 몇 사람이 받아먹었습니다. 이런 것도 모르고 무엇을 용서를 바랍니까"라는 험한 말이 나오는 것이다(이용수 할머니, 2020년 5월 25일 기자회견, 〈대구신문〉에서 인용).

윤미향 사건은 이미 변화를 몰고 오고 있다. 여성가족부가 위안부 피해자 지원사업을 직접 하겠다고 나선 것이다.

여성가족부는 더불어민주당 윤미향 의원과 정의기억연대(정의연)의 회계부실 의혹이 제기된 국고 보조금에 대해 내년부터 여가부가 직접 관리하는 방식으로 사업구조를 전면 개편하기로 했다. …

여가부는 25일 오후 정부서울청사에서 황윤정 권익증진국장이 출입 기자들을 상대로 온라인 브리핑을 열고 이같이 밝혔다.

황 국장은 "보다 안정적이고 신뢰성 있는 일본군 위안부 피해자 지원사업 추진을 위해서 내년부터 기존 민간 중심에서 정부 중심으로 사업수행체계를 전면 개편하기로 했다"고 밝혔다.

이어 "그간 민간 집행의 효율성을 감안해서 민간에서 해왔는데 국회라든가 전문가들의 의견에서도 이제는 (피해자가) 몇 분 남지 않으셨기 때문에 정부가 주도적으로 또 책임성을 가지고 이분들을 지원하고 보호를 강화해야 한다는 부분에 대해서 의견이 많이 있었다"고 설명했다. …

이를 통해 직접 피해자의 의료·주거·일상생활에서 필요한 지원 내용 등을 파악해 맞춤형으로 제공할 예정이다. 또 지역별 전담공무원을 지정해 피해자 할머니들을 정기적으로 방문하는 등 개인별 사례 관리도 할 방침이다.

— 〈연합뉴스〉 2020년 9월 25일 입력

여가부는 정의연이 수행하는 할머니들의 건강치료와 맞춤형 지원사업에 대해서는 검찰이 기소하지 않았기 때문에, 이미 주기로 한 보조금을 취소할 수는 없으나 "정부가 직접 수행하는 것에 준해서 사업관리를 진행할 계획"이라고 밝혔다. 보조금을 매월 나눠서 지급하고, 전달의 사용 내역을 검증하며, 정의연 직원이 할머니를 방문할 때 공무원이 동행하는 등의 방안을 검토하고 있다는 것이다. 이는 정의연도 '예전처럼' 일해서는 안 된다는 것을 의미한다.

8) 정대협과 척진 할머니들 ··· 누가 누구를 위해 존재하나

검찰은 2020년 9월 14일 윤미향 의원을 기소하며 2017년 11월 중증치매에 걸린 길원옥 할머니의 심신장애를 이용하여 7,920만 원을 정의기억재단(현 정의연)에게 기부, 또는 증여토록 한 것은 준사기에 해당한다고 봤다.
　그런데 이 사안은 검찰이 인지한 것이 아니라 길 할머니의 양자 부부가 주장하고, 시민단체가 수사를 의뢰하면서 드러난 것이다.

　위안부 피해자 길원옥(92) 할머니는 정의기억연대(정의연)가 운영하는 서울 마포쉼터에 머물면서 정부로부터 월 약 350만 원씩 받았지만, 매달 이 돈이 다른 계좌로 빠져나갔다는 진술이 길 할머니 며느리 조모 씨로부터 나왔다. 조 씨가 지난 1일 마포쉼터 소장 손영미(60) 씨에게 이 문제에 대한 해명을 요구하자 손 씨는 해명 대신 조 씨 앞에 무릎을 꿇었다고 말했다. 조 씨는 지난 3일 다시 손 씨에게 해명을 요구하는 휴대전화 문자메시지를 보냈다고 했다. 그로부터 사흘 뒤 손 씨는 자택에서 숨진 채 발견됐다. ··· 이 자리에서 소장 손 씨는 황 씨 부부에게 '손영미' 명의의 통장 2개를 건넸다. 각각 2천만 원, 1천만 원이 들어 있었다. ··· 조 씨는 손 씨에게 "소장님(손 씨) 명의 말고, 어머님(길 할머니) 명의의 통장내역을 확인하고 싶다"고 했다. 그러자 손 씨는 한숨을 쉬더니 길 할머니 명의 통장 2개를 가지고 왔다고 한다. 하나는 정부 보조금이

들어오는 농협은행 통장, 다른 하나는 우체국은행 통장이었다. 조 씨는 "통장을 봤는데 살이 떨렸다"고 했다. 조 씨에 따르면, 길원옥 할머니는 정부·서울시로부터 매달 350만 원 정도를 은행 통장으로 받았다. 조 씨는 "(그 돈을 누군가 계좌에서) 다 뺐더라"고 말했다. 조 씨는 "돈이 2천만 원도 나가고 400만 원도 나가고 500만 원도 나갔다"며 "통장을 보니까 가슴이 아팠다. 진짜 위안부 할머니를 앵벌이시켰구나 싶었다"고 말했다.

조 씨는 통장을 본 뒤 손 씨에게 "어머니 돈이 어디 쓰였는지 알고 싶다"고 말했다고 한다. 그러자 손 씨가 갑자기 무릎을 꿇었다고 했다. 이때 1층에서 남편 황 씨가 "어머님이 피곤해 보이시니 빨리 가자"고 말하며 2층으로 올라오자 무릎을 꿇었던 손 씨가 벌떡 일어났다고 조 씨는 말했다. 조 씨는 "소장님, 그거 해명해 주십시오"라고만 말한 뒤 쉼터를 빠져나왔다.

— 〈조선일보〉 2020년 6월 17일 입력

시민단체가 일본군 '위안부' 피해자 길원옥 할머니(92)의 정부지원금이 임의로 사용됐다는 의혹과 관련해 대검찰청에 수사를 의뢰했다. 정의기억연대는 이 같은 의혹이 '일방적 주장'이라며, "길원옥 인권운동가와 정의기억연대의 명예를 심각하게 훼손하는 행위를 중단하라"고 밝혔다.

'법치주의 바로 세우기 행동연대'(법세련)는 18일 "길 할머니의 지원금을 본인 동의 없이 임의로 사용했다면 횡령 또는 배임에 해당할 가능성이 있고, 할머니를 속여 기부금을 썼다면 사기죄가 성립할 수 있다"며 대검찰청에 수사의뢰서를 접수했다.

법세련은 서울 마포구 쉼터 '평화의 우리집'의 고 손모 소장 혹은 정의기억연대 측이 길 할머니의 지원금을 동의 없이 사용했을 가능성이 있다고 주장했다. 이들은 지난 17일 〈조선일보〉 보도 내용을 들며 "길 할머니 양아들 황모 목사 부부가 지난 1일 할머니가 머물던 마포쉼터를 방문했다고 한다"며 "통장을 본 (길 할머니 며느리) 조모 씨 주장에 따르면 길 할머니는 정부와 서울시로부터 매달 350만 원 정도를 받았고, 그 돈은 누군가의 계좌로 다 빠져나갔다고 했다"고 설명했다. 법세련은 길 할머니의 유언장 작성 경위에 대해서도 수사를 의뢰했다. "길 할머니가 자녀(양자)들이 살아 있음에도 윤미향에게 사실상 상속인과 같은 역할을 맡긴 것을 이해할 수 없다"며, "길 할머니 유언장이 강요에 의해 작성되었을 가능성이 있다"고 주장했다. …

정의연 측은 18일 반박 성명을 냈다. 정의연에 따르면 양아들은 길 할머니로부터 오랜 기간 금전적 지원을 받아 왔다. 매월 정부와 지자체로부터 지급되는 보조금으로는 4명의 요양보호사 인건비를 감당하기 어려워 정대협이 추가지원을 했다고도 했다. 정의연은 "길 할머니의 기부금은 공시에 별도로 표시되지 않았을 뿐 정의연 결산서류에도 정확히 반영돼 있다"며 "길원옥 인권운동가의 명예에 누가 되는 일은 하지 말아 달라"고 했다. ─〈경향신문〉 2020년 6월 18일 입력

이 의혹이 처음 부상했을 때 정의연 측은 전면 부인했으나 검찰은 사실로 본 것이다. 이 혐의에 대해서는 검찰과 윤미향·정의연, 길 할머니 유족과 윤미향·정의연 사이에 격렬한 공방이 벌어지고 있다(2020년 12월에는 정의연에 낸 기부금을 돌려받고 싶다고 말하는 길 할머니 영상이 공개되기도 했다).

윤미향 더불어민주당 의원과 정의기억연대(정의연)가 검찰이 적용한 혐의 중 유독 '준사기' 혐의에 대해 강력 반발하고 있다. 하지만 치매상태에서 7,900여만 원을 정의연에 기부한 길원옥(92) 할머니의 가족들은 15일 "윤 의원의 계속되는 자발적 기부 주장을 납득할 수 없다"고 일축했다. 이 같은 상황에서 윤 의원과 정의연이 준사기 혐의를 극구 부인하는 건 법원에서 최종 인정될 경우 자신들의 정당성과 도덕성이 치명타를 입을 것이란 판단 때문으로 보인다. … 길 할머니가 2017년 11월 22일 받은 여성인권상 상금 1억 원은 일본 정부의 위안부 합의금 대신 국민 성금으로 마련된 돈이다. 하지만 길 할머니의 통장으로

당일 오전 10시 52분 입금된 상금은 1시간여 만인 11시 56분에 500만 원, 5천만 원, 2천만 원, 2,500만 원 순으로 다시 빠져나갔다. 당시 길 할머니의 통장을 관리하던 정의연은 "5천만 원을 정의연에 기부했고, 1천만 원은 양아들에게 지급됐다"고만 설명했다.

길 할머니 양아들의 부인 조모 씨는 이 외에도 "길 할머니의 통장으로 정부와 서울시에서 매달 350만 원가량의 보조금이 입금됐으나 이 돈의 일부가 다른 계좌로 빠져나갔다"고 지난 6월 폭로했다. 조 씨에 따르면 길 할머니는 2015년부터 치매 관련 신경과 약을 복용해 왔다. 검찰 역시 길 할머니가 5천만 원을 정의연에 기부한 2017년 11월은 물론 그 이전부터 치매를 앓고 있다고 봤다. 검찰 관계자는 "의료기록·의료 관계자 의견 등 객관적이고 구체적인 증거를 통해 길 할머니가 오랜 기간 정상적인 인지 및 판단 능력을 갖추지 못했다고 판단했다"고 말했다. … 이에 대해 길 할머니 가족들은 윤 의원이 계속해서 '자발적 기부'를 주장하는 것은 터무니없다는 입장을 보였다. 길 할머니 양아들의 부인 조 씨는 "기부금을 모금해 어르신에게 지급하고 그 돈을 다시 정의연에 기부하도록 계획했다. 참 이상한 기부"라며 "정당한 기부라면 가족들에게도 문의했어야 했다"고 말했다. …

검찰이 윤 의원에게 적용한 준사기 혐의(형법 제348조)는 사람의 심신장애 등을 이용해 재물의 교부를 받거나 재산상의 이익을 취득했을 때 적용된다. 제삼자로 하여금 재산상의 이익을 취득하게 했을 때도 이 법의 적용을 받는다. 윤 의원에게 준사기 혐의가 인정된다면 그가 쌓아 온 30년 일본군 위안부 운동 이력에 결정적 흠이 될 것이란 분석이 나오는 이유다. 위안부 할머니를 돕기는커녕 할머니들을 이용했다는 비판에서 벗어나지 못하게 된다.

— 〈중앙일보〉 2020년 9월 16일 자

정대협과 가장 불편했던 할머니는 정대협을 "우리를 앵벌이로 팔아 배를 불려 온 악당"이라고 했던 심미자 할머니일 것이다. 심 할머니는 정대협을 상대로 소송도 벌이고, 별도의 단체를 구성하기도 했다.

불투명한 단체 운영 및 회계부정 의혹에 휘말린 정의기억연대(정의연)가 과거에도 사실상 같은 이유로 위안부 피해 할머니들의 거센 비판을 받은 사실이 뒤늦게 알려졌다. 정의연이 전신인 한국정신대문제대책협의회(정대협)로 활동하던 2004년의 일이다. 당시에도 피해당사자인 할머니들이 직접 나서 문제를 제기했다. 그 내용도 "성금·기금 등이 모이면 할머니들에게 써야 하는데 할머니들에게 쓴 적이 없다", "(수요집회에) 참가한 학생들이 낸 성금은 어디 쓰는지도 모른다"는 지난 7일 이용수 할머니의 기자회견 내용과 거의 유사하다.

2004년 1월 심미자 할머니 등 위안부 피해 할머니 33명은 "위안부 두 번 울린 정대협, 문 닫아라"라는 제목의 비판성명을 발표했다. 할머니들이 직접 꾸린 별도의 위안부 할머니 모임 '세계평화무궁화회' 명의의 성명이었다. 이들은 "(정대협이) 위안부 할머니들에게는 큰 버팀목 역을 제공하고 있는 것 같지만 이는 모두가 허구일 뿐"이라며, "실제는 위안부 할머니들을 팔아서 자신들의 잇속만 채운 사람들의 집단"이라고 주장했다.

33명의 할머니는 두 가지 문제를 제기했다. 정대협이 '위안부 피해자들의 인권 회복'과는 정반대의 길을 달려왔고, 위안부 문제를 빌미로 자신들의 부귀영화를 누리고 있다는 것이다. 할머니들은 "(정대협은) 위안부 할머니들을 두 번 울린 사람들", "언제 죽을지 모르는 위안부 할머니들을 역사의 무대에 앵벌이로 팔아 배를 불려 온 악당"이라는 표현까지 사용했다.

또 정대협으로부터 오히려 인권을 유린당했다면서 윤정옥 당시 정대협 대표의 발언을 강하게 비난했다. 윤 당시 대표는 1997년 한 세미나에서 "아시아여성기금을 받으면 공창(公娼) 된다"고 발언한 바 있다. 이에 대해 할머니들은 "우리가 몇 년만 젊었어도 입에 주리를 틀고 싶다"고 분노를 터뜨렸다.

또 "위안부 할머니들을 위한답시고 전국 각처에서 손을 벌려 거두어들인 성금이나 모금액이 전부 얼마냐. 그 많은 돈 대체 어디에 사용했느냐"며, "국민들은 성금이 우리에게 전달됐을 것으로 알고 있으나 우린 당신들이 거두어들인 성금이나 모금으로 수혜를 받은 적이 없다"고 강조했다. 더불어 "당장 국민들의 호주머니를 턴 돈들을 모두 토해 낼 것을 촉구한다"고 밝혔다.

이 성명엔 정대협 출신인 이미경 전 의원(현 코이카 이사장)과 지은희 전 여성부장관의 이름도 등장한다. 이 전 의원은 정대협 홍보위원장을 지냈고, 지 전 장관은 1998년 정대협 공동대표였다.

특히 할머니들은 성명 발표 당시 재임 중이었던 지은희 전 장관을 구체적으로 거론하면서 "장관이 되더니 정대협과 짜고 3억 원의 국고를 유용하거나 횡령한 사실을 과연 노무현 현 대통령은 알고 계신지 참으로 궁금하기만 하다"고도 했다. 성명 발표 두 달 뒤엔 심미자 할머니 등 피해자 13명이 정대협과 나눔의 집을 상대로 '모금행위 및 시위동원 금지 가처분' 신청을 내기도 했다. 그러나 법원은 이를 기각했다. 이 같은 사실은 당시 크게 주목받지 못했다. 그러나 정의연을 둘러싼 논란이 증폭되면서, 이용수 할머니의 기자회견 내용과 거의 같은 '무궁화회' 할머니들의 비판이 재조명받고 있다.

한편 무궁화회 회장이었던 심미자 할머니는 2004년 11월 일본 최고재판소에서 처음으로 '일본군 위안부'임을 인정받은 피해자다. 2008년 작고했다.

윤 당선인은 2004년 당시 정대협 사무총장이었고, 이듬해 2월부터 계속 상임대표를 맡았다.　　　　　　　　　　　　　　—〈중앙일보〉 2020년 5월 17일 입력

정의기억연대(정의연) 전신인 한국정신대문제대책협의회(정대협)에 비판적목소리를 냈던 고 심미자 할머니의 장례식 영상이 공개됐다. 윤미향 더불어민주당 의원 등 정대협 관계자와 정부 인사는 장례식에 한 명도 참석하지 않았다. 〈주간조선〉은 8일 심 할머니와 함께 위안부 피해지원 활동을 해왔던 송치순(76) 씨로부터 입수한 심 할머니의 장례식 영상을 공개했다. 심 할머니는 2007년 2월 27일 작고했다. 영상을 보면 정대협과 정부 인사는 장례식장에 나타나지 않았다. 여성가족부 명의의 화환만 장례식장을 지키고 있다. 당시 정

대협 상임대표였던 윤 의원 역시 장례식에 참석하지 않았다.

— 〈조선일보〉 2020년 6월 11일 입력

곽상도 국민의힘 의원은 2020년 6월 5일 자신의 페이스북을 통해 "남산 기억의 터 위안부 피해자 할머니 247명의 명단에 석복순·심미자·박복순·우가명·윤순임·하순임·유규남·우연제 할머니 등 8명의 이름이 빠졌다"고 주장했다. 이들의 이름을 뺀 이유를 추정해 보면 석복순 할머니는 아시아여성기금을 수령하며 정대협과 갈등을 빚었고, 심미자 할머니는 앞의 기사에서 봤듯 반(反)정대협 단체를 만들어 모금행위 및 시위동원 금지 가처분 신청을 냈다. 박복순·우가명 할머니는 13명으로 시작한 가처분소송에서 10명이 중도에 소를 취하했으나 심미자 할머니와 함께 마지막까지 소를 취하하지 않았다. 윤순임·하순임·유규남·우연제 할머니는 심미자 할머니가 만든 '세계평화무궁화회' 소속이었다.

2020년 6월 12일 정의연은 '기억의 터'에 새긴 명단과 관련한 입장문에서 "당시 정대협은 상징적 '위안부' 명단만을 제공했을 뿐 해당 사업에 관여하지 않았고, 사업비도 받은 사실이 없다"고 해명했다. "상징적 '위안부' 명단"은 무엇을 의미할까. 정대협의 활동에 반대한 할머니는 '상징적 위안부'가 아니라는 뜻인가. 이런 해명도 있었다.

최근 심 할머니의 이름이 정대협이 주축이 돼 만든 서울 남산 '기억의 터' 피해자 명단에 없다는 사실도 확인됐다. 정의연은 "기억의 터 피해자 명단은 공식 기록물이 아니고 예술 조형물이다. 그 명단에는 주요하게 운동하신 몇 명 빼고는 가명이 더 많다"며, "명단에 기록되고 싶어 하지 않았던 분들도 있었기 때문이지, 거기에 누가 없다고 지적할 문제는 아니다"라고 했다.

— 〈경향신문〉 2020년 5월 20일 입력

도대체 무슨 말인지 알 수가 없다. 심 할머니의 이름을 공식기록물에는 넣고 예술조형물에는 넣지 않아도 된다고 누가 결정할 수 있나. 명단에 기록되고 싶어 하지 않았던 분들도 있었다는데 심 할머니가 그런 요구를 했다는 것인가. 그 반대다. 넣어 달라고 했는데 뺐다는 것이다.

정의기억연대 관계자는 앞서 명단 제외 논란에 "사연이 많다. 할머니의 속사정은 언급하지 않겠다"며 마치 심 할머니 개인 사정 때문에 명단에서 빠진 것처럼 해명했다. 그러나 20일 심 할머니 측 관계자는 〈한경닷컴〉과의 인터뷰에서 "당시 내용증명까지 보내 심 할머니가 명단에서 빠진 것에 대해 항의했다"면서, "당초 심 할머니와 함께 활동하던 정의연이 심 할머니가 자신들을 비판하자 갑자기 입장을 바꾼 것"이라고 주장했다.

이 관계자는 "심 할머니를 명단에 넣으라고 정의연 측에 내용증명까지 보냈다"면서 "당시 정의연은 답변서를 통해 '역사 연구가들이 심미자 할머니 증언에 대한 신빙성이 부족하다고 해서 남산 기림비 터에서 뺐다'고 답변했다. 심 할머니는 일본 최고재판소로부터 처음으로 '일본군 위안부'임을 인정받은 피해자다. 국가로부터 지원금도 받다 돌아가신 분인데 정의연 마음대로 명단에서 빼서 심 할머니를 가짜 피해자로 만들었다"고 비판했다.

— 〈한국경제〉 2020년 5월 20일 입력

오히려 동의도 안 했는데 이름을 새겨 문제가 된 적도 있다. 앞서 윤미향 대표가 화해·치유재단이 주는 1억 원을 받지 말라고 종용했다고 밝힌 A할머니의 경우다.

A할머니의 주장은 윤 당선인을 비롯한 피해자 지원단체가 모든 피해자의 의사와 선택권을 존중했느냐는 근본적 의문으로 직결된다. 사실 할머니는 전에도 비슷한 일을 겪었다. 2016년 8월 조성된 남산 '기억의 터'에는 위안부 피해자

247명의 이름이 새겨져 있는데, 딱 하나가 지워져 있다. A할머니가 그해 겨울 새벽에 망치와 끌을 들고 가 스스로 자신의 이름을 지웠다.

"엄마 이름이 거기 있다고 우리 애한테 연락이 왔어요. 다른 사람들이 알까 봐 벌벌 떠는 거야. 내가 아침 일찍 가봤더니 저 끝에 내 이름이 있더라고. 내가 파버렸지. 그리고 돌아서니 경찰차 5대가 와 있더라고. 남산 밑 파출소(지구대)에 있다가 12시 넘어 구청에서 사람이 와서 집에 보내 줬어."

기억의 터는 정의기억연대(정의연)와 여성계 등 시민단체 중심으로 구성된 추진위원회가 국민성금을 모아 서울시와 함께 만들었다. 등재 의사를 묻지 않았냐는 질문에 할머니는 "나는 그거 했는지도 몰랐어요. 승낙한 적도 없고"라고 말했다.
　　　　　　　　　　　　　　　　　　　　　　　　 — 〈중앙일보〉 2020년 5월 13일 입력

이런 일들은 정대협과 맞섰기 때문에 벌어진 것인데, 정대협(정의연)은 차마 그렇다고 할 수 없으니 이렇게 앞뒤가 안 맞는 말을 하는 것이다. 이럴 때는 차라리 '노 코멘트'가 정직하다. 정대협과 정의연이 할머니를 차별 대우하는 것에 대해 이용수 할머니는 다음과 같이 비판했다.

— 그러면 어떤 문제를 제기하고 싶었나?
"왜 위안부 문제를 마음대로 팔아먹나. 이건 명예훼손도 되고 이용한 것도 된다. 피해자를 위해 데모를 시작했는데, 피해자를 위해 한 게 거의 없다. 사리 사욕을 챙겼다고밖에 생각할 수 없다. 그리고 왜 거기(시민단체가 운영하는 위안부 피해자 거주 시설) 모신 할머니만 피해자냐? 전국의 할머니를 위하고 도우라고 주는 건데 어째서 거기 있는 할머니만 피해자라고 하나. 이것 한 가지만 해도 (문제가) 충분하다."
　　　　 — 이용수 할머니 인터뷰, 〈월간중앙〉 2020년 6월호, 〈중앙일보〉 2020년 5월 22일 입력

할머니와 지원단체의 갈등은 할머니의 장례식 때 부상하는 경우가 많다.

지난해 3월 세상을 떠난 곽예남 할머니의 딸 이모 씨(46)는 "정의기억연대에 장례 지원을 요청했지만 거절당했다"고 뉴스1에 밝혔다. … 이 씨는 "할머니가 돌아가셨을 때 윤미향 씨에게 연락해 장례 지원을 요청했다. 하지만 정의연에서는 도와줄 방법이 없다며 거절했다"고 말했다. 이어 "정의연에서 여성 두 명이 와서 20만 원의 조의금을 건넨 것이 전부며, 윤미향 씨에게는 따로 5만 원의 조의금을 받았다"고 말했다. 그러면서 "결국 제가 장례비 1,800만 원 정도를 자비로 지불했다"며 "정의기억연대에서 따로 장례절차를 진행한 것도 아니다"고 밝혔다.

이에 대해 정의연은 이날 오후 보도자료를 통해 "장례비는 여성가족부 별도 지원기준이 있으며 정의연은 그 기준에 따라 유가족에게 장례비를 지원했다"고 반박했다. 또 "곽 할머니의 부고 소식을 유가족이 아니라 여성가족부로부터 전달받았다"며 "즉시 할머니의 조문보를 만들어 조문했고, 장례기간 내내 정의연 실무자들이 장례식과 이후 추모회, 입관까지 동행했다"고도 했다.

정의연의 해명에 이 씨는 "정의연이 여가부의 지원기준에 대해서 설명해 준 적도 없다"며 "정의연이 어머니의 장례식 3일 동안 지원해 준 것은 25만 원의 조의금과 인쇄물 약 200부, 입관식 때 비디오 기록물을 촬영해 준 것뿐"이라고 재반박했다.
— 〈국민일보〉 2020년 5월 15일 입력

정의연은 곽예남 할머니의 딸 이모 씨가 주장한 조의금 25만 원에 대해서는 반박하지 않고 있다. 그렇다면 정의연이 20만 원, 윤미향 의원이 5만 원을 낸 것은 맞을 것이다. 다른 위안부 할머니들이 돌아가셨을 때 성금까지 모은 것과는 너무 대조된다. 조의금 20만 원과 5만 원이 30년간 할머니를 위해 운동해 온 정의연과 정의연 대표의 '성의 표시'라면, 아무리 사이가 안 좋았다 하더라도 고개가 갸웃해진다.

"그동안은 윤미향이 엄마 장례 치른다고 돈 받아서 알아서 잘 썼겠거니 했습니다. 그런데 지금 보니 엄마 시신 팔아 장사한 거지 뭡니까. "

2006년 작고한 위안부 피해자 박두리 할머니의 딸 A씨(60)는 22일 "윤미향은 조의금이나 후원금 장부조차 보여 주지 않고, 오히려 내 돈을 더 받아 갔다"며 이처럼 분통을 터뜨렸다. 박 할머니 작고 당시 한국정신대문제대책협의회(정대협, 정의기억연대의 전신) 사무총장이었던 윤미향 더불어민주당 의원이 장례비를 모금해 놓고 유족에게는 모금액, 지출 내역 등을 전혀 알리지 않았다는 주장이었다. 다음은 A씨와의 일문일답.

— 장례비용은 어떻게 된 건가.

"엄마 돌아가신 날 윤미향이 다른 정대협 직원 한 명과 같이 왔다. 내가 먼저 '비용이 얼마나 들겠느냐. 500만 원 정도 들겠느냐?'고 했다. 혹시 몰라 전 재산이나 마찬가지였던 적금 500만 원을 깨냈었다. 그러자 윤미향이 '그 정도면 될 것 같다. 남으면 돌려주겠다'고 해서 내 도장을 주고 정대협 직원에게 돈을 찾아오게 했다. "

— 당시 부고에는 정대협 명의 조흥은행 계좌로 후원금을 모았던데.

"500만 원 받으면서 윤미향이 그런 이야기는 전혀 안 했다. "

— 정확히 얼마가 모였는지 몰랐나.

"사실 난 울고 탈진하기를 반복해서 후원금 모으는지 그런 것도 잘 몰랐다. 마지막 날 화장터에서 윤미향이 '박두리 할머니 마지막 돈'이라며 200만 원을 준 게 전부다. 당시 상가에 국회의원도 조문 오고, 조화도 많이 왔다. 부의금도 꽤 모였을 텐데, 그 장부조차 보여 주지 않았다. "

[※ 박 할머니는 영화 〈허스토리〉에서 다룬 1992년 관부 재판(시모노세키 재판)에 원고로 참여한 주인공이다. 상급심에서 뒤집히긴 했지만 일본 법원이 위안부에 대한 일본 정부의 배상 책임을 인정한 유일한 재판이다. 박 할머니는 생전에 나눔의 집에 거주하며 매주 수요집회에 참석했다. 박 할머니의 장례는 정대협이 주관해 시민사회장으로 치러졌고, 국회의원과 각 단체 관계자 등 장례위원만 100명 가까이 됐다.]

─ 박 할머니 유골은 나눔의 집으로 모셨는데, 부고기사에는 장지가 망향의 동산으로 돼 있더라.

"윤미향이 나에게 묻지도 않고 그렇게 낸 거다. 〔※ 정대협 관련 활동을 한 피해 할머니들이 통상 망향의 동산에 안장됐다. 〕 나한테는 화장터에서야 '망향의 동산으로 가겠냐'고 하길래 '엄마가 평생 계셨던 나눔의 집으로 가겠다'고 했더니 윤미향이 굉장히 불쾌해하면서 자리를 떴다. 나눔의 집에 우리 엄마 유골함 안장하는 것까지 보지도 않았다. 엄마 시신까지 자기들 영향력 키우는 데 쓰려하고, 엄마 장례 치른다고 후원금 모으고. 사실상 시신 팔아 장사한 것 아닌가. 윤미향이 이런 문제로 상가에서 나눔의 집 사람과 다퉜다는 이야기도 나중에 전해 들었다. " …

─ 지금에서야 문제를 제기하는 이유는.

"이용수 할머니 기자회견을 보고 윤미향이 할머니들 이용해 먹은 게 맞구나 싶어 손이 벌벌 떨렸다. 지금이라도 장례식 때 어떻게 된 것인지 장부라도 봐야겠다. 엄마가 혼이 있다면 다 보고 계시면 좋겠다. 엄마 살아 계셨으면 윤미향은 머리가 다 뜯겼을 거다. "

정의연 관계자는 이에 대해 "확인해서 유족에게 말씀드리겠다"고 말했다. 윤 의원실 측은 수차례 시도에도 연락이 닿지 않았다.

─ 〈중앙일보〉 2020년 6월 25일 입력

박두리 할머니의 딸이 말한 "사실상 시신 팔아 장사한 것 아닌가"라는 '험악한' 주장은 맞는 말인가, 틀린 말인가.

이러한 사례들에서 공통적으로 감지할 수 있는 것은 불투명한 돈 씀씀이와 단체중심주의적 일처리이다.

이용수 할머니는 5월 25일 두 번째 기자회견에서 모금활동 과정에서 경험한 일을 털어놨다.

저렇게 막 농구를 하면서 이기려고 애를 쓰고 이렇게 하는데 거기에 버젓이 앉아서 농구 끝나면 돈을 거는 걸 받아서 나왔습니다. 좀 늦었습니다. 늦었었는데 '배가 고픈데 맛있는 걸 사 줘' 하니까 '돈 없습니다', 돈을 걷어가지고. 그래도 그런가 보다 생각했습니다.

작지만 큰일이고, 큰일이었기에 기억에 남았을 것이다.

필자는 할머니 편 가르기의 정점은 2018년 1월 4일 문재인 대통령이 화해·치유재단의 돈을 받지 않은 할머니 8명만 청와대로 초청한 행사라고 생각한다.

문재인 대통령은 오늘 낮 청와대 본관 충무실에서 위안부 피해자 할머니 여덟 분을 초청해, 지난 12·28 합의가 위안부 할머니들을 배제한 채 이루어졌다는 조사결과에 대해 위로의 말씀을 드리고, 향후 정부 입장을 정함에 있어 피해당사자인 할머니들의 의견을 경청하기 위해 오찬을 마련했습니다. … 이용수 할머니는 "내 나이 90에 청와대 근처에도 못 와봤는데 문 대통령께서 당선되고 벌써 두 번이나 청와대에 들어왔다. 2015년 12월 28일 합의 이후 매일 체한 것처럼 답답하고, 한스러웠다. 그런데 대통령께서 이 합의가 잘못되었다는 것을 조목조목 밝혀 주어 가슴이 후련하고 고마워서 그날 펑펑 울었다. 위안부 문제에 대한 공식 사과, 법적 배상을 26년이나 외쳐 왔고, 꼭 싸워서 해결하고 싶다. 대통령께서 여러 가지로 애쓰시는데 부담드리는 것 같지만 이 문제는 해결해 주셔야 한다. 소녀상을 철거하라고 하는데, 소녀상이 무서우면 사죄를 하면 된다. 국민이 피해자 가족이다. 위안부 문제가 해결되면 세계평화가 이루어진다"고 말했습니다.

이옥선 할머니는 "대통령이 바뀌고 할 말을 다 해주시니 감사하고 이제 마음 놓고 살게 되었다. 우리가 모두 90세가 넘어 큰 희망은 없지만 해방 이후 73년을 기다리고 있는데 아직도 사죄하지 않는다. 어린 아이를 끌어다 총질, 칼질, 매질하고 죽게까지 해놓고, 지금 와서 하지 않았다는 게 말이 되나. 우리가 살면 얼마나 살겠나. 사죄만 받게 해달라. 대통령과 정부를 믿는다"고 말했습니다.

또 다른 이옥선 할머니는 "우리의 소원은 사죄를 받는 것이다. 사죄를 못 받을까봐 매일매일이 걱정이다. 대통령께서 사죄를 받도록 해달라"고 말했습니다.

13세에 평양에서 끌려가 아직도 집에 돌아가지 못한 길원옥 할머니는 인사말 대신 가요 〈한 많은 대동강〉을 불렀고, 작년에 발매한 음반 〈길원옥의 평화〉를 문 대통령에게 선물했습니다. …

한편, 이에 앞서 '나눔의 집'에서 출발한 할머니들은 비서실에서 제공한 의전차량을 이용해 청와대까지 경찰의 에스코트 아래 국빈 이동 시와 같은 최고의 예우를 갖춰 모셔 왔으며, 경호처는 교통편의뿐만 아니라, 건강상 불편사항에 대비해 앰뷸런스까지 차량 이동 시 배차하였고, 오찬 행사 후 나눔의 집 복귀 시에도 같은 방법으로 모셔다 드렸습니다.

오늘 오찬에는 위안부 피해자 할머니 아홉 분 외에도 정신대문제대책협의회 윤미향 공동대표, 정의기억재단 지은희 이사장, 나눔의 집 안신권 소장, 강경화 외교부장관, 정현백 여성가족부장관, 남인순 국회여성가족위원장 등이 참석했습니다.
　　　　　　　　　　　　　　　　　　　　　 — 청와대 홈페이지, 2018년 1월 4일

나눔의 집에 사시는 할머니 중에는 1억 원을 받은 분도, 받지 않은 분도 계신다. 돈을 받지 않은 할머니만 '국빈급'으로 청와대로 초청받아 가는 것을 보며 돈을 받은 할머니들은 어떤 생각을 했을까. 정대협은 1997년 할머니 7명이(나중에는 61명으로 밝혀짐) 아시아여성기금을 받았을 때 "극소수 할머니들의 행동은 다른 많은 할머니를 더욱 굴욕스럽게 하고 있다"며 돈을 받은 소수를 비난하고 받지 않은 다수를 옹호했다. 그러나 화해·치유 재단에서 지급한 돈을 47명 중 35명이 받자 이번에는 다수를 무시하고 소수를 옹호했다. 이번 윤미향 사건은 회계부정이나 횡령의혹이 본질이 아니라 '정대협과 정의연은 도대체 누구를 위해 존재하는가'라는 본질적인 질문을 하고 있다고 필자는 생각한다.

9) 위안부 운동은 30년 내내 힘만 들었나

정대협과 정의연이 위안부 운동을 보편적인 인권 문제이자 세계적인 이슈로 만든 공로를 부정할 사람은 없다. 윤미향 사건의 와중에서도 그 공로를 문제 삼은 언론도 없다. 그렇지만 어렵고 힘든 시기를 정대협과 정의연이 홀로 헤쳐 나왔으니 문제가 있어도 좀 봐줘야 하는 것 아니냐는 주장은 별개의 문제다.

한국의 정대협은 90년 이래 '위안부' 문제의 해결을 위한 운동을 주도하고 있다. '위안부' 운동은 정대협의 독창적이고 발 빠른 움직임으로 그 연대의 범위가 국내외적으로 확장되고 국제적으로 널리 알려지는 등 가시적 성과를 가져왔다. 정대협의 활동은 일반 시민으로 하여금 '위안부' 피해에 대한 의식을 재고하게 하였고, 무엇보다도 생존자들이 스스로 존재를 드러내게 하였다. 소극적이고 냉소적이던 한국 정부와 일본 정부를 변화시켰으며, 아시아 여성들에게 일본군 '위안부'의 존재를 상기시킴으로써 각국 내에서의 문제제기를 촉발하였다.

정대협은 대중매체를 통해 피해자들의 생사 여부를 묻고 그들이 세상에 모습을 드러내어 주기를 호소하고 있었다. 이러한 사회적 조건 속에서 국내 최초의 생존자인 김학순이 나타났던 것이다. … 피해자들이 침묵을 깰 수 있었던 데에는 '위안부' 문제를 일본과의 관계에서 다뤄야 할 정치적 문제로 보는 사회 전반의 분위기가 결정적 역할을 했다. … '위안부'의 삶이 개인의 타락이 아니라 민족의 피해이며, 그들만의 문제가 아니라 우리 민족 모두의 문제임을 강조하는 전략을 통해서였다. 피해자를 손가락질했던 많은 사람도 일제 피해에 대한 분노를 공유하고 있었고, '위안부' 문제는 이러한 민족적 분노와 연결됨으로써 전과 다르게 인식될 수 있었다. 이런 맥락에서 '위안부' 피해자는 민족적 피해의 대변자로 만들어질 수 있었던 것이다.

— 김정란 박사학위 논문, "일본군 '위안부' 운동의 전개와 문제인식에 대한 연구:
정대협의 활동을 중심으로", 2004. 〈월간조선〉 2020년 6월호에서 재인용.

김 박사의 논문은 정대협의 '상찬'보다는 문제점에 대한 '비판'에 무게가 있다. 그렇지만 초창기 정대협의 활동에 대해서는 매우 긍정적으로 평가하고, 그 평가는 정당하다.

정의연도 스스로 그렇게 생각한다.

1990년 11월 16일 37개 여성단체의 힘으로 한국정신대문제대책협의회가 결성된 이후, 일본군 성노예제 문제의 진실을 규명하고 피해자들의 명예와 인권 회복을 위해 노력해 온 정의연은, 지금까지 가해국 일본 정부의 범죄 부정과 역사 왜곡, 이에 동조하는 국내외의 극우·역사수정주의자들의 방해와 공격으로 단 하루도 편안한 날이 없었습니다.

피해자들이 한 분이라도 더 생존해 계실 때 문제를 해결해 보고자 가해국 일본 정부에 책임 이행과 진실 규명을 촉구하는 운동을 진행하면서, 동시에 피해자의 명예와 인권을 보호하기 위해 몰역사적이고 반인권적인 집단에 맞서며 고단한 싸움의 시간을 보내야 했습니다. — 정의연 입장문, 2020년 5월 12일

그렇지만 과거의 영광을 곶감처럼 빼먹는 데 익숙해진 것은 아닐까.
2020년 5월 11일 정의연 기자회견장에서는 이런 발언이 나왔다.

이나영 정의연 이사장은 "위안부 문제해결에 번번이 걸림돌이 됐던 방해세력과 같이 동조해 이 문제를 폄훼하고 심지어 활동가를 분열시키고 있다"며 "상처

를 입힌 여러분이 반성하길 바란다"고 말했다. 그는 "아무도 문제를 제기하지 않을 때 용감하고 헌신적인 몇몇 연구가들이 이 운동을 만들어 왔다"며 "그 당시 여러분은 뭐 하고 있었는가. 책 한 권은 읽었을까"라고 목소리를 높였다.

— 〈한국경제〉 2020년 5월 11일 입력

의혹을 해명하기 위한 기자회견에서 할 소리가 아니다. 언론을 방해 동조세력으로 간주하고, 언론의 대척점에 용감하고 헌신적인 연구자를 놓는 그 당당함이 놀랍다.

이 이사장에게 묻고 싶다. "아무도 문제를 제기하지 않을 때 용감하고 헌신적인 몇몇 연구가들이 이 운동을 만들어 왔다"고 했는데, 사흘 전인 2020년 5월 8일 입장문에서는 "이러한 모든 활동은 그 누구도 피해자들의 목소리에 귀 기울이지 않았을 때 용기 있는 증언을 시작으로 문제 해결운동의 중심에 서 계셨던 김학순, 이용수 할머니를 비롯한 일본군 '위안부' 피해당사자들이 있었기에 가능했음을 잘 알고 있다"고 했다. 사흘 만에 할머니들의 공헌은 쏙 빠졌다. 실수인가, 진심인가. 운동가들이 무의식적으로 할머니들 위에 존재하면서 '힘없고 불쌍한' 할머니를 대변해 준다고 생각하고 있는 것은 아닌지 묻고 싶다.

"그 당시 여러분은 뭐 하고 있었는가. 책 한 권은 읽었을까"라는 질타도 그렇다. 이 이사장보다 훨씬 뛰어난 석학이나 지식인, 전문가도 기자들을 그렇게 몰아붙이지는 않는다. 저널리스트의 역할은 석학, 지식인, 전문가와 같은 수준의 지식을 습득하는 것이 아니다. 그들의 연구 성과나 발언, 주장 등을 짧은 시간에 잘 이해해서, 알기 쉬운 언어로, 독자나 시청자에게 전달하는 것이다.

"그 당시 여러분은 뭐 하고 있었는가?"라는 질문에 답을 하자면 현장에 나와 있던 기자들은 아마도 정대협을 만든 지 얼마 되지 않았을 '그 당시'에는 초등학교나 중학교에 다녔거나, 태어나지도 않았을 기자들이 많을 것이다. 그래서 위안부 관련 책 한 권 읽지 못했을 것이다. 그래도 기자회견장에 나왔던 기자들은 이 이사장의 주장을 전달할 수 있는, 다른 의미의 '프로'로서 기자회견장에 나온 것이다. 기자들은 이 이사장이 벼 한 모, 상추한 포기, 돼지 한 마리 길러 본 적 없지만 왜 쌀밥에 삼겹살 얹어 상추쌈을 싸 먹느냐고 윽박지르지 않는다.

시민단체 중에서 정대협과 정의연만 고생한 것이 아니다. 환경, 교육, 소비자, 복지, 정치참여, 장애인, 여성, 노동, 지방자치, 사회적기업 등지금은 뿌리를 내린 시민운동도 처음에는 다 힘들었다. 그런 단체에 비해정대협과 정의연은 훨씬 좋은 조건이었다. 위안부 할머니를 운동의 중심으로 내세웠기에 단체의 목적이 선명했고, 반일, 여성, 인권, 역사, 평화, 국제 등의 다른 가치와도 연계하기가 쉬워 외연이 훨씬 넓어졌다. 지원과지지도 급증했다.

일제강점기 피해자 그룹은 위안부, 징용, 징병, 군속이다. 그중에서 국민적 관심을 받으며 꾸준하게 보상과 지원을 받은 그룹은 위안부와 그 지원단체밖에 없다. 강제징용 문제도 2018년 10월 30일 대법원 판결로 관심을 받기 시작했지만 보상까지는 갈 길이 멀다. 그에 비해 아버지나 오빠, 동생이 어느 전장에서 어떻게 죽었는지도 모르고, 유골조차 수습하지 못한징병자의 유족들은 노무현 대통령 시절에 2천만 원을 받은 게 전부다. 강제징병 유족들은 위안부에 비해 국가의 관심과 처우가 너무나 형편없다며늘 불만을 품고 있다.

1990년에 출범한 정대협(정의연)은 30년 활동 중 초창기 10년은 고생을했으나, 2000년 12월 도쿄에서 열린 '2000년 일본군 성노예 전범 여성 국제법정'을 통해 안정기에 접어들었고, 2011년 헌법재판소의 '위안부 문제해결 부작위 위헌 결정'과 1,000차 수요시위 및 소녀상 설치 등으로 강력한시민단체로 자리를 굳혔다. 헌재의 '위안부 문제 해결 부작위 위헌 결정'은헌재가 30년 동안 내린 3만 3천여 건의 결정 중에서 국민이 선택한 가장 중요한 결정 1위에 올랐다(2018년 8월). 박근혜 대통령 탄핵심판이 2위다. 수요시위와 소녀상은 이제 누구도 건드릴 수 없는 '성역'이 됐고, 정대협과 정의연도 더불어 '철옹성'이 됐다. 뿌리 깊은 반일 정서를 바탕으로 정대협과 정의연을 지지하는 분위기도 탄탄하다. 정대협과 정의연은 고생만 하고 보상을 받지 못한 단체가 아니다. 과거 한때 힘들었다고 검증과 비판의 번거로움을 피하려고 해서는 안 되는 이유다.

10) 윤미향 사건 보도는 위안부 운동의 대의를 부정하는 것인가

2020년 9월 14일 검찰의 기소에 대해 윤미향 의원은 "30년 동안 정대협, 정의연과 활동가들은 일본군 '위안부' 피해자들의 생활안정과 인권증진을 위해 헌신했고, 국제사회에 일본군 '위안부' 문제의 실상을 알려 여론을 형성하는 데 고군분투해 왔다"며 "오늘 검찰 수사결과 발표가 일본군 '위안부' 문제 해결운동의 30년 역사와 대의를 무너뜨릴 수 없다. 지금까지 그래 왔듯, 앞으로도 국민들께서 일본군 '위안부' 문제해결을 위해 함께해 주시리라 믿는다"고 했다.

윤미향 사건을 보도한 기사 중에 이번 사건은 '친일파'나 '토착왜구'의 반동이며, 위안부 운동의 '대의'(大義)를 부정하는 것이라고 비판한 것도 많다. 정의연도 그런 시각의 입장문을 내기도 했다.

사건 초기에 나온 '친일파 프레임'은 강력한 무기였으나 윤 의원과 정의연을 둘러싼 문제가 잇달아 터져 나오면서 점차 위력을 잃었다. 일련의 보도가 위안부 운동의 대의를 부정한 것도 아니다. 단체 내에 부정의혹이 있으니 규명하라는 것뿐이다. 일부 과격한 그룹이 위안부 운동 자체를 부정하거나 정의연을 해체하라고 주장했으나 보수언론들조차도 그런 주장에는 큰 의미를 두지 않았다. 윤미향 씨에게 국회의원(당선인) 직을 사퇴하라고는 했어도 정의연을 해체하라고 한 적은 없다.

2020년 5월 7일 이용수 할머니가 기자회견을 하고 닷새가 지나 윤미향 당선인은 이렇게 말했다. 사건 초기에 어떤 생각을 하고 있었는지를 엿보게 한다.

윤미향 더불어시민당 당선자는 12일 "친일세력의 부당한 공격의 강도가 더 세질수록 저 윤미향의 평화인권을 향한 결의도 태산같이 높아질 것"이라고 했다. 윤 당선자는 이날 페이스북에서 "정의기억연대와 저에 대한 공격은 21대 국회에서 더욱 힘차게 전개될 위안부 진상규명과 사죄와 배상 요구에 평화인권운동에 찬물을 끼얹으려는 보수언론과 미통당이 만든 모략극 이상도 이하도 아니다"며 이같이 밝혔다.

윤 당선자는 자신에 대한 의혹을 제기하는 야당과 언론 등을 비판했다. 그는 "굴욕적인 한 · 일 위안부 협상을 체결하고 한마디 사과조차 하지 않은 미래통합당, 일제에 빌붙었던 노예근성을 버리지 못한 친일 언론, '위안부는 매춘'이라는 시각을 조금도 바꾸려 하지 않는 친일학자에 맞서겠다"고 했다.

그는 "6개월간 가족과 지인들의 숨소리까지 탈탈 털린 조국 전 법무장관이 생각나는 아침"이라고도 했다. —〈조선일보〉 2020년 5월 12일 입력

정의연도 분명하게 그런 시각을 나타냈다.

정의연은 현 상황에 대해 피해자의 증언을 흠집 내고 일본군 성노예제의 역사적 진실을 부정하는 국내외 세력과 이미 진실이 밝혀진 굴욕적인 '2015 한 · 일 합의'의 주역들인 적폐세력이 30년 운동의 회한이 담긴 피해자의 '말'을 의도적으로 악용해 '진실공방'으로 사태의 본질을 호도하여, 정의연과 일본군 '위안부 피해자들의 30년 운동을 무력화하고 정치적 목적으로 악용하는 인권운동 전체에 대한 탄압으로 규정합니다. …

최근에는 식민지 지배책임과 전쟁책임, 일본군 '위안부'의 존재 자체를 부인

하는 일본의 역사수정주의자들과 공명하는 국내 연구자들과 극우세력들은 피해자들의 증언을 부정하며 인권을 침해하고 운동을 폄훼했으며, 급기야 인권과 평화의 장, 세대연대의 장으로 29년째 운영되고 있는 수요시위 현장에 나와 방해와 비방을 일삼으며 중단을 요구하는 지경에까지 이르렀습니다.

— 정의연 입장문, 2020년 5월 12일

일부 신문도 정의연의 소명완수를 전제로 했지만 비슷한 시각을 보였다.

제기되는 의혹에 대해 정의연과 윤 당선자는 소상하게 설명해 진위를 밝히고 정의연 운영과정에 미흡한 점이 있다면 개선하는 계기로 삼아야 한다. 하지만 이용수 할머니의 발언을 빌미로 '위안부 인권운동'을 흔들려는 정략적 의도는 단호히 배격해야 한다. 야당과 일부 보수언론은 윤 당선자를 공격하면서 박근혜 정부 때의 한·일 위안부 합의를 정당화하는 데 이용하려는 행태를 보이고 있다. …

이용수 할머니의 발언은 경청해야 하지만 이를 악용하려는 시도는 용납되어서는 안 된다. 이번 논란을 우리 사회가 위안부 인권운동의 의미를 더욱 성찰하고, 일본의 진정한 반성과 사과, 피해자 치유에 기초한 해결이라는 목표를 향해 다시 손을 맞잡고 나아가는 계기로 삼아야 한다.

— "'윤미향 논란' 빌미로 '위안부 인권운동' 흔들지 말아야",
〈한겨레〉 2020년 5월 12일 자 사설

정의연의 해명에도 불구하고 제기된 의문이 해소됐다고 보기는 어렵다. 정의연은 이용수 할머니가 제기한 의문을 푸는 데 더 노력해야 한다. 정의연에서 '피해자중심주의' 원칙에 어긋나는 일이 있었는지도 점검해야 한다. 이 단체를 오래 이끌어 온 더불어시민당 비례대표 당선인인 윤미향 전 이사장이 직접 나서야 한다. 하지만 본질을 벗어난 문제제기는 바람직하지 않다. 무엇보다 우리 사회의 '위안부 운동'의 대의가 훼손되어서는 안 된다. 이번 사태가 조속히 마무리돼 일본군 위안부 문제해결을 외면하는 일본 정부의 사과와 반성을 촉구하는 운동이 계속돼야 한다. '위안부 운동'이 이번 갈등을 딛고 보다 굳건해지기를 시민들은 고대하고 있다.

— "정의연 갈등, 위안부 운동 대의 훼손 안 되게 해야",
〈경향신문〉 2020년 5월 12일 자 사설

2020년 5월 12일, 정의연 문제로 여러 신문이 동시에 사설을 썼다. 〈동아일보〉, 〈조선일보〉, 〈중앙일보〉, 〈국민일보〉, 〈세계일보〉가 철저한 의혹 규명을 촉구한 데 비해, 〈한겨레〉, 〈경향신문〉, 〈한국일보〉 등은 위안부 운동의 대의를 흔들어서는 안 된다고 주장해 대조를 보였다. 그러나 〈한겨레〉와 〈경향신문〉도 시간이 흐르면서 윤미향 의원의 해명을 재촉하거나 진실 규명을 요구하는 사설을 종종 게재해 사회 분위기에 따라 신문의 논조도 변했음을 보여 줬다.

'대의를 흔들어서는 안 된다'는 주장의 정점은 문재인 대통령이 2020년 6월 8일 수석보좌관 회의에서 한 발언이다. 문 대통령은 "혼란스럽고 조심스럽지만 위안부 운동의 대의는 굳건히 지켜져야 한다"며, "일각에서 위안부 운동 자체를 부정하고 운동의 대의를 손상시키려는 시도는 옳지 않다. 피해자 할머니들의 존엄과 명예까지 무너뜨리는 일"이라고 강조했다.

이번 사태는 윤미향 의원이나 정의연 입장에서는 원치 않는 일임에 틀림없다. 그렇지만 원인을 제공한 것은 친일세력이나 보수언론이 아니다. 그동안 운동단체 안에 쌓여 온 '내부 적폐'가 밖으로 드러난 것이 사태의 발단이다.

처음 문제를 제기한 쪽이 언론이나 보수 야당이 아닌 일본군 위안부 피해 할머니 당사자였습니다. 이것은 친일이냐 반일이냐의 정치적 이념문제가 아닙니다. 국민의 세금과 성금으로 운영되는 비영리 사회단체의 회계 투명성에 관한 문제입니다. 이 단체가 지금까지 어떤 일을 해왔건, 어떤 성향이던 그것은 핵심이 아닙니다. 회계의 부정인지 단순 오류인지 그것을 명백히 밝히면 되는 것인데 왜 여기에 친일 반일 프레임을 걸고 들어가는지 이유를 모르겠습니다. 어떤 단체이든 회계 문제가 투명해야 되는 건 당연하지 않을까요?

　　　　　　— 한 페이스북 이용자의 댓글, 〈서울이코노미뉴스〉 2020년 5월 16일 입력.
　　　　　　　　　　　　　　　　　　　　　　　'오풍연 칼럼'에서 재인용.

11) 언론의 보도는 과했나, 특히 보수언론이 문제였나: 〈경향신문〉과 〈한겨레〉의 활약이 두드러졌다면?

윤미향 사건의 보도에 대해 그를 엄호하는 그룹에서는 보도를 너무 많이 했다면서, 특히 보수언론이 문제였다고 지적했다. 우선 보도가 너무 많다는 지적을 보자. 어느 교수는 한 일간지에 이런 칼럼을 썼다(2020년 6월 10일 자).

일본군 '위안부' 문제의 해결을 위해 애써 온 활동가들에게 2020년의 대한민국을 휩쓸고 있는 천박한 광기는 자신을 온통 갈아 넣은 삶의 문제, 존재의 문제이다. …
　지난달 7일과 25일 두 차례의 기자회견을 통해 이용수 할머니는 무엇을 물었는가? 언뜻 듣기에는 토막토막 나 있고 때로 사실과 충돌하기도 하는 발언들, 그중 구미에 맞는 한두 조각을 골라내 마녀사냥의 도구로 삼는 것은 몰역사적인 추태이다. 기자회견의 취지는 적어도 지난 30년간의 '이용수의 삶과 언어' 속에서 이해해야 한다. 결국 읽어 낼 수 있는 것은 답답함과 섭섭함이다. '30년이나 외쳤는데 왜 아직 해결이 되지 않느냐'라는 답답함, '그 긴 세월 동안 당신들은 무엇을 했느냐'라는 섭섭함. 그 답답함과 섭섭함의 근본 원인은

'가해자의 책임 부재'이다. 그리고 그 가해자는 일본이다.

그런데도 언론은 '이용수 대 윤미향', '할머니 대 시민단체'라는 대립구도에 골몰하고 있다. 단언컨대 일찍이 일본군 '위안부' 문제에 대해 대한민국의 언론이 이토록 열심히 지속적으로 보도한 적은 없다. 그런데 이제 와서 마침내 뛰어들어 잡은 구도가 '피해자 대 30년 동반자 시민들'이다. 도대체 대한민국 언론은 어디를 보고 있는가?

"단언컨대 일찍이 일본군 '위안부' 문제에 대해 대한민국의 언론이 이토록 열심히 지속적으로 보도한 적은 없다"는 지적은 맞다. 단언컨대 '피해당사자'가 윤미향 의원과 정의연을 이토록 강하게, 공개적으로 문제 삼은 적이 처음이고, 윤미향 의원과 정의연에게 그냥 넘어가기 어려운 의혹이 있다는 것도 처음 알았기 때문에 그토록 열심히 지속적으로 보도한 것이다.

"일본군 '위안부' 문제 해결을 위해 애써 온 활동가들에게 2020년의 대한민국을 휩쓸고 있는 천박한 광기는 자신을 온통 갈아 넣은 삶의 문제, 존재의 문제"라고 했다. 저널리즘 일선에서 하루하루를 치열하게 살아가는 기자들에게도 윤미향, 정의연 보도는 삶의 문제, 존재의 문제이다. 만약 그러한 언론 본연의 역할을 '천박한 광기'라고 한다면 얼마든지 수용하겠다.

"(이용수 할머니의 기자회견에서) 결국 읽어 낼 수 있는 것은 답답함과 섭섭함"이고, "그 답답함과 섭섭함의 근본 원인은 '가해자의 책임 부재'"이며 "그 가해자는 일본"이라는 '삼단 논법'은 눈부시다. '천박한 기자'는 절대로 그런 논법을 개발하지 못한다. 기자는 '일본의 책임'까지 가려면 반드시 "이용수 할머니가 윤미향과 정대협에게 30년간 속아 왔다"고 한 주장의 진위를 규명하는 단계를 거쳐야 한다.

최봉태 변호사도 이용수 할머니의 기자회견 배경을 "2015년 12월 한·일 위안부 합의 이후 이 정권이 위안부 피해자 청구권 문제에 대해 아무것도 안 하니 적극 해결하라는 취지였다"고 했다(〈동아일보〉 2020년 5월 13일

자). 그러나 이용수 할머니는 "최봉태(변호사)는 (5월 7일) 기자회견 이후에는 만난 적도 없다. 그 사람이 언론 인터뷰에서 내가 정부의 무책임한 태도 때문에 기자회견을 했다고 하는데, 그것도 그 사람 의견일 뿐이다"라고 했다(〈월간중앙〉 2020년 6월호). 또 "단순히 정부의 무책임한 태도 때문에 기자회견을 한 것이 아니며 정대협과 윤 당선인에 대해 오래전부터 문제의식을 갖고 있었다"고도 했다(〈문화일보〉 2020년 5월 14일 자). 그러니 이용수 할머니의 '울분'이 윤미향 의원이나 정대협(정의연)이 아니라 일본과 한국 정부를 향한 것이라고 하는 것은 명백하고도 의도된 왜곡이다.

만약 한국 언론이 특정 사건에 대해 너무 많은 보도를 하는 경향이 있다고 일반론적 문제제기를 한다면 수용하겠다. 다만, 그것이 문제라고 하더라도 한국 언론은 지금껏 그런 방법을 통해 고비마다 역사를 바꿔 왔다. 박근혜 대통령 탄핵 보도는 윤미향 사건보다 사안이 크긴 했으나 구조는 비슷했다. 그때도 보수진영에서는 너무 시시콜콜하게 보도한다는 불만이 많았다. 또 왜곡, 과장, 오보, 검증 없는 전재(轉載) 등의 문제도 적지 않았고, 반론권도 보장하지 않았다. 그렇지만 보수진영도, 진보진영도 이를 문제 삼지 않았다. 사후에 자사 보도를 엄격하게 검증한 언론사도 없었다. 그런데 이번에 윤미향 보도의 양이 적으니 많으니 따지는 것은 진영논리에서 나온 제 식구 감싸기일 뿐이다.

오히려 언론은 평상시 정대협과 정의연에 대한 취재를 냉철하고 꼼꼼하게 하지 않은 점을 자성해야 한다. 한·일 위안부 합의를 위한 국장급 협의와 2015년 12월 28일 합의, 문재인 정부의 합의 무효화 과정을 모두 취재했다는 유지혜 〈중앙일보〉 국제외교안보 에디터는 "'정의연 성역화' 일조에 대한 반성문"이라는 글에서 이렇게 고백했다.

생각해 보면 이게 가장 큰 오류였던 것 같다. 정대협이 '모든 피해자'를 대변한다고 믿은 것 말이다. 물론 이 믿음은 정대협이 위안부 피해자 인권 운동에서 이룩한 업적을 근거로 한 것이었다. … 그렇다고 해서 정대협의 목소리가 곧 모든 피해자의 목소리란 뜻은 아닌데, 나는 이를 동일시하는 잘못을 저질렀다. …

하지만 고노 담화 검증 보고서에 따르면 기금을 수령한 피해자는 61명이었다. … 고노 담화 검증 보고서에는 기금 지급이 1997년부터 2007년까지 이뤄졌다고 돼 있다. 1997년 기준 정부에 등록된 생존 피해자는 156명이다. 2007년 기준 생존 피해자는 108명이다. 61명이면 생존 피해자의 최소 3분의 1 이상이다. '정대협 = 피해자 전체의 입장 대변'이라는 공식은 여기서 깨진다. …

피해자중심주의를 표방하는 정대협이 이런 중요한 내용을 알면서도 법률자문위만 열고 침묵한 것은 위안부 피해자 할머니들을 백안시한 것이라고밖에 볼 수 없다. 10억 엔 등에 대한 판단은 자신들이 피해자들을 대신하면 된다는 오만과 착각에 빠졌던 것이다. …

나도 윤미향 사태 이후에야 그들을 직접 취재하면서 그들이 원하는 정의는 각기 다르며, 이들은 자신의 목소리를 낼 기회조차 제대로 얻지 못했다는 걸 알게 됐다. "정대협이 무섭다"는 피해자의 말을 들었을 때는 정말 머리끝까지 화가 났다. 뭔가 이상했지만 그냥 넘긴, 많이 이상했지만 기사는 안 쓰기로 한 내가 이런 상황을 만든 건지도 모른다.

— "기획: '위안부 운동'이라는 '성역' 보도하기", 〈관훈저널〉 2020년 가을호

사안에 따라, 시기에 따라, 누가 정권을 잡았느냐에 따라, 평가 기준이나 입장이 뒤바뀌는 경우를 꼽으려면 한도 끝도 없다. 그래서 필자는 각 언론이 자체적 판단에 따라 보도한 것을 사후에 다른 진영이 전지전능하고 오류가 전혀 없는 태도로 꾸짖듯 비판하는 것은 자중해야 한다고 주장한다. 언론사 내부의 자정(自淨)과 검증 기능, 축적된 경험에서 나오는 자성, 독자와 시청자의 판단 등이 진영논리에 매몰된 외부의 편파적 비평보다 훨씬 효과적이라고 믿기 때문이며, 실제로도 그렇다.

현재 정의연을 향해 이루어지는 일부 언론의 악의적 왜곡 보도는 인권·평화·여성단체들에 대한 탄압이며 시민사회 전반에 대한 탄압이며, 일본군 '위안부' 문제에 대한 종결 시도입니다.

우리는 반민족·반인권·수구·적폐 세력과 일부 매국 언론에 똑똑히 경고합니다. 이 자리에서 30여 년간 이어 온 할머니들과 활동가들의 진정성 있는 헌신과 끈끈한 연대를 훼손하려 하지 마십시오. 전 세계가 주목하는 이 장소, 눈이 오나 비가 오나 29년간 지켜졌던 수요시위, 평화와 인간 존엄을 바라던 할머니들의 가르침, 그리고 우리의 역사를 지키기 위해, 정의연은 더욱 크게 연대하여 행동할 것입니다. ― 정의연 입장문, 2020년 5월 13일

정의기억연대(정의연)가 운영하는 일본군 '위안부' 피해자 거처인 '마포쉼터'(평화의 우리집) 손영미 소장 사망을 계기로 정의연 사태에 대한 언론의 과도한 취재와 보도가 논란이 되고 있다. 특히 조·중·동 등 보수언론은 위안부 피해당사자이자 인권 활동가인 이용수 할머니가 지난달 7일 정의연을 공개 비판한 기자회견을 연 뒤 관련 뉴스를 쏟아 내며 위안부 운동단체와 윤미향 더불어민주당 의원에 대한 총공세를 펼쳐 왔다. 정의연의 기부금 유용과 윤 의원의 개인 착복 의혹 등을 제기하는 기사가 꼬리에 꼬리를 물고 있지만, 실체적 진실 규명보단 위안부 운동 폄훼와 인신공격 등 악의적 공세와 왜곡·과장이 심하다는 비판이 제기된다. ― 〈한겨레〉 2020년 6월 9일 입력

이번 보도가 '일부 매국 언론'과 '조·중·동 등 보수언론'의 "위안부 문제에 대한 종결 시도"이자 "위안부 운동 폄훼와 인신공격"이 목적이라면 아마도 보수언론은 칼럼, 사설, 해설 등의 기사를 더 많이 실었을 것이다.

보수언론 공격과 좌파의 정대협·정의연 지지를 당연하게 여기는 분위기 때문에 이런 매체 비평이 나온다.

그러자 〈조선일보〉와 〈중앙일보〉를 중심으로 윤미향 당시 더불어시민당 당선자(전 정의기억연대 이사장·한국정신대문제대책협의회 대표)가 피해자 할머니들의 뜻을 외면한 활동을 해왔고, 정의기억연대 기부금 역시 부정한 데 쓴것처럼 몰아가는 보도를 쏟아 냈습니다. '사죄와 법적 책임을 인정하지 않는 일본의 역사적 책임'이란 일본군 '위안부' 문제해결을 위한 운동의 본질은 지워지고 느닷없이 '윤미향과 위안부 단체의 부정 의혹' 프레임이 형성되기 시작했습니다. 이용수 선생의 1차 기자회견문 전문을 보거나 당시 현장에 있던 사람이라면 언론보도가 '위안부 운동 몰아가기'라고 느꼈을 겁니다. 이용수 선생이 기자회견 또는 입장문을 통해 밝혔듯 주장의 핵심은 '정의기억연대 회계부정 의혹'이 아닙니다.

'① 한일 국민 간 건전한 관계구축을 위해 학생 간 교류와 공동행동 등을 넓히는 교육사업에 집중해야 한다, ② 투쟁과정에서 오류가 있다면 극복하고 시민사회단체 투명성을 제고해야 한다, ③ 2015년 졸속 합의 관련 시민사회 의견수렴 과정 및 정부 관계자 대화 내용 등을 공개해야 한다' 등이 요지입니다. 일본군 '위안부' 문제해결의 방향성과 시민사회단체의 운동방법에 대한 문제제기가 주된 내용이지, 결코 30년 역사의 '위안부' 운동이 잘못됐다는 의혹 제기가 아닙니다. …

그러나 두 기사를 들여다보면 이용수 선생의 1차 기자회견 내용과 무관합니다. 이용수 선생이 기부금 관련해 문제를 제기한 부분은 "데모(수요집회) 해서 돈 걷어서 뭘 합니까. 하나도 쓴 거 없습니다", "제가 호텔에서 생일을 했는데, 그때 모인 축하금을 정신대와 함께하는 할머니 시민 모임의 역사관 관장, 사무국장, 대표라는 사람이 동티모르에 천만 원 갖다 준답니다. 할머니한테 써야지요", "120일 결의안 통과시키려고 워싱턴에 다녔는데 아무도, 돈 한 푼 보태준 사람 없습니다" 등이 전부였습니다.

— '민언련 신문모니터', 〈미디어오늘〉 2020년 8월 18일 입력

이용수 할머니의 기자회견 내용 중 입맛에 맞는 일부를 요약해서 그것을 '발언의 핵심'이라고 단정하고, 그 '핵심'을 벗어난 취재를 해서는 안 된다는 논리이다. 이 무슨 해괴한 논리인가. 언론은 늘 누군가의 문제 발언이나 작은 단초를 근거로 그 이상을 취재하기 위해 노력해 왔고, 그것이 언론의 본령이다. 왜 유독 이번에만 이용수 할머니의 말을 벗어나는 취재를 하면 안 된다는 것인가(할머니가 한 발언의 뜻을 제대로 파악한 것도 아니지만).

백 보를 양보해 이용수 할머니의 말을 존중해야 한다는 민언련 신문모니터를 수용한다고 치더라도, 묻고 싶은 게 있다. 민언련 신문모니터가 할머니의 '핵심 요구'라며 제시한 것을 보자. "① 한일 국민 간 건전한 관계구축을 위해 학생 간 교류와 공동행동 등을 넓히는 교육사업에 집중해야 한다"는 것은 어떻게 되었나. 이것은 수요시위를 중지하라는 얘기였다. 그렇다면 민언련은 수요시위를 중단하라는 기사를 쓰라고 언론에 촉구해야 하는 것 아닌가. 그런데 하지 않았다. "② 투쟁과정에서 오류가 있다면 극복하고 시민사회단체 투명성을 제고해야 한다"는 것은 무슨 의미인가. 윤미향 의원과 정의연에 대한 언론의 추적 보도가 바로 이 요구에 부응하는 것 아닌가. 그런데 왜 비판을 받아야 하나. "③ 2015년 졸속 합의 관련 시민사회 의견수렴 과정 및 정부 관계자 대화 내용 등을 공개해야 한다"는 것은 어떻게 되었나. 외교부는 공개를 거부했다. 그렇다면 그런 외교부를 비판하고, 그런 외교부를 비판하지 않는 언론을 비판해야 하는 것 아닌가. 그런데 하지 않았다.

민언련은 ①, ③은 비판해야 하는데 비판하지 않았고, ②는 비판하지 말아야 하는데 비판했다. 민언련의 주장은 언뜻 논리적인 것 같지만 윤미향 의원과 정의연을 옹호해야 한다는 '강박' 때문에 모순에 빠진 것이다. 이념에 좌우되는 '금기'를 울타리로 삼은 비평은 비평이 아니다. 일방적인 흠집 내기와 편들기일 뿐이다. 윤미향 의원을 감싸기 위해 '외부', 즉 언론과 검찰을 공격하는 심리적 기제를 진중권은 이렇게 분석했다.

그들은 여전히 자신을 이상적 자아로 오인(誤認)한다. 자신을 젊은 시절의 모습으로 오인한 이들은 거울에서 현재의 제 모습을 알아보지 못한다. 잘못이 드러나도 그들이 끝까지 잡아떼는 것은 이 '오인' 때문이다. 이상적 자아는 그 정의상 잘못을 할 수가 없다. 고로 잘못이 있다면, 언론이 잘못한 것이요, 검찰이 잘못한 것이요, 법원이 잘못한 것이다. 여전히 정의로운 그들은 그저 이들 기관을 '개혁'할 역사적 사명을 가질 뿐이다.

저들이 언론과 검찰을 때려 대는 것은 자신을 이상적 자아와 동일시하는 공격적 방식이라 할 수 있다. 자신들의 상상계(想像界)를 유지하려는 그들의 노력은 처절하여, 과거와 현재와 미래를 망라한다. 현재의 비리는 거짓말로 잡아떼고, 미래의 비리는 음모론으로 김을 빼고, 과거의 비리는 재수사로 뒤집는다. 이처럼 전 시간대에 걸친 전방위 은폐로 그들은 실재계를 차단하고 자신들의 상상계를 관리해 나간다.

이들의 상상계는 그것을 믿어 주는 대중의 도움으로 유지된다. 그들은 대중을 자기들의 유아적 환상에 철저히 가두어 놓았다. 민주당 팬덤의 전(全) 세계관은 '떡검·기레기·토착왜구·뭉클·울컥·사랑해요·지키자'라는 일곱 마디로 남김없이 기술된다. '떡검·기레기·토착왜구'는 그들의 인지모드, '뭉클·울컥'은 감성코드, '사랑해요·지키자'는 행동강령이다. 시그널이 내려오면 그들은 기꺼이 586 상상계를 수호하는 성전(聖殿)의 전사(戰士)가 된다.

민주당의 586 세력은 결코 늙지 않는 도리언 그레이를 닮았다. 자기들의 상상계 안에서 그들은 여전히 독재정권의 후예와 싸우는 정의롭고 순결한 투사들. 하지만 실재계의 그들은 그저 도리언 그레이 대신에 늙어 갔던 초상화에 가깝다. 그레이는 초상화의 그려진 그 추한 노인이 실제 자신의 모습이라는 사실을 끝내 인정하지 못한다. 스토리의 결말은 굳이 말 안 해도 될 것이다. 민주당의 운명도 그와 크게 다르지 않을 것이다.

— "진중권의 트루스 오디세이: 민주당이 윤미향을 내치지 못하는 이유",
〈한국일보〉 2020년 6월 4일 입력

윤미향 사건은 보수매체가 리드했는가. 그렇다. 그러나 분명하게 말할 수 있는 것은 〈경향신문〉과 〈한겨레〉의 역할도 상당히 컸다는 것이다.

두 신문의 보도 태도는 2020년 5월 16일 안성쉼터의 '고가 매입, 헐값 매각 의혹'을 경계로 크게 바뀐다. 5월 16일 이전에는 윤미향 의원과 정의연을 감싸려는 의도가 역력했다. 기자들끼리 쓰는 말로 '때를 벗겨 주는' 기사가 많았다. 형평이니 반론이니 하는 논리를 앞세워 윤미향 의원과 정의연의 변명이나 해명을 충실히 보도해 줬다는 뜻이다.

5월 8일부터 12일까지 일요일을 제외한 4일간, 〈조선일보〉는 무려 22건, 〈중앙일보〉도 12건이나 보도를 내며 타사의 2~3배에 달하는 보도량을 보였습니다. 〈조선일보〉는 22건 중 19건, 〈중앙일보〉는 12건 중 10건이 의혹을 제기하거나 확대하는 보도로서 전체 관련 기사의 대부분임을 알 수 있습니다. 〈동아일보〉의 경우 총 보도량은 7건으로 많지 않으나 이 중 대부분인 6건이 의혹 제기 또는 확대에 해당합니다. 반면 〈경향신문〉·〈한국일보〉는 반론 또는 의혹 규명 차원의 보도량에 정확한 균형을 맞췄으며, 〈한겨레〉는 7건의 관련 보도 모두를 반론과 의혹 규명에 할애했습니다.

— '민언련 신문모니터', 〈미디어오늘〉 2020년 5월 14일 입력

"〈경향신문〉이 반론과 의혹 규명 차원의 보도량에 정확한 균형을 맞췄다"느니, "〈한겨레〉는 7건의 관련 보도 모두를 반론과 의혹 규명에 할애했다"는 말은 좋게 말해서 그렇다는 것이다. 이런 '칭찬'은 두 가지 문제가 있다. 첫째, 어떤 언론도 모든 사안에서 균형과 반론의 원칙을 철저하게는 지키지 못한다(않는다). 오로지 비호하고 싶은 경우에만 그렇게 한다. 둘째, 반대 진영 문제를 이런 방식으로 보도하면 틀림없이 '교묘한 감싸기'니 '기계적 균형'이라고 비판한다. 따라서 이 원칙은 철칙이 아니다. 현실에서는 편리할 때만 이용하는 경우가 많다.

〈경향신문〉과 〈한겨레〉의 이른바 '균형 보도'는 며칠간 계속된다. 5월 16일 이전, 두 신문의 기사 제목에는 이런 것들이 있다.

"윤미향 당선인 인터뷰: '30년 운동 도덕성 파괴하려 해 안타까워'"
(〈경향신문〉 2020년 5월 13일 자)
"정의연 해명에도 회계 오류 … 국세청 '고의성은 없다' 판단"
(〈한겨레〉 2020년 5월 13일 자)
"윤미향 개인계좌로 조의금 … 회계사 '투명집행 땐 문제없어'"
(〈한겨레〉 2020년 5월 15일 자)
"기부금 논란 겪는 정의연에 후원 늘어"
(〈한겨레〉 2020년 5월 15일 자)
"민주당 '윤미향 정의연 향한 부당한 공격 멈춰라' 첫 공개지지"
(〈경향신문〉 2020년 5월 15일 자)

누가 봐도 윤미향 당선인과 정의연을 감싸고 있다. 비판으로 먹고사는 언론사가 신문 제목을 이렇게 호의적으로 다는 것은 위아래가 합심한 '세심한 배려'가 없으면 불가능하다. 그러던 두 신문이 5월 16일 안성쉼터 매입 논란 이후에는 제목이 바뀌면서 보수언론과 비슷한 느낌을 준다.

"2013년 시세 두 배 이상 '고가 매입' … 이규민(민주당 21대 국회의원 당선인) 관여 정황도"
(〈경향신문〉 2020년 5월 18일 자)
"윤미향 지인 소개·비싼 매입가 … '안성 힐링센터' 커지는 물음표"
(〈한겨레〉 2020년 5월 18일 자)
"정의연 '힐링센터 의혹' 유감, 투명하게 해명해야"
(〈한겨레〉 2020년 5월 18일 자 사설)

"안성 '힐링센터' 활용내역 거의 없어 … 왜 필요했을까"

(〈한겨레〉 2020년 5월 19일 자)

"주변 증언과 어긋나고, 사실과 달라 … 의혹만 키운 윤미향의 해명"

(〈경향신문〉 2020년 5월 19일 자)

"윤미향 개인계좌 4개로 10건 모금, 쓴 내역 공개 왜 못 하나"

(〈한겨레〉 2020년 5월 20일 자)

"피해자 아닌 단체를 중심에 … '과대 대표'된 30년 돌아봐야"

(〈경향신문〉 2020년 5월 21일 자)

가끔 윤미향 당선인이나 정의연에 우호적인 기사도 실었으나 두 신문은 5월 16일 이후 보수언론과 별반 다를 바 없는 논조를 펼친다. 이 외에도 〈경향신문〉과 〈한겨레〉는 윤미향 사건을 보도하며 두 가지 성과를 거뒀다.

첫째, 〈경향신문〉과 〈한겨레〉는 기획기사와 시리즈물에서 우수한 기사를 많이 게재했다. 특히 〈경향신문〉이 "위안부 운동 다시 쓰기"라는 이름으로 보도한 4회분의 기사와 "위안부 운동 다시 쓰기 — 전문가 기고"라는 이름으로 게재한 전문가 7명의 글은 윤미향 사태에서 나온 숱한 기획기사와 논평 중 매우 주목할 만하다. 특히 필자는 "위안부 운동 다시 쓰기" 중 "① '피해자 이미지'에 들어맞지 않은 목소리들은 묻혀야 했다"(2020년 6월 11일 입력), "② 민족주의 관점 밖 '위안부 연구' 외면한 운동 … 비판·성찰 사라져"(2020년 6월 14일 입력), "③ 첫 증언 이후 30년 … 정부, 한·일관계와 시민단체 사이 중심 못 잡아"(2020년 6월 16일 입력)라는 세 기사를 높게 평가한다. 그렇다고 학술적이거나 철학적인 글도 아니다. 지금까지 드러난 문제의 핵심을 정확하게 잡아내 분명하게 전했기 때문이다. 정의연과 윤미향 의원에 우호적인 〈경향신문〉에 실렸다는 점에서 기사의 진정성도 느낄 수 있다. 전문가 7명의 기고도 다양한 시각을 안배해서 균형을 잡았다.

〈한겨레〉도 "'위안부 운동을 말하다' 전문가 릴레이 기고"라는 시리즈를

2020년 5월 27일부터 6월 10일까지 10회 게재했다. 좋은 기획이다. 다만 윤미향 의원과 정의연을 적극적으로 두둔하고, 운동의 대의를 강조한 칼럼이 절반 정도여서 기획 의도를 제대로 살리지 못했다는 아쉬움이 있다.

둘째, 〈경향신문〉과 〈한겨레〉는 '나눔의 집' 보도에서도 두각을 나타냈다. 나눔의 집 문제도 윤미향 사건이 없었더라면 더 큰 파문을 일으켰을 텐데 윤미향 사건에 가려 상대적으로 소홀하게 취급한 것이 사실이다. 그렇지만 〈경향신문〉은 "경기도, 광주 '나눔의 집' 후원금 사용내역 등 특별점검"(2020년 5월 8일 입력) 등을 시작으로 민관합동조사단이 조사결과를 발표할 때까지 나눔의 집 기사를 많이 게재했다. 〈한겨레〉도 "정의연 이어 나눔의 집? … 호텔식 요양원 추진 의혹"(2020년 5월 19일 입력) 등 많은 기사를 보도했다. 〈한국일보〉 안하늘·김현종 기자는 배춘희 할머니가 전 재산(1억 5,800만 원)을 나눔의 집에 기증했다는 기부약정서 위조 의혹을 제기했다.

따라서 보수언론이 정의연 보도를 리드했다는 주장도, 보수언론이 과도하게 윤미향 의원과 정의연을 비판했다는 주장도 과장된 것이다. 진보언론이 쓴 것은 '자기 식구'라는 이유로 '건전한 비판'이라고 두둔하고, 보수언론의 보도는 '악의'라고 매도하는 것은 얄팍한 진영논리일 뿐이다.

〈한겨레〉는 여권 지지층 6명을 추적인터뷰해 그들이 왜 여권에 등을 돌렸는지를 보도했다. 그 기사에도 '윤미향'이 나온다. '이중잣대'라는 말에 주목했으면 좋겠다.

> 역시 문재인 정부 성공을 강렬하게 바랐던 86세대(55·남) 응답자도 이젠 민주당의 이중잣대에 지친 이들 중 하나다. 그는 "윤미향에 대한 공격은 일본을 돕는 일이라는 식의 민주당 태도는 오만방자하다"고 매섭게 비판했다.
> —"윤미향부터 부동산까지 … '차곡차곡 쌓인 반감, 이제 지쳤다'",
> 〈한겨레〉 2020년 8월 19일 입력

12) 윤미향 · 정의연 보도가 일본을 이롭게 한다고?

윤미향 사건을 보도하는 동안 가끔 나왔던 주장이 '이런 보도를 누가 좋아하겠나, 일본만 좋아할 테니 그만두라'는 것이었다. 단도직입적으로 말해 이런 유치한 발상은 이제 졸업했으면 좋겠다. 일본 정부나 일본 정치가를 비판하는 일본의 이른바 '양심세력'의 발언은 쌍수를 들어 환영하는 한국과 한국 언론이 윤미향 사건 보도는 일본만 좋아할 테니 그만 쓰라고 주장하는 것은 속이 보인다. 뉴스가 안 된다고 생각하면서도 일본에 유리할 것 같아서 억지로 기사를 쓰는 한국 언론은 없다. 반대로, 뉴스가 안 된다고 생각하면서도 한국에 유리할 것 같아서 억지로 기사를 쓰는 한국 언론은 종종 있다.

> 남인순 최고위원은 "윤 당선인을 비롯한 정의연 도덕성에 흠집을 낼 때 누가 웃겠나. 일본군 성노예 역사 진실을 왜곡하고 부정해 온 일본 극우, 친일 적폐 세력"이라고 말했다.
> — 〈문화일보〉 2020년 5월 13일 자

(《반일종족주의》 책이 주장하는 수준의 — 필자) 이런 기사들은 일본어 온라인 판으로 거의 동시에 일본에 출고되었다. 이를 받아쓰는 일본 극우보수언론은 이 사태를 윤미향, 정의연, 이용수 할머니의 문제에 국한하지 않고 일본군 '위안부' 운동 30년의 역사를 부정하는 사실 근거들로 삼아 보도했고, 한국 보수 언론은 이를 다시 현지(일본) 특파원 칼럼 등의 형식으로 한국어로 보도하면서 결과적으로 부정과 혐오를 진실로 포장해 보도했다.
> — 강성현(성공회대 열림교양대학 교수), "'위안부 운동을 말하다' 전문가 릴레이 기고 ⑧",
> 〈한겨레〉 2020년 5월 29일 자

일본에서 '위안부' 문제 해결운동에 몸담은 시민들은 가슴 아픈 나날을 보내고 있다. '위안부' 피해생존자 이용수 님의 기자회견을 한국 보수언론이 악용하며 정의연(일본군 성노예제 문제해결을 위한 정의기억연대, 구 정신대문제대책협의회)을 포함한 '위안부' 문제 해결운동과 증언 및 연구의 30년 성과를 전면적으로 부정하는 듯한 사태로 치닫고 있기 때문이다. 《반일종족주의》가 한국 이상으로 베스트셀러(40만 부)에 오른 일본에서는 TV에서도 이번 사태를 '제2의 양파(조국)사건'으로 크게 보도하고 있다. 이들 뉴스의 출처가 한국 보수언론의 일본어판인 데서도 나타나듯 국경을 넘은 '보수연대'가 진행되고 있다. 이 사태를 가장 기뻐하는 이들은 일본의 가해 책임을 해제하고 싶어 하는 일본의 역사수정주의자다.

— 김부자(도쿄외국어대 교수), "'위안부' 운동 다시 쓰기 — 전문가 기고 ⑥",
〈경향신문〉 2020년 6월 29일 입력

강 교수와 김 교수의 논리와 소재가 매우 비슷하다. 《반일종족주의》 수준의 주장을 하는 한국 보수언론의 글을 이들 언론사의 일본어판을 통해 일본의 극우세력이 읽고 인용하므로 부정과 혐오를 진실로 포장하는 '한·일 연대'가 이뤄지고 있다는 주장이다. 부정과 혐오를 진실로 포장하고 있다는 주장에도 동의하지 않지만, 보수언론의 글이 일본 사회에 영향을 준다는 사실은 인정한다 하더라도, 두 교수가 애기하는 것처럼 일본 사회의 주류에 큰 영향을 주거나 모든 언론에 영향을 주는 것처럼 말하는 것은 과장이다. 일본 언론이 한국 사회나 언론에 미치는 영향을 생각해 보라.

일본 언론이 이 문제를 어떻게 보도했는지를 알아보는 방법은 신문, 방송, 잡지(주간지)를 살펴보는 방법이 있다. 그런데 일본 방송은 뉴스를 전하는 방식이 한국 방송과 차이가 많다. 정규 뉴스시간에는 매우 중립적으로 보도하지만, 이른바 '버라이어티'(우리의 '예능'에 해당)에서 뉴스를 다룰 때는 비교적 가볍게 소비한다(왜곡한다는 의미는 아니다). 그리고 주간지는 도에 넘치는 '혐한(嫌韓) 보도'를 하는 것이 꽤 있다. 그래서 한국 매스컴의 도쿄특파원들은 특정 사안에 대한 일본의 보도경향을 전할 때는 주로 일본 신문을 인용한다(방송은 모니터하기가 힘든 측면도 있다). 만약 방송에도, 주간지에도 한국을 비판하는 이런 기사가 있지 않느냐고 지적한다면, 그런 기사가 있는 것은 사실이지만 영향력이 적기 때문에 인용하지 않았다고 할 수밖에 없다. 특히 한국 언론의 도쿄특파원들이 주간지의 '혐한' 보도는 다루지 않기로 암묵적 '신사협정'을 맺은 지도 꽤 됐다. 그런 기사를 한국 언론이 써주는 것이야말로 '나쁜 잡지'를 도와주는 꼴이기 때문이다.

2020년 5월 16일을 전후해 안성쉼터 문제까지 나오고 윤미향 의원과 정의연에 대한 문제제기가 거의 끝나 검찰 수사가 관심을 끌 무렵, 일본 언론의 보도경향은 어땠을까. 일본 신문의 보도경향은 필자보다 현역 기자들이 훨씬 더 정확할 것이다(역시 주로 신문을 인용하고 있다).

검찰이 정의기억연대(정의연) 회계부정 의혹에 대한 수사에 착수하자, 일본 언론들은 이번 사건이 한·일관계에 미칠 영향에 주목했다. 일본 주요 언론들은 21일 한국 검찰이 전날 정의연 사무실을 압수수색했다는 소식을 상세히 보도했다.

보수 성향의 〈요미우리신문〉은 정의연 이사장을 지낸 더불어민주당 윤미향 당선인을 두고 "총선에서 좌파계열 여당 비례대표로 당선됐으며 정계도 크게 흔들리고 있다"며 "의혹이 사실로 입증되면 윤 씨를 공천한 좌파계 여당 더불어민주당과 피해자중심주의를 외치며 정의연 주장에 동조해 온 문재인 대통령도 타격을 피할 수 없다"고 했다.

〈도쿄신문〉은 윤 당선인이 2015년 일본군 위안부 문제에 대한 한·일 합의를 비판한 이력을 소개하며 "문재인 정권은 윤 씨의 의향을 받아들여 사실상 합의를 파기한 만큼 정권의 대일정책에 영향을 줄 가능성이 있다"고 예측했다.

반면 진보 성향의 〈아사히신문〉은 최근 한반도 전문가인 기무라 간(木村幹) 일본 고베대 교수의 말을 인용해 "어디까지나 정의연의 운영을 둘러싼 문제"라며 "단기적으로는 이것이 일·한관계에 영향을 미친다고 생각하지 않는 편이 좋다"고 했다. 그는 "자금관리 문제가 명확해지더라도 이로 인해 한국 사회에서 위안부 문제의 위상이 바뀔 리는 없다"면서도 "'정의연이 위안부 피해자의 의견을 대변한다'는 구조가 바뀌어 앞으로는 징용 문제처럼 위안부 피해자 자신이나 유족 등 '당사자'가 주도하는 상황이 될지 모르겠다"고 했다.

극우언론에서는 이번 일을 빌미 삼아 위안부 문제해결에 대해 반대한다는 주장을 폈다. 〈산케이신문〉은 전날 "위안부 단체 반일집회 그만두고 소녀상 철거를"이라는 제목의 논설에서 "반일 증오의 상징인 '위안부 동상(평화의 소녀상)'을 즉시 철거해 주길 바란다"고 주장했다.

— 〈경향신문〉 2020년 5월 21일 입력

이용수 할머니의 두 번째 기자회견(2020년 5월 25일)을 일본 언론들은 어떻게 보도했을까.

이용수 할머니가 25일 기자회견을 갖고 그동안 정대협(한국정신대문제대책협의회)과 정의연(정의기억연대)의 활동에 대해 비판하자 일본 언론은 일제히 보도하며 큰 관심을 나타냈다. 기자회견장에는 일본 언론의 한국특파원들도 나와 취재했다. 산케이 등 우익 성향의 일본 언론은 이 할머니의 주장이 대표적 반일 조직인 정의연의 성역을 깼다는 식으로 보도했다. 반면 다수의 일본 매체들은 기자회견에서 말한 이 할머니의 발언을 중심으로 보도했다.

NHK는 25일 "이용수 할머니가 위안부 피해자를 이용해 온 것은 도저히 용납할 수 없다며 위안부 지원단체인 정의기억연대(정의연)를 처벌해야 한다고 강력히 비판했다"고 보도했다. 또 "이용수 할머니의 비판을 계기로 정의연의 불투명한 기부금 사용이 한국 언론에 보도됐고, 지난주에는 검찰이 횡령 혐의로 압수수색에 나섰다"고 보도했다. 이 방송은 "다만 이용수 할머니는 일본 정부에 사죄와 배상을 요구하는 입장은 바꾸지 않고 있다"라며 "위안부 문제를 최종적으로 해결하기로 한 2015년 한·일 위안부 합의에 대한 한국 내 여론은 지금도 차갑다"고 덧붙였다.

중도진보 성향의 〈아사히신문〉은 "이용수 할머니가 윤미향 전 이사장의 국회 진출은 사리사욕 때문이라고 했다"며 "하지만 위안부 문제를 해결하려면 일본의 사죄와 배상이 반드시 필요하다는 입장은 바뀌지 않았다"고 보도했다. 또 "이 할머니가 정의연의 기부금 남용을 지적하면서 위안부를 이용한 것은 절대로 용납할 수 없다고 호소했다"는 점을 부각했다. 이 신문은 "이 할머니가 한일 간의 역사 문제를 극복하기 위해서는 양국 학생들이 서로 친하게 교류하면서 올바른 역사를 배워야 한다는 점을 강조했다"고 덧붙였다.

〈마이니치신문〉은 "정의연 기부금이 피해자를 위해 사용되지 않고 있다는 이용수 할머니의 고발을 계기로 정의연의 부적절한 회계처리와 윤미향 전 이사장의 비리의혹이 잇달아 보도되고 있다"고 전했다.

대표적 우익 성향의 〈산케이신문〉은 서울 주재 객원논설위원이 쓴 "위안부 지원운동의 드러난 적폐"란 제목의 칼럼을 게재했다. 이 칼럼은 "한국의 '최강 반일조직'으로서 오랜 시간 한일관계를 흔들어 온 위안부 지원단체가 기부금 행방과 독선적 운영방식 등 의혹이 대대적으로 폭로돼 궁지에 빠졌다"고 보도했다. 또 "정대협(현 정의연)이 주도한 위안부 지원운동은 피해 여성 구제, 일본 규탄이라는 '정의'를 간판에 내세워 한국 사회에서는 아무도 이의를 말하지 않는 종교와도 비슷한 성역이었다"며 "이 성역은 이번에 완전히 무너져 버렸다"고 썼다. 산케이는 또 "이번 의혹에서는 중요한 포인트가 있다. 운동권 단체와 문재인 정권이 주장해 온 피해자중심주의 허구가 드러난 것"이라고 주장했다. 산케이는 윤미향 당선인에 대한 의혹이 한참이던 20일에도 "반일 집회를 그만두고 소녀상을 철거하라"는 논설을 내보내기도 했다.

〈뉴스위크〉 일본판은 "위안부 문제를 해결하기 위해 한일 정부가 시도했던 많은 정책에 막강한 영향력을 행사해 온 위안부 지원단체가 최근 불법운영 의혹에 휘말렸다"며 "2015년 한일 위안부 합의를 문재인 정권이 폐기하기로 결정한 배경에는 정의연의 영향력도 있었다"고 전했다.

일본 메이지가쿠인대학의 서정민 교수는 26일 KBS 시사 프로그램 〈오태훈의 시사본부〉와 인터뷰를 갖고 일본 언론 논조와 여론을 전했다.

서 교수는 일본 우익 성향 언론보도에 대해서는 "2015년의 한일 정부 간 합의에 대해 문재인 정부가 파기한 논리가 맞지 않았다"는 인식이 보인다고 말했다. 한국 정부가 파기 이유로 내세운 '당사자 의사에 반했다'는 명분은 약하다는 쪽으로 일본 언론이 끌고 가는 인상을 받았다는 것이다. 즉, 윤미향 전 정의연 이사장의 상징성과 대표성이 훼손됨으로써 과연 위안부 당사자 의견이라는 게 뭐냐는 식으로 일본 언론이 묻기 시작했다는 것이다.

서 교수는 또 "일본의 여론이 이것을 이용해서 위안부 문제의 역사 전체를 폄훼한다든가 아니면 인권운동가와 당사자 한국 정부 간 분열을 틈타 일본 측 논리를 강화하는 계기로 삼지 않을까 우려가 된다"고 말했다. 그는 이어 한국 시민단체와 협조관계를 가져 온 일본 내의 양심세력과 시민운동가들도 이번 일로 상처를 받을지 모른다는 우려를 표했다.

— 〈우먼타임스〉 하기석 편집위원, 2020년 5월 26일 입력

5월 28일에도 일본 언론의 보도경향을 전한 기사가 있다.

정의기억연대(정의연)과 정의연 이사장을 지낸 더불어시민당 윤미향 비례대표 당선인에 대한 논란에 대해 일본 언론이 연일 관심을 두고 보도하고 있다. 28일 〈니혼게이자이신문〉(닛케이)은 한국 성역에 파문이 일고 있다고 분석했다. 특히 신문은 한일관계 이슈도 함께 엮어 정의연 같은 시민단체가 정부 정책결정을 쥐고 있는 것이 문제라는 취지의 주장을 펼쳤다.

28일 닛케이는 "한국 사회의 성역에 파문 전 위안부 여성, 지원단체에 절연(絶緣) 장 '제 4의 권력' 외교 족쇄"라는 제목의 기사를 통해 정의연 관련 논란을 전했다. 신문은 정의연을 둘러싼 자금횡령 논란을 두고 "시민단체의 돈의

흐름이 불투명한 것은 '너무 강하다'고 지적되는 정치에 대한 큰 발언력이 원인으로 보인다"고 분석했다.

닛케이는 한국에서 1987년 민주화를 계기로 인권·여성·노동·복지 등 다양한 시민단체가 조직됐다고 전했다. 이어 "노동조합과 함께 전투적으로 알려져 반정부 운동을 이끈 '제4의 권력'이라는 다른 이름을 가졌다"고 분석했다. 신문은 정의연의 전신인 한국정신대문제대책협의회(정대협)가 2015년 말 한일 위안부 합의 반대 선두에 섰다며 "언론을 말려들게 하며 국민 정서의 파도를 만들어 내, 정치를 움직이는 프로 활동가 집단이다"라고 주장했다. '시민 부재 시민운동', '정계진출 단계에 이용하고 있다'는 비판도 있다고 부연했다. 닛케이는 이들 단체의 활발한 운동을 윤택한 자금이 지원하고 있다면서 정부 기관에서 보조금을 받는 단체가 많아 '관제 단체'라는 지적도 있다고 전했다. 그러면서 "'피해자중심주의'를 내건 문재인 대통령은 전 활동가를 중용했다"며 한국 정부 관계자를 인용해 "정부의 제언보다도 시민단체의 요청 쪽이 대통령에게 영향력이 크다"고 말했다고 전했다.

이어 "시민단체가 정책결정의 '거부권'을 쥐고 있는 형태"라며 한국 싱크탱크 간부를 인용해 "시민단체가 강해지면서 정부가 전략적으로 외교를 추진하는 것이 어려워졌다"고 전했다. 그러면서 "한일 외교의 정체에는 구조적 문제가 가로막고 있다"며 한일문제 해결이 정체된 이유를 한국 시민단체의 탓으로 돌렸다.

신문은 "한국에서 위안부나 지원단체를 비판하는 '터부'(금기)를 찌른 것은 당사자의 '궐기'였다"며 이용수 할머니가 정의연 단체에 대한 의혹을 제기한 점에 주목했다. 이어 "혁신계 여당(더불어민주당)은 보수세력이 (정의연) 전 대표들을 추궁하자 '친일파 세력의 모략'이라며 보수대립의 씨름판으로 (논란을) 가져오려고 힘을 쏟고 있다. 그럼에도 차례차례 뱉어지는 의혹에 혁신진영 내에서도 진상해명을 요구하는 목소리가 높아지고 있다"고 분석했다.

지난 27일 〈교도통신〉 등은 한국 국민 70.4%가 논란에 휩싸인 윤미향 당선인이 21대 국회의원직을 사퇴해야 한다고 응답했다는 여론조사기관 리얼미터의 조사결과를 전하기도 했다.   — 〈뉴시스〉 2020년 5월 28일 입력

일본을 관찰하는 한국 언론인들이 쓴 기사를 종합하면, 예상대로 〈산케이신문〉은 이번 사태를 '이용한다'고 할 만하다. 〈산케이신문〉은 5월 20일 자 '주장'(사설)을 통해 "위안부 단체, 반일집회를 그만두고 소녀상을 철거하라"고 했다. 5월 25일은 "드러난 위안부 운동의 '적폐'", 6월 2일은 "위안부 지원단체 의혹, 한국답게 계속 몰아붙일 것인가", 6월 11일은 "종교화한 위안부 운동" 등 서울에서 쓰는 칼럼을 통해 윤미향 의원과 정의연을 공격했다.

정의연과 윤미향 의원을 옹호하는 쪽은 〈산케이신문〉의 이런 보도 태도를 보수언론을 공격하는 데 활용하고 있다. TBS라디오의 〈김어준의 뉴스공장〉도 그 중 하나다.

같은 날(2020년 5월 12일 — 필자) TBS 〈김어준의 뉴스공장〉에도 출연한 이나영 이사장은 언론이 일본군 '위안부' 문제의 본질 자체를 모르고 있다고 지적하며, 오히려 일본 언론인들이 한국 언론의 보도행태에 대해 우려하고 있다고 전했다.

그는 "어제(11일) 일본 언론인 두세 분과 이야기했다"고 밝히고는 "(일본 언론인들이) '이 문제가 결국은 아베가 가장 좋아할 텐데, 그리고 한국에서도 극우 역사 수정주의자들이 좋아할 일인데 그걸 정말 생각하고 글을 쓰나?'라는 질문까지 했다"며 이같이 말했다.

이나영 이사장은 "이 문제가 역사적으로 큰 의미를 가진 문제라 공부를 해야하기 때문에 (한국에 있는 특파원들도) 글을 자제하고 있다고 하더라"며 "그런데 〈조선일보〉와 〈중앙일보〉의 기사가 일본어로 번역돼 일본에서 나오고 있다는 게 문제"라고 짚었다. 이어 "(일본 언론이 조선, 중앙의 보도를) 할 수 없

이 받아쓰고 있지만, 일본 기자들이 직접 글을 쓰는 것은 현재 자제하고 있다는 것"이라고 설명했다.

한국 언론의 보도행태와 관련해 방송인 김어준 씨도 해당 방송 오프닝에서 "지난 30여 년간 위안부 문제를 거의 맨손으로 세계적 이슈로 끌어올린 활동가들을 상대하는 보수언론의 태도가 참 뻔뻔하다"고 비판했다.

— 〈고발뉴스닷컴〉 2020년 5월 12일 입력

이영채 일본 게이센여학원대 교수는 일본 언론이 '윤미향 논란'을 연일 보도하면서 "이번 기회에 정의기억연대라는 단체를 해체시키겠다는 의도를 명백하게 보이고 있다"고 말했다. 그는 22일 TBS 〈김어준의 뉴스공장〉과의 인터뷰에서 "드디어 〈산케이신문〉이 5월 19일과 20일 (이틀)에 걸쳐서 연속적으로 4건 이상 자기들의 언어로 주체적으로 보도하기 시작했다"며 "(이 같은 보도에) 일본의 이익은 명확한 것 같다"며 이같이 전했다.

이영채 교수는 "5월 19일 자 〈산케이신문〉에는 한일 위안부 합의 문제를 일단 중점적으로 보도했다"며, '한일 위안부 문제 합의 당시 피해자들을 배제한 것은 자신들이 아니라 윤미향 전 대표이고, 정의기억연대라는 식으로 논리를 끌고 가고 있다'고 설명했다. 진행자인 김어준 씨가 "일본 극우의 논리가 우리 보수매체의 논리하고 똑같다"고 지적하자, 이 교수는 "그렇다"며 "어떻게 보면 한일관계를 악화시킨 장본인이 일본의 책임이 아닌 윤미향 전 대표와 정의연에 돌리고 있는 것"이라고 짚었다.

— 〈고발뉴스닷컴〉 2020년 5월 22일 입력

이들 기사는 일본 극우의 논리와 한국 보수언론의 논리가 똑같다고 비판하는데, 필자가 보기엔 오히려 한국의 보수언론이 일본을 이롭게 한다고 주장하는 이들의 논리구조가 너무나 똑같아서 신기하다. 한국의 보수언론 → 일본어 번역판 → 일본의 극우언론의 '3자 커넥션'이 문제라는 것이다. 그런데 일본의 '극우언론'을 언급하면서 〈산케이신문〉 말고는 제시하는 것이 없다.

서울에 주재하는 일본 언론 특파원이 오히려 한국 언론의 보도 태도를 걱정했다는 이나영 이사장의 주장은 어떻게 해석해야 할까. 우선 그런 말을 한 일본 특파원이 몇 명이나 될지 의문이다(2021년 2월 현재 서울 주재 일본인 특파원은 35명이다). 그런 말은 '가해국'의 특파원이기 때문에 가능하다. 한국의 '반일단체'는 일본 특파원의 주요 취재원이니 면전에서 비판하기도 어렵고, 그들을 이해하는 것이 도덕적으로 옳다고 믿는 특파원도 있다. 한국인은 다른 피해자의 동의 없이 함부로 일본을 이해하자고 말하지 못한다. 그랬다간 '친일파'니 '토착왜구' 소리 듣기 십상이다. 그러나 일본인은 한국의 입장을 이해해야 한다고 주장할 수 있고, 그런 말을 하면 '양심세력'이나 '개념 있는' 사람으로 보일 수도 있다.

이 이사장이 일본 특파원을 만난 것이 5월 11일이라면, 이용수 할머니가 첫 기자회견을 한 지 나흘밖에 안 됐고, 11일은 정의연이 해명 기자회견을 한 날이므로 일본 특파원이 인사치레로 그런 말을 했을 수 있다. 그렇지만 그 후 일본 특파원들이 윤미향 의원 관련 기사를 안 쓴 것도 아니고, 대부분은 한국어가 가능하기 때문에 한국 언론의 일본어판에 의존하지도 않는다.

도쿄특파원을 지낸 필자의 경험에서 분명히 말할 수 있는 것은, 일본 언론은 한국 언론보다 독자적인 판단에 따라 기사를 쓰는 경우가 많다는 점이다. 즉, 확인이 안 되었는데 남이 쓰니까 나도 써야 한다거나, 남들이 많이 쓰니까 나도 많이 써야 한다는 강박이 한국 언론보다는 적다. 그러니까 이용수 할머니의 기자회견 나흘 뒤에 상황을 조금 더 지켜보고 쓰겠다고 해서 그것이 정의연의 입장을 두둔하는 것도 아니다.

일본 특파원들이 한국 언론의 보도에 대해 지면과 전파를 통해 어떤 쪽으로든 정식으로 논평하는 것은 언론의 자유에 속하는 문제이다. 그러나 한국 보도 태도가 옳으니 그르니 하는 개인적 의견을, 더욱이 기사와 직접적 관련이 있는 단체의 장에게 인사치레로 얘기한 것에 무게를 둘 일은 아니다.

예를 들어 도쿄에 근무하는 한국 특파원들이 일본의 이른바 '양심세력'이 발언하는 것을 듣고 총리 관저의 공무원에게 "그들의 주장은 일본과 총리를 곤혹스럽게 할 텐데 왜 그런 말을 하는지 모르겠다"고 한다면, 이를 어떻게 평가할 것인가. 역으로 우익의 발언을 마치 잘하는 것처럼 전달한다면 어떻게 평가할 것인가. 두 경우 모두 정식으로 기사로 쓰거나 방송을 한 것이 아니라면 무게를 둘 일이 아니다.

우리가 부끄러워할 것은 보수언론의 보도 태도가 아니라 가장 도덕적이라고 생각했던 시민단체의 일탈 의혹이고, 그런 시민단체가 국가의 정책까지도 좌지우지해 왔다는 사실이다. 성수대교가 무너졌다면 건설사의 난맥상을 파헤치는 언론을 부끄러워할 것이 아니라 적당히 시공하고 적당히 감리하고 적당히 감독한 한국의 건설 풍토를 부끄러워해야 하는 것처럼.

이런 정황을 종합할 때 한국 언론의 보도가 일본 사회나 일본 언론의 먹잇감이 돼 일본을 이롭게 한다는 주장은 과장이다. 한국 언론은 거의 예외 없이 아베 신조 전 총리는 극우보수이고, 역사수정자이며, 과거사에 대해 절대로 사과하지 않을 것이고, 전쟁할 수 있는 나라를 만들기 위해 헌법 개정을 추구한다고 써왔다. 그렇게 '나쁜' 총리가 어떻게 전후 최장수 총리가 됐는지, 일본 국민은 왜 그런 사람이 리더인 당을 줄곧 선택했는지, 왜 그런 사람의 정책을 계승하겠다고 한 사람을 새 총리로 선출했는지에 대해서는 묻지 않는다. 보고 싶은 것만 봐서는 전체상을 알 수 없다.

한국은 이제 일본과 싸우는 것을 두려워하지 않는다. 'No 재팬', 'No 아베', 거칠 것이 없다. 미국이 반대해도 한일정보보호협정(GSOMIA·지소미아)까지 대일(對日) 제재 카드로 쓴다. 일본에 더 이상 배울 것이 없다는 말이 나온 지도 한참 됐다. 그런데 유독 역사문제만 나오면 일본의 반응에 민감하다. 기대하는 반응은 일본이 무릎을 꿇는 것이다(그러지 않을 것이라는 것을 알면서도 언제나 그렇게 기대하고, 기대가 깨지면 언제나 비난한다). 일본을 무시해도 될 정도로 우리가 정치 경제적으로 성장했다고 생각한다면 한국 보도를 이용해 일본이 뭐라고 하든 신경 쓸 필요가 없다.

한국 언론은 미국이나 중국을 보도할 때 이 기사가 미국이나 중국에 유리할 것인가, 불리한 것인가를 따지지 않는다. 언론사와 기자는 건전한 직업정신에 따라 기사가 된다고 판단하면 취재해서 쓰면 된다. 국가가, 사회가, 단체가 자신과 이해관계가 있는 기사에 대해 유불리를 자의적으로 해석해서 가이드라인을 강요하는 것은 옳지도 않고 지속가능하지도 않다. 그런 시절은 지나갔다. 그 가이드라인을 언론사와 기자가 자발적으로 설정하고, 거기에 책임을 지는 것이 오늘날 매스컴의 권리이자 의무이다.

운동의 '대의'가 훼손될까 우려하는 지적이 많다. 매우 중요한 얘기다. 다만, 사회운동은 지향하는 가치에 최선을 다하려는 태도와 노력이지 그 자체로 시공을 초월한 올바름이 아니다. 일본을 의식한 운동의 대의를 앞세워, 우리 사회 내부의 다양성과 성장을 봉합하려는 것은 낡은 방식의 정치다.

— 정유진, "군 위안부 논쟁의 윤리를 생각한다", 〈한겨레〉 2020년 5월 15일 자

13) 12 · 28 합의는 '굴욕'이라면서 재협상은 왜 안 하나

윤미향 사건을 보도하는 과정에서 가끔 나왔던 말이 "2015년 12월 28일의 합의는 굴욕적"이라는 주장이다. 일반국민에게는 '사이다' 같은 발언이다. 그래서 자주 써도 저항이 없다.

더불어시민당은 10일 정의기억연대(정의연) 출신 윤미향 당선인이 2015년 한일 위안부 합의 당시 외교부로부터 사전 설명을 들었다는 미래한국당 조태용 대변인의 주장에 대해 "가짜뉴스"라며 반박했다.

시민당 제윤경 수석대변인은 논평에서 "박근혜 정부 당시 외교부는 사실상 굴욕적 협상내용을 성공적인 협상으로 둔갑시킨 채 (윤 당선인에게) 왜곡 전달했다"며 '사전 설명' 의혹을 부인했다. 그는 "외교부는 관련단체와 어떤 사전 협의도 없이 (2015년) 12월 27일 오후 한일 국장급 협의에서 모든 사항을 결정하고, 당일 밤 윤미향 당시 한국정신대문제대책협의회(정의연의 전신) 상임대표에게 합의내용 일부를 기밀 유지를 전제로 일방 통보했다"고 밝혔다.

─ 〈연합뉴스〉 2020년 5월 10일 입력

또한 굴욕적인 '2015 한일 합의'의 기만적 추진과정에 가장 큰 책임자인 박근혜 정권하 관료들의 제보를 인용해, 피해자와 활동가들의 분열을 획책하고 있습니다. 해당 보도는 피해자 명절, 어버이날 등 '의례적인 방문'과 '진전 없다'는 성의 없는 답변밖에 듣지 못했던 정부의 의견수렴 과정 생략에 항의하고자 정의연(정대협)이 요청했던 면담을, '15회에 걸친 피해자 의견수렴'으로 호도하며 윤미향 전 대표를 거짓말쟁이로 몰아 본인들의 책임을 전가하고 있습니다.

─ 정의연 입장문, 5월 12일

다시 새어 나오는 2015 한일 위안부 합의가 정당했다는 주장을 접하며, 다시는 우리 역사에 그런 굴욕의 역사가 반복되지 않도록 노력하고자 합니다.

─ 윤미향 당선인 기자회견, 2020년 5월 29일

2015년 12·28 합의가 굴욕이라는 주장에 대해서는 다음 장의 "위안부 합의와 화해·치유재단"에서 자세히 다루겠으나 이런 주장을 접할 때마다 묻고 싶은 것이 있다(앞에서도 한 번 언급했다). 문재인 정부는 '굴욕적 합의'를 수용할 수 없다며 사실상 합의를 파기하고서도, 왜 재협상을 요구하지 않는가. 윤미향 의원과 정의연은 왜 '굴욕적 합의'를 어정쩡한 상태로 두고 있는 문재인 정부를 비판해서 새로운 협상에 나서라고 요구하지 않는가.

그런데 2020년 9월 1일 정의연 홈페이지에 이런 글이 올라왔다.

9월 1일 입장문: 헌법재판소 위헌 결정 9주년을 맞아

— 김창록(경북대 법학전문대학원 교수, 정의기억연대 법률자문위원)

지난 8월 30일은 대한민국의 헌법재판소가 일본군 '위안부' 문제에 관해 부작위 위헌 결정을 선고한 때로부터 만으로 9년이 되는 날이었습니다. 대한민국 정부는 2005년의 '한일회담 문서공개 후속대책 관련 민관공동위원회'의 결정을 통해, 일본의 "국가권력이 관여한 반인도적 불법행위"인 일본군 '위안부 문제'는, 1965년의 "청구권협정에 의하여 해결된 것으로 볼 수 없고, 일본 정부의 법적 책임이 남아 있"다고 선언했습니다. 하지만 이후 정부는 일본 정부의 법적 책임을 묻는 적극적인 조치를 취하지 않았고, 그래서 헌법재판소가 2011년 8월 30일에 그 부작위가 위헌이라고 선고했습니다.

그런데 박근혜 정부는, 일본 정부의 법적 책임을 묻기는커녕, 피해자들과 전 세계 시민들이 30년간의 가열찬 노력을 통해 이룩한 성과조차 크게 손상시키는 '2015년 합의'를 맺어 버렸습니다. 이후 아베 신조 정부는, 그 합의를 빌미 삼아, '전부 끝났다. 더 이상 입에 담지도 말라'고 억지를 쓰며 윽박질렀습니다.

다시 한 번 확인합니다. 일본군 '위안부' 문제는 피해사실의 명확한 인정, 그에 터 잡은 사죄와 배상, 지속적인 진상규명과 역사교육과 위령, 그리고 책임자 처벌이 이루어질 때 비로소 해결되는 것입니다. 이것이 1990년에 한국정신대문제대책협의회가 출범할 때부터 내세운 방향이며, 국제사회의 수많은 인권문서들을 통해 확인된 원칙입니다. 문제의 본질과 역사를 알지 못하는 양국 정부의 밀실담합으로 묻어 버릴 수 있는 것이 아닙니다.

문재인 정부는, '2015년 합의 검토 TF'를 통해 그 합의가 잘못된 것임을 확인한 후, "2015년 합의는 일본군 위안부 피해자 문제의 진정한 문제해결이 될 수 없"다고 선언했습니다. 그리고 우리 정부의 예산으로 일본 정부로부터 온 10억 엔에 해당하는 103억 원을 여성가족부의 양성평등기금에 출연하고, '화해·치유재단'을 해산하는 조치를 취했습니다. 하지만 일본 정부의 법적 책임을 묻기 위한 적극적인 조치는 취하지 않고 있습니다. 따라서 지금도 2011년 헌재 결정이 선언한 '부작위 위헌'의 상태는 이어지고 있는 것입니다.

때마침 아베 정부가 막을 내리게 되었습니다. 일본의 새로운 정부는 이제라도 진정한 해결의 길로 나와야 합니다. 또한 문재인 정부는 일본 정부의 법적 책임을 적극적으로 물어야 합니다.

— 일본군 성노예제 문제해결을 위한 정의기억연대, 2020년 9월 1일

그런데 이 글은 문재인 정부에게 재협상을 촉구하기 위해 쓴 것인지, 아니면 박근혜 정부의 합의를 비판하기 위해 쓴 것인지 헷갈린다. 헌재 결정 10주년도 아니고 9주년에 이런 글을 썼으니, 당연히 7주년, 8주년에도 썼을 것으로 생각했다. 그러나 정의연의 홈페이지에서 그런 자료는 발견할 수 없었다.

그렇다면 2018년 7월 11일 한국정신대문제대책협의회(정대협)와 일본군 성노예제 문제해결을 위한 정의기억재단(정의기억재단)을 통합해 '일본군 성노예제 문제해결을 위한 정의기억연대(정의연)'를 발족할 때는 그런 주장을 했을 것으로 생각했다. 헌재 위헌 결정 9주년에 형식적이나마 재협상을 촉구할 정도라면, 정의기억연대를 발족할 때는 좀더 명확하게 그런 주장을 했을 가능성이 높기 때문이다. 그러나 정의연 발족 닷새 후인 2018년 7월 16일 윤미향 초대 이사장이 취임할 때 발표한 장문의 문건에도 문재인 정부에 대한 재협상 촉구는 없다.

이 문건에서 정의연이 제시한 주요 사업을 열거하면 다음과 같다. 연구조사와 교육사업 강화, 국내외 단체들과의 네트워크 확대 강화, 정기 수요시위 등 28년간 이어 온 운동의 성과 계승, 2015 한일 합의 무효화를 통한 일본군 성노예제 피해자들의 명예·인권 회복사업, 기림사업, 미래세대 육성을 위한 장학·교육사업, 국내외 단체들의 활동지원과 네트워크 확대

를 통한 연대사업, 나비기금을 통한 전시 성폭력 피해자에 대한 지원과 연대 확대, 전쟁과여성인권연구소 신설과 일본 정부의 범죄 사실을 입증할 수 있는 사료의 체계적 수집과 분석, 신규 자료 발굴과 축적, 국외 연구자 발굴과 연구자 네트워크 구축, 전쟁과여성인권박물관 전시 콘텐츠 개발과 전시사업 강화, 국내외 평화비 건립 활동, 기존 연대단체에 대한 지원 확대, 소규모 단체의 적극적 발굴 육성, 피해자들의 삶과 정대협 활동자료 영구적 기록보존을 위한 자료 수집과 데이터베이스 구축, 2015 한일 합의 무효화를 위한 구체적 조치 이행을 위한 정부와 국회 대응사업 강화, 20만 동행인 캠페인 적극 홍보 및 모금사업 개발 등이다.

2015년 12월 28일 합의를 무효화하고, 정부와 국회가 구체적 조치를 제대로 이행하는지까지 확인하겠다고 한 정의연이라면 2015년 합의의 공식 파기와 재협상을 촉구해야 하는 게 당연한데, 문재인 정부에게 그런 요구는 하지 않았다. 그런 정의연이 2020년 9월 재협상을 촉구한 것은 최근 "문재인 정부가 아무것도 하지 않아서 '부작위 위헌'이 계속되고 있다"는 주장이 나오는 데 대한 대응으로 보인다. 그러나 여론에 대한 대응일 뿐, 정말로 문재인 정부를 움직이겠다는 의지는 감지할 수 없다. 박근혜 정부와 일본에 대한 비판이 우선이다(그러던 정의연이 문재인 대통령이 2021년 1월 18일 신년 기자회견에서 위안부 판결에 대해 "곤혹스럽다"고 하고, 2015년 한일 합의를 공식 합의로 인정한다고 하자 "일본 정부에 비굴할 만큼 수세적으로 대응하고 있다"고 강하게 비판했다).

박근혜 정부는 공개적으로 '불가능한 최선'보다 '가능한 차선'을 택했다. 그런데 문재인 정부는 겉으로는 '불가능한 최선'을 추구하는 것처럼 하면서 실제로는 '가능한 차선'을 택했다고 본다. 속칭 '양다리'를 걸친 것이다. 그러나 문재인 정부와 박근혜 정부의 '가능한 차선'은 완전히 다르다. 문재인 정부의 '가능한 차선'은 '아무것도 안 해도 아무 비판도 받지 않는 상황을 유지하는 것'을 말하고, 박근혜 정부의 '가능한 차선'은 '100% 만족은 못 하지만 양보해서 타협하는 것'을 말한다. 차원도, 내용도 전혀 다르다. 따라서 문재인 정부의 '위안부 스탠스'는 완벽한 해결을 못 해 국민에게 비난받느니 차라리 아무것도 하지 않는 것이 낫다는 역대 대통령 방식의 '변종'이다.

문재인 정부가 출범 이후 3년이 지나도록 이런 스탠스를 취할 수 있었던 것은 2015년 합의를 사실상 파기하면서 국민의 반일 정서를 만족시켰고, 운동단체가 자기 진영 감싸기로 문제를 제기하지 않고 용인했기 때문이다.

필자는 공·사석에서 문재인 정부가 2015년 합의에 불만이 있더라도 파기는 하지 말고 '보완협상'을 통해 합의의 정신을 유지하는 게 좋고, 일본도 한국이 '보완협상'을 요구하면 "1965년 한·일 기본조약으로 모두 끝났다고 거부하지 말고 호응해야 한다"는 주장을 하곤 했다. 그런 생각을 필자만 했던 것은 아니다.

"아베 신조(安倍晋三) 일본 총리가 물러나지 않는 한 한일관계는 개선되지 않을 것입니다."

일본의 대표적 진보 지식인으로 꼽히는 와다 하루키(和田春樹·82) 도쿄대 명예교수는 26일 〈동아일보〉와의 전화 인터뷰에서 이렇게 말했다. 그는 지난해 7월 반도체 소재 3개 품목에 대한 일본 정부의 대한(對韓) 수출규제 및 화이트리스트(수출 심사 우대국) 제외 조치 이후 일본 지식인들과 함께 수출규제 철폐 서명운동 '한국이 적인가?'를 이끌었다. …

와다 교수는 강제징용 문제를 해결하기 위해선 2015년 한일 위안부 합의에 대한 정리가 선행돼야 하며 이를 위해선 한국의 역할이 중요하다고 강조했다. 그는 "(문재인 대통령이) 아베 총리 이후의 일본 새 총리와 한일 정상회담을 해 2015년 합의를 보충해 완성하는 것이 필요하다"며 "그렇게 되면 일본 국민들도 강제징용 문제에 지혜를 모아 협력하는 분위기가 나타나게 될 것"이라고 말했다. 또 한국 내 일본 제품 불매운동에 대해선 "불매운동보다는 한일 정부, 기업, 국민이 협력하는 분위기가 나타나야 한일관계가 근본적으로 해결될 것"이라며, 그런 의미에서 '언제든 일본 정부와 마주 앉을 준비가 돼 있다'는 문 대통령의 8·15 경축사를 '좋은 메시지'라고 평가했다.

—〈동아일보〉 2020년 8월 27일 자

와다 교수의 말 중에서 주목해야 할 대목이 "강제징용 문제를 해결하기 위해선 2015년 한일 위안부 합의에 대한 정리가 선행돼야 한다"는 언급이다. 한국이 간과하고 있는 일본 측 입장이다. 일본은 위안부와 강제징용 두 문제를 하나의 패키지로 보고, 한꺼번에 처리하든 시차를 두고 처리하든 '아직도 살아 있는 문제'로 인식하고 있다. 이는 2015년 위안부 합의는 사실상 파기했고 재협상은 요구하지 않는다고 했으니 그것으로 정리된 것이고, 징용 문제는 대법원의 판결로 새로 나온 문제이니 이 문제만 논의하면 된다는 한국 측 입장과는 다르다.

일본 측의 태도는 아베 전 총리의 정치적 입장과도 깊은 연관이 있었다. 한국에서는 2015년 위안부 합의를 '굴욕'이라고 표현하지만 일본에서도 당시 "너무 많이 양보했다"며 아베 총리를 강하게 비판했다. 아베 총리는 내심 '이렇게 비난받아 가며 양보했는데 파기하다니 …'라는 불만을 품고 있었다. 일본에서는 지지세력이 비교적 탄탄했던 아베 총리였기에 반대를 누르고 위안부 문제에 합의할 수 있었다는 것이 일반적 평가다. 이런 사정과 배경은 한국에는 잘 알려지지 않았다.

위안부 문제에 대해서는 스가 요시히데 총리의 입장도 아베 전 총리와 크게 다르지 않을 것이라는 관측이 많다. 스가 총리도 한국 측이 위안부 합의를 사실상 파기한 데 대해 비판적이라는 것이다. 스가 총리는 관방장관 시절 위안부 합의를 망설이던 아베 총리에게 "한국을 한번 믿어 보자"며 아베 총리를 설득했다는 전언이다. 협상 실무책임자였던 야치 쇼타로(谷内正太郎) 국가안전보장국(NSC) 국장의 지원 요청을 받고서였다. 또 한국이 위안부 검토 태스크포스를 만들 때도 "합의는 강하게 비판하겠지만 합의 자체를 깨지는 않을 것"이라는 일본 외교 루트와 한국 지인들의 말을 듣고 그러려니 했는데, 한국 정부가 점점 더 강경해지며 화해·치유재단까지 해산하는 것을 보고 문 정부에 대해 부정적 인식을 갖게 됐다고 한다. 국제관계에서 지도자끼리의 '궁합'도 상당히 중요한데, 한일 양국은 당분간 그런 복은 누리지 못할 것 같다. 물론 이런 '예상'을 깨고 일부 전문가들이 얘기하듯 스가 총리가 '현실주의자'로서 한일관계 개선을 위한 모멘텀을 만들어 주길 기대한다.

'보완협상'보다 더 지혜로운 방법을 제시한 사람도 있었다.

모두 알다시피 문재인 대통령은 양국이 서명한 한일 위안부 합의를 폐기함으로써 어떤 추가적 해결 가능성도 제거해 버렸다. 제3자 눈엔 매우 당혹스러운 일이다. 한 주한 외국 대사는 내게 이런 말을 했다. "문 대통령은 이 어려운 문제를 푸는 데 아주 손쉬운 해결책을 건네받았다. 그는 합의가 마음에 들지 않는다며 전임자들을 비판한 뒤, 하지만 대통령으로서 전 정권이 체결한 조약과 합의를 존중해야 한다고 설명하면 될 뿐이었다."

— 마이클 브린(전 외신기자클럽회장), 〈조선일보〉 2020년 6월 9일 자

박근혜 정부를 비판하면서 위안부 합의를 그냥 수용했으면 좋았을 것이라는 게 마이클 브린의 주장이다. 필자도 한때 그렇게 될 것으로 예상한 적이 있다.

마이클 브린의 칼럼이 실린 날 〈한국일보〉와 〈요미우리신문〉의 공동 여론조사 결과가 나왔다. '양국 관계가 나쁘다'고 생각하는 한국인은 91%로 1995년 조사 이래 최고로 많았고, 일본인은 84%로 2014년, 2015년에 이어 세 번째로 많았다. 강제징용 배상 판결이 국제법 위반이라는 일본 정부의 주장에 대해 한국인 응답자의 81%는 '수긍할 수 없다'고 답했고, 일본인 응답자 중 79%는 '일본 정부의 주장에 공감한다'고 했다. 이런 결과

는 예상된 것이다.

　그런데 조금 의외의 수치가 있었다. 2015년 한일 합의로 설립한 화해·치유재단을 해산한 것을 '납득할 수 없다'는 응답자가 한국인 54%, 일본인 69%였다. 수긍한다는 의견은 한국인 34%, 일본인 14%. 일본 쪽은 그렇다 치더라도 한국인 중 절반이 넘는 54%가 화해·치유재단 해산을 납득하지 못하겠다고 한 이유는 무엇일까. 좀더 분석이 필요하겠지만 당시 합의가 완벽하지는 않았지만, 그렇다고 일방적으로 파기한 것도 지지하지 않는다는 뜻일 것이다.

14) 이용수 할머니를 어떻게 '기억'할 것인가

이용수 할머니의 2020년 5월 7일과 25일 기자회견은 위안부 운동에 이미 큰 파장을 일으켰다. 그렇지만 이 파장도 시간과 더불어 과거형이 될 것이다. 우리는 이용수 할머니의 주장을 어떻게 '기억'할 것인지를 물어야 한다.

　기억의 문제를 논하기 전에 먼저 이용수 할머니가 무슨 말을 했는지를 정리할 필요가 있다. 이용수 할머니의 발언을 존중한다고 하면서 아전인수 격으로 해석하는 경우가 적지 않기 때문이다. 이용수 할머니의 주장은 ① 5월 7일 제1차 기자회견, ② 5월 12일에 낸 '5월 7일 기자회견 이후 관련 논란에 대한 입장문', ③ 5월 13일 〈월간중앙〉 인터뷰, ④ 5월 21일 MBC 인터뷰, ⑤ 5월 25일 제2차 기자회견 때 배포한 문건, ⑥ 5월 25일 제2차 기자회견 현장 발언, ⑦ 5월 26일 JTBC 인터뷰 등 7가지를 분석하면 대부분 망라할 수 있다.

① 5월 7일 제1차 기자회견
- 미국에 여러 번 다녀왔는데 돈 한 푼 보태 준 사람 없다. 미국에 사는 교포들이 십시일반으로 도와줬다.

- 위안부와 근로정신대를 똑같이 취급하지 마라.
- 2015년 한일 위안부 합의 당시 10억 엔이 일본에서 들어오는 걸 윤미향만 알고 있었다.
- 위안부 문제해결 안 하고, 윤미향이 국회의원 돼서는 안 된다.
- 사죄배상은 받되, 수요집회를 없애라. 나는 참석하지 않겠다.
- 대구에 올바른 역사교육을 하는 교육관을 짓겠다.
- 데모해서 돈 걷어서 뭘 합니까. (할머니들에게) 하나도 쓴 거 없다.
- 한일 양국의 젊은이들은 친하게 지내야 한다.
- 내 생일 때 받은 축하금 1천만 원을 시민모임이 동티모르에 갖다 준다고 했다. 내 생일에 모은 돈을 왜 자기들 마음대로 하나.
- 잘못된 증언이 들어 있는 책을 왜 파나.

② 5월 12일에 낸 '5월 7일 기자회견 이후 관련 논란에 대한 입장문' (〈경향신문〉과 〈서울신문〉)
- 위안부 운동에 대한 폄훼와 소모적 논쟁은 지양해야 한다는 전제 아래,
(1) 양국 학생들에 대한 교육이 중요하다.
(2) 투쟁과정에서 나타났던 사업방식의 오류나 잘못을 극복해야 한다. 현 시대에 맞는 사업방식과 책임 있는 집행과정, 그리고 투명한 공개가 필요하다.
(3) 2015년 합의와 관련하여 정부의 대민 의견 수렴과정과 그 내용, 정대협 관계자들의 정부 관계자 면담 시 대화내용 등 관련한 내용을 조속히 공개해야 한다.

③ 5월 13일 〈월간중앙〉 인터뷰(〈월간중앙〉 2020년 6월호)
- 윤미향은 국회의원 하면 안 된다.
- 역사관을 넓혀 교육관을 만들어야 한다. 수요집회 나와 봐야 배우는

것 하나도 없다.

- 2007년 미 하원에서 위안부 결의안 121호가 통과될 때도 정대협은 도와주지 않았다(정대협에서 스태프 1명을 보냈으나 2주가량 있다가 개인적 사유로 귀국했다).

- 위안부라는 명칭은 바꾸면 안 된다. 성노예라고 하는데, 너무 더럽고 속상하다.

- 개인적 원망이나 분함은 없다. 내 잇속을 채우려는 게 아니라 다음 세대는 다른 방식의 운동을 해야 한다고 생각해서 나선 것이다.

- 대한민국 학생들이 대한민국 주인이다. 일본 학생들과 교류하면서 봐야 무엇이 맞는지, 잘못인지 알게 되리라 생각한다.

- 피해자가 없는 데모(집회)를 왜 하나. 피해자가 있으니까 학생들이 오는 건데, 난 그 학생들 더 고생시키기 싫다. 없는 돈 받아다가 차곡차곡 쓰는 것 싫다.

- 운동을 끝내자는 게 아니다. 운동하는 방법을 바꿔야 한다는 뜻이다. 그래야 우리 다음 세대가 일본에 당당하게 목소리를 낼 수 있다.

- 정대협(정의연)은 고쳐서 못 쓴다. 해체해야 한다. 자기 욕심 차리는 그런 사람들한테는 맡길 수 없다.

④ 5월 21일 MBC 인터뷰

- 윤미향은 30년을 같이 (활동) 했는데 하루아침에 그냥 배신하고 자기 하고 싶은 거 하는 거예요.

- 그 학생들이 돈을 모아 갖다 주잖아요. 갖다 주면 받아가지고 하는 그런 것도 몰랐고. 몰라요. 어디 썼는지 몰랐어요. (위안부 피해자 운동 자체를 폄훼하려는 일부의 시도에 대해선) 그런 건 인간 취급을 안 합니다. 인간 이하의 인간이기 때문에.

⑤ 5월 25일 제 2차 기자회견문

• 위안부 피해자들의 명예 회복과 일본의 사죄와 배상 및 진상의 공개가 이뤄져야 하고 그동안 일궈 온 투쟁의 성과가 훼손되어서는 안 된다.

(1) 위안부 피해자 문제해결을 위한 방안이 조속히 나와야 한다.

(2) 한일관계의 미래지향적 발전을 위한 구체적 교류 방안 및 양국 국민들 간 공동행동 등 계획을 만들고 추진해야 한다.

(3) 한일 양국을 비롯한 세계 청소년들을 위한 평화 인권 교육관 건립을 추진해야 한다.

(4) 위안부 문제해결을 위해 전문적인 교육과 연구를 진행하고 실질적인 대안과 행동을 만들어 낼 수 있는 기구를 새롭게 구성하여 조속히 피해구제 등이 이루어질 수 있도록 해야 한다.

(5) 앞서 말씀드린 것들이 소수 명망가나 외부의 힘에 의존하는 것이 아니라, 그동안 정대협과 정의연이 이뤄 온 성과를 바탕으로 우리 국민의 힘으로 새로운 역량을 준비해야 한다.

(6) 이번 사태를 기점으로 개방성과 투명성에 기반한 운영 체계를 갖추기 위한 논의가 이뤄져야 한다.

(7) 그동안 이 운동이 시민들의 지지와 성원으로 성장해 온 만큼 시민의 목소리를 모아 가는 과정이 필요하다. 시민과 함께 문제를 풀어 갈 수 있도록 도와주시기를 간곡히 부탁드린다.

⑥ 5일 25일 제 2차 기자회견 현장 발언

• 위안부와 정신대는 다르다.

• 모금을 부끄럽게 생각했다. 무슨 권리로 위안부 피해자를 모금의 대상으로 삼았나.

• 정대협은 할머니들을 팔아먹었다. 내가 왜 팔려야 하나.

• 윤미향이 갑자기 와서 한 번 안아 주긴 했으나 용서를 한 게 아니다.

- 재주는 곰이 넘고 돈은 자기가 받아먹었다. 30년 넘게.
- 한일 양국 학생들에게 역사교육을 해야 한다.
- 할머니들을 판 것은 부정 아니냐. 벌받아야 한다. 안성쉼터 등의 문제는 검찰에서 밝혀야 한다.

⑦ 5월 26일 JTBC 인터뷰

— 30년 동안 정대협 그리고 정의연과 활동을 해오시면서 후원금과 관련해서는 얼마가 모였다, 어떻게 쓰겠다 이런 얘기를 들어 보신 적이 없으신지요?

"한 번도 들은 적이 없습니다."

— '위안부 운동' 폄훼하는 세력들이 나서는데 ….

"그 사람들이 뭐를 알면 자기네들이 한 번이라도 나와 보면 알 텐데, 그러면 저희들이 본인이 안 하고 누가 합니까? 본인이 나와야지요. 그래서 어떻게 되든지 저는 쉬지 않고 나왔습니다."

— 그런데 지금 위안부 운동 자체를 폄훼하고 또 역사적 존재를 부인하려는 세력들도 있어서 여기에 대해서는 어떻게 생각을 하시는지요?

"학생들한테 가르쳐야 돼요. 가르치지도 않고 밤낮 30년을 위안부 문제 사죄해라, 배상해라 하니 뭐를 사죄하고 배상하라고 하는 걸 가르쳐 줘야 되는데, 모르고 그 학생들이 나와서 추운 데 나와서 앉아서, 추우나 더우나 앉아서 외치는 거 그거는 저는 보니까 너무너무 안쓰럽습니다. 그래서 제가 생각하는 건 이게 아니고 학생들한테 가르쳐서 뭐를 무엇이다, 하는 걸 알아야 이 학생들이 하는데 그것도 모르고 그 추운 데 앉아서 또 돼지통 털어서 가져오면 그걸 받고 했습니다. 그게 무척 안타까웠습니다."

이상의 내용을 종합하면 이용수 할머니의 주장과 요구는 본인, 윤미향,

정의연, 시민사회, 국가에 대한 것으로 나눌 수 있다. 이용수 할머니의 말은 세분하지 않으면 왜곡할 수 있다. 윤미향 의원과 정의연에 대한 불만과 주문은 생략한 채 시민사회나 국가가 할 일만 소개하면 곤란하다. 실제로 그런 사례가 눈에 띈다.

이용수 할머니는 〈경향신문〉에 보낸 입장문과 5월 25일 기자회견문에 자신을 '여성인권운동가'라고 소개했다. 여성인권운동가로서의 이용수 할머니는 자신이 하고 싶은 말을 거의 다 했다고 본다. 본인도 인정했지만 교육을 받지 못한 할머니가 여기까지 온 것은 열정의 소산이다. 이제 남은 일은 그가 한 말, 그가 하고 싶은 일을 실천하는 것이다. 우리 모두의 숙제일 것이다.

2020년 5월 7일 이용수 할머니의 기자회견 직후 윤미향 의원과 정의연 측은 이용수 할머니의 '기억'을 문제 삼았다. 이 점에 대해서는 많은 언론이 비판했기 때문에 이곳에서는 상술하지 않겠다. 다만, 단체 이름에 '기억'을 넣을 정도로 할머니들의 '기억'에 의존해 성장해 온 단체가 궁지에 몰렸다고 해서 곧바로 '기억'을, 그것도 피해자의 '기억'을 문제 삼은 것은 단체의 이중성을 엿보게 만든 패착이었다는 점을 지적해 두고자 한다. 또 일부 누리꾼들이 이용수 할머니에게 도를 넘은 비난을 한 것도 문제다. 상스러운 글로 공격한 것도 문제지만, 할머니를 아래로 내려다보고 나무라는 왜곡된 우월주의가 더 문제다.

이용수 할머니를 비롯해 위안부 할머니들은 남들은 상상도 못 할 '기억'을 안고, 때로는 '기억'을 잊으려고, 때로는 '기억'을 잊지 않으려고 평생을 투쟁해 왔다. 이제는 그 '기억'을 우리가 제대로 넘겨받으라는 것이 이용수 할머니의 외침일 것이다.

15) 언론 상대 손배소 1억 vs 윤미향 사적 유용 혐의 1억

정의연은 2020년 9월 8일 "허위사실에 기초한 보도로 정의연의 명예를 심각하게 훼손한 TV조선, 〈조선일보〉, 채널 A, 〈신동아〉와 해당 기사의 기자들을 상대로 총 1억 원의 손해배상청구 소장을 서울중앙지방법원에 접수했다"고 밝혔다. 그러면서 "사실관계를 확인할 의무, 보도 대상자의 명예를 훼손하지 아니하여야 할 의무가 있음을 다시 한 번 강조하며, 무책임한 언론보도에 대해 해당 언론사와 기자들에게 응당한 법적 책임을 끝까지 물을 것"이라고 덧붙였다.

정의연의 민사소송은 이미 예고된 것이었다. 정의연은 2020년 8월 3일 입장문에서 "〈국민일보〉, 〈조선일보〉, 〈중앙일보〉, 〈한국경제〉 등 9개 언론사 13개 기사에 대해 정정보도 및 손해배상을 청구하는 조정을 언론중재위에 신청한 바 있으며, 11건의 기사에 대해 기사삭제, 정정보도, 반론보도, 제목수정 등으로 조정성립 혹은 강제조정 판결을 받았다"면서, "조정 불성립된 기사 및 유사 기사들에 대해서는 추가적인 민사소송 등을 진행할 예정"이라고 했기 때문이다. 정의연이 밝힌 언론중재위 조정결과는 〈표 1-1〉, 〈표 1-2〉, 〈표 1-3〉과 같다(기자명 등 일부 생략).

언론은 잘못된 보도로 보도 대상자나 기관이 피해를 입지 않도록 사실 확인에 최선을 다해야 하고, 만약 잘못된 보도로 피해를 입은 사람이나 기관이 법적 절차에 따라 피해구제를 요구하면 성실하게 응할 의무가 있다. 따라서 조정절차를 통해 기사삭제, 정정보도, 반론보도, 제목수정 등을 하는 것은 바람직하다.

이 문제와 관련해 필자는 두 가지를 지적하고 싶다.

우선 정의연이 중재 결과가 나오자마자 홈페이지 메인 화면에 "언론중재위원회 중재결과"라는 큼지막한 글씨와 함께 "언론중재위원회에 제소한 정의기억연대 관련 기사 13개 중 총 11개 기사에 대해 조정 성립 및 강제조정

〈표 1-1〉 조정 성립 6건

보도일	언론사	제목	결과
2020년 5월 21일	〈서울경제〉	"[단독] 정의연이 반환했다는 국고보조금, 장부보다 적은 3,000만 원 어디로"	기사삭제, 정정보도
6월 1일	〈서울경제〉	"[단독] 인쇄업체에서 유튜브 제작했다? … 정의연 제 2 옥토버훼스트 의혹"	정정보도, 대표지급처 반론보도
6월 9일	〈국민일보〉	"'후진국도 아니고, 정의연 장부도 없다니' 회계사회 회장 한탄"	기사삭제
6월 16일	〈조선일보〉	"[단독] 윤미향이 심사하고 윤미향이 받은 16억"	정정보도
6월 16일	〈조선비즈〉	"그렇게 피해 다니더니 … 정부지원금 16억 원, 윤미향이 심의해서 정의연에 줬다"	정정보도
6월 19일	〈중앙일보〉	"정의연 감사편지 쓴 날 … 후원자 25명 기부금 반환소송"	제목수정, 정정보도

〈표 1-2〉 강제조정 5건

보도일	언론사	제목	결과
5월 11일	〈한국경제〉	"[단독] 하룻밤 3,300만 원 사용 … 정의연의 수상한 '술값'"	정정보도, 대표지급처 반론보도
5월 19일	〈중앙일보〉	"[단독] '아미'가 기부한 패딩 … 이용수 곽예남 할머니 못 받았다"	정정보도
5월 19일	〈한국일보〉	"'아미'가 할머니 숫자 맞춰 기부한 패딩 … 이용수 할머니 못 받아"	제목수정
6월 10일	〈중앙일보〉	"'정의연은 운동권 물주' … 재벌 뺨치는 그들만의 일감 몰아주기"	반론보도
6월 16일	〈뉴데일리〉	"여가부 지원사업 심의위원에 윤미향 … 정의연 '셀프심사' 거쳐 10억 받았다"	피신청인 불출석, 유선통화, 기사삭제, 정정보도

〈표 1-3〉 조정 불성립 2건

보도일	언론사	제목	결과
5월 11일	〈조선일보〉	"정의연 '이용수 할머니께 사과 … 기부금 사용내역은 공개 못 해'"	조정 불성립
5월 27일	〈신동아〉	"위안부 비극을 돈과 권력으로 맞바꾼 정의연 파탄記"	조정 불성립

판결!"이라고 올린 것에 대해서다.

정의연은 이를 통해 지금까지의 언론보도가 '대부분 잘못된 기사'라는 인상을 주고 싶은 듯하다. 그런데 조정이 성립되거나 강제조정을 한 기사 11건을 보면 '지원금 셀프심사' 건이 3건이고, '아미 패딩' 건이 2건이다. 11건 중 두 기사가 5건이다. 그리고 나머지 기사들도 '사실'이 틀렸다면 신문사 측에서 안 고치겠다고 고집을 부릴 이유가 없는 기사들이다. 기사가 크든 작든 정확해야 하는 것은 당연하지만, 정의연 측에서는 이길 수 있는 기사를 골라서 언론중재위원회로 갖고 간 것 같다.

윤미향 사건의 본질은 언론의 잘못된 보도를 바로잡아 정의연의 이미지를 회복하는 것에 있지 않다고 본다. 실추된 신뢰를 어떻게 회복할 것인가. 언론대응은 그중 한 부분일 뿐이고, 나머지는 정의연이 해야 할 일이다.

다음으로, 정의연이 11개 기사에 대해 기사삭제, 정정보도, 반론보도, 제목수정 등의 조치를 얻어 낸 것을 '사필귀정'이라고 한다면, 이보다 훨씬 더 강한 의혹을 제기한 기사들에 대해서는 어떻게 할 것이냐고 묻고 싶다. 윤미향 의원의 기부금 사적 유용 의혹이 대표적이다. 마침 검찰도 윤 의원이 기부금과 정의연의 법인계좌, 마포쉼터 운영비에서 1억 원을 횡령한 혐의를 기소내용에 포함시켰다.

정의연이 만일 자신들의 명예를 훼손한 언론사에게 1억 원을 받고 싶다면, 역시 정의연의 명예를 심각하게 훼손한 윤미향 의원을 상대로 1억 원 손해배상청구 소송을 내는 것은 어떤가. 언론사는 '공익 차원'에서 보도를 하다 1억 원 소송을 당했는데, 윤 의원은 사익을 챙기다가 기소를 당했으니 더욱 엄격하게 대응해야 하는 것 아닌가.

16) '윤미향 기소 입장문'을 통해 읽는 정의연의 앞날

정의연은 검찰이 윤미향 의원을 기소한 다음 날인 2020년 9월 15일 '검찰 수사결과 발표에 대한 정의기억연대 입장문'을 발표했다. 입장문을 한마디로 얘기하면 "고구마를 캐다가 무령왕릉을 발견했더라도, 고구마가 목적이었으므로 무령왕릉은 그냥 덮으라"는 것이다.

2020년 9월 14일, 검찰은 "정대협·정의연 관련 고발사건 수사결과"를 발표했습니다. 이로써 검찰 수사의 계기가 된 이른바 '정의연 회계부정 의혹'은 대부분 법적으로 문제가 되지 않는 것으로 판명되었습니다. '보조금 및 기부금 유용' 등 지난 4개월간 무차별적으로 제기된 의혹들이 근거 없는 주장에 불과함이 밝혀진바, 다시 한 번 허위보도 등에 대한 언론의 책임 있는 자세를 촉구합니다.

그럼에도 검찰이 억지 기소, 끼워 맞추기식 기소를 감행한 데 대해서는 유감을 표명합니다. …

무엇보다 스스로 나서서 해명하기 어려운 사자(死者)에게까지 공모죄를 덮어씌우고 피해생존자의 숭고한 행위를 '치매노인'의 행동으로 치부한 점에 대해서는 강력한 유감을 표합니다. 일본군 '위안부' 문제 해결운동 전반은 물론, 인권운동가가 되신 피해생존자들의 활동을 근본적으로 폄훼하려는 저의가 있다고밖에 보기 어렵습니다.

또한 '회계부정'이란 프레임을 씌워 정의연을 범죄 집단으로 만들고 각종 의혹을 사실로 둔갑시켜 가짜 뉴스를 양산해 온 일부 언론이, "제기된 의혹 대부분 기소"라는 프레임으로 다시 정의연을 매도하고 있음에 통탄을 금할 길 없습니다. …

30년간 단체를 이끌어 온 전 대표·이사장이자 운동의 상징과도 같은 사람이 사기, 준사기, 횡령, 배임 등 8가지 혐의로 기소당했는데도 '미안하다'는 사과 한마디 없다.

지금까지 '언론이 의혹을 제기한 보조금 및 기부금 유용은 없었다'며 억지 기소라고 비난하면서도 새로 드러난 혐의에 대해서는 함구했다. 윤 대표가 개인계좌로 모은 3억 3천만 원 중에서 5,755만 원을 사적으로 쓴 것은 기부금 유용이 아니면 무엇인가. 윤 대표가 정의연 법인계좌에서 2,098만 원을, 마포쉼터 운영비에서 2,182만 원을 개인용도로 갖다 쓴 것도 사적 유용이 아니면 무엇인가. 이 혐의는 언론이 아니라 검찰이 확인한 것이다.

또 중증치매인 길원옥 할머니에게 기부를 유도해 준사기 혐의를 받고 있는 문제에 대해서는 "스스로 나서서 해명하기 어려운 사자(死者)에게까지 공모죄를 덮어씌우고 피해생존자의 숭고한 행위를 '치매노인'의 행동으로 치부한 점에 대해서는 강력한 유감을 표한다"고 반박했다. 그러나 여성인권상금으로 1억 원을 받아 5천만 원을 기부한 것까지는 이해한다 치더라도 2017년부터 2020년 1월까지 9차례에 걸쳐 2,920만 원을 기부한 것은 석연치 않다. 정의연은 길 할머니가 어떤 이유로, 어떤 절차를 거쳐, 어떤 계좌로 수백만 원씩을 기부했는지에 대해서는 설명이 없다.

'전쟁과여성인권박물관'이 학예사가 없는데도 있는 것처럼 속여 2013년부터 2020년까지 문화관광체육부에서 10개 사업비로 1억 5,860만 원을, 서울시에서 8개 사업비로 1억 4,370만 원을 받는 등 총 3억 원의 보조금을 부정수령하고, 여성가족부에서도 7개 사업비로 6,520만 원을 부정수령한 것에 대해서도 언급하지 않았다.

앞서 나온 윤미향 의원의 혐의내용은 정의연의 상임간부들도 눈치챘거나, 알았거나, 도왔을 가능성이 크다. 검찰이 정의연의 '회계부정 의혹'을 기소하지 않았다고 해서, 정의연은 아무런 잘못이 없다고 주장할 수 없다.

그런데도 검찰 수사결과가 나오자 정의연은 홈페이지에 "정대협·정의연 관련 고발사건 수사결과: 정의연 '회계부정' 의혹은 대부분 문제되지 않는 것으로 판명!"이라는 제목 아래 불기소 내역을 카드뉴스로 만들어 선전하고 있다. 그러나 새로 드러난 범죄혐의에 대해서는 일절 언급하지 않고 있다.

어떤 조직이나 단체에 문제나 사고가 발생하면 이에 대한 대응은 보통 부인 → 거부 → 수용 → 탐구의 단계를 거친다. 그런데 앞의 입장문에서 보듯 정의연은 그 속도가 매우 느리다. 부인은 '잘못한 것이 없다'는 것이고, 거부는 '잘못한 것이 없으니 바꿀 것도 없다'는 것이고, 수용은 '알았다, 고치겠다'는 것이고, 탐구는 '더 잘 고칠 방법'을 고민하는 단계이다.

2014년 12월 대한항공 땅콩회항 사건이 터졌을 때 당사자와 회사 측은 해프닝으로 생각했고, 국민은 재벌 오너의 갑질로 보면서 어쩌면 일찍 끝날 수도 있었을 문제가 점점 더 커졌다. 결국 당사자의 진정성 없는 사과, 회사 측의 미적지근한 대응, 직원 회유 의혹 등으로 사건이 장기화하면서 당사자는 구속되고 대한항공의 이미지는 만신창이가 됐다. 당시 국민은 대한항공이 50년간 '한국의 날개'로 국익에 공헌했다는 배려는 전혀 하지 않았다.

윤미향 의원이나 정의연의 발언 등을 보면 아직도 1단계인 부인의 단계에 머물러 있는 듯하다. 기소 혐의를 두고도 윤 의원과 정의연, 그리고 외부의 시각이 현저하게 갈린다. 정의연이 이미지 회복에만 매달린다면 이 사건에서 얻을 교훈은 없다. 이번 사건에서 법은 돈을 따지지만, 국민은 정의를 따진다. 정의연은 정의연을 둘러싸고 있는 할머니, 국민, 언론, 국가, 일본, 국제사회와의 관계를 어떻게 조정할지를 고민해야 한다. 할머니들을 최선을 다해 모셨는지, 국민에게 설명 책임을 다했는지, 언론의 감시 기능을 인정할 것인지, 국가를 과잉대표해 온 역할을 어떻게 수정할 것인지, 일본은 비판과 이용만 할 대상인지 협상의 대상인지, 국제사회와의 연대에서 고칠 점은 없는지 등을 고민해야 한다.

정의연은 2020년 8월 12일 갑자기 수용 단계에 해당하는 '성찰과 비전위원회'를 만들었다. 그리고 9월 15일 윤미향 의원 기소 입장문에서도 "'성찰과 비전위원회'를 구성하고 내부진단과 외부자문을 통해 발전적 논의를 지속하고 있다"며 '성찰과 비전위원회'를 변화의 상징으로 내세웠다.

정의연은 정말로 수용 단계에 온 것일까. 이 질문에 대한 답은 앞으로 '성찰과 비전위원회'가 아니라 정의연의 활동을 보면 알 수 있다. '성찰과 비전위원회'에게 얼마나 권한을 줄 것인지, 위원회가 요구한 것을 얼마나 실천에 옮길 것인지는 결국 정의연의 문제이기 때문이다.

이(나영) 이사장은 "정의연 조직과 사업, 활동에 대한 점검과 진단을 통한 개선방안을 마련하고, 일본군 위안부 문제 해결운동의 역사와 의미를 발전적으로 계승하기 위해 '성찰과 비전위원회'를 꾸리게 됐다"고 발족 목적을 설명했다. 최광기 성찰위 위원은 이날 정의연 쇄신안 발표에서 ① 정의연 회계관리체계 개선방안, ② 정의연 조직과 사업 관련활동 점검 및 진단을 통한 개선안 마련, ③ 일본군 성노예제 문제해결을 위한 운동방향과 비전 제시, ④ 대국민 소통방안 등 4가지를 쇄신 목적으로 제시했다.

최 위원은 "정의연을 지탱해 온 오랜 후원회원들과 위기에 순간에 새롭게 손잡아 주신 분들의 뜨거운 마음에 대해 충분히 책임지고 있는지 뼈아프게 돌아보고 있다"고 최근 후원금 유용 의혹을 언급했다. 그러면서 "생존한 분들보다 세상을 등지신 피해자들이 더 많은 상황에서, 이 운동을 이끌어 갈 청소년과 청년세대를 주체화하는 일에 얼마나 절박하게 응답했는지 반성하고 있다"며, "역사를 바로 세우기 위해 미래세대 교육에 더 관심을 쏟아야 한다는 이용수 할머니의 걱정과 고언을 깊게 되새기고 있다"고 말했다.

성찰위는 구체적으로 ① 7대 과제(일본 정부의 범죄 인정, 진상 규명, 공식 사죄, 법적 배상, 책임자 처벌, 추모비와 사료관 건립, 교과서 기록과 역사교육) 해결, ② 조사·연구활동 강화와 미래세대를 위한 교육 콘텐츠 개발과 프로그램 마련, ③ 후원회 구조 개선과 국내외 연대단체들과 지속가능한 연대방안 모색, ④전시 성폭력 재발 방지를 위한 국제적인 여성인권 기준 만들기, ⑤피해생존자 유관단체들을 중심으로 전국순회 경청간담회 개최 등의 방안을 제시했다.

한편 성찰위는 지난 6월 24일 1차 회의 이후 이달 4일까지 4차 회의를 진행했다. 성찰위 구성은 총 13명으로 다음과 같다.

정진성 성찰과 비전위원회 위원장(서울대 명예교수), 강성현 성공회대 열림교양대학 교수, 김경민 YMCA 사무총장, 김언경 민주언론시민연합 이사, 김영환 민족문제연구소 대외협력실장, 고미경 한국여성의전화 대표, 송상교 변호사, 이나영 정의연 이사장, 이태호 시민사회단체연대회의 운영위원장, 이해성 극단 고래 대표, 최광기 토크컨설팅 대표, 한경희 정의연 사무총장, 한국염 정의연 운영위원장이다.　　　　　 －〈뉴시스〉 2020년 8월 12일 입력

마지막으로 언급하고 싶은 것은 2020년 5월 27일에 나온 여론조사 결과이다. 〈오마이뉴스〉가 리얼미터에 의뢰해 조사한 것으로, 윤미향 당선인의 거취에 관한 것이었다. 이 조사에 따르면 "국회의원 당선인을 사퇴해야 한다"는 의견이 70.4%, "사퇴할 필요가 없다"가 20.4%, "잘 모름"이 9.2%를 기록했다. 진보층(57.1%)과 민주당 지지층(51.2%)에서도 사퇴 의견이 절반을 넘었다.

윤미향 씨가 이미 국회의원이 된 마당에 이런 조사결과가 무슨 의미가 있느냐고 반문할 수도 있다. 그러나 이 조사결과는 시사하는 바가 작지 않다. '철옹성' 같던 단체의 수장을, 그것도 이 정권과 코드가 아주 잘 맞는 사람을 70%가 넘는 국민이 물러나라고 한 것은 아이러니하게도 바로 이 단체가 '반일단체'였기 때문이다. 즉, '반일'은 양날의 칼이다.

'반일감정'이 강한 국민은 정의연이 자신들과 지향하는 바가 같기 때문에 적극적으로 지지했다. 그런데 그런 신뢰가 배신당했다고 본 것이다. 더욱이 위안부 할머니를 '이용했다면' 용서할 수 없다는 감정도 강하다. 바로

이런 분위기 때문에 언론의 범접을 허락하지 않던 정의연이 보수언론의 집중적인 비판을 받은 것이다. '재주복주'(載舟覆舟)라는 말을 실감한다.

정의연은 기소당한 윤 의원을 어떻게 할 것인가. 품을 것인가, 거리를 둘 것인가. 이 점도 정의연의 앞날을 점치는 의미 있는 잣대가 될 듯하다.

4. 윤미향 사건과 대통령

문재인 대통령은 2020년 8월 14일 제3회 일본군 위안부 기림의 날 기념식에 다음과 같은 메시지를 보냈다. 5월 7일 이용수 할머니의 기자회견으로 촉발된 '윤미향 사건'이 일어난 지 3개월이 조금 지난 시점이었다.

정부는 할머니들의 용기와 헌신이 존엄과 명예를 회복하는 것으로 보답받을 수 있도록 현실적이고 실현가능한 방안을 마련하기 위해 최선의 노력을 다해 나갈 것입니다. 문제해결의 가장 중요한 원칙은 '피해자중심주의'입니다. 정부는 할머니들이 "괜찮다"라고 하실 때까지 할머니들이 수용할 수 있는 해법을 찾을 것입니다.

역사를 바로 세우기 위한 조사와 연구, 교육을 보다 발전적으로 추진하여 더 많은 학생과 시민들이 할머니들의 아픔을 나누며 굳게 연대할 수 있도록 하겠습니다. …

피해자를 넘어 인권운동가로서 끊임없이 우리 사회에 새로운 가치를 심어주고 계신 할머니들의 삶을 깊이 존경합니다.

할머니들께서는 이제 일본군 '위안부' 문제해결을 위한 새로운 방향을 제시하고 계십니다. 시민운동의 성과를 계승하는 한편, 평화와 인권을 향해 한일 양국 미래세대가 나아갈 방안을 만들어야 한다고 하셨습니다. '위안부 피해자 해결을 위한 운동'의 과정과 결과, 검증 전 과정에 개방성과 투명성을 갖춰 다양한 시민이 함께 참여할 수 있기를 바라셨습니다. 참혹한 아픔을 삶의 지혜로 승화시킨 할머니의 말씀을 가슴 깊이 새기겠습니다.

— 청와대 홈페이지, 2020년 8월 14일

문 대통령은 '피해자중심주의'라는 말을 다시 사용했다. 그러나 이날 사용한 '피해자중심주의'에 대해서는 비판적인 시각도 있다.

문재인 대통령이 14일 '일본군 위안부 기림의 날' 축사에서 "(위안부) 문제해결의 가장 중요한 원칙은 피해자중심주의"라고 했다. "할머니들이 '괜찮다'라고 하실 때까지 할머니들이 수용할 수 있는 해법을 찾을 것"이라고도 했다.

문 대통령은 여성인권 문제가 불거질 때마다 '피해자중심주의'를 강조해 왔다. 문 대통령이 청와대 행사에 대표적 위안부 피해자인 이용수 할머니를 4번이나 모신 것도 그래서였을 것이다. 그러나 이용수 할머니가 "30년간 속을 만큼 속았다"며 민주당 윤미향 의원을 가해자로 지목하면서부터 대통령은 돌변했다. 윤 씨가 대표였던 정의연과 윤 씨의 횡령 의혹이 구체적으로 쏟아지는데도 문 대통령은 "일각에서 위안부 운동 자체를 부정하고 대의를 손상하려는 시도는 옳지 않다"고 했다. …

'피해자중심주의'란 피해자가 입은 상처와 아픔을 공감하면서 우선적으로 그 입장에서 문제를 해결한다는 의미다. 문 대통령과 여권은 가해자가 일본이나 정치적으로 반대진영에 속해 있을 때는 지나치다 싶을 정도로 '피해자중심주의'에 철저했다. 그러나 박원순 전 시장, 윤미향 의원같이 자기편 사람이 가해자로 등장하자 전혀 다른 모습을 보이고 있다. 그래서 궁금해진다. 문 대통령이 말하는 '피해자중심주의'는 도대체 무엇인가.

— 〈조선일보〉 2020년 8월 15일 자 사설

'피해자중심주의'를 강조하는 대통령의 생각은 2017년 12월 27일 한·일 위안부 합의 검토 태스크포스가 보고서를 발표한 다음 날에 낸 입장문과, 2018년 1월 4일 위안부 할머니를 청와대로 초청했을 때 발언한 내용과 별로 달라진 것이 없다. 그리고 윤미향 사건에도 불구하고 그 원칙을 재차 강조한 것이다.

2015년 한일 양국 정부 간 위안부 협상은 절차적으로나 내용적으로나 중대한 흠결이 있었음이 확인되었습니다. 유감스럽지만 피해 갈 수는 없는 일입니다.

이는 역사문제에 해결에 있어 확립된 국제사회의 보편적 원칙에 위배될 뿐 아니라, 무엇보다 피해당사자와 국민이 배제된 정치적 합의였다는 점에서 매우 뼈아픕니다. …

정부는 피해자 중심 해결과 국민과 함께하는 외교라는 원칙 아래 빠른 시일 안에 후속조치를 마련해 주기 바랍니다. ─ 청와대 홈페이지, 2017년 12월 28일

문 대통령은 " … 할머니들을 전체적으로 청와대에 모시는 게 꿈이었는데, 오늘 드디어 한자리에 모시게 되어 기쁩니다. 국가가 도리를 다하고자 하는 노력으로 봐주시기 바랍니다. 과거 나라를 잃었을 때 국민을 지켜 드리지 못했고, 할머니들께서도 모진 고통을 당하셨는데 해방으로 나라를 찾았으면 할머니들의 아픔을 보듬어 드리고, 한도 풀어 드렸어야 하는데 그러지 못했습니다. 오히려 할머니들의 의견도 듣지 않고, 할머니들의 뜻에 어긋나는 합의를 한 것에 대해 죄송하고, 대통령으로서 사과의 말씀을 드립니다. 지난 합의는 진실과 정의의 원칙에 어긋날 뿐만 아니라, 정부가 할머니들의 의견을 듣지 않고 일방적으로 추진한 내용과 절차가 모두 잘못된 것입니다. 대통령으로서 지난 합의가 양국 간의 공식합의였다는 사실은 부인할 수 없으나, 그 합의로 위안부 문제가 해결되었다는 것을 받아들일 수 없다고 천명하였습니다. 오늘 할머니들께서 편하게 여러 말씀을 주시면 정부 방침을 결정하는 데 도움이 되도록 하겠습니다"라고 말했습니다. ─ 청와대 홈페이지, 2018년 1월 4일

2018년 1월 4일의 문 대통령 발언 중 "할머니들을 전체적으로 청와대에 모시는 게 꿈이었는데, 오늘 드디어 한자리에 모시게 되어 기쁩니다"라는 말은 유감스럽다. 화해·치유재단에서 1억 원을 받지 않은 8명의 할머니들이 어떻게 '전체'가 될 수 있는가.

문 대통령의 2020년 6월 8일 수석보좌관 회의 모두(冒頭) 발언은 8월 14일 제3회 위안부 기림의 날 메시지와는 상당한 차이가 있다. 수석보좌관 회의는 이용수 할머니의 기자회견으로부터 두 달 후에 열렸는데, 문 대통령이 '윤미향 사건'에 대해 처음으로 의견을 표명한 자리여서 관심을 끌었다. 문 대통령은 수석보좌관 회의에서는 이렇게 말했다.

위안부 운동을 둘러싼 논란이 매우 혼란스럽습니다. 제가 말씀드리기도 조심스럽습니다. 결론부터 말씀드리면 위안부 운동의 대의는 굳건히 지켜져야 합니다. 위안부 운동 30년 역사는 인간의 존엄을 지키고 여성인권과 평화를 향한 발걸음이었습니다. 인류 보편의 가치를 실현하려는 숭고한 뜻이 훼손되어서는 안 됩니다. … 특히 이용수 할머니는 위안부 운동의 역사입니다. 위안부 문제를 세계적 문제로 만드는 데 지대한 역할을 하셨습니다. 미 하원에서 최초로 위안부 문제를 생생하게 증언함으로써 일본 정부의 사과와 역사적 책임을 담은 '위안부 결의안' 채택에 결정적으로 기여했습니다. 프랑스 의회에서도 최초로 증언하였고, 연세 90의 노구를 이끌고 위안부 기록물의 유네스코 등재를 촉구하는 활동도 벌였습니다. … 30년간 줄기차게 피해자와 활동가들, 시민들이 함께 연대하고 힘을 모은 결과 위안부 운동은 세계사적 인권운동으로 자리매김하였습니다. 결코 부정하거나 폄훼할 수 없는 역사입니다.

시민운동은 시민의식과 함께 발전해 왔습니다. 이번 논란은 시민단체의 활동 방식이나 행태에 대해서도 되돌아 볼 수 있는 계기가 되었습니다. 그러나 일각에서 위안부 운동 자체를 부정하고 운동의 대의를 손상시키려는 시도는 옳지 않습니다. 피해자 할머니들의 존엄과 명예까지 무너뜨리는 일입니다. 반인류적 전쟁 범죄를 고발하고, 여성인권의 가치를 옹호하기 위해 헌신한 위안부 운동의 정당성에 대한 근본적 도전입니다. ─ 청와대 홈페이지, 2020년 6월 8일

수석보좌관 회의에서 문 대통령은 비록 윤미향이나 정의연이라는 이름

은 언급하지 않았지만 확실하게 그들에게 힘을 실어 줬다. 청와대는 이튿날 윤미향 의원에 대한 검찰 수사에 대해 "특정인 수사와 관련해 대통령이 입장을 밝히는 것이 적절한지 의문"이라고 했으나, 하루 전날 수석보좌관 회의에서 대통령이 한 발언이 분명한 입장이 아니면 무엇이겠는가. 대통령이 직접 "위안부 운동의 대의는 굳건히 지켜져야 하고", "인류 보편의 가치를 실현하려는 숭고한 뜻이 훼손되어서는 안 되며", "일각에서 위안부 운동 자체를 부정하고 운동의 대의를 손상시키려는 시도는 옳지 않고", "(그런 시도는) 위안부 운동의 정당성에 대한 근본적 도전"이라고 했으니 말이다.

문 대통령은 이용수 할머니의 이름도 적시하며 "위안부 운동의 역사이자, 위안부 운동에 지대한 역할을 했다"고 평가했다. 그러나 이용수 할머니의 주장과 요구에 대해서는 언급하지 않았다.

윤미향 의원과 정의연의 횡령 및 회계부정 의혹에 대해서는 "이번 논란은 시민단체의 활동 방식이나 행태에 대해서도 되돌아 볼 수 있는 계기가 되었다"며, 기부금 통합관리시스템을 도입해 기부금, 후원금, 보조금 등을 투명하게 관리할 수 있는 기반을 만들겠으니 시민단체도 협조하라고 하는 데 그쳤다.

수석보좌관 회의에 비해 기림의 날 메시지에는 몇 가지 진전된 내용이 들어 있다.

첫째, 문제해결의 가장 중요한 원칙은 '피해자중심주의'라고 다시 언급하면서 "현실적이고 실현가능한 방안을 마련하기 위해 최선의 노력을 다하겠다"고 한 점이다. 사실 윤미향 사건은 '피해자중심주의'에 대해 의문을 제기하게 만든 사건이다. 그렇지만 대통령은 다시 '피해자중심주의'라는 말을 썼다. 2017년 12월 27일 한 · 일 위안부 합의 검토 태스크포스가 검증결과를 발표하며, 2015년 12월 28일 한 · 일 양국 정부가 발표한 위안부 합의를 문제 삼을 때 가장 중요하게 동원한 논리가 '피해자중심적 접근을 결여했다'는 것이었다. 그 후 '피해자중심주의'는 한 · 일 위안부 합의를 비판할 때는 물론이고, 문재인 정부의 위안부 정책을 얘기할 때 빠짐없이 등장했다.

둘째, 이용수 할머니의 주장을 언급하고 있다는 점이다. "평화와 인권을 향해 한일 양국 미래세대가 나아갈 방안을 만들어야 한다고 하셨다"거나, "'위안부 피해자 해결을 위한 운동'의 과정과 결과, 검증 전 과정에 개방성과 투명성을 갖춰 다양한 시민이 함께 참여할 수 있기를 바라셨다"는 것은 분명 이용수 할머니의 요구였고, 대통령은 "참혹한 아픔을 삶의 지혜로 승화시킨 할머니의 말씀을 가슴 깊이 새기겠다"고 약속했다. 이는 수석보좌관 회의에서 대통령이 이용수 할머니보다는 윤미향 의원이나 정의연 쪽에 힘을 실어 준 것과는 대조적이다.

셋째, 위안부 할머니 등의 역할을 전환적, 거시적으로 파악하고 있다는 점이다. 위안부 할머니들을 "피해자를 넘어선 인권운동가"로 재정의하고, 그들이 "새로운 방향을 제시하고 있으며", "참혹한 아픔을 삶의 지혜로 승화시키고 있다"고 했다. 이런 평가는 이용수 할머니의 기자회견 이후에 나온 일부 전문가들의 시각을 수용한 것으로 보인다.

둘째와 셋째는 그대로 이해하면 되겠으나 필자는 첫 번째에 언급한 '현실적이고 실현가능한 방안'에 대해서는 몇 가지 궁금증이 있다.

첫 번째 궁금증은 립 서비스에 불과한 것이 아니냐는 것이다. 문 대통령은 2018년 8월 14일 제1회 위안부 기림의 날에는 "저는 이 문제가 한일 간의 외교분쟁으로 이어지지 않길 바랍니다. 양국 간의 외교적 해법으로 해결될 문제라고도 생각하지 않습니다"고 했고, 2019년 8월 14일 제2회 위안부 기림의 날에는 "정부는 일본군 '위안부' 피해자들의 존엄과 명예를 회복하기 위해 최선을 다할 것입니다. 인류 보편적 관점에서 일본군 '위안부' 문제를 평화와 여성인권에 대한 메시지로서 국제사회에 공유하고 확산해나가겠습니다"라고 했다. 위안부 해법을 제시하기에 가장 적절한 무대인 기림의 날 메시지에서 3년째 구체적인 안은 제시하지 않은 채, 원론적인 입장만 되풀이하고 있다.

두 번째 궁금증은 "정부는 할머니들이 '괜찮다'라고 하실 때까지 할머니들이 수용할 수 있는 해법을 찾을 것"이라는 대목이다. 이는 바로 앞에서 언급한 '피해자중심주의'와 관련해서 한 말이다. 그러나 일반적으로 말하는 '피해자중심주의'와 이 대목의 '피해자중심주의'는 뉘앙스가 다르다. 즉, 일반적 원칙으로서의 '피해자중심주의'는 할머니들의 생존 여부와 관계없이 언급할 수 있다. 그러나 2021년 1월 말 현재 생존 할머니는 16분밖에 안 계시고, 모두 아흔 살이 넘었다. 이런 분들의 의견을 어떻게 수렴할 것이며, 만약 국가가 어떤 해결책을 마련했을 때 그 미묘한 해결책에 대해 이분들이 어떤 의사표시를 할 수 있을 것인지, 의사표시를 했다고 해도 그걸 어떻게 평가할 것인지 궁금하다.

이용수 할머니의 첫 기자회견 직후 윤미향 의원과 정의연은 할머니의 '기억'을 문제 삼았다. 또 화해·치유재단을 비판하는 단체와 운동가들은 틈만 나면 "할머니들이 자기 의사로 1억 원을 받겠다고 했느냐"를 물고 늘어졌다. 하루가 다르게 건강이 나빠지는 할머니들을 생각할 때 대통령이 "할머니들이 '괜찮다'고 할 때까지"라고 한 말은 왠지 공허하다. 그렇다면 지금까지와 마찬가지로 할머니들을 '대변해 왔던' 지원단체가 '괜찮다'고 하면 할머니들이 '괜찮다'고 한 것으로 간주하지 않을지 걱정이다. 만약 그렇게 된다면 우리는 '윤미향 사건'에서 아무것도 배우지 못한 것이 된다.

세 번째 궁금증은 문 정부 3년 반이 지나도록 아무것도 하지 않았는데, 남은 기간 동안 무얼 할 수 있겠느냐는 것이다. 문 대통령은 대통령 후보 시절에는 한·일 위안부 합의를 파기하겠다고 공약했으나, 취임 이후에는 "수용은 못 하겠지만 합의를 파기하거나 재협상은 요구하지 않겠다"고 방침을 바꾸었다. 이런 방침은 앞에서 잠시 언급했고, 이는 "한일 간에 문제가 발생했을 경우 한·일 기본조약의 규정에 따라 해결 노력을 하지 않는 것, 즉 부작위(不作爲)는 위헌"이라는 2011년 8월 30일 헌법재판소의 결정에 반하는 것이다.

따라서 필자는 현재를 '제 2의 부작위 상태'라고 규정한다. 2015년 양국 정부가 합의했으니(합의에 대한 긍정, 부정 평가와는 상관없이) 그 시점에서 일단 '부작위 상태'는 해소됐으나, 문 정부가 사실상 합의를 파기하고도 재협상은 요구하지 않고 있으니, 화해·치유재단을 허가 취소한 2019년 1월부터 다시 '제 2의 부작위 상태'가 이어지고 있다고 보는 것이다.

네 번째 궁금증은 혹시 문 정부가 일본의 책임은 추궁하되 물질적 보상은 한국이 책임지겠다는 이른바 '김영삼식 해법'을 검토하고 있는 것은 아닌지 하는 것이다. 한국 정부는 1992년 7월 31일 '일제하 군대위안부 실태조사' 중간보고서를 발표하고, 김영삼 대통령은 취임 직후인 1993년 3월 13일 수석보좌관 회의에서 "일본 정부에 물질적 보상을 요구하지 않겠고, 보상은 한국 정부예산으로 하겠다"고 선언했다. 그러면서 일본 측에 철저한 사실 규명을 요구했다. 3개월 후 '일제하 일본군 위안부에 대한 생활안정지원법'(현재는 〈일제하 일본군 위안부 피해자에 대한 생활안전지원 및 기념사업 등에 관한 법률〉)도 제정해 할머니들에게 일시보상금 500만 원을 드리고, 생활보조금, 의료지원, 영구임대주택 등도 제공했다. 도덕적 우위에서서 위안부 문제를 풀겠다는 한국 정부의 이런 태도는 일본을 압박해 그해 8월 4일 위안부 동원의 강제성을 인정한 '고노 담화'로 이어졌다.

현 정부가 재협상도 요구하지 않고, 일본이 최대 쟁점인 '법적 책임'을 인정할 가능성도 제로에 가까우므로, 사실상 실현가능하고 그래도 국민의 지지를 받을 수 있는 방법은 '제 2의 김영삼식 해법'밖에 없을지도 모른다. 하지만 정부가 내부적으로 그런 방안을 검토한 흔적도 없고, 비록 검토했다고 해도 그 카드를 쓸 시기는 이미 지났다고 본다. 위안부와 강제징용 문제에서 비롯한 한일 마찰이 무역, 외교·안보 분야로까지 전방위로 확산된 마당에, 김영삼식 해법은 한국이 패배했다는 인상을 줄 수 있다. 그런 방안은 어느 정부도 택할 수 없다. 이 카드는 새로 출범하는 정부가 대국적 견지에서 고려해 볼 만하다.

5. 위안부 보도와 언론

필자는 앞에서 '윤미향 사건'의 함의 중 하나가 언론의 '마지막 성역'을 깨뜨리면서 피해자 지원단체를 비판적으로 보도할 수 있도록 만든 것이라고 했다. 그런데 '쓰기 힘든' 풍토와는 대조적으로 '마구 써도 되는' 풍토에 대해서도 언급하고자 한다. 오랫동안 몸 담았던 친정을 비판하는 일이어서 조심스럽다. 그러나 무슨 특별한 부탁을 하는 것이 아니라 그저 보도의 기본을 지켜 달라는 것이고, 그렇게 하는 것이 궁극적으로는 언론의 위상 제고에 도움이 될 것으로 믿기에 털어놓고 얘기해 보고자 한다.

지금까지 언론은 정대협이나 정의연을 비판하는 것이 어려웠다. 반대로 화해·치유재단에 대해서는 아무렇지도 않게, 그리고 집요하게 비판했다. 그 저변에는 정의연은 옳으니 비판해서는 안 되고, 화해·치유재단은 없어져야 할 단체여서 마구 비판해도 괜찮다는 의식이 자리 잡고 있다. 그래서 정의연이 돈을 받지 말라고 '종용'한 것은 '설득'이라고 하고, 화해·치유재단이 '설명'한 것은 '종용'이라고 한다. 이는 대부분의 언론이 정대협이나 정의연과 마찬가지로 '피해자중심주의'의 '피해자'는 반드시 '청순한 소녀'여야 하고, '청순한 소녀'는 끝까지 일본의 사죄와 반성을 촉구해야 하며, 일본이 주는 돈은 거부해야 한다고 믿기 때문이다. 또 할머니들은 실제로 돈을 거부하고 싶은데 화해·치유재단이 그런 의지를 꺾으려고 하는 것으로 오해하고 있다.

할머니들을 '어떤 이상형'이 아니라 살아 있는 개인으로 봐야 '기대와 다른 발언'도 인정할 수 있다. 일부 할머니들의 '선명한' 발언이 모든 할머니의 의사를 대표하는 것도 아니다. '기대와 다른 발언'도 무시해서는 안 된다는 뜻이다. 원래 모든 할머니를 대표하는 할머니도, 모든 할머니를 대표하는 말도 있을 수 없다는 것이 경험에 기반한 전문가들의 의견이다. 일부 할머니들의 화해·치유재단 면담 발언을 소개하면 다음과 같다.

• "합의를 환영한다. 정부가 합의한 대로 따르겠다."(B할머니, 2016년 1월)

• "아베가 무릎 꿇지 않았지만 사과한 것으로 생각하며, 나도 그것을 보고 한을 풀었다."(C할머니, 2016년 6월)

• "일본 총리가 공개적으로 사과한 것은 반가운 일이며, 일본 정부가 내놓는 돈은 나라에 보탬이 되길 바라며, 돈이 통일을 이루는 데 쓰일 수 있기를 바란다."(D할머니, 2016년 1월)

• "돈으로 보상이 되지 않는 일이지만, 살아 있을 때 매듭을 짓고 용서할 것은 용서하고 편안하게 가고 싶다."(E할머니, 2016년 4월)

• "기분이 좋다. 일본에서 오는 돈으로 여행을 가고 싶다."
 (F할머니, 2016년 6월)

• "당사자 동의 없이 합의한 것은 잘못이다. (그러나) 살아생전에 피해자 손에 얼마가 되었든 간에 쥐어 주는 것이 중요하다."(G할머니, 2016년 4월)

• "합의를 반대하는 피해자들을 제외하고라도 재단의 사업이 진행되어야 하며, 반대하는 사람들 때문에 합의를 파기한다는 것은 말이 안 된다."
 (H할머니, 2016년 6월)

• "일본이 한 일을 생각하면 화가 치밀어 오르지만, 사죄한 것을 보면 일본이 잘못을 인정하는 것이다."(I할머니, 2016년 6월)

• "모두에게 감사하고 고맙다. 일본이 사과하기를 원했기 때문에 사과한 것이 고맙다. 돈을 받게 되면 어려울 때 도와줬던 조카에게 주거나 이사하는 데 쓰고 싶다."(J할머니, 2016년 12월)

• "피해자를 배제한 합의를 절대 수용할 수 없다. 일본 총리가 공식 사죄하고, 법적 배상해야 한다. 사과를 받는 것이 중요하지 돈이 중요한 게 아니다. (지원단체의 의견을 수렴했다는 설명에) 단체는 아무것도 모른다. 피해자의

의견을 구해야 한다."(K할머니, 2016년 6월)

화해·치유재단은 이미 문을 닫았다. 그런 재단을 놓고 지난 얘기를 하는 것은 무의미할지 모른다. 그러나 필자는 비단 화해·치유재단만이 아니라 다른 어떤 기관이나 인물이라도 언론은 '선입견'을 갖고 부당하게 몰아붙여서는 안 된다고 얘기하고 싶다. 화해·치유재단의 보도에서 교훈을 얻었으면 하는 것이다.

화해·치유재단이 할머니들을 '회유', '협박', '강요'해서 1억 원을 받게 했다는 숱한 보도 때문에 재단은 거의 일을 못 할 지경이었다. 대표적인 기사 제목만 보자.

- "이 시국에 … 위안부 현금 지급 강행"
- "화해·치유재단, 일본군 '위안부' 피해자 현금지원 결국 강행"
- "화해·치유재단 김태현, 병원 몰려와 일본이 준 돈 받으라"
- "화해·치유재단, 뇌경색 할머니 찾아와 일본이 준 돈 받을지 결정하라"
- "김복득 할머니가 우셨다, 일본 돈 1억 돌려주라고 해"
- "되레 상처 주고 분노 부르는 '위안부 위로금 1억'"
- "'이번 달까지 안 받으면 못 받아요' '위안부' 위로금 회유하는 화해·치유재단"
- "위안부 피해자에 지원금 받으라 '협박'"

재단은 정말로 회유, 협박, 강요를 했을까. 검토 태스크포스가 보고서를 발표한 2017년 12월 27일, 여성가족부도 같은 날 화해·치유재단 점검 결과를 발표했다. 같은 해 7월 21일부터 점검했으니 5개월 넘게 조사한 보고서이다. 여성가족부는 가장 관심을 끌었던 '1억 원 수령 강요 여부'에 대해 이렇게 발표했다.

정부 및 재단의 관계자가 피해자를 면담하는 과정에서 **현금수령을 강요하는 내용은 확인할 수 없었으나** (강조 필자) 피해자들에게 한일 합의를 긍정적으로 부각시키고 현금수령을 적극적으로 권유하거나 설득하는 발언들은 볼 수 있었음. 언론에서 재단 관계자의 회유·종용의 사례로 인용되는 대화는 현금수령 여부를 결정하지 못하고 있던 피해자와의 면담 과정에서 있었던 것으로, 설득성 발언들이 보였음.

5개월간 조사했는데도 "현금수령을 강요하는 내용은 확인할 수 없었다"는 것이다. 그러나 여성가족부는 이 내용을 강조하지 않았다(아니 강조하고 싶어 하지 않았다). 일단 "확인할 수 없었다"고 문장을 끊고 나서 "그러나"를 써야 하는데, "확인할 수 없었으나"라고 이어 붙임으로써 "강요한 적이 없었다"는 사실은 물타기를 하고, 곁가지인 "현금수령을 적극적으로 권유하거나 설득하는 발언들을 확인할 수 있었다"는 것을 강조했다.

더 큰 문제는 이런 사실을 요약본인 보도자료에는 언급조차 하지 않았다는 것이다. 그러다 보니 첨부한 보고서까지 꼼꼼하게 읽어 보고 "재단이 현금수령을 강요한 적이 없다"는 사실을 보도한 언론은 없었다.

그래서 아직도 이런 주장이 나온다. 다음은 어느 일간지에 실린 칼럼이다(2020년 5월 20일 자). 칼럼에 언급된 김태현 전 화해·치유재단 이사장의 명예에 관한 문제여서 인용한다.

일본이 제공한 10억 엔을 할머니들이 받지 말도록 회유했다는 주장도 맞지 않다. 정의연이 할머니들에게 수령 여부를 강요하지 않았다는 것은 공지의 사실이다. 오히려 피해 할머니들을 회유한 것은 박근혜 정부였다. 거출금 수령을 거부하는 할머니들을 비밀리에 찾아가 "일본 정부가 사죄하고 그 책임으로 10억 엔을 지원했다"며 돈을 받으라고 권유한 김태현 화해·치유재단 이사장이 증인이다. 김 이사장은 할머니들의 고령을 거론하며 "살아 계실 때 돈을 받고 사과 받았다고 생각하시라"고 압박하기도 했다. 굴욕적 합의를 해놓고 국민적 반발이 일자 명분 확보를 위해 할머니들을 공략한 것이다.

"정의연이 할머니들에게 수령 여부를 강요하지 않았다는 것을 공지의 사실"이라고 믿는 것은 칼럼니스트의 자유이다(앞에서 A할머니 등 여러 정황을 제시했듯, 필자는 그렇게 생각하지 않는다). 그러나 김태현 화해·치유재단 이사장이 '비밀리에' 할머니를 찾아가 '압박'하거나 '공략한' 적이 없다는 것은 '검증된' 공지의 사실이다. 여성가족부가 5개월간 감사한 결과가 그렇다.

언론이 화해·치유재단을 얼마나 만만하게 봤는지는 다음 사례가 잘 보여 준다.

○○○○○는 2017년 6월 21일 "'이번 달까지 안 받으면 못 받아요' '위안부' 위로금 회유하는 화해·치유재단"이라는 기사를 보도했다. 화해·치유재단은 이튿날 언론중재위원회에 정정보도를 청구했다. 청구내용은 "화해·치유재단은 피해자와 가족들을 회유하고 '위로금' 지급을 강행한 사실이 없으니 정정보도를 해달라"는 것이었다(재단은 '위로금'이라는 표현 자체를 사용하지 않는다. 하지만 언론이 그 단어를 사용했으므로 어쩔 수 없이 그 단어를 사용한다).

다음 달인 7월 7일 언론중재위원회는 조정심리에서 다음과 같은 의견을 제시했다.

- 재단이 제출한 자료는 상당히 객관적이고 신뢰할 수 있는 자료로 판단됨.
- 할머니가 재단 측에 일본 출연금을 수령한 날은 재단과의 첫 접촉으로 보이고 할머니의 의사결정 과정에 재단 측의 회유, 강요 등은 없음이 인정됨.
- 딸이 일본 정부 출연금을 수령하였다는 것은 팩트 자체가 완전히 잘못되어 명백히 수정되어야 할 것으로 보임.
- 해당 기사는 일부 내용의 수정으로 끝날 것이 아니라 전체 기사의 틀이 다 바뀌어야 할 것으로 보임.

- ○○○○○가 이를 반박할 만한 객관적 자료가 없으면 재단 측의 정정보도를 수용해야 할 것임. 수용하지 않아 소송까지 가게 되면 민형사상 책임이 있고 회사에 큰 피해를 줄 것임.

언론중재위는 "해당 기사는 일부 내용의 수정으로 끝날 것이 아니라 전체 기사의 틀을 다 바꿔야 할 정도"라고 지적했다. 그렇지만 해당 매체는 이렇게 대응했다.

재단이 제출한 자료를 보니 재단이 어떤 제도하에서 성실하게 일을 수행하고 있는 것으로 보여 다행이라는 생각이 들었다. 자료상으로는 재단이 회유, 강요한 것처럼 보이지는 않으나 우리도 취재내용을 신뢰하기 때문에 정정보도를 수용하기 어렵다.

정정보도를 못 하겠다는 것이다. 취재과정이야 어떻든 기사는 궁극적으로 맞느냐 틀리느냐로 판단할 수밖에 없다. 기사가 모두 틀렸다는데, 도대체 무슨 취재내용을 신뢰한다는 것인지 알 수가 없다. 화해·치유재단이 아니었다면 이런 식으로 무책임한 기사를 쓰지도 않았을 것이고, 화해·치유재단이 힘이 센 기관이었다면 언론중재위원회 전원의 일치된 의견을 이처럼 무시하지도 못했을 것이다.

거듭 얘기하지만 이 글은 없어진 화해·치유재단을 옹호하려고 쓰는 글이 아니다. 언론의 기본에 관한 문제이고, 사례가 우연히 화해·치유재단일 뿐이다. 필자는 이 문제와 관련해 이런 칼럼을 쓴 적이 있다.

오늘 내가 얘기하고 싶은 것은 다른 문제다. 재단과 언론의 관계다. 지난 1년간 나는 재단의 이사로 일하면서 언론 얘기가 나올 때마다 바늘방석에 앉은 것 같이 불편했다. 내가 30년 이상 몸담아 온 언론계가 재단에서는 신뢰와 존중을 받지 못했다. …

그런데 화해·치유재단에 대해서는 그 정도가 심했다. 거의 적대적이라고 해도 과언이 아니었다. 기자인 내가 이런 지적을 하면 친정인 언론계를 두둔하지는 못할망정 앞장서 망신을 준다고 비난할지도 모르겠다. 분명히 말하지만, 보도의 원칙에 충실하지 않은 언론은 나를 길러 준 친정이 아니다.

특정 그룹에게 매우 불리한 환경을 '기울어진 운동장'이라고 한다. 화해·치유재단은 운동장에 들어가지도 못했다. 재단은 1년 내내 홍보가 아니라 해명과 반론에 쫓겼다. 가장 흔한 공격이 재단이 위안부 할머니들을 회유하거나 협박해서 현금을 받도록 강요했다는 주장이다. …

생존자 47명 중 36명의 할머니들이 1억 원씩의 현금을 받겠다고 했다(34명은 이미 받았고 2명은 심사 중). 1억 원을 받았다고 해서 합의를 100% 수용하는 것은 아닐 것이다. 그래서 더 고민했을 것이다. 그런데 36명의 숫자나, 할머니들이 왜 고민 끝에 그런 선택을 했는지에 대해서는 어느 언론도 관심이 없다. 오로지 반대하는 할머니들의 목소리만 반복해서 보도한다. 현금을 받은 할머니의 선택도, 받지 않은 할머니의 선택도 모두 존중받아야 마땅하다. 언론은 의견이나 호불호를 표하기에 앞서 사실을 보도할 의무가 있다. …

어떤 조직이나 기관도 언론의 보도나 감시 대상에서 벗어날 수 없다. 그게 언론의 존재가치다. 그러나 눈 위에 눈을 더하고, 모래 위에 모래를 더하는 기사는 뉴스로서 가치가 없다. 모래 위에 내리는 눈, 눈 위에 뿌리는 모래라야 뉴스로서 가치가 있다. 화해·치유재단이 언제까지 존속할지 모르겠지만 다음에는 새로운 테마를 객관적인 시각으로 다룬 기사를 읽고 싶다.

— 심규선 칼럼, "위안부재단 1년과 언론", 〈동아닷컴〉 2017년 8월 1일 입력

6. 닮은꼴 의혹, '나눔의 집'

윤미향 의원과 정대협, 정의연이 회계부정 의혹에 빠져들 때 또 다른 위안부 지원단체인 '나눔의 집'도 비슷한 의혹으로 뉴스의 초점이 됐다. 윤미향 사건이 2020년 5월 7일 이용수 할머니의 기자회견으로 촉발됐다면, '나눔의 집' 문제는 5월 19일 직원들의 내부고발이 MBC 〈보도수첩〉을 타며 세상에 드러났다. 그러나 나눔의 집은 의혹을 전면 부정했다.

나눔의 집 운영자이자 시설장인 안신권 소장은 최근 제기된 일본군 위안부 피해자 후원금 횡령 등 일련의 의혹에 대해 사실무근이라고 강하게 반박했다.

안 소장은 18일 본보와의 통화에서 "할머니들은 위안부특별법 등에 따라 정부와 경기도 등으로부터 월 210만 원씩 받고 있으며, 우리는 매년 18억 원이 들어오는 후원금을 위안부 할머니들을 위한 복지사업, 역사관 준공, 일부 직원 인건비 등으로 사용하고, 남은 건 차곡차곡 쌓아 놓고 있다"며 "(후원금이) 할머니들에게 쓰이지 않는다는 것은 말이 안 된다"고 횡령 의혹에 대해 반박했다. 할머니의 고관절 수술비 등 병원비용을 국비지원금이 아닌 할머니들의 자비로 지출하게 했다는 의혹에 대해서도 "사실이 아니다"라고 선을 그었다.

안 소장은 국민들이 위안부 피해자 할머니들을 위해 낸 기부금이 대한불교 조계종의 노인요양사업에 쓰이는 것 아니냐는 지적에 대해선 "오해"라고 했다.

안 소장은 "일부에서 우리 나눔의 집이 조계종 사회복지법인으로 돼 있어 서울 종로에 있는 조계종으로 후원금이 들어가는 것으로 착각하고 있다"며, "우리는 독립 사회복지법인이기 때문에 지금까지 들어온 후원금은 우리가 관리하고 있다. 올해까지 72억 원이 적립돼 있다"고 말했다.

나눔의 집의 또 다른 운영자이자 역시 후원금 횡령 의혹을 받고 있는 K사무국장과 관련해서도 그는 "개인적으로 비위 사실이 있어 직원들이 고발해 경찰 조사를 받고 있는 것으로만 안다"고 강조했다. 그는 또 "정의기억연대와 우리는 전혀 다르다고 생각했는데 불똥이 우리 쪽으로 튀는 것 같아 안타깝다"며 "현재 민원제기로 진행된 경기도 감사에 성실히 임하고 있으며, 일부 언론에서 제기하는 횡령 등 사실과 다른 부분에 대해선 적극적으로 해명해 나갈 것"이라고 덧붙였다. ─〈한국일보〉 2020년 5월 19일 입력

안 소장의 주장은 2020년 8월 11일 뒤집혔다. 민관합동조사단은 나눔의 집이 2015년부터 2019년까지 약 88억 원의 후원금을 모집해서 2.3%인 2억 원만 할머니들이 사는 생활관으로 보냈는데, 이마저도 할머니들에게 직접 쓰지 않고 대부분 시설운영을 위한 간접경비로 썼다고 발표했다. 나눔의 집 이사회는 2020년 6월 2일 안 소장을 사직처리했다. 그러나 그가 구체적으로 뭘 잘못했는지는 알 수가 없다.

'후원금 운용' 논란을 빚는 일본군 위안부 피해자 할머니 지원시설 나눔의 집이 88억 8천만 원의 후원금을 모집한 뒤 상당 금액을 할머니들에게 직접 사용하지 않고 땅을 사는 데 쓰거나 건물을 짓기 위해 쌓아 둔 것으로 드러났다.

송기춘 나눔의 집 민관합동조사단 공동단장은 11일 경기도청에서 기자회견을 열어 이런 내용을 담은 나눔의 집 민관합동 조사결과를 발표했다.

송 단장은 "나눔의 집은 2015년부터 2019년까지 홈페이지 등을 통해 할머니들 후원금 홍보를 하고 여러 기관에도 후원 요청 공문을 발송해 지난 5년간 약 88억 원의 후원금을 모집했다"며 "그러나 이 과정에서 나눔의 집 법인이나 시설은 기부금품법에 의한 모집등록을 하지 않아 후원금 액수와 사용 내용 등이 제대로 공개되지 않았고 등록청의 업무검사도 받지 않았다"고 밝혔다. …

후원금 88억여 원 중 할머니들이 생활하고 있는 나눔의 집 양로시설로 보낸 금액(시설 전출금)은 2.3%인 2억 원에 불과했는데 이마저도 할머니들을 위한

직접 경비가 아닌 시설 운영을 위한 간접경비로 지출된 것이 대부분이었다. 반면 운영법인이 재산조성비로 사용한 후원금은 26억여 원으로 파악됐다. 재산조성비는 토지 매입과 생활관 증축공사, 유물전시관 및 추모관 신축비, 추모공원 조성비 등으로 쓰였다. …

할머니에 대한 정서적 학대 정황도 발견됐다. 간병인은 "할머니, 갖다 버린다", "혼나 봐야 한다" 등 언어폭력을 가했고, 특히 의사소통과 거동이 불가능한 중증환자 할머니에게 집중됐다고 송 단장은 설명했다. …

경기도는 추후 민관합동조사단으로부터 최종 조사결과를 받아 검토한 뒤 경찰에 수사 의뢰하고 사회복지사업법 등 관계 법령을 위반한 사항에 대해서는 행정처분할 예정이다. …

1992년 설립한 사회복지법인 나눔의 집에는 현재 위안부 피해자 할머니 5명이 생활하고 있으며, 이 할머니들의 평균 연령은 95세다.

— 〈경향신문〉 2020년 8월 11일 입력

민관합동조사단은 기존 법인이사회의 사태를 수습할 의지와 능력에 의문을 표시하고 2020년 8월 25일 주무관청인 경기도에 법인이사진 전체에 대한 해임 명령을 건의했다. 경기도는 민관합동조사단이 나눔의 집을 조사하던 7월 민관합동조사 방해, 후원금과 보조금 목적 외 사용 등의 이유로 법인이사진에 대한 직무집행정지 처분을 내렸다. 합동조사단의 건의는 현행 이사진은 문제를 해결할 의지도 능력도 없으니 직무를 일시적으로 정지시키지 말고 아예 해임하라는 것이다.

이용수 할머니도 평상시 나눔의 집의 문제점을 지적했다고 한다. 그러나 나눔의 집은 그런 사실조차 부인했다.

이용수 할머니는 JTBC와 인터뷰 직후 나눔의 집 문제를 추가로 언급했습니다. 충분한 후원금에도 불구하고 할머니들에게 인색했단 주장입니다.

이용수 할머니/일본군 위안부 피해자 (나눔의 집에서) 할머니들은 (돈을) 못 썼죠. (그래서) "사다 달라"고 하면 겨우 병원에만 데리고 가고 하지, 안 사다 주는 걸 봤습니다. 항상 먹을 게 있어야 되지 않습니까.

이 때문에 나눔의 집을 찾았을 때 문제를 제기했었다는 게 이 할머니의 얘기입니다.

이용수 할머니/일본군 위안부 피해자 그래가 제가 하는 얘기가 "(후원자들이) 할머니들 도우라고 줬는데, 그게 전부 너희 것이냐?"(라고 따졌습니다.)

이 할머니는 이런 지적에 나눔의 집 운영자가 사과도 했다고 했습니다.

이용수 할머니/일본군 위안부 피해자 "뭔데 당신 맘대로 하느냐" 제가 가면 또 그러데요 … 무릎을 꿇고 또 빌더라고요, 잘못했다고.

이에 대해 나눔의 집 운영자 측은 JTBC에 이용수 할머니가 후원금 문제를 지적한 기억은 없다고 밝혀 왔습니다. 사과한 일도 없었단 뜻이 됩니다. 하지만 지난해 이 할머니의 방문 때 사과하는 모습을 봤다는 사람도 있습니다.

목격자 A씨 할머니 옆에 앉아 있다가 (운영자가) 할머니한테 무릎 꿇으면서 "할머니 죄송합니다. 안 그럴게요. 한 번만 용서해 주세요", (이 할머니는) "000아 너도 많이 컸잖아. 00아 너도 적당히 해라"(이렇게 말했다.)

현재 나눔의 집 운영진은 배임 혐의로 고발된 상태입니다. 운영자 측은 목격자가 있었다는 JTBC의 지적에도 "기억이 없다"고 답해 왔습니다.

— JTBC 2020년 5월 27일 입력

나눔의 집 대답이 묘하다. "그런 일이 없었다"는 것이 아니라 "기억이 없다"는 것이.

필자가 쓰고자 한 것은 '윤미향 사건'이므로 '나눔의 집' 문제는 이 정도로 끝내려고 했다. 그런데 '나눔의 집' 문제를 시계열로 추적한 좋은 일본어 기사가 있어 전문(全文)을 번역 소개한다. 호리야마 아키코(堀山明子) 〈마이니치신문〉 서울지국장이 2020년 8월 22일 〈마이니치신문〉 유료사이트에 "한류 패러다임"이라는 이름으로 한 달에 한 번씩 쓰고 있는 연재물 중하나이다. 일본 매스컴의 서울특파원이 쓴 글이어서 '나눔의 집'에서 일하거나 일했던 일본인 스태프의 증언이 많이 들어 있는 것도 한국 기사에는 없는 특징이다.

'나눔의 집'은 왜 변질됐나, 위안부 시설의 분기점을 찾다

한국 사회에서 위안부 할머니를 지원해 온 차량의 두 바퀴가 모두 이탈하는 사태가 일어났다. 운동단체 '일본군 성노예 문제해결을 위한 정의기억연대'(정의연, 옛 정대협)가 기부금 부정유용 의혹으로 5월부터 검찰의 수사를 받고 있는 가운데, 이번에는 할머니가 살고 있는 시설 '나눔의 집'(경기도 광주시)에 들어간 기부금의 대부분을 시설을 운영하는 복지법인이 쌓아 놓고 있다는 의혹이 부상한 것이다. 내부고발을 받아 조사에 나선 경기도 민관합동조사단은 8월 11일 중간보고를 통해 법인인 '대한불교 조계종 나눔의 집'의 구조적 문제를 지적하면서 자력갱생에 의문이 있다고까지 했다.

위안부가 한국에서 처음으로 피해를 고백한 직후인 1992년, 한국 불교의 최대 종파인 '대한불교 조계종'의 인권위원회 소속 승려를 중심으로 법인을 발족했다. 또 한국 사회에서 위안부에 대한 관심도, 기부금도 적었던 시절, 불교의 자비를 나누자며 할머니 7명과 스님이 서울에서 집을 빌려 생활한 것이 나눔의 집의 시작이다. 28년의 역사 속에서 언제, 어떻게 '나눔'이 '착취의 구조'

로 변질돼 버렸는가, 왜 지금 내부고발인가.

　나눔의 집은 할머니가 생활하는 '생활관'과 역사자료를 전시하는 '역사관' 등으로 이뤄져 있다. 지금까지 일시 체류를 포함해 약 40명의 할머니가 입주했다. 1990년대에는 늘 10명 전후의 할머니가 함께 생활했다. 지금은 5명이 생활하고 있다. 법인이사회 멤버와 시설의 간부 등 운영진의 대부분은 조계종이 보낸 승려다.

　"나눔의 집은 할머니들의 편안한 생활을 위해 불교계의 노력과 국민의 기부로 시작했다. 할머니는 역사에서 입은 고통을 치유하고, 피해를 증언하면서 생활했다."

　민관합동조사단장을 맡은 송기춘 전북대 교수는 8월 11일 기자회견 모두에서 나눔의 집의 역사적 역할을 이렇게 평가했다. 그러나 점차 법인과 시설 운영에 문제가 발생했다고 지적하고, "사람을 속여 재산을 취득한 행위는 상습사기, 업무상 횡령·배임이며 금액에 따라서는 (고액의 경제범죄는 가중처벌하는) 특정경제범죄가중처벌법 위반에 해당한다"고 말했다.

　조사는 현지 지자체인 경기도와 광주시, 그리고 송 교수와 국가인권위원회 멤버 등 전문가도 참가해 7월 6일부터 22일까지 벌였다. 2015년부터 2019년까지 5년간 모은 기부금 88억 원 중 생활관에 쓴 것은 불과 2.3%인 2억 원에 불과하고, 간병인이 할머니에게 "내다 버리겠다"고 하는 등 구두 학대도 있었다고 지적했다.

　송 단장은 회견에서 "법인(이사회)에게 해결능력이 없다고 생각하느냐?"는 질문에 "앞으로 잘될지 의문이 든다. 조사단의 민간조사원 사이에서는 법인이 관여하도록 해서는 안 된다는 의견이 많다"고 말했다. 경기도는 조사방해를 막기 위해 조사 종반에 법인이사회 멤버에게 직무정지명령을 내렸다. 송 단장은 "최종적으로는 (경기) 지사의 판단"이라고 하면서도, 현재의 이사진을 전원 해임하고 전문가가 참여하는 민관협의체를 통해 운영체제를 정상화할 필요가 있다는 인식을 나타냈다. 이사회 멤버를 바꾸는 정도로 적당히 넘어갈 것인가,

198

뒤에 있는 조계종이 새로운 이사를 내려 보내면 구조는 바뀌지 않을 테니 운영주체를 근본부터 바꿀 것인가. 조사단 내부에서도 의견이 갈리는 듯하다.

내부고발은 올해 5월 19일, 회계담당자를 포함한 직원 7명의 증언을 민방 MBC의 조사보도 프로그램 〈PD수첩〉이 방영하면서 일반 시민들도 알게 됐다. 고발자에 따르면 기부금 유용의혹을 해명하고 인권침해 상황을 개선하기 위해 올해 초부터 나눔의 집 소장 등과 교섭하거나, 경기도와 광주시에도 행정지도를 요구하면서도 수면하에서 해결하려고 했다. 그러나 어느 방법을 제시해도 제대로 상대를 해주지 않자, 최후의 수단으로 〈PD수첩〉에 정보를 제공했다고 한다.

고발자의 보도자료 등에 따르면 내부조사를 하게 된 계기는 2019년 6월 할머니 한 명이 낡은 침대에서 떨어진 사고였다. 다행히 목숨에는 지장이 없었으나 눈 주위에 내출혈이 있었다. 직원은 병원에서 치료받도록 하고 침대를 새로 사자고 했으나, 당시 사무국장은 "돈이 없다"고 거부했다. 납득할 수가 없어 명령을 무시하고 안전한 침대로 바꾸었다. "기부를 많이 받고 있을 텐데, 왜 할머니를 위해 사용하지 않는가?" 이런 의문을 갖고 그때까지 사무국장이 혼자서 관리해 온 기부금에 관한 조사를 그다음 달부터 해봤더니 대표이사의 개인적 보험료 납부, 근무도 하지 않은 역사관장의 급여 지급, 근무 계약도 없는 승려에 대한 급여 지급 등, 부적절한 사용이 잇따라 발각됐다.

또 내부 조사과정에서 고발자는 이사회가 할머니의 거주공간인 생활관을 없애고 유료 양로원을 세우려는 계획을 검토하고 있다는 의사록 자료를 확인했다. 내부조사를 시작하기 전인 2019년 4월에는 생활관을 새로 단장하며 할머니들의 물건을 무단으로 밖으로 갖고 나가 비닐 시트를 덮어 방치함으로써, 며칠 후 큰 비에 일부가 파손되는 사태도 발생했다. 고발자 사이에서는 할머니의 생활관과 자료를 남길 생각이 없는 법인이사회와 운영진에 대한 불신이 강해졌다.

올해 5월의 MBC 보도를 전후해, 고발자는 현지 경찰 당국에 당시의 사무국장을 횡령 등의 혐의로, 당시 소장을 배임 혐의로, 4명의 이사를 기부금관리절차 위반 혐의로 형사고발했다. 횡령 혐의에는 사망한 할머니 2명의 유산을 본인이나 유족의 동의 없이 사문서를 위조해 법인계좌에 입금시킨 의혹도 포함되어 있다.

고발자 중 유일한 일본인으로 역사관을 담당하는 야지마 쓰카사(矢嶋宰) 국제실장은 "형사고발을 하거나 문제를 표면화시키면 할머니가 불이익을 당하지 않을까, 상당히 논의했다"고 털어놨다. "하지만 지금 목소리를 내지 않으면 운동사의 현장이자 방문자와의 교류의 장이었던 생활관이 사라져 버릴 것이라는 위기감이 있었다. 할머니를 위한 기부금을 횡령하는 조직적 범죄행위, 초심을 잊어버리고 복지 비즈니스로 달려가는 것을 방치할 수는 없다, 라는 결론에 이르렀다"고 말했다.

한국에서 가장 권위 있는 불교 종파가 관련된 횡령 의혹에 인터넷에서는 "이제 믿고 기부할 수 있는 단체는 어디에도 없다"는 동요가 퍼져 나갔다. 일부 후원자는 기부금 반환을 요구하는 소송을 제기했다. 원고 대리인에 따르면 8월 12일 제3차 소송까지 법인을 상대로 55명이 소송을 제기했다. 소송까지는 가지 않았으나 사무국에는 매월 일정액을 기부해 온 자동이체를 중지해 달라는 전화도 이어지고 있다. 직원에 따르면 그중에는 "운영을 제대로 하게 되면 기부를 재개하겠다"고 질타하는 목소리도 있다고 한다.

할머니와 교류했던 사람들의 기분은 복잡하다. 위안부들이 일본 정부에 배상을 요구하며 소송을 일으킨 관부재판(關釜裁判·2003년 할머니 패소 확정)의 원고였던 박두리 씨(2006년 81세로 사망)는 생전에 마지막 2년을 노인전문병원에 입퇴원을 거듭하는 와중에 건강이 나빠졌다. 나눔의 집에서는 병수발을 받지 못했기 때문이다.

재판을 지원한 하나부사 에미코(花房惠美子·후쿠오카 거주) 씨는 "마지막 2년간 박 할머니는 24시간 간병이 필요한 상태였지만, 간병 비용은 자기부담이었기 때문에 지불할 여유가 없었고 노인전문병원에 들어갔다. 왜 나눔의 집에 간병 시스템을 만들지 못할까를 이해하지 못했는데, 운영방침의 문제였다는 것을 지금에 와서 드디어 알게 됐다"고 했다. 박 할머니는 입원 중 카이로(懷爐·불을 담아 품에 지니는 작은 화로. 핫팩 같은 것 — 필자)로 인한 저온화상 등으로 수술할 정도의 중상을 두 번이나 입었다. 나눔의 집의 자원봉사자가 참다못해 "입원을 할 거면 다른 병원에 입원하자"고 당시의 소장에게 말했지만 결국 같은 병원에 입원했다. 거기에서 침대에서 떨어지며 대퇴골을 부러뜨렸고, 수술을 받았던 다른 병원에서 사망했다.

"운영체제가 이상하다고 느끼면서도, 나눔의 집 현장에서 일하는 사람들은 열심히 일하고 있다는 것을 알기 때문에, 그 사람들에게 폐를 끼칠지도 모른다는 생각에 '대응에 문제가 있다'고 말할 수가 없었다. 그때 목소리를 냈더라면 지금만큼 상황이 나빠지지는 않았을지 모른다. 그런 생각을 하면 가슴이 아프다. 적어도 살아 계신 할머니가 평온하게 생을 마칠 수 있도록 체제를 바꿨으면 한다. 생활관도 살아 있는 증언의 장소로서, 추도할 수 있는 장소로서 어떤 형태로든지 남겼으면 좋겠다." 하나부사 씨는 6월, 고발자 7명을 지지하는 성명을 한국어로 번역해 법인이사들에게 보냈다.

죽을 장소나 유산상속을 원하는 대로 선택할 수 없었던 할머니도 있다. 배춘희 할머니(2014년 6월, 91세로 사망)는 숨지기 수개월 전부터 유산을 불교계의 승가대에 기부하고 싶다며 대학 측과 교섭하면서, 알고 지내는 박유하 세종대 교수와 상담했다. 박 교수에 따르면 2014년 5월 7일에도 전화로 기부를 약속한 승가대의 "가장 높은 사람"의 전화번호를 알아봐 달라는 부탁을 받았다고 한다. 나눔의 집을 나가고 싶다는 말도 했다. 박 교수는 5월 13일 만나자는 약속을 하고 배 할머니를 만나러 갔지만, 나눔의 집은 면회를 허락하지 않았고, 그 후로도 허가를 얻지 못한 채 배 할머니는 타계했다.

나눔의 집은 배 할머니와 주고받았다며 "전 재산을 전액 나눔의 집에 기부합니다"라고 쓰여 있는 (2014년) 4월 10일 자의 계약서를 근거로 유족을 상대로 소송을 제기해 작년에 승소를 확정했다. 그리고 전액을 받아갔다. 하지만 고발자는 이 계약서에 대해 배 할머니는 4월 10일 가슴에 통증을 느끼고 구급차로 병원에 실려 갔으며, 배 할머니는 언제나 지장을 찍는데 인감이 찍혀 있다는 등의 상황으로 볼 때 유산을 차지하기 위해 당시 사무국장이 날조한 사문서 위조 용의가 있다고 보고 있다.

박 교수는 배 할머니가 죽고 나서 1주일 후, 나눔의 집으로부터 명예훼손 혐의로 형사고발과 동시에 손해배상청구 소송을 당했다(모두 계류 중). 박 교수가 《제국의 위안부》를 펴낸 것이 위안부의 명예를 훼손했다는 것인데, 소장(訴狀)에는 박 교수 등이 4월 29일에 개최한 심포지엄에서 운동단체의 틀에 얽매이고 싶지 않다고 호소하는 배 할머니 등 위안부 수 명의 목소리를 소개한 것도 문제 삼고 있다.

"할머니의 유산이 전액 나눔의 집으로 넘어갔다고 올 5월에 알고 놀랐다. 기부에 관한 상담을 받고, 나눔의 집을 나가고 싶으니 보호자가 되어 달라는 말을 들었는데, (돌아가시기까지의) 마지막 2개월은 나눔의 집이 면회를 막는 바람에 전화밖에 할 수 없었다. 구해 드리지 못해 죄송스럽게 생각한다. 당시는 소송 대응을 하느라 신경을 쓸 수 없었는데, 이번에 내부고발 내용을 보면 마지막에 필요한 수발도 제대로 받지 못한 것이 아닌가 하는 생각이 든다."

박 교수는 고발자를 응원하기 위해 전 재산을 대학에 기부하고 싶다고 말한 5월 7일 배 할머니와의 통화 내용을 한국 미디어에 공개했다.

민관합동조사단의 중간발표에 대해 나눔의 집의 법인이사회는 8월 18일 국민에게 참회한다는 성명을 발표하고 "책임을 통감하며 초심으로 돌아가 운영의 혁신을 통해 국민의 신뢰를 회복하겠습니다"라고 선언했다. 그러나 성명 내용을 잘 살펴보면, 대부분은 조사단의 지적에 대한 반론이다.

우선 "업무상으로 익숙하지 못한 점과 회계 절차상 미숙한 점이 있었다"고 인정하면서도 "관할 지자체인 광주시와 경기도가 그동안 정기감사에서 지적을 해줬더라면 그때그때 시정함으로써 작금의 사태까지는 이르지 않았을 것"이라고 주장했다. 경기도는 조사단의 보고를 받아 경찰 당국에 수사를 의뢰하고,

법인인가 취소라는 행정처분을 내릴 수도 있으므로 "현지 지자체의 감독불충분도 있지 않느냐"고 책임을 전가하는 모양새다. 학대에 대해서는 간병인이 부인하고 있다고 강조했다.

또 기부금의 대부분이 할머니를 위해 쓰이지 않았다는 지적에 대해서 성명은 여성가족부와 경기도가 생계수당으로 할머니 1인당 매월 217만 원을 지급하고 있다는 점 등을 들어 "국가와 지자체가 경제적으로 최대한 지원하고 있고, 법인계좌를 통하지 않고 직접 (생활관에서 사용하는) 시설계좌로 입금되는 기부금도 있으므로 법인에서 시설로 가는 기부금 지출규모는 상대적으로 적어질 수밖에 없었다"고 해명했다. 실제로는 할머니는 자신이 받은 생계수당에서 나눔의 집 간병인의 인건비를 내고 있지만, 성명은 그에 대해서는 언급하고 있지 않다.

또 성명에 대해 불교계 주요 미디어는 일제히 "조사단은 사실을 왜곡하고 있다"고 (법인이) 조사단을 비판한 부분을 강조해서 보도했다. 조계종의 일부 지역지부도 "조사단은 고발자의 변호인단"이라고 철저 항전의 태도를 보이고 있다.

한편, 불교계에는 고발자의 지적에 동조하는 움직임도 있다. 뉴스사이트 '불교닷컴'에 따르면 14개의 재가(在家) 신자단체로 구성한 '나눔의 집 정상화를 촉구하는 불자모임 추진위원회'는 6월 24일 기자회견을 열고, "나눔의 집의 법인이사는 책임을 지고 즉시 사임해야 한다. 역사의식이 있는 조계종 승려와 인권활동가, 사회복지·법률·회계 분야의 전문가로 새롭게 이사회를 구성해야 한다"고 주장했다.

회견에는 나눔의 집 창설 멤버로 현재 경상남도 합천에서 한국인 피폭자 생활시설 '평화의 집'의 원장으로 있는 이남재 씨도 동석했다. 이 원장은 나눔의 집을 적은 기부금으로 운영하던 90년대를 되돌아보며 "당시 할머니들은 (자신들의) 사후에 나눔의 집을 걱정했다. '걱정하지 말라'고 했지만, 약속을 지키지 못한 상황이어서 마음이 무겁다"고 했다.

이 원장에 따르면 나눔의 집 발족 당시인 1990년대는 월 200~300만 원 정도의 기부금과 할머니들이 정부에서 받는 생활수당을 모아 근근이 공동생활을 꾸려 나갔다. 위안부에 대한 사회적 편견이 아직 강했던 시기여서, 서울 시내의 임대주택에서 현재의 장소로 옮길 때는 현지 지자체에서 반대하는 바람에 설득까지 해가며 건물을 지었다.

다른 불교계 미디어 '뉴스렙'에 실린 이 원장의 인터뷰에 따르면 당시 할머니들은 생활 면에서도, 운동 면에서도 권리의식이 강해 "나눔의 집의 운영권을 넘기라"고 주장하는 할머니도 있었다. 방문자를 앞에 두고 직원이 할머니의 기분을 멋대로 대변했다고 해서 불만을 터뜨리는 장면도 몇 번이나 있었다고 한다. "할머니와 그들을 돌보는 지원자가 어떻게 대등한 관계를 만들 수 있을 것인지가 늘 문제였다. 할머니들은 각자 개성이 강하고, 지원자는 피해자의 주체성만 존중해서 종속을 해버리면 아무 일도 안 되니까 싸워 가면서 운영을 했다." 고생했던 이야기 속에도 나눔의 집이 암중모색을 해가며 할머니와 운영방침을 결정했던 자부심이 배어 있다.

운영방침이 크게 바뀐 것은 2001년이다. 당시 여성 직원이 나눔의 집에 입주해서 할머니를 돌보던 승려 시설장(원장)으로부터 "성관계를 강요당했다"고 고발했다. 여성단체의 조사를 받는 성폭력 사태로까지 발전했다. 원장은 사직. 조계종은 승려 중심의 틀은 깨지 않았으나 법인이사와 운영진을 거의 전부 교체했다.

이 원장은, 사회적으로 큰 비판을 받아 신뢰회복을 위해서는 쇄신이 필요하긴 했으나, "할머니들을 지원하는 시설이라는 창립 당시의 초심이 그때 단절되고 말았다"고 했다. 그때의 쇄신과정에서 총무로 시설운영진에 발탁된 사람이 나중에 내부로부터 배임 혐의로 형사고발을 당하고, 법인의 책임추궁으로 사직한 소장이다. 할머니의 주체성보다 운영진 측의 방침을 우선하는 체질은 이 무렵부터 시작된 것으로 보인다.

나눔의 집의 새로운 운영진은 2002년부터 24시간 체제의 '전문요양시설 건설'을 새로운 목표로 내세우고, 모금활동을 시작했다. 그러나 건축허가와 입주자 수가 정리되지 않아 2009년에 계획을 단념했다. 그 대신, 신축한 생활관을 간호체제가 불충분한데도 대외적으로는 '전문요양시설'이라고 선전했다. 이 무렵 이사회에서는 위안부 이외의 고령자도 입주시키려 검토하고 있었고, 이 단계에서 복지 비즈니스 쪽으로 방향을 튼 것으로 보인다.

그 후 2011년에는 이번 문제의 싹이라는 내부고발이 있었다. 역사관 연구원으로 5년간 근무했던 일본인 스태프 무라야마 잇페이(村山一兵) 씨(현재는 가와사키시 거주)가 평상시 운영진에게 요구해 온 내용을 A4용지 10장의 '할머니들의 인권문제 개선요구서'로 정리해 함께 생각해 보자며 일본과 한국의 관계단체에 배포한 것이다.

요구서는 "월 1회 열리는 전체회의에서 할머니의 소리를 더 들어야 한다", "모금할 때 강조했던 24시간 체제는 좌절되었는데도 (법이 정한 요구에 미비한 점은 감추고) 전문요양시설이라고 사칭하고 있다"고 비판했다. 회계 면에서도 "할머니들의 심리치료를 전혀 하고 있지 않으면서 여성부(나중에 여성가족부)에서 받은 정신적 치료 보조금은 어디에 쓰고 있나", "역사관을 지원하는 일본의 후원회가 1998년부터 매년 약 100만 엔을 보내 주는데, 그 용처를 공개하라"며 투명성을 높이라고 주장했다. 평상시부터 운영진과 시설의 운영방침을 놓고 대립하던 무라야마 씨는 결국 해고됐다. 운영진이 그 당시, 지적당한 점을 개선하려고 노력했다면 그 후의 길은 변했을지도 모른다.

무라야마 씨는 "건강한 할머니들의 주체성을 중시했던 90년대와 달리, 내가 일하던 2000년대는 할머니가 고령이 되어 의료와 간병의 대상으로 변해 가는 전환기였고, 관리를 하려는 운영진의 힘이 강해진 시기였다"고 회고한다.

"할머니는 단지 고령자가 아니라, 전쟁의 상처와 성폭력의 트라우마를 안고 있는 피해자다. 그런 할머니를 지원하는, 전례가 없는 고령자시설로서 전문성이 높은 간호를 모색해야만 할 때였지만, 운영진은 피해자 지원의 흐름에 역행하고 말았다."

무라야마 씨는 이번의 기부금 횡령 의혹을 계기로 기부를 한 사람들도 참여해서 시설의 방향성을 생각했으면 좋겠다고 호소한다.

　"나이를 먹어 가며 할머니들은 점점 증언을 하지 못하게 된다. 방문자를 앞에 두고 증언하던 할머니가 할 말이 떠오르지 않자 통역자인 내 쪽을 바라보면서 여기에 있어도 되는지 불안해하는 눈빛을 보인 적이 있었다. 그게 10년도 더 이전이니 지금은 상황이 더 악화해 있을 것이다. 나눔의 집은 할머니들이 증언을 하든 안 하든 사회와 연계하면서 살아가는 공간이었으면 좋겠다. 고령화에 적합한 케어를 생각할 필요가 있다."

　현재 한국에 생존해 있는 위안부 할머니는 17명. 나눔의 집 밖에 있는 12명의 할머니는 피해자라고 이름을 공표하지 않고 지방에서 조용히 사는 사람이 많다. 그런 할머니도 앞으로 건강이 나빠지면 나눔의 집에 몸을 맡기게 될지도 모른다. 나눔의 집에는 위안부였다는 것을 공표하고 싶어 하지 않는 할머니에 대해서는 취재카메라를 들이대지 못하도록 하거나, 기록물을 가명으로 표기하는 등 배려를 하고 있다. 그렇지만 오랫동안 사회적 편견을 겪어 온 위안부나 그 가족 중에는 나눔의 집에 들어가면 사회로부터 비난을 받지 않을까 하는 두려움과 불안을 지금도 갖고 있어, 위안부 관련 사업에는 가까이 가고 싶지 않다는 사람들도 있다.

　일본 정부의 예산으로 위안부를 순회 방문하는 팔로업(후속) 사업을 계속해 온 NPO법인 대표 우스키 게이코(臼杵敬子) 씨는 지방에서 혼자 생활하던 할머니가 나눔의 집에 들어가는 것을 보아 왔다. 2010년부터 연달아 5명이 들어갔다고 한다.

　"나눔의 집에 가면 위안부였다는 것을 주위에서 알아 버리니까 들어가고 싶지 않다고 했던 할머니들도, 눈이 보이지 않거나 걷지 못하게 되면 들어간다. 가족이 반대해서 나눔의 집 입주를 계기로 절연한 사람도 있다"고 우스키 씨는 말한다.

　현재 나눔의 집에는 코로나19 대책 때문에 외부 사람의 출입을 금지하고 있다. 방문자도 받지 않고 있다. 야지마 국제실장에 따르면 입주자인 이옥선 할머니(93)는 "예전에는 그렇게도 손님이 많이 오더구만, 지금은 왜 안 오지"라면서 빨리 방문객과 교류하고 싶어 하신다고 한다. "교류를 통해 자신은 잊히지 않았다고 느끼는 것이 기쁜 것이겠지요."

민관합동조사단은 8월 11일 중간발표에서 "할머니의 인생과 활동의 기록은 시급히 정리할 필요가 있다"고 지적했지만, 고발자가 요구하는 생활관의 보존에 대해서는 언급하지 않았다. 앞으로 새로운 체제를 위한 전문가나 후원자들의 논의가 예상되기 때문에 여러 가능성을 열어 놓았을 것이다. 생활관을 둘러싼 앞으로의 논의는 할머니와 교류를 했던 한국이나 일본의 시민사회를 향한 질문이기도 하지 않을까. 살아 있는 위안부들과 마주해 온 30년 가까운 시간, 그리고 지금부터의 시간을 어떻게 기록하고 다음 세대에 전하고 싶은가, 라는….

이 기사에서 언급한, 법인이사회의 입장문(2020년 8월 18일)에서 경기도와 광주시에 책임을 떠넘기는 대목은 이렇게 되어 있다.

그 후 세월이 흘러 사회복지법인으로 면모를 갖췄지만, 생소한 법인운영 과정에서 회계 등 행정상 절차를 준수하지 못하거나 운영상 미숙한 점이 발생하기도 하였습니다. 다만 아쉬운 대목은, 관할 지자체인 광주시와 경기도가 그동안 정기적으로 나눔의 집에 대해 감사를 실시하는 과정에서 이러한 행정이나 운영상 미숙했던 점을 미리 지적하여 지도해 주었다면 그때그때 시정함으로써 작금의 사태까지는 이르지 않았을 것이라는 점입니다.

책임을 떠넘기는 발상의 창의성에 놀랄 뿐이다. 이에 대해 민관합동조사단 민간위원들은 8월 21일 반박문을 발표했다.

물론 경기도와 광주시의 지도감독 해태(懈怠)에 따른 책임은 엄중하다 할 것입니다. 이 점은 민관합동조사를 통해서도 드러나고 있습니다. 그렇다 하더라도 도·시에 책임을 전가하는 것은 견강부회(牽强附會)에 불과합니다. 오히려 법인이 지난 20여 년 동안 이러한 법령위반과 인권침해가 있었음을 인식조차 하지 못하였다는 것으로 위안부 할머니들의 생활 및 역사의 공간인 나눔의 집을 운영할 능력도, 의지도 없음을 스스로 자인하는 것입니다. 법률의 무지는 용서되지 못합니다.

법인이사회가 낸 입장문에서 눈길을 끄는 것은 "할머니들이 국가와 지자체로부터 충분한 지원을 받고 있기 때문에 시설에 후원금을 줄 필요성이 없었다"는 주장이다.

법인에 대한 후원금이 입소자 할머니들을 위해 사용되기 위해서는 법인 후원금 계좌에서 시설계좌로 입금되어야 하나, 이처럼 국가와 지자체가 할머니들을 돌보기 위해 이미 경제적으로 최대한 지원하고 있고, 또한 법인계좌를 거치지 않고 직접 시설계좌로 입금되는 후원금이 있는 상황에서, 법인계좌에서 시설계좌로 전입되어 사용될 경제적 수요가 그리 크지 않은 상태가 그동안 계속되었습니다. 따라서 구조적으로 시설에 지원되는 법인의 후원금 지출규모는 상대적으로 적을 수밖에 없었던 것입니다.

이 논리는 "이미 30여 년 전부터 정대협 주도의 입법운동으로 1993년 '일본군 위안부 피해자 생활안정지원 및 기념사업지원법'이 제정되어 국가와 지방자치단체에서 수행하고 있다. 따라서 왜 성금을 전부 할머니에게 지원하지 않느냐는 일부의 비난은 그간의 성과와 정대협·정의연 운동의 지향을 살피지 않은 측면이 있다"는 윤미향 의원의 주장과 매우 흡사하다.
나눔의 집 민관합동조사단이 조사결과를 발표한 뒤 내부고발자 김대월 학예실장이 〈동아일보〉 이진구 논설위원과 인터뷰했다(2020년 8월 25일자). 나눔의 집의 난맥상과 그동안의 경위 등이 잘 나와 있어 이 인터뷰도 전문(全文)을 소개한다.

"후원금 88억 원인데 … 할머니들은 신발 한 켤레로 버텨"
— 나눔의 집 내부고발자 김대월 학예실장

역사학도인 김대월 학예실장은 지금 광복 이후 위안부 피해자들의 삶에 대한 박사논문을 준비 중이다. 그는 "1970년대 배봉기 할머니, 80년대 노수복 할머니가 증언했지만 우리 사회는 관심을 갖지 않았다. 광복 이후 할머니들을 방치한 건 우리 책임"이라고 말했다. 그래도 늦었지만 나눔의 집, 정의기억연대 등이 생겨 다행이라 생각했는데 기가 막힌다.

11일 민관합동조사단은 일본군 위안부 피해자 지원시설인 '나눔의 집'이 할머니들을 학대하고 후원금을 전용했다는 그간의 의혹이 사실이라고 밝혔다. 5년간 88억 원을 후원받고도 할머니들에게는 '연간' 1인당 30만 원 정도밖에 안 쓴 것. 그런데 나눔의 집이 생긴 지 30년이 다 됐는데 관계기관은 뭘 했기에 이제야 드러난 걸까. 내부고발자인 김대월 학예실장(35)은 "관계기관과의 유착 없이는 벌어질 수 없는 일"이라고 말했다.

— 나눔의 집은 1992년에 생겼다. 그동안 숱한 감사가 있었을 텐데.
"2017년 이사회 영상을 찾았는데 이런 부분이 있었다. 이사장이 '후원금을 방만하게 관리해서 시설이 존폐위기까지 갔는데 내가 (경기) 광주시장도 만나 다수습했다'는 장면이다. 우리가 국무총리실, 광주시, 경기도, 여성가족부, 국가인권위에 공익제보를 한 게 3월 10일이다. 우리는 제보만 하면 우리 역할은 다한 거라 생각했다. 담당 공무원들은 난리가 나는 게 당연할 텐데…. 3월 말쯤에야 경기도와 광주시 공무원들이 정식 감사는 아니고 제보자 얘기나 한번 들어 보겠다며 왔다. 그런데 광주시 공무원은 출근도 안 한 스님에게 월급이

나갔는데, '밖에서 일했다면 문제가 없을 거다'라는 식으로 말했다. 경기도 공무원은 월급이 적어서 내부고발을 하는 거니 올려 주면 해결된다고 하고."

(김 학예실장은 2018년 나눔의 집에 입사했다. 내부고발자들은 1년간 안에서 싸웠으나 해결이 안 돼 3월 공익제보를 하게 됐다고 한다.)

— 공익제보자에게 할 말은 아닌 것 같은데.

"이후 4월 초 광주시가 경기도와 합동이라며 감사했는데 후원금 관리 미비로 과태료 350만 원에 주의처분을 내렸다. 이번 민관합동조사단 발표를 봤겠지만 과태료 350만 원이면 누가 봐도 솜방망이 처분 아닌가. 그런데 5월 13~15일 경기도에서 다시 감사를 나왔다. 그 자리에 월급 올려 주고 해결하라던 그 경기도 공무원이 있더라."

— 광주시와 합동으로 했다면서 경기도가 왜 또 나온 건가.

"5월 7일 이용수 할머니가 정의기억연대 의혹을 폭로하면서 문제가 커질 것 같으니까 그런 게 아닌가 싶다. 어이가 없는 게 … 감사 나온 사람들이 '조사를 못 할 정도로 관련 서류가 하나도 없는 이런 곳은 처음'이라고 하더라."

— 나눔의 집이 생긴 지 28년인데 무슨 소리인가.

"그래서 내가 당신들 얼굴에 침 뱉는 거 아니냐고 했다. 그동안 감사를 어떻게 했기에 이 모양이냐고. 경기도 감사가 제대로 이뤄졌다면 두 달 후 왜 또 민관합동조사를 했겠나."

— 여성가족부는 적극적이었나.

"제일 아무것도 안 한 게 여가부다. 3월에 제보하고 한 번 와서 할머니들이 폭행당한 적이 있느냐, 여가부 지원금을 건드린 거 있느냐 딱 두 개만 묻고 갔다. 두 달간 소식이 없더니 이용수 할머니가 폭로하니까 다시 와서 할머니들 잘 계신가 보고 갔다. 그런데 이달 들어 '일본군 위안부 피해자 기림의 날'(8월 14일) 행사에 할머니들이 참석할 수 있는지는 수시로 물었다. 화가 나서 3월부터 민원 넣고 수십 번 전화했을 때는 담당자 연결도 안 되다가 이제 와서 행사에 참석해 달라니 당신들은 행사에만 관심 있냐며 싸웠다."

— 어느 부서가 담당인가.

"여가부 여성권익정책과다."

— 국가인권위 조사는 어떻게 됐나.

"5월 27일 했는데 결과는 아직 … ."

— 오늘이 8월 19일인데?

"지금도 조사 중이라고 한다. 7월 초 조사한 민관합동조사단은 이달 11일 발표했는데 …. 의지가 없는 것 같다."

— 인권위는 뭘 조사했나.

"침대 …. 10년 된 침대가 기울어져서 할머니가 주무시다 떨어졌다. 그래서 하나 사자고 했는데 운영진이 낭비라고 못 바꾸게 했다. 그러고는 기울어진 쪽을 돌려서 벽에 붙여 놨다."

— 기울어진 침대에서 주무신다는 건가? 후원금을 88억 원이나 받고?

"지금 다섯 분이 계신데 … 세 분은 집중치료실에 있다. 그중 두 분은 코 줄로 영양을 공급받고 있고. 인지능력이 없는 상태인데 말이 집중치료실이지 의료장비가 하나도 없다. 침대 하나뿐이다. 방에서 생활이 불가능하기 때문에 이곳에 계시는 것뿐이다. 그렇게 계시다가 돌아가시는 건데 … 정말 이상한 일이지만 그동안 할머니 스무 분 정도가 이곳에서 돌아가셨는데 나눔의 집에서는 한 번도 기일을 챙긴 적이 없다. 돌아가신 날 남은 가족들과 할머니를 추억하는 분들이 모여 고인을 생각하고 이야기하는 자리 … 그런 게 없다. 할머니들을 위한 곳이 아니라 할머니들을 이용해서 돈을 모으는 곳이다."

— 치료나 간호는 어떻게 하나.

"간호사가 한 분이라 퇴근 후에도, 쉬는 날에도, 휴가 중에도 할머니들이 아프시면 나온다. 심지어는 암 수술을 받아 본인이 요양 중인데도 와서 간호했다. 그런 사람에게 20년간 초과근무수당 한 번 제대로 준 적이 없고 승진도 안 시켜 줬다. 그 말을 했더니 우리가 돈과 승진 때문에 내부고발을 했다고 음해하더라."

— 왜 한 명뿐인가.

"광주시에서 지원하는 간호사 인건비가 한 명이니까."

— 후원금이 적지 않은데 자체 채용하면 되지 않나.

"안 한다. 나라가 지원하는 돈 외에는 할머니들을 위해 한 푼도 쓰지 않는다."

— 근무 여건이 굉장히 열악한데 어떻게 그분은 20년이나 있는 건가.

"할머니들 걱정 때문에 못 떠난다. 워낙 잘하니까 그분이 없으면 할머니들이 불안해해서…. 원종선 간호사가 그분이다."

— 의사는 없는 것 같은데.

"이 동네 의사 선생님이 돌봐 주시는데 약이나 영양제도 웬만한 건 무료로 준다."

— 나눔의 집은 뭘 하는데 공짜로 받나.

"내가 묻고 싶은 말이…. 의사도 채용하려면 할 수 있는데 돈만 쌓아 놓고 안 한다. 그분도 본인이 자원봉사로 해주는 거다. 퇴촌중앙의원 경명헌 원장님이 그분이다."

— 할머니들 옷이나 머리는 어떻게 하나.

"옷은 사준 적이 없고 후원받은 옷만 입힌다. 더러 가족이 사오는 것도 있다. 신발은… 단화 한 켤레가 전부다. 여름이든 겨울이든, 어디를 가든 그거 하나로 버틴다."

— 할머니들이 신발 한 켤레로 산다고?

"그렇다. 머리는… 자원봉사하시는 분들이 해준다. 나라에서 지원금 나오는 항목이 아니면 뭐 하나 나눔의 집에서 해주는 게 없다. 그리고 이런 내부 상황을 아는 사람도 별로 없다. 높은 분들은 선물 쌓아 놓고 사진이나 찍고 가지, 정작 할머니들이 어떻게 사는지는 보지 않는다. 2018년에 할머니 한 분이 경복궁이 보고 싶다고 했는데 사무국장이 추워서 안 된다고 하더라. 그때가 10월이었다. 근데 그다음 달 원행스님 조계종 총무원장 취임식에는 세 분을 데리고 가 야외에서 두 시간 동안 떨게 했다."

― 행사에 할머니들을 동원하는 게 심한가.

"2018년 여름인데 … 소장이 경기 광명시 행사에 할머니 한 분을 모셔 가려고 했다. 근데 할머니가 아팠다. 간호사가 병원에 가야 한다고 하니까 짜증을 내면서 광명시장 만나야 하는데 아프면 어떻게 하느냐고 하더라. 안 되니까 다른 할머니를 준비시키라고 했는데 그분은 치매로 대소변을 못 가린다. 함께 가서 기저귀 갈아 드릴 직원이 없다고 해서 결국 못 갔다. 내가 운전해서 소장을 모시고 갔는데 도착해서 광명시장에게 한다는 말이 '아이고 시장님, 우리 할머니가 갑자기 아프셔서 저도 병원에 가야 하는데 (시장님과의) 약속 때문에 왔다'고 하더라. 너무 가증스러웠다."

― 할머니는 괜찮으셨나.

"병원에 가보니 대장 천공이었다. 그날 바로 대수술을 받았다."

― 지난해 할머니들 숙소 수용인원을 20명으로 늘리는 공사를 했는데, 혹시 알려지지 않은 피해 할머니들을 더 찾아 모셔 오려던 건가.

"그럴 리가 … . 일반 요양원을 만들려고 한 거다. 나눔의 집이 위안부 피해 할머니들을 위한 시설로 알려져 있지만 정관상으로는 '무의탁 독거노인을 위한 무료 양로시설 및 무료 전문요양시설, 미혼모 생활시설'로 돼 있다. 지금 계신 다섯 분이 돌아가시면 후원금을 받거나 법인을 유지할 방법이 없으니까 일반 입소자를 받기 위해 시설을 확충한 거다. 그런데 너무 뻔뻔한 게 … 지난달 민관합동조사단이 한창 조사하는 와중에 인근 면사무소에 공문을 뿌렸다. 65세 이상 남녀 주민 중 입소 가능자를 추천해 달라고."

― 잠깐, 남녀라니? 할머니들이 살아 계신데 남자를 받겠다고?

"정신 나간 거지 … . 더군다나 공사도 부실해서 작년 증축공사가 끝난 뒤에 콘센트에서 물이 나왔다."

― 비가 와서 지붕이 샜나.

"비 안 왔다. 그냥 돼지코 콘센트에서 물이 콸콸 나왔다. 무허가 업체가 했는데 증축공사를 하려면 허가를 받아야 하지 않나? 광주시가 몰랐을까?"

— 3월에 공익제보를 했는데 6월에 다시 청와대 국민청원을 한 이유가 뭔가.

"바뀌긴커녕 더 나빠져서⋯. 운영진이 내부고발자들의 서버 접근권을 막았다. 간호사 선생님은 업무에서 배제됐고."

— 한 명뿐인 간호사가 업무 배제되면 누가 돌보나.

"그래서 얼마 전 퇴원한 할머니 한 분은 간호사 대신 나눔의 집 간부가 데려왔다. 의사와 처방에 관한 이야기를 하려면 평소 드시는 약이나 몸 상태를 제일 잘 아는 간호사가 가는 게 당연하지 않나. 할머니는 정신이 온전치 않기 때문에 의사가 하는 말을 이해하지도 못한다." ─〈동아일보〉 2020년 8월 25일 자

나눔의 집과 정의연 사건은 할머니에게 쓴 돈이 적으며, 남는 돈을 다른 곳에 더 많이 썼다는 논란, 그러면서도 할머니들을 앞세워 기부금, 후원금, 국고보조금 등을 받은 행태, 할머니가 아니라 단체나 시설 중심으로 운영했다는 비난, 일부 잘못은 인정하면서도 본질적인 문제에서는 잘못이 없었다고 적극적으로 반박하는 태도, 문제의 발단이 내부자의 고발에서 시작했다는 점 등에서 상당히 닮았다.

그래서 정의연과 나눔의 집은 상대방의 태도를 잘 살펴보라고 충고하고 싶다. 우리는 자신보다는 남에게 엄격하다. 비슷한 잘못을 저지른 상대방의 처신을 보면 허점이 눈에 들어올 것이다. 그 허점을 보면 자신이 어떻게 처신해야 할지도 알 수 있지 않겠는가.

7. 위안부 첫 승소 판결과 대통령의 변화

2021년 1월 8일 서울중앙지법 민사합의34부(김정곤 부장판사)는 고(故) 배춘희 할머니 등 일본군 위안부 할머니 12명이 제기한 소송에서 "일본 정부는 할머니들에게 1억 원씩을 배상하라"고 판결했다. 일본 정부는 재판 자체를 인정하지 않는다며 항소를 하지 않아 이 판결은 1월 23일 0시를 기해 확정됐다. 이 판결은 이튿날 한국의 종합일간지가 모두 1면 머리기사로 보도하고, 일본의 6개 종합일간지 중 5개가 1면(〈니혼게이자이신문〉만 2면)에 보도하면서 대부분 사설로도 논평했다. 이 판결이 주목받은 이유는 판결 자체의 의미도 컸지만, 판결이 몰고 올 파장이 만만찮기 때문이다.

판결 그 자체가 갖는 의미는 크게 세 가지이다. 우선 한국 법원이 '일본 정부'의 배상 책임을 처음으로 인정했다는 것이다. 강제징용자에 대한 배상 판결은 '일본 기업'의 책임을 물은 것이지만 이번 판결은 '일본 정부'의 책임을 인정했다는 점에서 차원이 다르다. 이번 재판의 원고는 위안부 피해자들이지만, 한국의 법정이 일본 정부의 과거사 책임을 물었다는 점에서 다른 피해자들, 즉 강제징용자, 군인, 군속 등도 소송할 수 있는 길을 열어 놓았다.

다음으로 일본 정부가 주장해 온 국가면제(주권면제)를 배척했다는 것이다. 국가면제(state immunity)란 주권국가는 원칙적으로 다른 나라의 재판을 받지 않는다는 국제관습법으로, 주권국가는 서로 평등하다는 전제에서 확립된 것이다. 국가면제의 적용 여부는 이번 재판의 핵심 쟁점 중 하나였다. 일본은 국가면제를 내세워 재판 자체를 거부했지만, 한국 법원은 반인도적 범죄까지 국가면제를 적용할 수 없다는 '예외 논리'를 세워 일본의 주장을 받아들이지 않았다.

마지막으로 원고들이 이번 재판과정에서 직접 다투지는 않았지만, 재판부는 개인청구권의 소멸 여부도 판단했다. 결론은 소멸하지 않았다는 것이다. 재판부는 "1965년 한일 청구권협정과 2015년 한일 위안부 합의도 개인들에 대한 보상을 포괄하지 못했다"며 "협상력이나 정치적인 권력을 가지지 못한 개인에 불과한 원고들로서는 이 사건 소송 외에 구체적으로 손해를 배상받을 방법이 요원하다. 위안부 할머니들이 손해배상을 받을 방법은 이번 소송 외에는 없다"고 판시했다.

이번 판결이 몰고 올 파장은 2018년 10월 강제징용 판결 때문에 이듬해 7월부터 일본의 대한(對韓) 수출규제와 화이트리스트 제외, 한국의 일본제품 불매운동과 한일군사정보보호협정(GSOMIA) 효력 일시 정지 등으로 치고받는 바람에 '최악의 상태'에 빠진 양국 관계가 더욱 악화할 게 분명하다.

이 판결이 있고 나서 열흘 뒤인 1월 18일 문재인 대통령은 신년 기자회견에서 위안부 판결에 대한 질문을 받고, 그간의 강경 태도와는 달리 위안부 판결이 곤혹스럽고, 강제징용 판결에 따른 강제집행(현금화)은 바람직하지 않으며, 2015년 위안부 합의를 인정한다는 등 상당히 유화적인 의견을 표명했다. 대통령 발언이 이번 판결에 또 하나의 변수를 더한 것이다.

이번 판결이 나오기까지는 우여곡절이 많았다. 위안부 피해자들은 일본 정부에 손해배상을 청구할 권한이 있다고 주장했지만, 일본 정부는 1965년 한·일 기본조약으로 소멸했다고 주장해 왔다. 위안부 피해자들은 그동안 일본에서 4건의 손해배상 소송을 제기했지만 모두 기각 또는 각하당했다.

헌법재판소는 2011년 8월 30일, 한·일 기본조약에 대해 해석상의 분쟁이 발생했을 경우 협정 제3조에 따라 외교적 경로나 중재를 통해 해결하도록 하고 있는데도 한국 행정부가 이 절차를 이행하지 않는 것은, 즉 아무런 행위도 하지 않는 부작위(不作爲)는 위헌이라고 결정했다.

이 결정을 근거로 배춘희 할머니 등 12명(2021년 1월 현재 5명만 생존)은 2013년 8월 13일 일본 정부를 상대로 서울중앙지법에 손해배상 조정신청을 냈다. 1인당 1억 원의 위자료를 지급하라는 것이었다. 그러나 일본 정부는 조정신청서 수령을 거부했다. 2015년 6월 15일 첫 조정기일과 다음 달의 2차 조정기일에도 일본 정부 측은 출석하지 않았다. 같은 해 10월 23일 원고들은 법원에 '조정을 하지 말아 달라'고 신청하면서 정식 재판 의사를 밝혔다. 2015년 12월 30일 재판부는 원고 측의 요청을 받아들여 조정을 하지 않고 재판으로 이관했다.

정식 재판은 2016년 1월 28일부터 시작했다. 일본 정부는 국가면제를 내세워 출석하지 않았다. 재판부는 정식 소송 4년 만인 2020년 1월 30일 공시송달을 통해 일본 정부가 소장(訴狀)을 접수한 것으로 간주하고, 같은 해 4월 24일 첫 변론을 시작했다. 재판부는 그 후 일본 정부 측이 출석하지 않은 채 재판을 열어 왔으며 2020년 10월 30일 4차 변론을 마치고 2021년 1월 8일 최종 판결을 한 것이다.

이 글에서는 앞에서 언급한 순서대로 위안부 판결 자체의 의미와 파장, 대통령의 발언을 분석하고, 그 밖의 쟁점들을 정리하고자 한다. 위안부 문제는 사실관계를 둘러싼 이견과 논쟁, 한일 간의 감정적 대립과 국익으로 포장한 상이한 법 해석, 이미 축적된 국내외 판결의 구속, 사법과 외교의 충돌, 국제법과 국민감정 간의 괴리 등으로 인해 늘 관심을 끄는 사안으로 발전했다. 그런데 판결을 분석하고 이해하는 것은 어느 정도의 지식과 인내가 필요하다. 전문가의 도움도 필요하다. 필자는 법을 전공하지는 않았으나 저널리즘 차원에서 판결문을 정리할 수는 있다고 본다. 이 글에서는 판결문의 형태를 유지해 가며 정리하되, 읽는 이의 이해를 돕기 위해 중간 중간에 필자의 의견을 덧붙인다. 또 이번 판결에 대한 한국과 일본 신문의 보도내용을 소개함으로써 이번 판결의 의미를 다른 면에서 제시하고자 한다. 그런 방법을 통해 판결의 구조와 논리를 어느 정도 이해할 수 있으리라 본다.

1) 위안부 판결의 의미

(1) 일본 정부의 책임 첫 인정

이 판결의 의미에 대해 1월 9일 자 신문들은 다음과 같이 보도했다. 법리적인 의미에 치중한 평가와 인도와 인권을 강조한 평가가 혼재한다.

신문	내용
〈동아일보〉	일본군 위안부 피해 할머니들에 대한 일본 정부의 배상 책임을 인정하는 한국 법원의 첫 판결이다. … 한 국가의 법원이 다른 국가를 소송 당사자로 삼아 재판할 수 없다는 국제법상의 국가면제(주권면제) 원칙의 예외 사항이라고 판단한 것이다.
〈조선일보〉	우리 법원이 국내 일본군 위안부 피해자들에 대한 일본 정부의 배상 책임을 처음으로 인정했다. … 과거사와 관련해 일본의 국가 배상 책임을 인정한 국내 법원 판결은 이번이 처음이다. … 법조계에선 "국제법상 확립된 '주권(主權)면제'론을 정면으로 깬 판결"이란 평가가 나왔다.
〈중앙일보〉	우리나라 법원이 일본 정부의 '위안부 피해' 손해배상 책임을 인정한 건 이번이 처음이다. 이 판결은 피해자들에게는 사법 정의가 실현됐다는 의미가 있다.
〈경향신문〉	국내 법원이 위안부 피해자에 대한 일본의 국가배상 책임을 인정한 판결을 내린 것은 이번이 처음이다. 인권이 국가의 주권에 앞선다는 것을 명확히 한 것이다. 전시 일본군 '위안부' 피해를 국제 강행규범을 위반한 범죄로 보고, 엄중히 단죄했다는 점에서 의미가 크다. (사설)
〈한겨레〉	위안부 문제에 대한 보편적 정의와 인권의 원칙을 재확인하는 첫 판결이라는 의미가 깊다. '위안부' 피해에 대해 일본 정부의 손해배상 책임을 인정한 첫 판결로, 국제적인 반인도 범죄의 책임 소재를 법적으로 못 박고 피해자에게 실질적 정의 회복의 길을 튼 역사적 의미가 크다. … 인류 보편의 인권을 규정한 세계인권선언을 비롯한 현대의 국제법적 근거에서 도출한 지극히 상식적인 법 해석이다. (사설)
〈한국일보〉	이번 판결은 외국의 주권적 행위, 특히 인권 침해 사안에 대해 주권면제 원칙의 예외를 인정한 국내 첫 사례로 기록되게 됐다. 이번 재판은 반인도적 범죄는 '국가면제'의 예외란 점을 분명히 했다는 점에서 그 역사적 의미가 적잖다. … 위안부 사건을 인간의 존엄과 인권을 중대하게 침해한 국제 범죄로 규정하고, 보편적 민사 관할권을 부여했다는 점에서 높이 평가할 만하다. (사설)

이 판결에 대한 외교부의 반응은 묘하다. 청와대는 "외교부가 설명할 것"이라며 언급을 하지 않았고, 외교부는 판결이 난 지 6시간 반 만에 다음과 같은 대변인 논평을 내놓았다. 예상 밖의 판결에 상당히 고민했던 것으로 보인다.

□ 정부는 법원의 판단을 존중하며, 위안부 피해자들의 명예와 존엄을 회복하기 위하여 우리 정부가 할 수 있는 노력을 다해 나갈 것임.

□ 정부는 2015년 12월 한일 정부 간 위안부 합의가 양국 정부의 공식 합의라는 점을 상기함.

□ 또한, 동 판결이 외교관계에 미치는 영향을 면밀히 검토하여 한일 양국 간 건설적이고 미래지향적인 협력이 계속될 수 있도록 제반 노력을 기울이겠음.

이 중 "2015년 12월 한일 정부 간 위안부 합의가 양국 정부의 공식 합의라는 점을 상기한다"는 코멘트는 예상 밖이다.

정의기억연대 등 관련 단체가 당일 발표한 성명서를 소개한다. 환영 일색이긴 하지만 기록으로서 의미가 있다.

일본군 '위안부' 문제의 새로운 지평을 연 역사적인 승소 판결을 환영한다!

… 이번 판결은 대한민국의 헌법 질서에 부합할 뿐만 아니라, 국제인권법의 인권존중 원칙을 앞장서 확인한 선구적인 판결이다. 이로써 국내의 법원은 물론이고 전 세계 각국의 법원들이 본받을 수 있는 인권 보호의 새로운 지평이 열렸다. 피해자들의 절박한 호소에 성심껏 귀 기울여 '인권의 최후 보루'로서 책무를 다한 대한민국 법원의 판결을 진심으로 환영한다. …

이처럼 가해자가 지속적으로 범죄사실을 부인하고, 다른 구제수단이 막혀 있는 상황에서 피해자들은 마지막이라는 심정으로 대한민국 법원의 문을 두드렸다. 이번 판결은 그 마지막 호소를 외면하지 않은 대한민국 법원의 응답이다. 일본군 '위안부' 피해와 같이 인권을 심각하게 침해당한 경우에는, 인간으로서의 존엄과 가치 및 재판청구권과 보편적 인권존중의 원칙을 국가면제의 항변보다 앞세워야 한다는 명쾌한 선언이다. … ─ 2021년 1월 8일,

일본군성노예제 문제해결을 위한 정의기억연대, 일본군 '위안부' 역사관(나눔의 집),
일본군'위안부'연구회, 일본군'위안부'할머니와함께하는 통영거제시민모임, 일본군'위안부'할머니와
함께하는 마창진시민모임, 정신대할머니와함께하는 시민모임, 평화나비네트워크 일동

대한변호사협회(협회장 이찬희)도 비슷한 내용의 성명을 발표했다.

'위안부' 피해자들의 일본국 상대 손해배상을 인용한 법원의 판결을 환영한다.

… 일본군 '위안부' 사건은 나치전범과 함께 20세기 최악의 인권침해 사건임에도 양국의 무책임 속에서 오랜 기간 피해회복에 소극적이었다. 이번 판결은 이러한 상황에 경종을 울림과 동시에 피해자들의 실효성 있는 권리구제를 위한 발판이 되었고, 국민의 재판받을 권리를 진일보시켰다는 측면에서 그 의미가 있다. …

법원은 피고가 원고들에게 자행한 이 사건 행위가 계획적, 조직적으로 광범위하게 자행된 반인도적 범죄행위로서 국제 강행규범을 위반한 것이며, 당시 일본제국에 의하여 불법점령 중이었던 한반도 내에서 우리 국민인 원고들에 대하여 자행된 것으로서, 대한민국 법원이 이 사건에 대하여 국제재판관할권을 가진다고 판단하였다. 나아가 원고들의 손해배상청구권은 한일 양국 간의 1956년 청구권협정이나, 2015년 일본군 '위안부' 피해자 문제 관련 합의의 적용대상에 포함되지 않으므로, 청구권이 소멸하였다고 할 수 없다는 점도 분명히 하였다.

대한변호사협회는 이 판결이 힘의 논리가 지배하는 국제 질서 속에서 철저하게 외면받아 온 피해자들의 인권을 보장받을 수 있는 계기가 되기를 소망하며, 우리 법원이 앞으로도 피해자들이 살아 있는 동안에 법적 구제를 받을 수 있도록 피해자 인권을 보호함은 물론 한일 간 법치주의를 확장·강화시키는 역사적 역할을 다하기를 기대한다. 정부는 이번 판결을 존중하여 일본군 '위안부' 피해자들의 권리구제를 위해 적극적인 노력을 기울여 줄 것을 촉구한다. …

이 판결의 의미는 매우 크지만, 실현 가능성에 대해서는 부정적인 의견도 많다. 역시 1월 9일 자 신문이다.

신문	실행에 대한 전망
〈동아일보〉	일본 정부의 국내 자산을 강제로 매각하는 절차는 한국 사법사상 처음이어서 일본 민간 기업을 상대로 자산 강제매각 절차를 밟고 있는 강제징용 피해자들보다 배상금을 받을 확률은 더 낮다는 것이 법조계의 분석이다.
〈조선일보〉	일본 측이 법원의 '강제집행' 추진에 항고 등의 방식으로 이의를 제기하면 실제 배상금을 받기까지는 수년이 걸릴 수도 있다. 또 이번 위안부 사건의 압류대상은 일본 기업이 아닌 일본 정부의 자산이라 압류가 더 까다로울 것이란 전망이 나온다.
〈경향신문〉	일본군 위안부 문제는 사실상의 성노예제이므로 강행규범에 반한다는 주장이 설득력을 가질 수 있다. 하지만 국제적으로 이를 인정받을 수 있을지는 미지수다. 피해자들은 판결이 최종 확정되면 일본 정부가 소유한 국내 자산 압류 등이 가능해진다. 하지만 실제 집행 가능성은 크지 않다. 일본의 외교적 자산을 제외하고 압류할 만한 자산이 있을지도 미지수다. 실질적 배상은 이뤄지지 않고 한·일 간 공방을 격화시켜 관계개선에 돌이키기 어려운 장애물을 조성할 가능성이 크다.
〈한겨레〉	그러나 일본 정부의 반대를 꺾고 배상금을 받아낼 실효적 수단을 찾는 게 쉽지 않아 '상징적 결론'으로 남을 가능성이 높다. … 하지만 한국 앞에 가로놓인 외교 현실로 눈을 돌릴 때 이 판결이 원만히 집행되긴 불가능할 것으로 보인다.
〈한국일보〉	하지만 국내에서 매각 가능한 일본 정부 자산을 찾는 게 쉽지 않은 데다, 소송서류 송달 등 매각 절차에도 상당한 시간이 필요해 실제 집행으로 이어질 수 있을지는 불투명하다. … 일본의 민간기업 재산을 압류하는 것과 일본 정부 재산을 대한민국 법원에서 강제집행하는 것은 차원이 다른 문제다.

이른바 보수언론보다 판결의 의미를 더 높게 평가하는 〈경향신문〉과 〈한겨레〉가 실현 가능성에 대해서는 거꾸로 보수언론보다 더 부정적인 표현을 많이 쓰는 것이 눈에 띈다. 판결이 이상과 가치를 추구하는 데 반해 그 이행은 극히 현실적인 문제이기 때문일 것이다. 이번 판결은 일본 '정부'의 책임을 물었기 때문에 역사에 남겠지만, 일본 '정부'의 책임을 물었기 때문에 실행이 힘들다는 것이 이번 판결의 아이러니다.

(2) 국가면제의 예외 인정

재판부는 국제법은 국가면제를 폭넓게 인정하지만 예외가 존재한다는 논리를 전개했다. 모든 국가가 반드시 지켜야 할 '강행규범'을 어겼다면 국가면제를 적용하지 않을 수도 있다는 것이다. 이때의 '강행규범'은 '반인도적 범죄'를 말하고, 위안부 제도는 '반인도적 범죄'에 해당한다는 것이다.

재판부는 이를 위해 위안부의 동원과 운영이 반인도적이었고, 일본 정부는 반인도적 범죄를 금지하는 국제협약 등에 가입하고 있으면서 이를 위반했으므로, 국가면제를 인정할 수 없다는 삼단논법을 전개했다.

① 반인도적 행위: 위안부 동원과 위안소 생활

재판부는 일본제국의 위안부 제도가 반인도적 범죄였다는 점을 위안부 동원과정과 위안소 생활을 통해 증명하고자 했다. 삼단논법의 첫 번째 단계이다. 재판부가 제시한 내용은 다음과 같다(요약).

구분		재판부가 제시한 논거와 증거
위안부 동원		① 여성들을 폭행, 협박, 납치하여 강제로 동원하는 방식, ② 지역 유지, 공무원, 학교 등을 통하여 모집하는 방식, ③ '취직시켜 주겠다', '많은 돈을 벌 수 있다'고 기망하여 모집하는 방식, ④ 모집업자들에게 위탁하는 방식, ⑤ 근로정신대, 공출 제도를 통한 동원 방식 등
일본제국의 역할		일본군 사령부는 '위안부'들을 한반도 밖으로 이송하는 과정에서 원활한 수송을 위하여 위안부들에게 무료도항증, 신분증명서를 발급해 주는 등 민간업자들의 수송에 편의를 제공했다. 일본 군인이나 일본 경찰들이 직접 위안부들을 전선으로 수송하기도 했다. 위안소 관리는 일본군이 직접 하거나 위탁받은 민간업자들이 했다. '위안부'가 도주하는 경우 일본군이 직접 추격하여 다시 위안소로 끌고 오거나 사살하기도 했다.
원고들의 동원과정	A	1941년 10월경 친구의 집에 40세가량의 일본인과 조선인 남자들이 찾아와 "서울에 취직시켜 주겠다"고 권유했다. 서울에 도착한 뒤로 조선인 남자는 취직할 곳이 서울이 아니라면서 서울역에서 기차에 태웠고, 중국 삼강성(三江省)에 있는 일본군 위안소로 가게 되었다.
	B	1942년경 심부름을 가던 중 길에서 군인 복장을 한 남자에 의하여 강제로 끌려가 차에 태워졌다. 그 길로 중국 길림성 훈춘에 있는 일본군 위안소로 가게 되었다.
	C	1943년 일본군이 '처녀 공출을 한다', '보국대를 뽑는다'는 소문을 듣고 어머니 친구의 집으로 피해 있다가 돌아오는 길에 일본인 순사들이 집으로 찾아와 본인의 이름을 기재한 징용문서를 전해주고 갔고, "베 짜는 곳으로 간다"고 하는 말을 듣고 어디로 가는지 알지 못한 상태에서 트럭 뒷좌석에 실려 고향을 떠나 중국 심양을 거쳐 장춘에 있는 일본군 위안소로 갔다.
	D	1942년 7월경 심부름을 다녀오는 길에 모르는 남자에게 강제로 끌려가 중국 연길로 가게 됐고, 비행장 확장 공사를 하다가 일본군 위안소로 들어가게 됐다.
	E	1941년 친구가 "중국 바느질 공장에 들어갈래?"라고 제안해서 당시 빈한한 가사를 돕기 위해 친구와 함께 중국에 있는 공장으로 가는 줄 알고 '위안부' 모집책을 따라 기차를 타고 중국 흑룡강성 목릉(穆稜) 인근의 위안소로 가게 되었다.

구분		재판부가 제시한 논거와 증거
원고들의 동원과정	F	20세 때 "공장으로 가면 돈을 벌 수 있다"는 말을 듣고 '위안부' 모집책을 따라 중국 흑룡강성 동녕(東寧)의 위안소로 가게 되었다.
	G	1943년 11월경 강제징용을 피하기 위해 혼인을 하였으나 남편이 혼인 다음 날 강제징용을 당했고, 본인도 2, 3일 후에 일본 순사에 의해 강제로 기차를 타고 부산에 가 그곳에서 일본 시모노세키로 이동해 위안부 생활을 했다. 나중에 군함으로 이동해 그곳에서도 위안부 생활을 했다.
	H	1945년 2월경 "일본으로 유학을 가게 되었다"는 말에 전교생의 축하를 받으며 일본으로 떠났다. 오카야마의 비행기 군수물자 공장에 동원돼 그곳에서 위안부 생활을 했다.
	I	1943년경 일본군이 소녀들을 잡아들인다는 소문에 지인의 집에 숨어 지내다가 동네 공무원이 "어디(광목공장)로 가면 밥도 잘 먹고 한다"고 말하면서 끌고 가는 바람에 억지로 따라나서게 되었고, 기차와 배를 갈아타고 남양군도 '야스시마' 위안소로 가게 되었다.
	J	1943년경 일본 순사들에 의해 강제로 일본 홋카이도로 끌려갔다. 공장으로 가는 줄 알았으나 군대 영내에서 허드렛일을 하면서 수차례 성폭행을 당했다.
	K	1944년 10월경 일본 군인으로부터 취직 권유를 받고 거절했으나 강제로 중국 만주의 위안소로 끌려가게 되었다.
	L	1938년경 사촌과 함께 바닷가에서 조개를 캐던 중 일본 군인에게 강제로 끌려가 일본 나고야를 거쳐 중국 만주의 일본군 소대 앞 위안소로 보내졌다.
위안소에서의 생활		(재판부는 각각의 원고들이 겪은 열악한 위안소 생활을 적시했으나 전부 소개하기엔 너무 길어, 공통으로 적시한 부분을 소개한다. 재판부는 뒤에서 일본 정부의 손해배상 책임을 판단하며, 위안부들이 겪은 참상을 다시 종합해서 적시하고 있는데 그것도 뒤에서 소개한다 — 필자) 원고들은 위안소라는 단체 숙소에서 각자 하나의 방을 배정받았고, 하루 한두 끼 정도의 배식을 받았으며, 일주일에 한 번 일본 군의(軍醫)들에게 성병 감염 여부 등 산부인과 검사를 받았다. 성병 등 산부인과 질환이 있으면 치료를 받을 수 있었으나 그 외의 질병은 전혀 치료를 받을 수 없었고, 이질 등 전염병에 걸리면 격리되거나 유기되었다. 식사는 매우 부실하여 풀을 뜯거나 콩깻묵을 섞어 밥을 해 먹었다. 하루에도 여러 차례 군인들의 성적 욕구의 대상이 되었고, 주말은 더 많은 군인들이 찾아왔으며 아프거나 반항하여 그들의 요구를 제대로 들어주지 않으면 무참하게 폭행을 당해 심각한 상해를 입기도 했다. 위안부들이 도주하면 일본군들이 추적하여 살상하거나 다시 위안소로 끌고 왔다. 원고 등은 위안소 관리인 등으로부터 별다른 임금을 받지 못하였으며, 돈을 받았다고 하더라도 의미가 없을 정도로 소액이었다.

위안부 동원 과정은 이 분야 연구의 쟁점 중 하나다. 군인이나 순사가 총 칼로 위협해 강제로 끌고 갔다는 주장(이른바 '인간사냥')에 의문을 제기하 는 학자가 나오면서 생긴 현상이다. 그런데 재판부가 제시한 원고들의 위 안부 동원 과정을 보면 "군인 복장을 한 남자에 의하여 강제로 끌려가", "모

르는 남자에게 강제로 끌려가", "일본 순사에 의해 강제로", "일본 순사들에 의해 강제로", "취직 권유를 받고 거절했으나 강제로", "일본 군인에게 강제로"라고 말한 원고들이 많다는 점이 눈에 띈다(필자는 이 분야의 전문가가 아니므로 이를 논평할 만한 능력이 없다. 판결문에 그렇게 나타나 있다는 점만을 제시해 둔다).

재판부는 일본제국의 이러한 행위가 일본제국이 종전 무렵까지 가입했던 국제협약 등을 위반한 것이며, 종전 이후 한국과 일본 간의 각종 합의에 비추어서도 책임을 물을 수 있다는 논리를 전개한다.

재판부가 제시한 종전 전까지의 협약과 주요 규정, 종전 이후 한일 간의 합의 및 조치 등은 다음과 같다(요약).

시기	협약 등	재판부의 논거
일본제국이 종전 무렵까지 가입한 국제협약 등	육전(陸戰)의 법 및 관습에 관한 협약 (헤이그 육전협약)	1907년 헤이그 평화회의에서 체결한 것으로, 일본제국은 1911년 12월 13일 비준했다. 이 협약 제3조는 "부속서상의 의무를 위반한 교전 당사자는 손해를 배상하여야 한다. 교전 당사자는 개별 전투원의 모든 행위에 대하여 책임을 부담한다"고 규정하고 있다. 부속서 제46조는 "가족의 명예와 권리는 존중되어야 한다"고 규정하고 있다.
	백인 노예매매의 억제를 위한 국제조약	일본제국은 1925년에 이 조약을 비준했다. 이 조약은 "누구든지 다른 사람들의 욕정을 만족시키기 위하여 미성년의 여성 또는 소녀를 부도덕한 목적을 위하여 모집, 권유 또는 유괴한 사람은 그의 동의가 있다고 하더라도, 범죄를 구성하는 각각의 행위가 다른 국가들에 의하여 저질러졌다고 하더라도, 처벌되어야 한다"고 규정하고 있다.
	강제노동에 관한 협약	일본제국은 1932년 11월 21일 이 협약을 비준했다. 국제노동기구(ILO)가 채택한 협약으로, 단기간 내에 강제노동을 폐지하고, 폐지할 때까지 과도기라고 하더라도 여성은 전적으로 강제노동에서 제외해야 하며, 근로기간과 시간을 한정하고, 상당한 보수 및 산업재해를 보상하며, 건강한 조건을 보장하도록 규정하고 있다.
	일본제국의 구 형법	일본제국의 국내와 한반도에도 적용했던 형법으로, 제226조는 국외 이송 목적의 약취·유인·매매죄에 대한 처벌 규정을 두고 있다.
종전 이후 대한민국과 일본 간의 합의 사항	샌프란시스코 조약	1951년 9월 8일 연합국과 일본 사이에 체결된 조약으로, 제4조(a)는 한국에 존재하는 일본 및 일본인의 재산과 그에 대한 청구권 등에 대해서는 일본과 한국의 통치당국이 특별협정을 맺고 그 협정에 따라 처리한다고 규정하고 있다(필자가 골격만 쉽게 풀어쓴 것임).

시기	협약 등	재판부의 논거
종전 이후 대한민국과 일본 간의 합의 사항	한일 국교정상화를 위한 조약과 부속협정	샌프란시스코 조약에 따라 한일 양국은 1965년 6월 22일 '국교정상화를 위한 대한민국과 일본국 간의 기본관계에 관한 조약(한·일 기본조약)' 및 그 부속협정의 하나로 '대한민국과 일본국 간의 재산 및 청구권에 관한 문제의 해결과 경제협력에 관한 협정 (청구권협정)'을 체결하고 일본이 대한민국에게 10년간 무상 3억 달러, 유상차관 2억 달러를 제공함으로써 청구권 문제가 완전히 그리고 최종적으로 해결됐음을 확인했다. 이 조약과 협정은 양국이 국회 비준을 거쳐 비준서를 교환한 1965년 12월 18일부터 발효했다.
	청구권협정 이후 대한민국의 조치	대한민국은 청구권협정으로 받은 자금을 사용하기 위해 1966년 2월 19일 '청구권자금의 운용 및 관리에 관한 법률', 1971년 1월 19일 '대일 민간청구권 신고에 관한 법률' 등을 제정해 일본제국이 군인, 군속, 또는 노무자로 소집 또는 징용해서 1945년 8월 15일 이전에 사망한 사람의 신고를 받았으나 위안부 피해자들은 신고대상이 아니었다.
일본의 공식담화 (고노담화)		1993년 8월 4일 고노 요헤이(河野洋平) 관방장관이 발표한 담화로서, 위안소는 군 당국의 요청에 의해 설치됐고, 일본 통치하에 있던 한반도에서 위안부의 모집, 이송, 관리는 감언, 강압에 의하는 등 총체적으로 본인들의 의사에 반해 행해졌으며, 위안부 제도는 당시 군의 관여하에 다수 여성의 명예와 존엄에 깊은 상처를 입힌 문제라고 밝혔다.
대한민국과 일본의 추가조치		1) 대한민국은 1993년 6월 11일 '일제하 일본군 위안부에 대한 생활안정지원법'(2002년 '일제하 일본군 위안부 피해자에 대한 보호·지원 및 기념사업 등에 관한 법률'로 개정)을 제정해 위안부 피해자들에게 생활안정지원금을 지급하기 시작했다. 2) 일본은 1994년 8월 31일 무라야마 도미이치(村山富市) 총리의 담화를 통해 위안부 피해자들의 명예와 존엄을 훼손한 데 대한 도의적인 책임으로 인도적인 견지에서 개별적인 위로금이나 정착금을 지급할 수 있고, 정부 차원이 아닌 민간차원에서 아시아여성발전기금의 조성 등을 모색하겠다고 밝혔다. 3) 대한민국은 2005년 1월 경 청구권협정에 관한 일부 문서를 공개하면서 '한일회담 문서공개 후속대책을 위한 민관공동위원회'를 만들어 한일회담 문서를 검토했다. 민관공동위원회는 같은 해 8월 26일 검토 결과를 발표하며, 청구권협정으로 받은 무상 3억 달러에는 강제동원 피해보상 성격의 자금 등도 포괄적으로 들어 있다고 인정하면서도 일본군 '위안부' 문제는 일본 정부와 군대 등 일본 권력이 관여한 반인도적 불법행위로서 청구권협정으로 해결된 것으로 볼 수 없으며 일본 정부의 책임이 남아 있다고 했다. 또 사할린동포 문제와 원폭 피해자 문제도 청구권협정에 포함되지 않았다고 밝혔다.
2015년 일본군 '위안부' 피해자 문제 관련 합의		대한민국 정부와 일본 정부는 2015년 12월 28일 한일 외교장관회담 공동 기자회견을 통해 위안부 문제 해결을 위한 합의사항을 발표하고(자세한 내용과 논의는 이 책 2장 참조 — 필자) 일본이 전액 출연한 돈으로 화해·치유재단을 설립했으며 출연금 중 일부를 생존 피해자와 사망피해자 유가족 중 신청자에게 지급했다.
피해자 결정 및 등록		원고 등은 1993년경부터 2001년경까지 위안부피해자법에 따라 심의를 거쳐 생활안정지원대상자로 등록됐다.

앞의 자료를 읽는 데는 약간의 주의가 필요하다. 일본제국이 종전 무렵까지 가입한 국제협약들과 고노 담화, 무라야마 담화 등은 일본제국의 책임을 묻는 근거가 될 수 있다. 그러나 종전 이후 대한민국과 일본 간의 합의 사항과 추가 조치, 2015년 위안부 합의 등은 일본제국의 책임을 묻는 근거가 될 수 없다. 이는 그런 조약과 협정, 조치 등을 통해서도 위안부들이 제대로 배상과 보상을 받지 못했다는 것으로 이해해야 할 것이다.

② 국가면제 적용 여부의 판단

재판부는 일본의 국가면제 주장을 배척하기 위해 다음과 같은 논거를 제시했다(요약).

쟁점	법리	재판부의 논거
국가면제 이론의 국제적 흐름	전통적 국제법 이론	국제면제 개념은 주권평등원칙의 귀결이며 상호주의 관점에서 외국의 권위를 인정해 줌으로써 국가들의 우호관계를 계속 유지할 필요가 있다는 점 등으로 19세기 말까지 널리 지지를 받았다.
	제한적 (상대적) 이론 대두	국가면제 개념은 19세기 말부터 서서히 제한되면서 다수의 국가에서는 사법적(私法的), 상업적 행위에 대해서는 국가면제를 적용하지 않는다는 국내법을 마련하거나 조약에 가입하고 있다. 반인륜적·반인권적 범죄 행위에 대한 소송에서는 국가면제를 인정해서는 안 된다는 학설도 나오고 있다.
사법적(私法的) 행위와 대한민국의 재판권 유무	관련 법리	〈대법원 판결〉(외국의 주권적 활동에 대해 부당하게 간섭할 우려가 없는 한) 외국의 사법적(私法的) 행위에 대하여 당해 국가를 피고로 하여 우리나라의 법원이 재판권을 행사할 수 있다(대법원 1998년 12월 17일 전원합의체 판결, 대법원 2011년 12월 13일 판결). 〈헌법재판소 결정〉국제관습법상 국가의 주권적 활동에 속하지 않는 사법적(私法的) 행위는 다른 국가의 재판권으로부터 면제되지 않는다(헌법재판소 2017년 5월 25일 전원재판부 결정).
	판단	위안부 관련 행위는 사법적 행위가 아니라 주권적 행위라고 봐야 한다. 그 이유는 위안부를 필요로 했던 군대의 보유는 국가의 행위 중 가장 권력적 행위 중 하나이고, 위안부 운영의 배경에는 당시 일본제국 정부의 법령 정비, 예산 배정 등이 있었기 때문이다(재판부의 이 판단은 위안부 관련 일본제국의 행위가 사법적 행위라면 국내 판례로도 국가면제를 적용하지 않을 수 있지만, 주권적 행위이므로 아래와 같이 별도의 논리가 필요하다는 의미이다 — 필자).

쟁점	법리	재판부의 논거
주권적 행위와 대한민국의 재판권 유무 (기초 조사)	논의의 전제	대한민국은 성문법으로 국가면제의 예외를 규정하고 있지 않으므로 국제관습법으로 판단할 수밖에 없다.
	국가면제에 관한 국제협약 및 각국 입법 동향	**국제협약** 유럽공동체 국가들은 1972년 5월 16일 '국가면제에 관한 유럽협약'을 체결했고, 유엔국제법위원회(ILC)는 2004년 12월 2일 '유엔국가면제협약'을 체결해 국가면제를 부인하는 사유를 규정하고 있다.
		각국의 입법동향 미국은 1976년 '외국주권면제법'을, 영국은 1978년 '국가면제법'을, 싱가포르는 1979년 '국가면제법'을, 일본은 2009년 '외국 등에 대한 우리나라의 민사재판권에 관한 법률'을 제정해 국가면제를 배제하는 경우를 제시하고 있다. 남아프리카공화국, 호주, 캐나다, 아르헨티나 등에도 같은 법이 있다.

재판부의 논리 구조는 이렇다. 국가면제는 폭넓게 인정되지만 최근 사법적(私法的) 행위나 반인도적 행위는 국가면제를 해주지 않아야 한다는 주장도 나오고 있다. 사법(私法)은 공법(公法)에 상대되는 개념으로 개인적, 사익적, 경제적, 자율적, 비권력적, 대등적 관계를 규율하는 법이다 (두산백과). 사법적 행위라면 대한민국이 재판권을 행사할 수 있다. 그런데 위안부 관련 사안은 사법이 아니라 공법의 영역에 속하는 주권적 행위이다. 그런데 국내법에는 주권적 행위를 옹호하는 국가면제의 예외를 규정하는 법이 없다. 따라서 국제관습법으로 따져봐야 한다. 그런데 1970년 이후 유럽과 유엔, 미국, 영국, 일본, 싱가포르 등은 국가면제를 규정한 국내법을 제정해 시행하고 있다. 그러니 국가면제는 어떤 경우든 지켜야 하는 원칙은 아니라는 논리이다.

재판부는 일본의 국가면제 주장을 반박하기 위해 이탈리아인 루이지 페리니(Luigi Ferini)가 독일을 상대로 벌인 소송과 국제사법재판소(ICJ)의 결정을 자세히 소개했다. 이번 판결의 주요한 준거이므로 이 사건은 별도로 소개한다.

㉮ 이탈리아인 페리니는 1944년 8월 4일 독일군에 체포돼 1945년 4월 20일까

지 독일 군수공장에서 강제노역을 했으나 전쟁포로의 지위를 인정받지 못하자 1998년 이탈리아 아레초(Arezzo) 지방법원에 독일을 상대로 손해배상 청구 소송을 제기했다. 그러나 아레초지방법원은 독일의 국가면제 주장을 인정하여 소를 각하했고, 항소심법원도 원고의 주장을 기각했다.

㉯ 그러나 이탈리아 대법원은 2004년 3월 11일 강행규범을 위반한 국가행위에는 국가면제를 적용할 수 없다며 원심을 파기했고, 하급심법원은 원고승소 판결했다.

㉰ 독일은 페리니 판결 이후 이탈리아 내에서 독일을 상대로 한 다수의 소송이 국가면제를 인정하지 않자, 2008년 12월 23일 '이탈리아가 국제법상의 의무를 위반하고 있다'며 이탈리아를 ICJ에 제소했다. ICJ는 2012년 2월 3일 독일의 주장을 받아들였다.

ICJ는 "국가면제는 UN헌장 제2조 제1항이 천명한 국제법 질서의 기본적인 원칙의 하나인 국가의 주권평등 원칙에서 유래한 것으로서 현재의 국가 실행에 깊숙이 자리 잡은 국제관습법의 일반원칙으로 채용되었다"고 판단했다.

ICJ는 또 "국가면제 원칙은 절차적인 요건으로서, 국제인권법이나 무력충돌에 관한 법 위반 사실이 중요하다는 실체적 주장에 의하여 박탈할 수도 없다. 한 국가가 다른 국가로부터 재판을 면제받을 권리는 그 국가가 국제적인 책임을 지는지, 배상 의무가 있는지와 분리되는 문제로서 국가면제가 배상의 확보를 위한 대안이 존재하는지에 따라 결정된다고 할 수 없다"고 판단했다.

㉱ 그러나 이탈리아 헌법재판소는 2014년 10월 22일 국가면제의 국제관습법은 인간의 존엄과 가치, 사법에의 접근권을 근간으로 하는 이탈리아 헌법질서의 기본적 가치를 침해하는 것으로서 국내법 질서에 수용될 수 없다는 취지의 판단을 내렸다.

페리니 사건은 이처럼 엎치락뒤치락했다. 따라서 이탈리아 대법원과 헌법재판소의 논리를 중시할지, 아니면 ICJ의 판단을 중시할지에 따라 창도 되고, 방패도 될 수 있다. 물론 이번 재판부는 이탈리아 대법원과 헌법재판소의 논리를 중시했다. 그러나 ICJ 논리를 지지한 법관도 있었다.

반면 한국 대법원이 11 대 2의 다수 의견으로 2018년 10월 일본제철의 강제징용 피해자에 대한 배상 책임을 인정했을 당시 소수 의견을 낸 대법관 2명은 ICJ의 결정문을 인용했다. 판결문을 통해 이들은 "국제법상 전후 배상 문제 등과 관련해 주권국가가 외국과 교섭해 자국 국민의 이익 등에 관한 사항을 국가 간 조약을 통해 일괄적으로 해결했다면 개인의 청구권은 소멸된다"고 밝혔다. 강제징용 피해자 배상은 한일 청구권협정에서 논의돼 일본 기업의 배상 책임을 묻기 어렵다는 취지로 페리니 사건을 언급한 것이다.

— 〈동아일보〉 2021년 1월 9일 자

재판부는 이상의 검토를 거쳐 다음과 같은 판단을 내린다. 국가면제는 철칙이 아니라는 것이다(요약).

항목	재판부의 논거
도입	주권을 가진 국가라면 국제관습법에 따라 예외 없이 타국의 재판권 행사에서 면제된다고 볼 수는 없다. 일정한 경우에는 예외를 인정해야 한다. **이 사건은 당시 일본제국이 계획적, 조직적으로 광범위하게 자행한 반인도적 범죄행위로서 국제 강행규범을 위반한 것이며, 당시 일본제국에 의하여 불법점령 중이던 한반도 내에서 우리 국민인 원고 등에 대하여 자행한 것으로서, 비록 이 사건 행위가 국가의 주권적 행위라고 할지라도 국가면제를 적용할 수 없고, 예외적으로 대한민국 법원에 재판권이 있다고 봄이 타당하다.** (강조 필자)
근거	① 헌법 제27조 제1항은 "모든 국민은 헌법과 법률이 정한 법관에 의하여 법률에 의한 재판을 받을 권리를 가진다"고 하여 재판청구권을 국민의 기본권으로 보장하고 있다. ② 국가면제는 실체 판단에 들어가기 이전에 재판권의 존재 여부를 판단하는 절차적 행위이다. 절차법은 실체법 질서를 구현하는 수단으로서 실체법상의 권리나 질서를 형해화하거나 왜곡해서는 안 된다(대법원 2018년 10월 18일 선고, 전원합의체 판결) ③ 국가면제 이론은 항구적이고 고정적인 가치가 아니다. 국제질서의 변동에 따라 계속 수정되고 있으며, 유럽협약, 유엔협약 등이 일정한 경우 국가면제를 인정하지 않고

항목	재판부의 논거
근거	있으며, 미국, 영국, 일본, 싱가포르 등도 국내법으로 국가면제의 예외 사유를 규정하고 있다. ④ 국가면제 이론에서 '무력분쟁(전쟁) 수행 중'에는 손해 발생의 예측이 불가능하므로 재판을 면제해 줘야 한다고 하나, 태평양전쟁의 전선은 중국, 동남아시아, 남양군도 등이었지 한반도가 아니었다. ⑤ 국제법규에도 상위규범(절대규범)과 하위규범이 있으며 상위규범의 예로는 침략, 노예제 및 노예무역, 제노사이드(집단학살), 인종차별 및 인종분리, 고문 등의 금지와 무력충돌 시 국제인도법의 기본원칙과 민족자결권의 준수 등을 들 수 있다. (유엔국제법위원회(ILC) '국제위법행위에 대한 국가책임 초안', 2001) ⑥ 법률을 해석하고 적용할 때는 그 결과를 고려해야 하고, 해석의 결과가 매우 불합리하거나 부당한 결론이 도출된다면 그러한 해석을 배제하는 방안을 강구해야 한다. ㉮ 국가면제가 국제관습법이라고 하더라도 인도에 반하는 중대한 불법행위를 저지른 경우까지 재판을 면제한다면, 중범죄를 저지르지 못하도록 한 국제협약의 위반사례를 제재할 수 없게 되고, 인권을 유린당한 피해자는 재판받을 권리를 박탈당해 구제받을 길이 없어지며, 헌법을 최상위 규범으로 하는 법질서 전체의 이념에도 부합하지 않으므로 그런 경우까지 국가면제의 효력을 인정할 수는 없다. ㉯ **원고들은 종전 이후에도 한일 양국에서 배상이나 보상의 대상이 되지 않았다. 한일 간의 청구권협정과 2015년 위안부 합의도 피해를 입은 개인에 대한 배상을 포괄하지 못했다. 협상력이나 정치적인 권력을 가지지 못한 개인에 불과한 원고들로서는 이 사건 소송 외에 구체적으로 손해를 배상받을 방법이 요원하다.** (강조 필자)
결론	국가면제 이론은 주권국가를 존중하고 함부로 타국의 재판권에 복종하지 않도록 하는 의미를 가지는 것이지, 절대규범(국제 강행규범)을 위반하여 타국의 개인에게 큰 손해를 입힌 국가가 국가면제 이론 뒤에 숨어서 배상과 보상을 회피할 수 있는 기회를 주기 위한 것은 아닐 것이므로, 국가면제에 관한 국제관습법의 해석에는 예외를 허용함이 타당하다. (강조 필자, 판결문은 이 대목을 7번째 근거로 제시했으나 결론에 해당하는 내용이어서 필자가 따로 떼어내 정리했다)

위의 논리 전개는 비교적 쉽게 이해할 수 있을 듯하다.

재판부는 이어서 일본제국이 대한민국 국민을 한반도에서 납치하거나 유인, 또는 속여서 위안부 생활을 강요했고, 원고들은 현재 대한민국에 거주하면서, 대한민국 민법에 근거하여 손해배상 소송을 제기하고 있다는 점 등을 들어 대한민국 법원에 재판관할권이 있다고 논증하고 있으나 이 대목은 생략한다.

③ 본안(손해배상청구)에 대한 판단

재판부는 이상의 논거를 12명의 원고들에게 각 1억 원씩을 배상하라고 주장한 본안 소송에 적용한다. 그 절차와 논리는 다음과 같다(요약).

쟁점	하위 쟁점	재판부의 논거
손해배상 책임의 발생	준거법의 결정	원고들은 대한민국법을 준거법으로 삼아 일본의 불법책임을 묻고 있는 것이 명백하므로 대한민국법을 준거법으로 하여 피고의 불법행위를 판단한다. 여기서 말하는 대한민국법은 '현행 민법'이다.
	불법행위 여부	① 일본제국은 위안부 관리방법을 고안하고, 제도와 법령을 정비했으며, 군과 국가기관은 조직적으로 인력을 동원해 위안부를 확보하는 등 역사에서 전례가 없는 '위안소'를 운영했다. 10대 초중반에서 20세의 미성년이거나 갓 성년이 된 원고 등은 기망과 납치 등으로 위안부가 된 후 일본제국의 조직적이고 직간접적인 통제하에서 강제로 군인들의 성적 행위의 대상이 되었고, 그 횟수도 하루에 수십 차례에 이를 만큼 참혹했다. 또 상시적 폭력에 노출되었고, 제대로 된 식사와 의복도 받지 못하고 최소한의 자유마저 제압당하면서 감시를 받으며 생활하였다. (강조 필자) ② 일본제국도 조약과 국제법규를 성실히 준수할 의무가 있으나 당시 일본제국은 자국이 비준한 '헤이그 육전(陸戰)협약', '백인노예매매의 억제를 위한 국제조약', '여성과 아동의 인신매매금지 조약', ILO의 '강제노동에 관한 협약', 일본제국의 구 형법(제226조) 등을 위반했다. ③ 극동군사재판소 헌장(1946년 1월 19일 공포) 제5조(c)는 노예화 등 비인간적인 행위를 인도에 반한 범죄로 규정하고 전쟁범죄자들을 소급 처벌했으며, 1945년 11월에서 시작한 뉘른베르크 국제군사재판헌장 제6조(c)도 같은 규정을 두고 있었다. ④ 이 사건 행위는 당시 일본제국의 한반도와 한국인에 대한 불법적인 식민지배 및 침략전쟁의 수행과 직결된 반인도적 불법행위에 해당한다고 봄이 타당하다. (강조 필자)
	소결론	일본제국의 후신으로서 일본 정부는 위와 같은 불법행위로 인하여 원고 등이 입은 정신적 고통을 금전으로나마 배상할 의무가 있다.
손해배상 책임의 범위		가해행위의 불법성의 정도와 원고 등의 당시 연령, '위안부'로 고통받은 기간, 당시의 환경과 자유의 억압 정도 등 원고 등이 입은 피해의 정도, 원고 등이 귀국 후에 겪은 사회적, 경제적 어려움, 불법행위 이후 상당 기간 피해복구가 전혀 이루어지지 아니한 점, 기타 이 사건 변론에 나타난 제반 사정 등을 종합해 보면, 일본이 지급해야 할 위자료는 각 원고에게 1억 원 이상이라고 봄이 타당하다. (강조 필자)
결론		일본 정부는 원고들에게 각 1억 원을 지급할 의무가 있다(다만, 원고들이 이 사건 청구 시 지연손해금을 구하고 있지 않으므로, 이에 대해서는 판단하지 않는다)
판결(주문)		1. 피고(일본 정부 - 필자)는 원고들에게 각 1억 원씩을 지급하라. (강조 필자) 2. 소송비용은 피고가 부담한다. 3. 제1항은 가집행할 수 있다.

(3) 개인청구권 소멸 여부에 대한 판단

앞서 언급했듯 원고들은 이 재판부에서 개인청구권의 소멸 여부에 대해서는 다투지 않았으나, 재판부는 보론(補論)을 통해 개인청구권은 소멸하지 않았다고 판단했다.

판단 대상	개인청구권이 소멸하지 않았다는 재판부의 논거
1965년 청구권협정에 따른 개인청구권 소멸 여부	앞서 본 각 증거와 변론 전체의 취지를 종합해 보면 일본에 대한 원고들의 손해배상청구권은 청구권협정의 적용대상에 포함돼 있었다고 볼 수 없으므로(대법원 2018년 10월 30일 선고, 전원합의체 판결) 청구권협정으로 인해 원고들의 일본에 대한 손해배상청구권이 소멸했다고 할 수 없다. 그 이유는 다음과 같다. ① 원고들은 미지급 임금이나 보상금을 청구하는 것이 아니라 반인도적 불법행위에 대한 위자료를 청구하는 것이다. ② 청구권협정은 일본의 불법적 식민지배에 대한 배상을 청구하기 위한 것이 아니고, 샌프란시스코 조약 제4조에 따라 한일 양국 간의 재정적·민사적 채권채무 관계를 정치적으로 해결하기 위한 것이었다. ③ 청구권협정 제1조에 따라 일본이 한국 정부에 지급한 경제협력자금이 제2조의 권리문제 해결과 법적으로 대가관계가 있다고 볼 수 있는지도 분명하지 않다. ④ 청구권협정의 협상 과정을 볼 때 위안부 피해자들의 위자료 청구도 청구권협정에 포함됐다고 보기 어렵다. ⑤ 국가와 국민 개인은 별개의 법적 주체임을 고려할 때, 명확한 근거가 없는 조약체결로서 국가의 외교적 보호권이 아닌 국민의 개인청구권까지 소멸했다고 볼 수 없다. ⑥ '한일회담 문서공개 후속대책을 위한 민관공동위원회'는 2005년 8월 26일 일본의 반인도적 불법행위나 식민지배와 직결된 불법행위로 인한 손해배상청구권은 청구권협정에 의해 해결된 것으로 볼 수 없다는 견해를 밝혔다.
2015년 한일위안부 합의에 따른 개인청구권 소멸 여부	앞서 본 각 증거와 변론 전체의 취지를 종합해 보면, 원고들이 주장하는 손해배상청구권은 2015년 합의의 적용대상에 포함된다고 볼 수 없으므로 위안부 합의로 인해 원고들의 일본에 대한 손해배상청구권은 소멸했다고 할 수 없다. 그 이유는 다음과 같다. ① 외교부는 2017년 7월 31일 '한일 일본군 위안부 피해자 문제 합의 검토 태스크포스'를 만들고 2017년 12월 27일 보고서를 발표했는데, 보고서는 이 합의를 "양국 외교장관 공동발표와 정상의 추인을 거친 공식적인 약속이며, 성격은 조약이 아니라 정치적 합의"라고 보았다. ② 합의를 서면으로 하지 않았고, 통상적으로 조약에 부여하는 명칭이나 조문 형식도 사용하지 않았으며, 합의의 효력에 대한 양 당사자의 의사가 표시되어 있지 않고, 구체적인 법적 권리·의무를 창설하는 내용도 없다. ③ 이 합의는 양국 간에 첨예한 갈등이 존재하고, 국민의 기본권과 관련돼 있는 위안부 문제인데도 헌법상의 조약체결 절차를 거치지 않았고, 조약번호를 부여하거나 고시하지도 않았다. 이는 일본도 마찬가지이다. ④ 별도의 위임이나 법령의 규정 없이 개인의 권리를 국가가 처분할 수 없으므로 위 합의에 의해 원고들의 손해배상청구권이 최종적, 불가역적으로 해결됐다고 단정할 수 없다. ⑤ 이 합의는 위안부 문제에 관하여 국가 대 국가로서의 정치적 합의를 선언하는 데 그친 것으로 보인다.

1965년 청구권협정으로 개인청구권이 소멸하지 않았다는 것은 또 하나의 판례를 더한 것이고, 2015년 한일위안부 합의에 대한 판단은 '조약'의 관점에서 합의를 판단했다는 점이 새롭다.

2) 판결의 파장: 한국과 일본의 반응

이 판결은 한국과 일본에서 모두 큰 파장을 몰고 왔다. 전후 최악이라는 양국 관계가 더 나빠질 것이라는 전망이 많았다. 바닥으로 떨어진 양국 관계는 더 이상 악화할 일이 없을 것으로 예상했으나, 바닥 밑에 지하실이 있던 셈이다. 지하실의 깊이는 가늠하기 어렵다.

우선 한국의 반응을 보자. 1월 9일 자 신문이다.

신문	내용
〈동아일보〉 (1, 3, 4면, 27면 사설)	- 일본 기업에 이어 일본 정부의 배상 책임까지 인정함에 따라 한일관계는 더 악화할 것으로 보인다. - 한국 내 일본 정부 자산에 대해 압류 등 조치를 취할 경우 민간기업을 대상으로 한 징용 판결보다 훨씬 큰 파장이 예상된다. (사설) - 일제강점기의 다른 피해자들(군인, 군속)의 소송이 이어질 수 있다. - 올해 도쿄올림픽을 계기로 꽉 막힌 한일관계를 풀어 보려던 정부 구상에 차질이 빚어지면서 한미일 3각 협력을 중시하는 바이든 행정부의 압박에 직면할 수 있다. - 일본 외무성에서는 국제사법재판소(ICJ)에서 문제를 해결해야 한다는 목소리도 나오고 있다.
〈조선일보〉 (1, 3면)	- 징용 배상 문제도 해결의 실마리를 찾지 못하고 있는 가운데, 그에 못지않은 큰 숙제가 주어졌다. - 이번 위안부 판결로 최근 양국 관계 개선을 위해 물밑에서 진행되던 노력이 다시 원점으로 돌아갈 수 있다는 우려가 나온다. - 정부는 사법부의 판결에 개입하지 않는다는 원칙을 지키면서 위안부 문제를 풀 방법이 마땅찮아 고민이 깊다. - 최근 양국 지도자의 지지율이 하락 국면이라는 것도 관계개선을 더 어렵게 할 요인이 될 수 있다.
〈중앙일보〉 (1, 3면)	- 강제징용 배상 판결 때와 마찬가지로 정부가 사법부 재판 불개입 원칙을 고수하는 한 한일관계는 더 나빠질 것이란 지적도 나온다. - 조 바이든 미국 행정부가 출범한다는 점도 현 상황을 더 복잡하게 만든다. 2015년 당시 한일 위안부 합의의 숨은 당사자는 미국이며 버락 오바마 대통령, 당시 부통령인 바이든 대통령 당선인, 국무부 부장관이었던 토니 블링컨 국무장관 후보자 역시 상황을 잘 알고 있다는 뜻이다.

신문	내용
〈경향신문〉 (1, 3면, 23면 사설)	- 이번 판결은 문재인 정부 출범 이후 한일 위안부 합의가 무력화되고 강제징용 피해자에 대한 일본 기업의 배상 판결 후유증 등으로 한일관계가 최악인 상황에서 나온 것이다. 더욱이 일본 정부를 대상으로 한 소송이어서 일본의 반발은 더 클 것으로 예상된다. 이 판결로 이미 바닥을 친 한일관계를 개선할 여지마저 없어졌다는 평가도 나온다. - 미국이 이번 판결에 어떻게 반응할 것인지도 주목해볼 부분이다. 한일 간의 긴장을 더욱 팽팽하게 만든 이 판결은 중국 · 북한 문제에 대응하기 위해 아시아 동맹국 간 협력과 공동보조를 강력히 추진할 것으로 예상되는 조 바이든 차기 행정부를 매우 곤란하게 만들 가능성이 높기 때문이다.
〈한겨레〉 (1, 5면, 19면 사설)	- 만약 앞으로 강제징용 및 '위안부' 피해자 등 원고인단이 일본 정부의 한국 내 자산에 대한 강제집행 절차에 나선다면 양국 관계는 '파탄'에 이를 수밖에 없다. 7월 도쿄올림픽을 '평화올림픽'으로 활용해 한반도 평화 프로세스를 재가동한다는 정부의 계획도 난망해진다.
〈한국일보〉 (1, 3면, 23면 사설)	- 연이은 사법부 발(發) 한일관계 악재에 정부의 고민이 더 깊어졌다. … 역사적으론 정의의 판결이지만, 외교적으론 정부에 난제를 안겼다.

일본 언론도 큰 관심을 보였다. 다음은 1월 9일 자 일본 신문 내용이다 (총리나 관방장관 등 정치인이 재판 결과를 수용할 수 없다거나 비판한 코멘트는 예상했던 내용이므로 생략한다).

신문	내용
〈아사히신문〉 (1, 3, 5면, 10면 사설)	- 이 판결은 징용공문제를 계기로 냉각된 일한관계를 더욱 악화시키는 방아쇠가 될 것 같다. - 이번 판결로 일본 외무성 내에는 "당분간은 전향적으로 움직일 수 없다"면서 양국의 '냉각기간'이 길어질 것이라는 견해가 늘고 있다. - 이번 판결은 일한관계에 심각한 데미지를 주겠으나, 한국 정부가 어떤 입장을 보이느냐에 따라 앞날은 크게 좌우될 것이다. 2018년의 강제징용 판결 때처럼 "사법판단을 존중한다"면서 해결을 위해 움직이지 않는다면 더욱 심각한 사태가 될 것이다. … 한국 정부가 자주적으로 해결에 나선다면 더 이상의 관계 악화는 피할 수 있을 것이다. (西野純也 · 니시노 준야, 게이오대 교수)
〈요미우리신문〉 (1, 2, 7면, 3면 사설)	- 이번 판결로 징용문제 등으로 '전후 최악'이라는 일한 관계가 더욱 악화할 것이 틀림없다. - 한국 법원이 다시 일한관계의 토대를 무너뜨리는 판결을 내렸다. 주권국가는 다른 나라의 재판을 받지 않는다는, 국제적으로 확립된 원칙에 반하는 판단이다. 단연코 용인할 수 없다. … 전 위안부의 '인권침해'에 과도하게 무게를 둔 부당판결이라고 말할 수밖에 없다. (사설)

신문	내용

〈마이니치신문〉
(1, 2, 7면,
5면 사설)
	- 일본 정부는 주권면제의 원칙에 따라 소송에는 관여하지 않았지만, 앞으로
	  외교문제로 발전할 것이 틀림없다.
	- 1965년 국교정상화 이후 징용자문제 등으로 최악의 상태에 있는 일한관계는
	  더욱 험악해질 것 같다.
	- 인권침해의 구제를 중시하는 국제법의 흐름은 제2차 세계대전의 반성에서
	  탄생한 것이다. 전쟁 중의 행위까지 거슬러 올라가 주권면제의 예외를 인정해
	  배상을 명하는 것은 무리가 아닌가. 이번 판결이 위안부 문제에 대한 (그동안)
	  일본의 대응을 무시하고 있는 점도 간과할 수 없다. (사설)

〈니혼게이자이
신문〉
(2면, 2면 사설)
	- 1965년 협정의 형해화가 진행되고 있다. 파탄이 두드러지고 있는 일한
	  두 정부의 신뢰관계에 또 하나의 깊은 상처가 될 듯하다.
	- 국가 간 신뢰관계의 토대를 흔드는 사태가 한국에서 또 발생했다. … 국제법상의
	  주권면제 원칙에 반하는 이해하기 힘든 판결이라고 할 수밖에 없다. (사설)

〈산케이신문〉
(1, 2면,
2면 주장)
	- 악화 일로를 걷고 있는 일한관계는 한층 위기 상황에 빠졌다.
	- 이번에는 기업이 아니라 일본이라는 국가에 배상을 명했다. 청구권협정과 일한
	  합의를 모두 무시한 판결로 문제는 극히 심각하다.
	- 이처럼 극히 부당한 판결은 즉각 철회해야 마땅하다. (주장, 〈산케이신문〉은 '주장'
	  이 사설이다 ― 필자)

〈도쿄신문〉
(1, 2면)
	- 일한관계가 한층 악화할 것이 틀림없다.
	- 한국에서 위안부 문제는 비판을 허용하지 않는 '성역'으로 불린다. 한국의 법조
	  관계자는 이번 판결은 "국민정서를 의식하지 않았다고 말하기 어렵다"며 여론에
	  민감한 한국 사법의 일면을 보여줬다고 말했다.
	- 지난해 가을 이후 한국 정부 고관과 한일연맹회장 등이 잇따라 방일해 해빙의
	  기운도 있었으나 관계가 악화할 것이 확실하다. 총리관저 간부는 "우리에게
	  말하는 것과 실제로 하는 것이 전혀 다르다"며 분통을 터뜨렸다.

양국의 신문이 모두 크게 보도했지만, 일본 측이 조금 더 많은 지면을 할애했다. 보도의 시각도 일본 측이 다양하다. 이는 판결에 대해 비판적인 입장을 취하다 보니 그렇게 된 것이다. 일본 신문은 한국 법원이 국가면제를 배제한 것을 별도로 떼어내 강조했으며, 사법부가 행정문제를 적극적으로 판단함으로써 한일관계를 복잡하게 만들고 있다는 이른바 '사법리스크'를 중점 보도한 신문도 있었다.

한국과 일본 신문 모두 문재인 대통령이 바이든 행정부의 출범과 도쿄올림픽을 앞두고 일본에 화해 제스처를 보내고 있는 것은 우연이 아니라고 분석한다. 문 대통령은 자신의 국정 최우선과제인 남북화해 무드를 다시 만들기 위해 도쿄올림픽을 무대로 미국과 북한의 고위급회담을 열고 싶어

하는데, 그러려면 일본의 협조가 필요하므로 유화 자세로 전환했다는 것이다.

덧붙이자면, 바이든 대통령은 부통령 시절에 한일 위안부 합의에 관여했기 때문에 위안부 문제를 잘 알고 있고, 한국이 위안부 합의를 깬 것을 불쾌하게 여기고 있으며, 취임하면 한일관계를 개선하라고 압박할 것이 분명하므로 그의 취임 전에 한일 화해 의지를 보여 줬다는 명분을 쌓기 위해 선수를 친 것이라는 분석도 있다. 한미 정상은 2021년 2월 4일 첫 전화통화에서 "한일관계 개선과 한미일 협력이 역내 평화와 번영에 중요하다는 데 공감했다"고 한다. 예상대로 바이든 대통령이 한일관계 개선을 압박한 것 같다.

정치공학적 분석은 잠시 밀어놓고 이번 판결에 대한 〈아사히신문〉의 사설을 소개한다(1월 9일 자). 〈아사히신문〉의 한국 보도는 다른 신문들보다 우호적이기도 하지만, 이 사설을 통해 절제된 일본의 입장을 파악할 수 있다. 2015년 12월의 한일합의를 재평가해야 하며, 이를 토대로 해결책을 모색해야 한다는 주장이 눈에 띈다.

위안부 판결, 합의를 기초로 해결 모색을

일본과 한국 관계에 또 하나의 큰 시련이 될 판결이 나왔다. …

일본 측이 항소하지 않고 1심 판결이 확정되면 정부 자산을 차압하고 이에 응수하는 사태로 발전할 우려가 있다. 극히 위험한 사태다.

한국에서는 최근 몇 년, 식민지 지배 시대로 거슬러 올라가는 위안부와 징용공 문제 등에 사법이 과감하게 관여하는 사례가 잇따르고 있다.

어느 경우든 종래 한국의 대외정책의 흐름을 제대로 반영하지 않고 있는 부분이 있으며, 일한의 대립 요인으로 쌓여 왔다.

확실히 역사문제는 해결이 어렵다. 일반적으로는 제3국의 중재나 국제적인 사법 판단에 넘기는 선택지도 있지만, 가능한 한 당사국 사이에 외교로 문제를 푸는 것이 바람직하다.

그런 의미에서 일한 양 정부가 돌이켜봐야 할 것이 2015년의 '위안부 합의'와 그 후의 대응이다.

끈질긴 교섭 끝에, 쌍방이 서로 중시하는 점을 집어넣어 열매를 맺은 합의였다. 하지만 아쉽게도 지금은 방치되어 있다.

전 정권이 맺은 합의를 문재인 정권이 평가하지 않고, 형해화해 버린 것이 최대 원인이다. 위안부의 상처를 치유하기 위해 일본 정부가 출연한 자금으로 설립한 재단도 해산시켰다.

역사의 가해자 측인 일본에서도 당시 아베 수상이 겸허한 태도를 보여 주지 않은 것 등도 한국을 경직되게 만든 한 요인이 됐다.

이번 소송은 합의의 다음 해에 제기했다. 합의의 의의를 원고들에게 정성껏 설명했다면 소송을 피했을지도 모른다. …

최악의 사태를 피하기 위해서라도 한국 정부는 우선 위안부 합의를 냉정하게 재평가하고, 이번 소송의 원고인 위안부들과 대화를 진행해야 한다. 일본 측도 한국 측을 쓸데없이 자극하지 않도록 배려할 필요가 있다.

그렇게 해도 접점을 찾지 못한다면 국제사법재판소에 제소하는 것도 시야에 넣을 수밖에 없겠지만, 현 상황은 일한이 화해를 위해 최대한의 노력을 기울였다고 말하기는 어렵다.

일한 두 정부의 외교력이 시험대에 올랐다.

―〈아사히신문〉 사설, 2021년 1월 9일 자

일각에서는 이번 판결의 파장을 너무 과장하지 말라고 한다. 일본 정부의 재산을 압류한 것도 아니니까 일본이 대응할 방법이 없고, ICJ 카드를 쓸지 어떨지도 모르니 달라진 게 없지 않으냐는 것이다. 이런 시각은 너무 사건중심주의적이고 한국중심주의적이다. 국가 간의 불협화음은 사건으로 시작해서 감정으로 옮겨가는 게 일반적이다. 한국에서 일본의 책임을 묻는 판결이 또 나왔다는 것 자체가 일본과 일본인의 감정에 부정적인 영향을 줬다는 사실을 부인할 수 없다. 한국에서는 그런 변화가 안 보인다고 해서 없는 것도 아니다. 양국 모두 비정상적인 상황을 너무 오래 경험하다 보니 그런 분위기에 익숙해진 듯하다. 현재 양국이 걱정할 일은 앞으로 일어날 일을 과장하느냐 마느냐의 문제가 아니라 지금까지 벌어진 비정상을 어떻게 정상화할 것이냐이다.

3) 대통령 발언과 의미

문재인 대통령은 2021년 1월 18일 신년 기자회견에서 호리야마 아키코(堀山明子) 〈마이니치신문〉 서울지국장의 질문을 받았다. 호리야마 지국장은 위안부 문제에 대한 과거 정부 간의 외교 노력이 아직도 유효하다고 생각하는지, 외교적 노력을 했더라도 1월 8일의 판결에 따라 일본 정부의 자산을 압류·매각해야 한다고 생각하는지, 피해자들 간에도 의견이 서로 다른데 어떻게 컨센서스를 이룰 수 있는지를 물었다.

문 대통령은 다음과 같이 답변했다.

한일 간에는 풀어야 될 현안들이 있습니다. 우선 수출규제 문제가 있고, 강제징용 판결 문제가 있습니다. 그 문제들을 외교적으로 해결하기 위해서 양국이 여러 차원의 대화를 하고 있습니다. 그런 노력을 하고 있는 중에 또 위안부 판결문제가 더해져서 솔직히 조금 곤혹스러운 것이 사실입니다.

그러나 제가 늘 조금 강조해서 말씀드리고 싶은 것은 과거사는 과거사이고 한일 간에 미래지향적으로 발전해 나가야 하는 것은 그거대로 또 해 나가야 되는 것이라고 생각합니다. 저는 과거사 문제들도 사안별로 분리해서 서로 해법을 찾을 필요가 있다고 생각합니다. 모든 문제를 서로 연계시켜서, 이런 문제가 해결되기 전까지는 말하자면 다른 분야의 협력도 멈춘다든지 뭐 이런 태도는 결코 현명하지 못한 방법이라고 생각합니다.

최근에 있었던 위안부 판결의 경우에는 2015년에 양국 정부 간에 위안부 문제에 대한 합의가 있었습니다. 한국 정부는 그 합의가 양국 정부 간의 공식적인 합의였다는 사실을 인정합니다. 그런 토대 위에서 이번 판결을 받은 피해자 할머니들도 동의할 수 있는 그런 해법을 찾아 나갈 수 있도록 한일 간에 이렇게 협의를 해 나가겠습니다.

강제징용 문제 역시 마찬가지입니다. 그런 부분들이 강제집행의 방식으로, 그것이 현금화된다든지 그 판결이 실현되는 방식은 한일 양국 간의 관계에 있어서 바람직하다고 생각하지 않습니다. 그런 단계가 되기 전에 양국 간에 외교적인 해법을 찾는 것이 더욱 우선인데, 다만 그 외교적 해법은 원고들이 동의할 수 있어야 된다는 것입니다. 원고들이 동의할 수 있는 방법을 양국 정부가 협의하고 또 한국 정부가 그 방안을 가지고 원고들을 최대한 설득해 내고 이런 방식으로 문제를 차근차근 해결해 갈 수 있다고 저는 믿습니다.

— 문재인 대통령, 2021년 1월 18일 신년 기자회견 중 한일 관련 발언 전문(全文)

문 대통령의 답변에서 관심을 끈 것은 세 가지이다. 강제징용 판결에 따라 진행하고 있는 일본 기업 자산의 현금화는 바람직하지 않다는 것, 2015년 한일 위안부 합의는 양국 정부 간의 공식적인 합의였다는 사실을 인정한다는 것, 1월 8일 위안부 판결에 대해 곤혹스럽게 생각하고 있다는 것이었다. 셋 다 기대를 넘어선, 아니 기대하지 못했던 대답이었다.

일본 기업 자산의 현금화를 바람직하지 않다고 한 것은 그동안 일관되게 "법원의 판결에 행정부는 관여할 수 없다"는 발언을 부정한 것이다. 문 대통령은 2019년 1월 10일 신년 기자회견에서 다카노 히로시(高野洋) NHK 서울지국장이 일본 기업은 강제징용자에게 배상하라고 한 2018년 10월의 대법원 판결에 대해 "한국 정부는 아직 구체적인 대응책을 발표하지 않고 있는데 언제쯤 발표할 계획인지"를 묻자 이렇게 답했다.

한국 대법원의 판결에 대해서 일본도 마찬가지이고 한국도 마찬가지이고 세계 모든 문명선진국들이 다 마찬가지입니다. 삼권분립에 의해서 사법부의 판결에 정부가 관여할 수가 없습니다. 정부는 사법부의 판결에 대해서 존중해야 합니다. 일본도 마찬가지입니다. 일본이 한국 법원의 판결에 대해서 불만을 표시하실 수는 있습니다. 그러나 한국 정부로서는 한국 사법부의 판결에 대해서 존중의 입장을 가져야 되고, 일본도 불만이 있더라도 기본적으로 그 부분은 어쩔 수 없다 라는 인식을 가져 주어야 합니다.　━청와대 홈페이지, 2019년 1월 10일

또 2020년 8월 15일 광복절 경축사에서는 "대법원은 1965년 한일 청구권 협정의 유효성을 인정하면서도 개인의 '불법행위 배상청구권'은 소멸하지 않았다고 판단했다. 대법원의 판결은 대한민국의 영토 내에서 최고의 법적 권위와 집행력을 가진다"고 강조했다.

호리야마 지국장의 질문은 강제징용 판결의 현금화 문제가 아니라 1월 8일 위안부 판결에 따른 일본 정부 자산의 압류 매각 가능성을 물은 것이었다. 대통령이 비록 강제징용 판결의 현금화 문제에 대해 부정적인 의견을 피력했으나 이 발언은 위안부 판결에 따른 일본 정부 자산의 압류 매각 가능성에 대해서도 부정적인 의견을 피력한 것으로 보는 것이 타당하다.

2015년 한일 위안부 합의를 공식 합의로 인정한다는 것도 그렇다. 문 정권 출범 이후에 만든 위안부 합의 검토 태스크포스는 2017년 12월 27일, 위안부 합의는 피해자중심주의를 지키지 않았고 미공개 합의가 있는 등 문제가 많다고 발표했다. 문 대통령도 다음날 입장문을 발표했다(일부 발췌).

2015년 한·일 양국 정부 간 위안부 협상은 절차적으로나 내용적으로나 중대한 흠결이 있었음이 확인되었습니다. 유감스럽지만 피해 갈 수는 없는 일입니다.

이는 역사문제 해결에 있어 확립된 국제사회의 보편적 원칙에 위배될 뿐 아

니라, 무엇보다 피해 당사자와 국민이 배제된 정치적 합의였다는 점에서 매우 뼈아픕니다. 또한 현실로 확인된 비공개 합의의 존재는 국민들에게 큰 실망을 주었습니다.

지난 합의가 양국 정상의 추인을 거친 정부 간의 공식적 약속이라는 부담에도 불구하고, 저는 대통령으로서 국민과 함께 이 합의로 위안부 문제가 해결될 수 없다는 점을 다시금 분명히 밝힌다. — 청와대 홈페이지, 2017년 12월 28일

그리고 2019년 1월 화해·치유재단을 해산함으로써 사실상 합의를 파기했다. 그랬던 대통령이 이번에는 2015년 합의를 인정한다는 것이다.

정의연은 위안부 판결이 곤혹스럽다는 대통령의 발언에 즉각 반발했다.

정의기억연대(정의연)는 문재인 대통령이 신년 기자회견에서 법원의 위안부 피해자 배상 판결에 '곤혹스럽다'고 밝힌 데 대해 "실망스럽다"며 반발했다.

이나영 정의연 이사장은 20일 서울 종로구 옛 주한일본대사관 앞에서 열린 제1475차 정기 수요집회에서 이같이 밝혔다. 이 이사장은 "인권변호사 시절 약자와 함께했던 대통령께서 피해자들이 30여 년을 싸워 이뤄 낸 판결의 국제 인권사적 의미를 모를 리 없을 것"이라며 "일본 정부에 비굴하다고 느껴질 만큼 수세적으로 대응하거나 완전한 침묵으로 일관하는 이유는 무엇인가"라고 반문했다.

이어 "문 대통령은 2018년 '진실과 정의의 원칙'을 강조한 바 있기도 하다"며 "그런데 반인도적 범죄행위에 대한 책임을 지우려는 일본의 비열한 행태에는 도대체 어떤 대응을 하고 있는가"라고 지적했다.

그는 "일본이 범죄 사실을 인정하고 진실을 규명하며 재발 방지를 위한 구체적 실천을 하는 것이 미래지향적 한일관계를 가능케 할 수 있다"며 "한국의 사법부가 연 마지막 기회의 문이 정부에 의해 허무하게 닫히지 않길 바란다"고 덧붙였다. — 〈중앙일보〉 2021년 1월 20일 입력

문 대통령을 비굴, 수세적, 완전한 침묵 등의 단어로 강하게 비판한 것은 위안부 운동단체니까 이해 못 할 바는 아니지만 지적해 두고 싶은 것이 있다. 문 대통령이 사실상 일본과의 합의를 파기한 뒤, 재협상을 요구하지도 않고 시간을 보낸 데 대해서는 정의연도 수세적으로 대응하면서 침묵으로 일관했다. 진영논리 차원에서 자기편을 옹호해 온 것이다. 그러던 정의연이 문 대통령이 다른 입장을 보이자, 곧바로 공격하는 것을 어떻게 이해해야 할까. 정의연이 떳떳하려면 일찍부터 문 정권을 향해 '후속 조치를 하라'고 요구했어야 옳다. 그랬다면 이번 비판도 지지를 받았을 것이다. 그렇지 못했기 때문에 '피해자중심주의'가 아니라 '운동단체중심주의'라는 인상을 준다.

'행동'을 요구하는 것은 한국만이 아니다. 일본 언론은 문 대통령의 발언을 크게 다루면서도 평가는 박하다. 일본 정부의 평가는 더 박하다. 문 대통령의 발언을 보도한 1월 19, 20일 자 일본 신문을 보자.

신문	내용
〈아사히신문〉	- (모테기 외상은) 위안부 소송 판결은 "국제법상으로도 양국관계상으로도 도저히 생각할 수 없는 이상한 사태"라면서 한국 측의 적절한 대응을 요구했다. (1월 19일 자) - 문 대통령이 회견에서 위안부 합의를 다룬 것은 오바마 정권의 멤버로서 합의 실현을 위해 움직였던 바이든 차기 대통령을 의식한 것이라는 지적도 있다. 동맹관계를 중시하는 바이든 씨는 일한관계의 악화를 원치 않을 것이니 문 대통령이 선수를 쳤다는 견해다. 문 정권은 간판정책인 남북관계 개선을 위해 도쿄올림픽을 무대로 북한을 참여시키는 외교를 구상하고 있다. … 문 대통령의 발언에 대해 모테기 도시미쓰(茂木敏充) 외상은 19일의 각의 후 회견에서 "문제를 해결하고 싶다는 한국 측의 자세 표명만이어서 평가를 하기 어렵다"고 말했다. 한국 측의 '구체적인 제안'이 불가결하다는 인식이다. (1월 20일 자)
〈요미우리신문〉	- 문 정권의 비원(悲願)인 한반도 평화라는 레거시(유산)를 만들기 위해 일본의 협력을 이끌어내려는 판단에서다. … 문 정권은 7월의 도쿄올림픽 개회식에 바이든 씨와 김정은 씨가 출석해 정상회담을 여는 시나리오로 국면전환을 기대하고 있다. 그를 위해서는 일본의 협력이 불가결하다는 것이다. 바이든 씨가 부통령으로 있던 오바마 정권은 위안부 문제를 둘러싼 일한 합의를 위해 아베 수상과 박근혜 대통령의 대화를 중개했다. 문 대통령이 기자회견에서 일한 합의를 존중한다는 의사를 표시한 것은 바이든 정권을 의식한 면도 있는 것으로 보인다. (1월 19일 자)

신문	내용
〈요미우리신문〉	- (위안부) 판결에 대해 문 대통령이 일본 측과 협의를 하겠다는 의향을 보인 데 대해 일본 정부는 "일한협의로 해결할 수 있는 문제가 아니다. 한국이 원고 등을 움직여서 소송을 무효화하는 수밖에 없다"(외무성 관계자)고 반발했다. (1월 20일 자)
〈마이니치신문〉	- 문 대통령은 이번 여름 도쿄올림픽을 남북이나 북미 대화의 기회로 삼고 싶다는 생각을 반복해서 언급해 왔다. 신년회견에서 역사문제 해결에 대한 의사를 보임으로써 일한의 올림픽 협력의 마중물로 삼으려는 의도로 보인다. (1월 19일 자) - 다만 어느 것도 구체적인 대응책은 제시하지 않았다. 관계개선으로 이어지려면 행동을 쌓아갈 필요가 있다. … 동맹국과의 협력을 중시하는 바이든 미 차기 정권의 발족함에 따라 한국에서는 일본과의 관계개선을 요구하는 목소리가 강해지고 있다. 문 대통령의 발언은 그런 정세를 반영했을 것이다. (1월 19일 자, 사설) - 문 대통령 본인이 회견에서 문제해결의 의사를 표명한 것은 이대로는 도쿄올림픽 무대를 외교수단으로 활용할 수 없다는 청와대의 위기감의 발로로 보인다. (1월 20일 자)
〈니혼게이자이 신문〉	- 이번에는 (위안부) 합의의 유효성을 인정해서 일본을 배려했지만, 문 정권 내에 해결책이 있는 것도 아니다. 오히려 한국 내에서 일본 정부를 상대로 비슷한 소송을 잇달아 일으켜, 수습을 못 하고 새로운 혼란에 빠질 가능성도 있다. (1월 19일 자)
〈산케이신문〉	- 일본 정부의 반응은 차갑다. 외무성 간부는 "해결을 위한 조치는 아무것도 없다" 면서 어디까지나 구체적인 행동이 없으면 일한관계의 개선은 없다고 강조했다. … 문 대통령이 위안부에 대한 배상을 명한 판결에 대해 일한합의를 토대로 협의할 의사를 보인 데 대해 외무성 간부는 "시정조치를 강구하는 것은 어디까지나 한국이다. 일한이 협의할 얘기가 아니다"라고 주장했다. 문 대통령이 판결에 대해 "곤혹스럽다"고 한 데 대해서는 "곤혹스러운 것은 이쪽이다"라고 했다. 징용공 소송에 관해 문 대통령이 일본 기업의 자산매각은 바람직하지 않다는 생각을 표시한 것에 대해서도 일본 정부 고관은 "문 대통령이 '매각하지 말라'고 한 것은 아니다. 진전이 아니다"라고 말했다. (1월 19일 자) - 행동이 동반하지 않으면 아무 것도 말하지 않은 것과 마찬가지이기 때문이다. … 한국이 해야 할 일은 공허한 말을 나열하는 것이 아니라 해결을 위한 구체적인 행동이다. (1월 20일 자, 주장)

일본 신문의 보도에는 어떤 패턴이 보인다. 문 대통령의 태도 변화는 남북관계 개선에 일본을 이용하기 위한 수단에 불과하고, 위안부와 징용자 문제는 일본이 아니라 한국이 해결해야 할 문제이며, 한국 정부는 말이 아니라 행동이나 구체적인 방안을 제시하라는 것이다. 일본의 입장은 2018년 10월 대법원의 징용 문제 판결 이후 달라진 것이 없다. 문 대통령의 변화 배경에는 남북 문제만이 아니라 아베 총리의 퇴진도 영향을 줬을 것이

라는 분석이 있다. 한국에서는 한일관계가 나빠진 것을 아베 총리 탓으로 돌리는 경향이 있는데, 그가 퇴진했으니 태도를 바꿔도 부담이 덜하지 않겠느냐는 것이다.

문 대통령의 발언은 결과와 상관없이 의미를 지니고 있으나, 몇 가지 걸리는 게 있다.

과거사와 그 밖의 문제를 분리해야 한다는 주장이다. 이른바 투 트랙을 말하는 것 같은데, 두 나라 모두 국익이나 이성보다는 감정대립에 매몰돼 있는 마당에 그것이 가능할지 의문이다. 더욱이 투 트랙이란 원래 정부와 민간 부문의 상호 협조와 보완을 의미하는 것으로서, 필자는 같은 정부 내에서 과거사와 그 밖의 문제를 분리할 수 있다는 주장에 회의적이다.

과거사 문제도 사안별로 분리해서 해법을 찾자고 했다. 이 또한 의문이다. 위안부 문제와 강제징용 문제 모두 법원의 판결에서 비롯됐고, 한국이 뾰족한 해법을 가지고 있는 것도 아니며, 위안부 문제는 화해·치유재단을 해산함으로써 해결의 토대를 잃었다. 해법은 다를지 모르지만, 논의는 같이 할 수밖에 없는 사안이므로, 오히려 두 문제를 한 테이블에 올려놓고 일괄 타결하는 쪽이 빠를지도 모르겠다.

위안부 문제와 강제징용 문제 모두 피해자가 동의할 수 있는 방안을 마련하기 위해 일본과 협의하겠다고 밝힌 것도 그렇다. 일본 신문의 보도에서 보았듯 일본은 '협의'는 생각지도 않고 있다. 두 문제 모두 한국이 해결할 문제이지, 일본과 협의할 일이 아니라는 것이다. 이런 의견차를 어떻게 메울지부터가 난관이다. 하지만 모든 문제를 한국이 해결하라는 일본의 태도도 지양해야 한다. 한국의 특정 정권의 태도를 빌미 삼아 역사의 가해자에서 피해자로 탈바꿈하려는 시도는 성공하지 못할 것이다.

피해자의 의견을 수렴해 컨센서스를 만드는 일은 중요하다. 한국 정부가 적극적으로 나서면 가능할 수도 있다. 어떤 합의나 결론에 이르려면 반드시 그런 과정을 거쳐야만 한다. 그러나 100% 합의는 불가능하므로 경직된 '피해자중심주의'는 경계해야 한다. 과정과 결과에서 나올 불협화음도 각오해야 한다. 피해자의 의견도 중요하지만, 앞서 이나영 정의연 이사장이 문 대통령을 비판한 데서 보듯 관련 단체는 한국 정부의 '타협'에 침묵하지 않을 것이다. 피해자보다 관련 단체의 설득이 더 문제일 것이다. 다만, 보수 정권이 위안부단체를 설득하는 것은 불가능할지 모르지만, 진보 정권은 노력하면 가능하다고 본다.

과거사 문제 해결에는 국익에 기반한 분명한 철학이 있어야 하고, 피해자, 관련단체, 국민을 설득하겠다는 강한 의지가 있어야 한다. 문 정권이 위안부 합의를 사실상 파기하고도 후속 조치를 안 한 것은 그런 철학과 의지가 없었기 때문이다. 그래서 정권 말기에 밀린 숙제를 한꺼번에 해야 하는 처지에 몰린 것이다. (물론 숙제를 하지 않는 선택지도 있다. 그러나 이 상태로 정권을 끝낸다면 문 정권은 한일관계에서 몽니만 부리다가 문제만 더 키운 정권이었다는 평가를 받을 것이다.)

한 가지 긍정적인 것은 앞으로 일본과 협상하는 실무 공직자나 참모들의 운신의 폭은 조금 넓어질 것이라는 점이다. 그동안 대통령이 입장이 너무 확고해 고위공직자나 참모들은 다른 의견을 개진하거나 창의적인 방안을 제시할 엄두도 내지 못했다. 변화는 거기서부터 시작해야 할 것이다.

문 대통령의 '변화'가 일시적인지, 아닌지를 아는 데는 시간이 필요할 것이다. 그러나 지금까지의 태도는 뭐였느냐고 물을 수는 있다. 〈조선일보〉 사설이 그걸 묻고 있다.

"日기업 자산 현금화 안 돼" 돌변, 4년 反日 몰이는 왜 했나

문재인 대통령이 신년회견에서 법원의 강제징용 판결과 관련해 "(일본 기업 자산이) 강제 집행의 방식으로 현금화되는 것은 바람직하다고 생각하지 않는다"고 했다. 법원은 작년 말부터 징용 피해자들의 청구에 따라 압류한 일본 기업 자산을 현금화(매각)하는 절차를 밟고 있다. 대통령이 이에 공개적으로 반대 입장을 밝힌 것이다.

박근혜 정부 때 외교부가 징용 판결 관련 의견서를 대법원에 낸 것을 두고 여권은 '재판 거래'라고 공격했다. 한일관계가 파국을 맞을 수 있다는 가능성을 대법원에 알릴 수 있는 문제인데도 사법농단으로 몰고 갔다. 양승태 전 대법원장은 구속까지 됐다. 문 대통령은 2019년 신년회견에선 "사법부 판결에 정부가 관여할 수 없고 존중해야 한다"고 했다. 그러더니 2년 만에 태도가 돌변했다. 민주당 의원들도 일본에 가서 "강제징용 문제는 현 상태에서 봉합하는 게 좋다. 대법원도 파국을 원치 않을 것"이라고 했다. 전 정부의 의견 제출은 범죄라더니 자신들은 내놓고 법원을 압박한다.

문 대통령은 또 "(현금화) 단계가 되기 전에 양국 간 외교적 해법을 찾는 게 우선"이라고 했다. 그런 외교적 해법이 박근혜 정부 때 한일 합의였다. 문 정부는 이 국가 간 합의를 파기하고 반일(反日) 몰이를 시작했다. 죽창가를 부르며 있지도 않은 친일파 공격도 했다. 그러더니 이제 와 법원 판결을 무시하고 외교 해법을 찾자고 한다. 2015년 한일 위안부 합의를 파기한 장본인인 문 대통령이 "(그 합의가) 양국 정부 간의 공식 합의였다는 사실을 인정한다"고 했다. 지난 4년 동안 정부가 벌여 온 일은 다 무엇이었나. 결국 아무 방책 없이 국내 정치용으로 이용한 것에 불과했다.

이 정부는 그동안 한일 문제에 대해 외교적 해법을 얘기하면 '친일파', '토착왜구'로 몰았다. 갑자기 태도를 바꾼 이유는 도쿄올림픽 때 김정은을 불러 남북 쇼를 다시 하려면 일본과의 관계를 개선해야 하기 때문이다. '한미일 협력'을 중시하는 바이든 행정부 출범도 영향을 미쳤을 것이다. 이 속 보이는 행태를 일본이 다 보고 있다. 부끄러울 따름이다.　―〈조선일보〉 2021년 1월 20일 자

문 대통령의 자세 전환은 뉴스로서 가치가 있다. 그런데 곰곰 생각해 보면 뉴스로서의 가치가 국익과 무슨 관계가 있느냐는 것이다. 언론에서 얘기하듯 일본에 대한 문 대통령의 유화책이 남북 문제의 진전을 위한 기반

조성이 맞다고 치자. 문 대통령은 남북 문제의 진전이라는 국익을 위해 본인의 소신을 굽혔을 것이다. 여기서 질문 하나. 일본에 대한 강경책도 국익이라고 생각했느냐는 것이다. 필자는 국익보다 국민감정을 우선했다고 본다. 그런데 이런 실수는 위정자 누구나 할 수 있다. 따라서 전 정권의 레거시(유산)를 국익이 아니라 소신이나 감정 때문에 부인했다가 그걸 다시 인정하는 것이 얼마나 불합리한 것인지, 이번 사례를 통해 교훈을 얻었으면 좋겠다. 비난은 그 다음이다.

4) 주목을 원하는 새로운 쟁점들

위안부 판결과 논거, 이 판결이 몰고 온 파장 등을 살펴보면 몇 가지 새로운 쟁점들이 부상한다.

(1) '사법리스크'는 있나

이 쟁점은 한국보다 일본에서 자주 지적하고 있다. 1월 8일 위안부 판결을 놓고 일본 신문들은 다음 날 "한국 사법이 일방적인 역사관에 기반해서 국제법이나 일한 정부 간의 합의에 반하는 상황을 만들어 내, 일한 두 정부를 궁지에 몰아넣는 '사법 리스크'를 새삼 부각시켰다"(〈요미우리신문〉), "한국의 위안부 문제는 최근 사법이 리드해 방향성을 결정함으로써 행정을 구속하는 구도가 반복되고 있다"(〈마이니치신문〉), "한국의 사법부에서는 국제적인 관례나 국가 간의 합의보다 사회감정을 우선하려는 흐름이 강해지고 있다"(〈산케이신문〉)고 보도했다. 이런 주장을 액면 그대로 받아들일 수는 없다. 다만, 과거사 문제에서 사법이 행정을 규율하는 일이 늘어난 것은 사실이다.

결정적인 시작은 2011년 8월 30일 헌법재판소의 '부작위(不作爲) 위헌' 결정으로 봐야 할 것 같다. 이 결정은 "정부는 한일 청구권협정에 관한 분쟁이 존재하기 때문에 한일 청구권협정 제3조가 정한 절차에 따라 분쟁을 해결하기 위하여 적절한 조치를 취할 의무가 있으므로 일본군 위안부 피해자들에 대하여 대한민국 정부에 일본 정부와의 외교적 해결 노력 의무가 있음을 확인한 사례"(헌법재판소 홈페이지)이다. 위안부 분쟁을 해결하기 위해 외교적 노력을 하지 않는 행정부의 부작위는 위헌이라는 것이다.

이 결정에 따라 이명박 대통령은 2011년 12월 18일 노다 요시히코(野田佳彦) 총리와의 교토 정상회담에서 위안부 문제를 해결하라고 직접 요구했으나 서로 얼굴만 붉히는 '외교 참사'를 빚었고, 이에 대한 항의로 이 대통령은 이듬해 8월 10일 독도를 방문해 한일관계를 장기적으로 냉각시키는 단초를 제공했다. 박근혜 대통령이 취임 초부터 위안부 문제 해결을 한일 정상회담의 전제로 내걸고 3년 가까이 양자 정상회담을 거부한 것도, 2015년 12월 18일 위안부 합의를 서둔 것도 근원을 따져 보면 이 결정으로 거슬러 올라간다.

다음은 이춘식, 여운택(2013년 12월 사망), 신천수(2014년 10월 사망), 김규수(2018년 6월 사망) 씨 등 강제징용 피해자 4명이 신일철주금(일본제철)을 상대로 낸 각 1억 원의 손해배상청구 소송이다. 엎치락뒤치락하며 시간이 많이 걸렸고, 이른바 '국정농단', '사법거래'라는 말도 이 소송에서 나왔다.

피해자 4명은 1997년 12월 24일 일본제철을 상대로 오사카지방재판소에 손해배상 소송을 제기했다. 오사카지방재판소는 2001년 3월 27일 패소 판결했고, 오사카고등재판소는 2002년 11월 19일 항소를 기각했으며, 최고재판소는 2003년 10월 9일 상고를 기각했다. 그러자 4명은 2005년 2월 28일 서울중앙지방법원에 같은 소송을 제기한다. 서울중앙지법은 2008년 4월 3일 패소 판결했고, 서울고법도 2009년 7월 16일 항소 기각했다.

대법원도 상고를 기각할 것으로 예상했다. 그러나 반전이 일어난다. 대법원 제1부(주심 김능환 대법관)는 원고승소 판결 취지로 사건을 파기환송

했다. 대법원은 서울중앙지법이나 서울고법과는 달리 일본최고재판소가 내린 확정판결의 효력을 인정하지 않았고, 헌법상 소멸시효도 끝나지 않았다고 보았으며, 일본제철과 신일철주금은 법적 동일성이 있다고 판단했다. 대법원 판결에 따라 서울고법은 2013년 7월 10일 파기환송심에서 일본제철은 원고들에게 각 1억 원씩을 지급하라고 판결한다.

일본제철은 파기환송심 다음 달인 2013년 8월 이에 불복해 대법원에 상고한다. 2013년 2월 출범한 박근혜 정권은 이 사건이 대법원에서 확정될 경우 한일관계에 큰 파장을 일으킬 것으로 보고 대법원과 선고기일 등을 조율했다(문재인 정권은 이를 '국정농단', '사법거래'로 규정했으며 양승태 대법원장은 2019년 1월 24일 구속됐다). 대법원은 2018년 10월 30일 일본제철은 원고 4명에게 1인당 1억 원씩 배상하라고 판결해 소송을 확정했다. 원고 측은 현재 일본제철의 국내재산을 압류해서 매각하는 절차를 밟고 있다.

그리고 이번에 나온 1월 8일의 위안부 판결이다. 이 판결의 의미는 앞에서 자세히 언급했으므로 생략하겠지만, 이 판결은 2018년 10월 30일의 대법원 판결에 맥이 닿아 있다.

이 판결은 2018년 10월 대법원 판결의 논리적 연장선상에서 판단할 때 '당연한 결론'이라 해석할 수 있다. 당시 대법원은 일제 강점기에 이뤄진 강제동원 피해가 1965년 한일 협정에 포함되지 않은 '반인도적 불법행위'라고 판단하며, 원고 기업이 피해자들에게 각 1억 원씩 배상해야 한다고 결정했다. 이 판결이 나온 상황에서 그보다 더 위중한 '반인도적 불법행위'의 피해자인 위안부 할머니들의 배상 요구를 '주권면제'를 이유로 들어 배척하는 것은 대한민국 헌법의 기본 정신과 인류의 보편적 정의 관념에 비춰 볼 때 불가능할 수밖에 없다. 이런 고심을 담아 재판부는 "절대규범을 위반하여 타국의 개인에게 큰 손해를 입힌 국가가 국가면제 이론 뒤에 숨어서 배상과 보상을 회피할 기회"를 줘선 안된다고 판시했다.

— 〈한겨레〉 2021년 1월 9일 자

이 밖에 2013년 1월 3일 서울고등법원이 일본 야스쿠니 신사에 방화를 하고 서울로 들어와 일본대사관에도 화염병을 던지다 잡힌 중국인이 형기 (10월)를 마치자 일본 측의 신병 인도 요청을 물리치고 석방시켜 중국으로 가게 한 결정, 2017년 1월 26일 대전지방법원이 일본 쓰시마에서 훔쳐온 금동관음상을 돌려주지 않고 충남 서산 부석사에 주라고 한 판결, 2014년 8월 7일 법무부가 세월호 사건 당일 '박근혜 대통령의 7시간'에 대해 의문을 제기한 가토 다쓰야(加藤達也) 〈산케이신문〉 서울특파원을 출국금지한 일 등도 한일 갈등을 부채질했다.

삼권분립은 민주국가의 골간이다. 한일 간에 이견이 있을 수 없다. 다만, 한국은 삼권분립을 엄격하게 해석해서 사법부의 독립성을 절대적인 가치로 생각하지만, 일본은 사법부도 외교에 영향을 주는 판결에는 신중해야 한다고 생각한다. 국내에도 그런 생각을 하는 학자가 있다.

외교에 관한 판결을 내릴 때 사법은 신중하게 판단한다는 국제사회의 원칙이 한국에서는 작동하지 않는다는 것을 보여 주는 판결이다. 문재인 대통령 취임 이후 박근혜 대통령 정권 시대의 대법원장이 징용자 소송의 심리를 의식적으로 늦췄다고 해서 체포됐다. 이것을 '사법농단'이라고 처벌함으로써, 정부와 사법부 간의 협의는 불가능해졌다. 징용자와 위안부를 둘러싼 일련의 한국 사법부 판단에 따라 한일관계의 법적 안정성이 위험해졌다. 문재인 정권은 2015년 위안부 합의를 무시하기만 했지, 대안을 제시하지 않았다. 삼권분립에 따라 행정은 사법부에 개입할 수 없다고 주장하지만, 이는 정치가 해결해야 할 문제다. 일본 정부와 다시 교섭을 하든가, 한국 정부가 전면에 나서서 해결에 매달려야 한다. 그러지 않으면 한일관계가 더 악화하는 것을 막을 수 없을 것이다. ― 윤덕민 전 국립외교원장, 〈요미우리신문〉 1월 9일 자

'외교에 관한 판결을 내릴 때 사법은 신중하게 판단해야 한다'는 정신을 반영한 것이 아미쿠스 쿠리에(Amicus Curiae)라는 제도이다.

> 미국 대법원을 보자. 거기엔 '아미쿠스 쿠리에'라는 제도가 있다. 라틴어로 '법정의 친구'라는 뜻인데 판사가 결정을 내리기 전 해당 분야의 전문가를 불러 의견을 물어보는 것이다. 다만 법정에서 공개적으로 한다. 외교 문제도 다른 나라와의 관계를 고려하는 전문가의 의견을 듣고 재판을 하는 것이다. 당연히 외교적 파장도 고려해야 한다. '나는 판사니까 오로지 법률적인 것만 따진다'는 것은 성숙한 판사의 모습은 아니라고 생각한다. 그런데 박근혜 정부의 '사법농단'이라는 문제에서는 법원행정처장이 대통령 비서실장을 따로 만나 의견을 청취했고 재판과정에 반영했다. 이런 것은 안 된다.
>
> — 양삼승 법무법인 화우 고문, 〈중앙일보〉 2019년 7월 18일 자

일본 최고재판소 판사에는 외교관 출신 몫이 있는데, 1947년 이후 외교관 출신으로 최고재판소 판사로 일하다 퇴임한 사람은 9명이다. 교수 출신 판사도 그쯤 된다. 우리의 대법관 선임 관행과는 차이가 있다. 물론 딱히 어느 쪽이 옳다고 말하기는 힘들다. 다만, 관행의 차이가 변화를 몰고 온다는 말은 할 수 있다.

(2) 판결 확정, 그 후

일본 정부가 항소를 하지 않아 이 판결은 1월 23일 0시에 확정됐다. 일본 정부는 이날 모테기 도시미쓰(茂木敏充) 외무대신 명의로 입장문을 발표했다(전문).

전 위안부 등에 의한 대한민국 서울중앙지방법원의 소송에 관한 판결확정에 대하여 (외무대신 담화), 2021년 1월 23일

1. 전 위안부 등이 일본 정부를 상대로 제기한 소송에서 올 1월 8일 서울중앙지방법원은 국제법상의 주권면제 원칙의 적용을 부정하고, 일본 정부에 대하여 원고에게 손해배상의 지불 등을 명하는 판결을 내렸고, 오늘 23일 이 판결은 확정됐습니다.

2. 국제법상 국가는 주권을 갖고 있고 서로 대등한 존재이므로 원칙적으로 외국의 재판권에 따를 일은 없습니다. 일본으로서는 이 국제법상의 주권면제의 원칙에서 일본 정부가 한국의 재판권에 따르는 것은 인정할 수 없고, 본건 소송은 각하되어야만 한다는 입장을 누차에 걸쳐 표명해 왔습니다. 이번에 서울중앙지방법원이 주권면제 원칙의 적용을 부정하는 판결을 내린 것은 국제사법재판소의 판결도 제시하고 있는 국제법에 명백하게 반하는 것입니다.

3. 위안부 문제를 포함해 일한 간의 재산·청구권 문제는 1965년의 일한청구권·경제협력협정으로 '완전하고 최종적으로 해결'되었고 어떠한 주장도 할 수 없다(제2조)고 규정돼 있으며, 이 협정은 지금까지 일한관계의 기초가 되어 왔습니다.

4. 또, 2015년 12월의 일한 외상회담에서의 합의에 따라, 위안부 문제의 '최종적이고 불가역적인 해결'을 확인했습니다. 일본 정부는 이 합의에 따라 약속했던 조치를 전부 실시해 왔습니다. 대한민국 정부도 이 합의가 양국 정부의 공식 합의라고 인정하고 있는 것으로서, 국제사회가 한국에 의한 합의의 실시를 주시하고 있는 상황입니다.

5. 이 판결은 국제법 및 일한 양국 간의 합의에 명백하게 반하는 것으로서, 극히 유감스러우며, 결코 받아들일 수가 없습니다.

한국 외교부도 같은 날 다음과 같이 정부 입장을 발표했다(전문).

일본군 위안부 피해자 제기 손해배상 소송 판결 관련 일본 측 담화에 대한
우리 정부 입장

1. 2021년 1월 23일 확정된 일본군 위안부 피해자 제기 손해배상 소송 판결 관련 일본 정부가 외무대신 명의의 담화를 당일 발표하였습니다.

2. 이번 소송 판결과 일본 측 담화에 대한 우리 정부의 입장은 다음과 같습니다.
   - 우리 정부는 2015년 위안부 합의가 한일 양국 정부 간의 공식 합의임을 인정함. 동시에 피해 당사자들의 의사가 반영되지 않은 정부 간의 합의만으로 진정한 문제 해결이 될 수 없다는 입장을 밝혀 왔음.
   - 이에 따라, 우리 정부는 일본에 대해 정부 차원에서는 어떤 추가적인 청구도 하지 않을 방침이나, 피해 당사자들의 문제 제기를 막을 권리나 권한을 가지고 있지 않음.
   - 우리 정부는 위안부 피해자들과 상의하며 원만한 해결을 위해 끝까지 노력할 것이지만, 일본 측 또한 스스로 표명했던 책임통감과 사죄·반성의 정신에 입각하여 피해자들의 명예·존엄 회복과 마음의 상처 치유를 위한 진정한 노력을 보여야 할 것임.
   - 아울러, 일본 정부는 일본군 위안부 피해자 문제가 세계에서 유례없는 전시 여성의 인권 유린이자 보편적 인권 침해의 문제로서, 국제인권규범을 비롯한 국제법을 위반한 것임을 직시해야 할 것임.
   - 우리 정부는 동 판결이 외교관계에 미치는 영향을 면밀히 검토하여, 한일 양국 간 건설적이고 미래지향적인 협력이 계속될 수 있도록 제반 노력을 기울이겠음.

일본 정부의 입장은 예상됐던 것이고, 한국 정부의 발표에서 눈에 띄는 것은 "우리 정부는 일본에 대해 정부 차원에서는 어떤 추가적인 청구도 하지 않을 방침"이라고 한 대목이다. 여기서 말하는 '청구'가 무엇인지가 불분명하다. 아무래도 더 이상 금전적 요구는 하지 않겠다는 뜻인 것 같다.

이에 대해 이용수 할머니는 "일본 정부로부터 사죄를 안 받겠다는 뜻이냐"고 이의를 제기했고, 최봉태 대한변협 일제피해자인권특별위원장은 "2015년 합의 때와 마찬가지로 피해자 의사를 묻지 않았다. 정부가 적극적으로 할머니들을 도와주지는 못할망정 오히려 상처를 줘서 되겠느냐"고 유감을 표시했다(〈서울신문〉 1월 24일 입력).

정부가 추가로 금전적인 요구를 하지 않는다면 상황이 나아질 것인가. 이 말은 행정부는 요구하지 않겠지만, 사법부가 배상 판결을 내리거나, 입법부가 법을 만들어 일본 기업이나 정부에게 돈을 내라고 하는 것(예를 들어 '문희상 법안')은 어쩔 수 없다는 의미로 들린다. 만약 그런 일이 발생한다면, 우리 정부가 추가적인 청구를 하지 않는 것이 무슨 의미가 있을지 모르겠다. 일본 입장에서는 입법, 사법, 행정을 모두 '한국 정부'로 보기 때문이다.

일본이 항소를 하지 않아 판결이 확정된 것을 아쉬워하는 시각도 있다. 일본이 항소를 했더라면 확정 판결이 뒤로 미뤄지기 때문에 한일 양국이 협상할 여지가 남았을 것이라는 의미에서다. 그러나 강력하게 '주권면제'를 주장해 온 일본으로서는 그런 선택은 불가능했을 것이다. 또 이후의 협상 여지까지 고려해서 항소할 정도로 두 나라가 서로의 입장을 생각해 주는 사이라면 사태가 이 지경까지 오지도 않았을 것이다.

(3) ICJ(국제사법재판소)는 대안인가

과거사 문제는 이제 ICJ로 가져갈 수밖에 없지 않으냐는 말이 나온다. 그런데 ICJ 논의는 최근 미묘한 변화를 보이고 있다. 2018년 강제징용 판결 이후 ICJ로 가자는 주장은 일본이 공세적이었고 한국은 수세적이었다. 한국에서는 ICJ로 간다고 꼭 이기리라는 보장도 없고, 질 경우 후폭풍이 너무 크다고 생각했다. 그런데 이번 위안부 판결에서는 일본이 ICJ 카드를 만지작거리긴 하지만 수세적이고, 한국은 예전보다 문을 열어놓고 있다.

일본 자민당 내 외교부회는 1월 19일 한국의 위안부 판결을 비난하는 결의안을 모테기 외상에게 제출했다. 비난결의안은 판결 내용이 사실을 왜곡하고 있으며, 일한 청구권협정과 위안부 합의에 반하고, 주권면제를 인정하지 않아 국제법을 위반하고 있으므로 수용할 수 없다고 주장했다. 일본 정부에게는 ▷ 문재인 정권에 대한 시정조치 요구, ▷ ICJ 제소 검토, ▷ 일본 정부 자산에 손댈 것에 대비해 일본 국내에 있는 한국 자산의 동결 및 금융제재 등 강력한 조치 검토, ▷ 국제사회를 향한 일본의 주장 발신 강화 등을 촉구했다(〈산케이신문〉 1월 20일 자).

그러나 일본 내부에서도 신중론이 있다.

한국 법원의 위안부 피해자 배상 판결에 대해 "국제법 위반"이라며 강하게 반발했던 일본 정부가 정작 ICJ(국제사법재판소) 제소 카드는 쉽사리 꺼내지 못하고 있다. 자칫 득보다 실이 커지는 결과로 이어질 수 있어서다. 일본 내부의 여론도 '신중론'으로 기우는 분위기다. 일본 교도통신은 위안부 판결에 대항하는 조치로 ICJ 제소를 활용하는 방안에 대해 신중한 대응을 요구하는 목소리가 나오고 있다고 14일 보도했다.

ICJ 제소는 일본 입장에선 '양날의 칼'이다. ▲ 한국이 ICJ 재판에 응하지 않을 가능성이 있고, ▲ 재판이 진행된다 해도 위안부 문제에 대한 국제사회의 이목이 쏠리는 데다, ▲ 재판 결과 역시 장담할 수 없기 때문이다. 2015년 한일 외교장관 합의를 통해 위안부 문제가 최종적이고 불가역적으로 해결됐다고 주장하는 일본 입장에선 잘해야 본전만 찾고 말 공산이 크다.

이와 관련 신각수 전 주일대사는 "위안부 판결은 주권면제의 원칙을 배제했다는 점에서 국제법에 위배될 소지가 다분하다"면서도 "이에 맞서 ICJ 제소를 진행할 경우 위안부 문제가 다시 국제적 관심을 받는 상황을 초래해 일본 입장에선 부담스러울 것"이라고 말했다.　　　　　— 〈중앙일보〉 2021년 1월 15일 입력

한국에서도 물론 의견이 엇갈린다. '안 된다'는 분위기가 여전히 강하지만 '가서 안 될 것은 또 뭐냐'는 주장도 나오고 있다. 이원덕 국민대 교수는 일찍부터 ICJ행을 주장했다.

> 가장 바람직한 것은 일본 정부가 책임을 인정하고 사과한 뒤, 일본 정부의 자금도 들어 있는 2015년의 위안부 합의의 틀에서 해결하는 것이다. 그러나 합의는 사실상 파기됐다. 평화적으로 해결하려면 양국의 합의 하에 국제사법재판소(ICJ)에서 판단할 수밖에 없는 것 아닌가.
>
> — 이원덕 국민대 교수, 〈아사히신문〉 2021년 1월 9일 자

한국은 1991년 ICJ 발효 시 강제관할권을 수락하지 않았기 때문에 일본이 제소해도 우리가 응하지 않으면 재판은 성립하지 않는다. 그러나 ICJ 제소 문제는 과거사 문제를 깔끔하게 정리하지 못하는 한, 두 나라 모두가 마지막에 쓸 수 있는 카드로서 늘 만지작거릴 것 같다.

(4) 새로운 조약은 가능한가

위안부 판결을 내린 재판부는 한일 간의 합의가 구속력과 강제성을 가지려면 조약 형식이 돼야 할 것으로 생각하는 듯하다. 재판부는 2015년 합의로 개인청구권은 소멸하지 않았다고 주장하며 그 논거로 "2015년 합의가 통상적으로 조약에 부여하는 명칭이나 조문 형식도 사용하지 않았고, 합의의 효력에 대한 양 당사자의 의사가 표시되어 있지 않으며, 구체적인 법적 권리·의무를 창설하는 내용도 없다"면서 "이 합의는 양국 간에 첨예한 갈등이 존재하고, 국민의 기본권과 관련돼 있는 위안부 문제인데도 헌법상의 조약체결 절차를 거치지 않았고, 조약번호를 부여하거나 고시하지도 않았다. 이는 일본도 마찬가지다"라고 지적했다. 이 지적을 뒤집어 보면 개인청구권을 소멸시키려면 조약을 맺고 국회 비준을 받아야 한다는 것으로 해

석할 수 있다. 개인청구권 소멸 문제만이 아니라, 양국이 과거사 문제를 매듭지으려 한다면 조약 형식으로 해야 한다는 의미로도 들린다.

그러나 필자는 과거사 문제를 정리하기 위해 양국이 조약을 맺는 일은 힘들 것이라고 본다. 1965년 한·일 기본조약과 청구권협정을 맺기까지 양국은 14년간이나 지루한 공방을 벌였다. 그런데도 부족하고, 빠지고, 그냥 넘긴 것이 많다며 협상자들의 역사관을 비난하는 학자가 적지 않다. 당시는 한국의 국력이 일본에 훨씬 못 미쳤을 때였는데도 말이다(필자는 한국 협상자들이 국력에 비해 선전했다고 평가하는 쪽이다). 하물며 지금 일본에 꿀릴 것이 없다고 생각하는 한국 입장과 이제는 한국에 더 이상 사과할 필요가 없다고 생각하는 일본이 만나 어떤 합의를 이뤄 내서 과거사를 정리하는 조약을 만든다는 것은 기대하기 어렵다. 과거사 문제에 책임을 지고 결단을 내릴 정권은 한국에도, 일본에도 당분간은 없을 것이다. 과거사라는 '폭탄 돌리기'가 언제 끝날 것인지 아무도 장담하지 못한다. 왜냐하면 과거사 문제는 '끝나는' 것이 아니라 '끝내는' 것인데, 그런 의지를 가진 지도자가 없기 때문이다.

조약만이 만능도 아니다. 1998년 김대중 대통령과 오부치 게이조 총리가 맺은 '21세기 새로운 한일 파트너십 공동선언'은 조약이 아니라 '선언'이었다. 그렇지만 훌륭한 합의라는 것을 누구나 인정한다. 합의든, 선언이든, 조약이든, 그것의 성패는 형식이 아니라 그걸 지키려는 의지가 있느냐 없느냐에 달려 있는 것 아니겠는가.

(5) 1월 13일 판결은 왜 연기했나

한국 정부는 1월 8일 판결을 예상하고 있었을까. 그렇지 않은 것 같다. "외교부는 내부적으로 '소송 각하' 가능성에 무게를 두다가 예상 밖 판결에 곤혹스러워한 것으로 알려졌다"고 한 보도가 있었다(〈조선일보〉 1월 9일 자). 다른 루트를 통해서 알아본 바로도, 외교부는 원고승소 판결이 나올지 예상하지 못했다고 한다. 문 대통령도 신년 기자회견에서 "곤혹스럽다"고 했는데, 또다시 악재가 터졌다는 의미로도 읽을 수 있으나 예상 밖의 결과여서 곤혹스럽다고 해석할 수도 있다.

곤혹스러운 것은 정부만이 아니었던 것 같다. 서울중앙지법 민사합의15부(민성철 부장판사)는 1월 13일, 김복동, 곽예남, 이용수 할머니 등 20명(처음에는 21명, 1명 취하)이 일본 정부를 상대로 2016년 12월 28일에 낸 손해배상청구 소송의 1심 선고를 할 예정이었다. 1월 8일 선고한 재판과 성격이 같다. 그런데 재판부는 갑자기 1월 13일 판결을 연기하고 3월 24일부터 재판을 속행하겠다고 밝혔다. 법원 관계자는 "재판부가 사건의 판단을 위하여 추가적인 심리의 필요성이 있다고 판단했다"고 밝혔으나 석연찮다.

이 재판의 변호인인 민변의 일본군 '위안부' 문제 대응 TF의 이상희 변호사조차 연기하려는 분위기를 눈치채지 못했다고 한다. 그는 인터뷰에서 "재판 때 충분히 입증했고 재판부가 궁금해하는 내용을 정리해 최대한 제출했다. 그런데도 선고 이틀 전 갑자기 변론 재개를 통보한 건 납득하기 어렵다. 직전 판결이 갖는 의미가 워낙 중차대해 무시하긴 어려울 것이다"라고 했다(〈한겨레〉 1월 12일 입력).

결국 민사합의15부가 선고를 연기한 것은 1월 8일 판결의 영향이라고 보는 게 자연스럽다. 민사합의15부는 1월 8일의 판결과 다른 결론을 내려고 했던 것일까. 같은 성격의 재판에서 다른 결론을 내는 것이 부담스러워서 연기했다고 하면 설득력이 있다. 물론 그 사정은 재판부를 제외하곤 누구도 정확히 알 수는 없다. 이런 관측에 대해 일부는 1월 8일 판결 후 일본 정부가 항소를 하지 않겠다고 하니, 1심 판결이 그대로 확정돼 역사적 문건으로 남을 가능성이 크기 때문에 판결문을 다듬기 위해 연기를 했을 수도 있다는 말도 있다. 그러나 설득력이 떨어진다. 진상이 무엇인지를 알기 위해서는 조금 더 시간이 필요할 듯하다. 만약 민사합의15부도 원고승소 판결을 한다면, 그 논리 구성을 어떻게 할지도 궁금하다.

(6) 위안부 판결과 화해·치유재단 56억 원

재판부가 일본 정부에게 원고 12명에게 각 1억 원씩을 지급하라고 판결했지만, 한국 내에 일본 정부의 재산이 없으면 아무 소용이 없다. 언뜻 주한 일본대사관이나 영사관을 생각할지 모르나 그런 재산은 그림의 떡이다. '외교관계에 대한 빈 협약' 제22조 3항은 "공관지역과 동 지역 내에 있는 비품류 및 기타 재산과 공관의 수송수단은 수색, 징발, 차압 또는 강제집행으로부터 면제된다"고 규정하고 있다. 그러니 강제집행을 할지는 나중 문제로 치고, 원고 측은 우선 국내에 일본 정부의 다른 재산이 있는지부터 찾아내야 한다.

여기서 2015년 12월 28일 한일 합의에 따라 일본 정부가 화해·치유재단에 출연한 10억 엔(입금 당시 108억 원) 중 이미 쓰고 남은 56억 원(2020년 5월 현재)을 일본 정부의 재산으로 볼 수 있느냐는 궁금증이 생긴다. 원고 측 변호사도 그 점을 따지고 있는 듯하다.

박철희 서울대 교수도 악화한 한일관계를 푸는 여러 방법 중 하나로 "일본 정부가 갹출한 자금이지만 화해·치유재단의 청산 과정에서 남아 있는 56억 원을 배상 원금으로 활용하는 방법도 불가능하지는 않다. 다만, 한·일 외교 협상을 다시 시작해야 하는 부담을 걸머져야 한다"(〈중앙일보〉 1월 19일 자)고 했다.

강창일 신임 주일대사도 1월 22일 나리타공항을 통해 일본에 부임하며 "(현재 보관 중인) 일본 정부의 위안부 재단 기금을 합쳐 한일 양국이 새로운 기금을 만들어야 한다"고 밝혔다. 위안부 재단기금이란 남아 있는 56억 원일 것이다.

이런 주장들에 대해 필자는 다음과 같은 의견을 갖고 있다.

우선 원고 측의 생각에 대해서다. 한일 두 나라가 원만하게 화해·치유재단을 운영했더라면 남은 기금을 승소한 12명에게 주는 방안을 '상상'할 수는 있다고 본다. 그러나 현실에서는 일본은 응할 수가 없다. 그것은 이번 판결의 정당성, 즉 일본 정부가 손해배상을 해야 한다는 점을 인정하는 것이기 때문이다. 일본 정부는 징용자 판결 문제를 해결하는 데도, 판결의 정당성을 인정하는 것을 전제로 하는 해법은 절대로 수용할 수 없다고 밝혀 왔다.

그렇다면 남은 56억 원을 일본 재산으로 보고 강제집행할 수는 있는가. 만약 법원에 그런 청구를 한다면 큰 관심을 불러일으킬 것은 틀림없다. 법원이 어떤 판단을 내릴지는 모르겠다. 그러나 필자는 무리가 있다고 본다. 우선 남은 56억 원은 일본이 출연하기는 했으나 한일 합의로 만든 화해·치유재단의 기금이다. 일본 정부의 재산이라고 단정할 수 없다. 또 이 돈은 "위안부들의 명예와 존엄의 회복 및 마음의 상처 치유를 위한 사업"에 쓰도록 목적이 정해져 있고 구체적 사용처도 한일 정부가 논의해서 결정하도록 되어 있다. 그런 돈을 손해배상청구 소송의 위자료로 전환할 수 있을지 의문이다.

더 큰 문제는 따로 있다. 한국 정부도 위안부 운동단체도 일본 돈은 필요없다며 가져가라고 했다. 어제는 가져가라고 한 기금을 오늘은 배상금으로 쓰겠다는 것은 국격을 손상하는 일이다. 훔친 초로 성경을 읽는 것과 같다. 안 된다고 하는 것은 한국 정부와 운동단체, 불특정 국민의 입장이고, 원고 측은 그 돈에서라도 위자료를 받겠다고 할 수도 있다. 하지만 그런 주장은 국민 일반의 정서가 용인하지 않을 것이다.

그런 의미에서 박철희 교수의 제안도 허들이 높다. 한일 외교 협상을 다시 시작해야 하는 부담을 안아야 한다고 했는데, 한국 정부는 모르겠으나 일본 측은 협상에 나서지 않을 가능성이 크다.

강창일 대사가 말한 "잔여기금을 포함해 한일 양국이 새로운 기금을 만들어야 한다"는 주장도 문제가 있다. 가장 큰 문제는 명분에 관한 것이다. 한일 합의로 만든 화해·치유재단을 일방적으로 해산해 놓고 이제 와서 또 무슨 기금을 만들자는 것이냐는 일본 측의 반박을 어떻게 막아 낼 것인가.

또 새로운 기금은 일본 정부의 추가 출연을 전제로 하는 것인데, 한국 정부가 이미 추가적인 청구는 하지 않겠다고 했으니 추가 출연이 가능할지 모르겠다. 만약 일본에게 추가 출연을 요구하지 않는다면 일본과 협의를 하는 것이 무슨 의미가 있겠는가.

물론 앞으로 어떤 일이 어떻게 전개될지 모른다. 필자가 너무 비관적인지도 모르겠다. 그러나 한국과 일본은 서로를 등진 채 너무 멀리 와 버렸다. 해결책을 찾으려면, 아니 협상 테이블에 앉는 것조차 시간이 걸릴 것이다.

제 2 장

위안부 합의와 화해 · 치유재단

1. 화해 · 치유재단 청산인 급여를 재단 돈에서 지급한
   여성가족부의 무신경과 몰염치

"화해 · 치유재단을 즉각 해산하라."

"일본이 출연(出捐)한 10억 엔도 반환하라."

그런데 화해 · 치유재단을 해산하는 청산인의 급여를 일본이 준 10억 엔에서 지급했다면 여러분은 어떤 생각이 드는가. 필자는 창피하다는 생각이 들었다. 일본 돈을 축낸 것이 아니라 한국의 국격과 자존심을 축냈다는 생각에서다.

그런데 이게 그냥, 어쩌다 그렇게 된 것이 아니다. 그러지 말라고, 나라 체면 깎인다고 강하게 만류했는데도 그렇게 했다. "예산이 없다"는 이유로. 공무원의 무신경과 몰염치에 놀랄 뿐이다. 여성가족부 얘기다.

화해 · 치유재단은 2016년 7월 28일 발족했다. 전해인 2015년 12월 28일 발표한 한 · 일 합의에 따른 것이다. 일본은 2016년 9월 1일 재단으로 10억 엔(108억 3천만 원)을 송금했다. 재단은 이 돈으로 생존 위안부 할머니 47명 중 35명에게 1억 원씩을, 사망 위안부 199명의 유족 64명에게 2천만 원씩을 지급해 46억 원을 사용했고, 재단운영비로 9억 원을 썼다. 2020년 5월 현재 남은 돈은 56억 원이다.

한 · 일 합의에 반대하는 할머니, 단체, 정치권 등은 재단을 해산하고 10억 엔을 일본으로 돌려주라고 요구했다. 강경화 외교부장관은 2018년 1월 9일 '위안부 합의 처리방향 정부입장 발표'를 통해 일본 정부가 출연한 10억 엔에 상당하는 103억 원을 한국 정부예산으로 충당하겠다고 밝혔다. 이는 일본이 출연한 기금에 한국 예산 103억 원을 충당함으로써 생존 위안부 할머니와 유족 등에게 이미 지급한 돈도 한국이 지급한 것으로 간주하겠다는 것이다. 10억 엔으로는 위안부 문제를 해결할 수 없고, 그 정도의 돈은 한국도 언제든지 마련할 수 있다는 점을 보여 준 것이다. 물론 국민의 요구와 지지도 계산했을 것이다. 다만 강 장관은 "(일본이 낸) 10억 엔 기금의 향후 처리 방안에 대해서는 일본 정부와 협의하도록 하겠다"고 말했다. 정부는 2018년 7월 24일 국무회의에서 예비비 103억 원을 여성가족부 양성평등기금으로 편성키로 의결하고, 8월 16일 실제로 103억 원을 예치했다.

재단 해산도 본격화했다. 여성가족부는 2018년 11월 21일 보도자료를 통해 "화해·치유재단 해산을 추진하고, 재단 사업을 종료하기로 결정했다"며 "이를 위한 법적 절차를 밟겠다"고 밝혔다. 이에 따라 12월 7일 재단 해산에 관한 청문을 거쳐, 2019년 1월 21일 여성가족부는 "재단이 목적사업을 제대로 진행하지 못하고 있고 앞으로도 정상화 가능성이 없다"며 민법 38조(법인의 설립허가의 취소)와 '여성가족부 소관 비영리법인 설립 및 감독에 관한 규칙' 제4조 제1항 제1호(법인의 목적과 사업이 실현가능할 것)에 따라 재단의 설립허가를 취소했다.

재단은 2019년 4월 26일 법원에 청산인 선임을 신청했고, 법원은 5월 27일 재단설립허가 취소 전에 청문절차를 맡았던 K변호사를 청산인으로 선임했다. 재단은 6월 17일 청산인 선임 및 해산등기를 완료하고, 7월 15일 주무부처인 여성가족부에 해산신고를 했다.

민법 제77조(해산사유)는 "① 법인은 존립기간의 만료, 법인의 목적의 달성 또는 달성의 불능 기타 정관에 정한 해산사유의 발생, 파산 또는 설립허가의 취소로 해산한다. ② 사단법인은 사원이 없게 되거나 총회의 결의로도 해산한다"고 되어 있다. 화해·치유재단은 설립목적을 달성할 수 없기 때문에(목적달성의 불능) 해산했다는 것이다.

해산등기를 할 때 이사들을 등기말소하며, 임기도 정리했다. 화해·치유재단 이사들은 이런저런 이유로 임기만료 전에 사임했지만 등기부에는 이름이 남아 있어 임기와 자격에 논란이 있었다. 법원은 2017년 7월 27일 사임한 김태현 이사장은 1년 10개월 후인 2019년 5월 27일(청산인 선임일)에 해임한 것으로, 2017년 12월 26일 사임한 조희용, 심규선, 진창수, 이원덕, 김재련 이사는 그다음 해인 2018년 8월 10일 임기만료(2년)로 퇴임한 것으로 정리했다.

청산법인은 2019년 8월 30일부터 11월 8일까지 채권신고를 공고하고, 이미 현금지급을 신청했으나 받지 못한 피해자와 그 가족에 대한 일부 업무 등을 처리하다가 2020년 1월 17일 사무국(서울 중구 통일로 86 바비엥Ⅲ 513호)의 문을 닫았다.

재단설립 이후 재단의 운영비가 재단 내에서 논쟁거리로 떠올랐다. 이사들은 일본 출연금은 오로지 위안부 할머니와 그 유족들에게만 써야 한다고 합의하고, 직원 급여와 사무실 임대료 등 재단운영비는 정부에서 지원하라고 요구했다. 재단은 강은희 여성가족부장관과 윤병세 외교부장관의 도움으로 2016년 8월 여성가족부에 2억 3천만 원을 지원해 달라고 요청해 1억 5천만 원을 받았다. 그해 모자라는 5,900만 원은 이사회 의결을 거쳐 일본 출연금으로 충당했다.

문제는 2017년 운영비였다. 2016년 5월 20대 국회가 개원하며 더불어민주당이 제1당이 되자 2016년 국정감사와 상임위 예산 심의과정에서 재단 운영에 왜 국고를 지원하느냐는 지적이 나왔고, 결국 2017년 재단운영비 예산은 전액 삭감됐다. 이사회는 하는 수 없이 2017년 운영비 5억 3,500만 원을 일본 출연금에서 사용하도록 의결했다. 2018년 예산도 그렇게 했다. 이후 재단 운영비를 일본 출연금에서 쓰는 데 대한 비판이 많았다.

매달 2,750만 원씩 축내는 '박근혜 졸속합의 산물' 화해·치유재단

2015년 박근혜 정부 시절 '12·28 한·일 위안부 피해자 합의'로 설립됐으나, 사실상 이름만 남은 화해·치유재단이 올해 들어 사무처 운영비로 매달 평균 2,750만 원을 지출한 것으로 나타났다.

29일 국회 여성가족위원회 소속 정춘숙 더불어민주당 의원이 여성가족부로부터 제출받아 공개한 자료를 보면, 올해 1월부터 6월까지 화해·치유재단은 인건비 1억 1,400만 원 및 관리운영비 5,100만 원 등 모두 1억 6,500만 원을 사용했다. 재단엔 사무처장을 포함해 직원 5명이 근무 중인데 이들의 급여·사무실 임대료 등으로 월 평균 2,750만 원을 쓴 셈이다. 그러나 재단 차원의 업무는 사실상 중단된 상태이다.　　　　　　　　　—〈한겨레〉 2018년 7월 29일 입력

정춘숙 의원만 이를 문제 삼은 것이 아니다. 박경미 당시 더불어민주당 의원도 이보다 앞선 2017년 11월 "화해·치유재단 위안부 할머니 위로금 곳감 빼먹듯 써"라는 보도자료를 통해, 일본 출연금으로 운영비와 인건비 3억 3,200만 원을 썼다고 비판했다.

화해·치유재단의 문을 닫으라는 주장도, 10억 엔을 일본에 돌려주라는 주장도 할 수 있다. 그러나 직원 6명(한 명은 외교부 파견으로 외교부에서 급여 지급)이 일하는 재단에 예산을 한 푼도 주지 않으면서 일본 출연금으로 운영비와 인건비를 충당한 것을 문제 삼으면 어떻게 해야 할지 모르겠다.

재단 이사들은 2016년 9차례(서면 3회 포함), 2017년 10차례(서면 3회 포함)의 이사회를 열었다. 이사회 한 차례당 10만 원의 회의비를 받았다. 그러나 운영비 예산을 전액 삭감당한 2017년에는 회의비를 받지 않기로 결의하고 그렇게 했다. 그리고 2016년 운영비 5,900만 원과 2017년 운영비 5억 3,500만 원을 일본 출연금으로 쓴 것은 국가 입장에서 부끄러운 일이니, 사후에라도 반드시 국가예산으로 충당해야 한다고 여러 차례 이사회 기록에 남겼다.

그런 이사들의 입장에서 볼 때 청산인의 급여까지 일본 출연금에서 지급하는 것은 무신경하고 몰염치한 일이다. 재단을 유지하기 위해 일하는 직원이나 사무실 임대료를 일본 출연금으로 쓰는 것도 비판하는 마당에 청산인의 급여까지 일본 출연금으로 주는 것은 국가의 품격을 떨어뜨리는 일이

라고 본다.

재단 이사들은 청산인의 급여를 일본 출연금으로 지급할 것이라는 사실을 안 직후 여성가족부 쪽에 강력하게 재고를 요청했다. 2019년 3월경 여성가족부는 이미 사임하고 서류상으로만 등재돼 있던 김태현 화해·치유재단 이사장에게 K청산인의 수임료로 월 500만 원씩을 재단 돈에서 지급할 테니 결재해 달라고 요구했다. 그러나 김 이사장은 재단 출연금의 용처는 원칙적으로 한국과 일본 정부가 협의해야 한다는 이유를 들어 "일본과 합의를 해서 그 내용을 공문으로 보내 달라"고 요청했다. 김 이사장은 "재단 출연금에서 청산인 급여를 주는 것은 어떻게든 막고 싶었다"고 했다. 그러나 여성가족부는 "다른 곳에서 재원을 마련하기 어렵다"며 받아들이지 않았다. 청산인의 급여는 재단이 법원으로 송금하면 법원이 청산인에게 지급했다. K청산인은 청산인으로 선임되기 직전인 2019년 5월 21일부터 재단 사무실을 폐쇄한 2020년 1월 20일까지 8개월 동안 월 500만 원씩 4천만 원의 급여를 받았다.

청산인의 급여에 대한 얘기는 재단 관계자들은 대개 알고 있었으나 "창피하다"며 입을 다물고 있었다. 그런데 2020년 6월 15일 최광숙 〈서울신문〉 정책뉴스부 선임기자가 "청산인 K변호사는 지난해 6월 업무를 시작해 올해 1월까지 8개월 동안 출연금에서 매달 500여만 원을 받았다. 이후 할 일이 별로 없어 2월부터 무보수로 일한다고 한다"고 칼럼("세종로의 아침: 화해·치유재단에 무슨 일이 벌어지고 있나", 〈서울신문〉)에 썼다.

그러나 이 대목의 의미를 주목한 사람은 없던 것 같다. 일본 출연금으로 청산인 급여를 준들, 그게 무슨 문제냐고 할 수도 있다. 그러나 필자는 앞에서 언급한 대로 대단히 부끄럽게 생각한다. 20대 국회도 필자와 같은 뜻으로 일본 출연금을 재단운영비로 쓰는 것을 비판했을 것이다. 청산인 급여도 운영비다. 월 5억도 아니고 한 달에 500만 원 정도라면 어떻게든 우리 정부가 마련할 수 있었을 것이다. 그러나 여성가족부는 '바로 옆에 줄 돈이 있는데 뭐 하러 사서 고생하느냐'고 생각한 것 같다. 그러나 '국가'는 편한 것만 추구해서는 안 되고, 때로는 품격과 명분도 추구해야 한다. 정부가 나중에 103억 원을 만들어 충당했듯, 국가의 체면을 위해 4천만 원 정도는 국고에서 충당하라고 제안한다.

조태용 국민의힘 국회의원은 2020년 8월부터 5차례에 걸쳐 여성가족부에 화해·치유재단의 해산방침 이후의 재단청산 진행상황을 질의하며 경비 사용내역을 자세하게 보고해 달라고 요청했다. 그러나 여성가족부의 답변을 통해서는 K청산인 급여를 얼마 동안, 얼마를, 어느 재원에서 줬는지 알 수 없다. 여성가족부는 "2017년 재단 이사회가 일괄 사임하여 이사회를 개최하지 못하는 바람에 2017년과 2018년의 실적보고가 이뤄지지 않았다"고 답변했다. 그러나 2017, 2018년이 아니라 청산인이 근무하던 기간 (2019년 5월~2020년 1월)에는 청산인이 일을 보고 있었고, 직원도 있었으므로 그 기간의 경비 사용내역은 정리할 수 있을 것이다. 그런데도 그 기간의 사용경비에 대해서도 답변하지 않는 것은 이상하다.

여성가족부의 답변을 종합하면 다음과 같은 사실을 짐작할 수 있다.

첫째, 퇴임 이사들이 회의록에까지 남기며 요청한 사안은 이뤄지기 어려울 것 같다. 이사들은 "재단운영비를 일본 출연금에서 사용한 것은 떳떳하지 않으니, 나중에라도 국가 예산으로 충당해 달라"고 했다. 9억 원쯤 된다. 그러나 여성가족부는 답변에서 일본이 출연한 10억 엔은 나중에라도 일본에 반환하기 위해 예비비 103억 원을 준비해 놓고 있으나 "재단이 이미 사용한 돈에 대해서는 충당계획이 없다"고 밝혔다. 그렇다면 청산인의 급여 4천만 원을 국가예산으로 충당해 달라는 필자의 제언도 받아들일 생각이 없을 것이다.

여성가족부는 청산인의 급여를 한국 정부가 마련한 103억 원에서 준 것이라고 주장할 수 있지 않을까. 못 한다. 103억 원은 일본에 돌려주기 위해 따로 관리하고 있고, 청산인의 급여는 분명 재단의 법인통장에서 법원을 거쳐 청산인에게 갔다. 법인통장에는 103억 원이 들어 있지 않다.

둘째, 남은 돈 56억 원에 관한 것이다. 잔여재산의 처분은 '여성가족부 소관 비영리법인의 설립 및 감독에 관한 규칙' 제11조에 따라 청산인이 신청하면 허가하도록 되어 있다.

제11조(잔여재산 처분의 허가) 법인의 이사 또는 청산인은 민법 제80조 제2항에 따라 잔여재산의 처분에 대한 허가를 받으려면 별지 제5호 서식의 잔여재산 처분허가 신청서(전자문서로 된 신청서를 포함한다)에 다음 각 호의 서류를 첨부하여 여성가족부장관에게 제출하여야 한다.

1. 해산 당시의 정관 1부(해산신고 시의 정관을 확인할 필요가 있는 경우에만 제출한다).

2. 총회의 회의록(사단법인인 경우만 해당한다) 사본 1부(해산신고 시에 제출한 서류만으로 확인이 되지 않을 경우에만 제출한다).

위의 여성가족부 규칙에 나오는 민법 제80조 제2항은 다음과 같다.

제80조(잔여재산의 귀속)
① 해산한 법인의 재산은 정관으로 지정한 자에게 귀속한다.
② 정관으로 귀속권리자를 지정하지 아니하거나 이를 지정하는 방법을 정하지 아니한 때에는 이사 또는 청산인은 주무관청의 허가를 얻어 그 법인의 목적에 유사한 목적을 위하여 그 재산을 처분할 수 있다. 그러나 사단법인에 있어서는 총회의 결의가 있어야 한다.
③ 전 2항의 규정에 의하여 처분되지 아니한 재산은 국고에 귀속한다.

민법과 여성가족부의 규칙을 종합하면 현재 화해·치유재단에 남아 있는 56억 원은 이론적으로는 청산인이 요청하고 여성가족부가 허가하면 처분할 수 있다. 그런데 조건이 있다. 그 법인의 목적에 유사한 목적을 위하여만 처분할 수 있다. 화해·치유재단의 정관에 있는 설립 목적과 목적사업은 이렇다.

제1조(목적) 이 법인은, 일본 정부의 예산으로 일괄 거출된 자금으로 모든 일본군 위안부 피해자의 명예와 존엄의 회복 및 마음의 상처 치유를 위한 다양한 사업을 행하는 것을 목적으로 한다.

제4조(목적사업)
① 재단은 제1조의 목적을 달성하기 위한 사업을 시행한다.
　　1. 일본군 위안부 피해자 명예와 존엄 회복 및 상처 치유를 위한 각종 사업.
　　2. 재단 목적에 부합하는 사업.

재단의 사업 중 가장 중요했던 것은 위안부 생존자와 사망자 유족에게 현금을 지원하는 일이었다. 그런데 이 업무는 끝났다. 정관에 나오는 '다양한 사업'이나 '각종 사업', '재단 목적에 부합하는 사업'으로는 위령사업이나 교육, 연구, 기념관 설립 등을 고려할 수 있으나 이 사업도 일본 정부와 상의해야 한다.

만약 처분을 안 하면 ③항에 따라 국고에 귀속할 수 있다. 그렇게 하지 않으려면 일본에 돌려주거나 다른 용도로 사용하기 위해 정부가 일본 정부와 논의할 것으로 보인다. 화해·치유재단을 해산하지 않고 그대로 존속시켰다고 해도 재원의 용처는 일본 정부와 상의하도록 되어 있어 재단해산 이후라고 해서 처리방안이 특별히 달라질 것은 없다.

2020년 5월 송기호 변호사는 "화해·치유재단 잔여재산 처분허가 신청서를 공개해 달라"고 여성가족부에 요청했다. 이에 대해 여성가족부는 같은 달 22일 답변서에서 "화해·치유재단 잔여재산 처분에 대한 승인이 되지 않은바, 정보공개 청구하신 정보가 없으므로 '정보 부존재' 통지를 드린다"고 밝혔다. 답변서가 말하는 '승인이 되지 않았다'는 것이 청산인이 남은 돈을 어떻게 쓰겠다고 허가를 신청한 사실 자체가 없다는 것인지, 아니면 신청은 했는데 아직 검토 중이라는 뜻인지는 불분명하다.

강제징용 문제를 해결하기 위한 이른바 문희상 안(案)은 구상단계에서 재단에 남은 56억 원을 '기억·화해·미래재단'에 넣으려고 했다가 반대가 심해 포기했다. 화해·치유재단을 해산함으로써 사실상 합의를 파기했기 때문에 이 56억 원을 어떻게 할지는 변수가 너무 많아 가늠하기가 쉽지 않다. 다만, 2018년 1월 9일 강경화 장관이 "10억 엔 기금의 향후 처리방안에 대해서는 일본 정부와 협의하겠다"고 밝혔듯이 한국 정부가 일방적으로 처리하기는 어렵다.

2. 강창일 대사의 '화해·치유재단 해산 경위' 발언에 대하여

강창일 주일 대사는 2021년 1월 22일 일본 나리타공항에 도착해 기자들의 질문에 대답하며 "(2015년) 위안부 합의가 파기됐다고 하는 사람들이 있는데 그렇지 않다. 화해·치유재단이 해산한 것은 이사장이나 이사들이 사퇴해서 벌어진 일이고, 정부의 압력 때문은 아니다"라고 말했다. 이 주장은 사실이 아니다.

이 문제를 논의하기 전에 밝혀 두고 싶은 것이 있다. 강 대사의 말꼬투리를 잡으려는 것이 아니라는 점이다. 위안부 합의와 화해·치유재단 문제는 일본도 당사자로서 내막을 잘 알고 있고, 관심도 큰 현안 중의 현안이다. 그러니 주일 대사로서 사실관계는 분명히 알고 있어야 한다. 이미 알고 있다면 아는 대로 말하거나, 침묵으로 모호성을 유지해야 한다. 사실이 아닌 것을 사실처럼 말해서는 안 된다.

강 대사는 일본에서 박사학위를 받았고, 한일의원연맹 회장을 지냈기 때문에 '일본통'으로 불린다. 그런데도 일본에서 환영받지 못한다. 그의 과거 발언과 행동 때문이다. 그는 2020년 10월 KBS 라디오에 출연해 일본 천황 호칭에 대해 "한국에서는 '일왕'이라고 부르자"고 했다. 한국 정부는 공식적으로 천황이라고 부른다. 일본 유학 경험과 그 정도의 사회적 수준에 있는 인사라면 '천황'이라고 부르는 것이 맞고, 혹시 국민 정서를 의식했다면 양국 입장을 모두 설명해 주는 것이 '일본통'으로 불리는 사람의 역할일 것이다. 강 대사는 일본에 도착하자마자 '천황폐하'라고 했다.

우선 위안부 합의는 파기되지 않았다는 주장부터 따져 보자.

문재인 대통령은 2017년 5월 당선 직후 아베 신조 총리와 첫 통화에서

"위안부 합의는 우리 국민이 정서적으로 수용할 수 없다"고 했다.

문희상 대일 특사는 5월 17일 일본 외상에게 "국민 대다수가 위안부 합의를 수용하지 못하고 있다"고 말했다.

강경화 외교부장관은 6월 21일 기시다 후미오 일본 외상과의 첫 통화에서 "위안부 합의는 우리 국민 대다수와 피해자들이 받아들이지 못하는 것이 현실"이라고 말했다.

외교부는 7월 31일 '한일 일본군 위안부 피해자 문제 합의 검토 TF'를 구성해 위안부 합의의 문제점을 조사하기 시작했다. TF는 12월 27일 위안부 합의가 피해자중심주의를 결여했고, 일본대사관 앞 소녀상 이전, 성노예 용어 사용, 위안부 단체 설득 등과 관련해 비공개 합의를 했다고 발표했다.

강경화 외교부장관은 10월 12일 국회에서 "합의나 내용 모두 국민이 받아들일 수 없는 결과"라고 답변했다.

문재인 대통령은 12월 28일 "지난 합의가 양국 정상의 추인을 거친 정부 간의 공식적 약속이라는 부담에도 불구하고, 이 합의로 위안부 문제가 해결될 수 없다는 점을 다시금 분명히 밝힌다"는 입장문을 발표했다.

강경화 외교부장관은 2018년 1월 9일 일본 정부가 출연한 10억 엔을 정부 예산 103억 원으로 충당하겠다고 밝히고, 정부는 같은 해 7월 24일 103억 원을 여성가족부의 양성평등기금에 예치했다.

문재인 대통령은 2018년 9월 25일(현지시각) 뉴욕에서 아베 신조 일본 총리를 만나 "위안부 피해 할머니와 국민의 반대로 화해·치유재단이 정상적 기능을 못하고 고사할 수밖에 없는 상황"이라며 해산하겠다는 뜻을 통보했다.

진선미 여성가족부장관은 2018년 11월 21일 화해·치유재단을 해산하겠다고 밝혔고, 2019년 1월 21일 재단 설립을 취소했다.

위에서 열거한 것은 무엇을 의미하는가. 합의를 파기한 것이나 마찬가지다. 파기 선언은 하지 않았다고 해서 마치 합의가 제대로 기능하는 것처럼 말하는 것은 산소호흡기로 겨우 연명하고 있는 사람을 보고 '살아 있으니 건강하다'라고 우기는 것이나 마찬가지다. 강 대사 본인은 대사가 되기 전에도 합의가 살아 있다고 생각했는지 묻고 싶다. 필자는 유력 인사나 정치인, 학자 중에 위안부 합의는 유효하다고 말한 사람은 만나 본 적이 없다. 문재인 정권 출범 이후 가장 많이 쓰인 말은 '사실상 파기'였다. 다만, 문 대통령이 갑자기 "2015년 위안부 합의는 양국 정부 간의 공식적인 합의였다는 사실을 인정한다"고 태도를 바꿨으니 대사로서는 그렇게 말할 수밖에 없었을 것이라는 점은 이해한다.

그러나 화해·치유재단 해산을 이사장이나 이사들이 사퇴한 탓으로 돌리는 것은 납득할 수 없다. 전혀 사실이 아니다. 대통령의 입장이 바뀌어 위안부 합의를 인정했고, 그러다 보니 화해·치유재단을 해산한 이유가 궁색해지고, 그래서 화해·치유재단 해산은 정부가 한 것이 아니라 이사장과 이사들이 사퇴하는 바람에 어쩔 수 없이 그렇게 됐다고 말하고 싶은 것 같다. 그래도 그건 아니다.

이사장과 이사들이 사퇴한 것은 위에서 열거했듯 문재인 정권이 들어선 이후 대통령과 외교부, 여성가족부가 재단의 필요성을 인정하지 않은 데다, 나라의 품위를 위해 인건비와 운영비만큼은 일본 출연금이 아니라 우리 정부 예산으로 해달라는 이사들의 요구를 묵살하고, 집권당인 더불어민주당은 국감 등을 통해 관리운영비의 사용을 문제 삼으며 해산을 촉구하는 바람에 재단이 '식물재단'이 되었기 때문이다. 김태현 이사장은 이사회 의결을 거쳐 2017년 7월 27일 자로 사임했다. 조희용 이사 등 5명은 외교부의 위안부 합의 검토 태스크포스가 검증 결과를 발표하는 12월 27일의 전날에 일괄 사임했다. 외교부 태스크포스 검증 결과가 위안부 합의와 화해·치유재단에 부정적일 것이 틀림없는데, 자리에 연연하지 말자는 이사들의 합의에 따른 것이다. 그런데도 이사들이 제 발로 나갔다고 하는 것은 지붕에 눈이 쌓여 집이 무너졌는데, 눈 얘기는 쏙 빼놓고 기둥이 부러져서 집이 무너졌다고 하는 것이나 같다.

　백 보 양보해서 이사장과 이사들이 나간다고 해도 재단은 저절로 해산되지 않는다. 이사들은 사임 직전인 2017년 12월 11일 정현백 여성가족부장관을 만나 사직하겠다는 뜻을 전하고 후임 이사를 선출해 업무에 차질이 없도록 해달라고 당부했다. 재단 정관 제 7조(임원의 임기) 2항은 "임원 중에 결원이 생긴 때에는 2월 이내에 충원하여야 하며, 결원으로 인하여 새로 선임된 임원의 임기는 전임자의 잔여임기로 한다"고 되어 있다. 이사들이 후임 이사 선임을 요청했다는 사실관계는 〈화해·치유재단 활동보고서〉(2019년 12월 31일 발행)에 자세히 기록돼 있다.

　그러나 여성가족부는 후임 이사를 선임하지 않았다. 재단 정관에는 이사를 5~15명 두도록 되어 있는데, 당초 11명이었던 이사는 당연직 3명(여성가족부와 외교부 담당 국장, 재단 사무처장)으로 줄어들었다. 일괄 사퇴한 5명의 이사들은 의사회 의결을 거치지 못해 등기부상에 남아 있었으나 재단 업무에는 일절 관여하지 않았다. 그러니 3명만으로는 개의(開議) 요건인 재적 과반수를 채울 수 없다. 재단의 상근 간부와 직원들은 여성가족부와 외교부의 담당 간부 면담, 보고서 제출, 이메일 송부 등을 통해 수시로 후임 이사 선출을 요청했다. 기록에 남아 있는 것만으로도 2018년 2월 21일부터 2019년 11월 20일까지 1년 9개월간 최소한 12차례나 된다. 그러나 여성가족부는 후임자를 선임하지 않았다. 그리고 2018년 11월 21일 재단을 해산하겠다고 발표했다. 여성가족부가 이사를 보충하지 않은 것은 당시 분위기로 볼 때 재단을 해산할 수밖에 없다고 판단했기 때문일 것이다. 즉, 재단은 이사장과 이사들이 사퇴해서 해산된 것이 아니라 정권의 방침에 따라 강제 해산한 것이다.

　이사들이 재단을 떠나면서도 후임 이사 선출을 당부한 것은 남아 있는 직원들의 '업무' 때문이었다. 업무란 위안부 피해 생존자와 사망자 유족에 대한 현금 지급이다. 현금 지급은 이사회의 의결을 얻도록 되어 있다. 이

사회를 열 수 없으니 재단의 고유 업무인 현금지금 사업이 지장을 받는 건 당연하다. 이사들이 후임 이사 선출을 요청했다는 사실은 이사들이 재단 해산을 원하지 않았다는 증거이기도 하다. 이사 중 누구도 자신의 이사직 사퇴와 재단 해산을 연계해서 생각한 적이 없다. 필자는 2018년 12월 7일에 열린 재단 해산을 위한 청문회에 의견서를 제출했을 때 "의견제출인은 화해·치유재단 해산에 부정적"이라고 밝혔다. 그 의견서도 분명 해산 관련 서류 속에 들어 있을 것이다.

이사장과 이사들은 사임 이후 이사로서의 권리 행사를 한 적이 없다. 그런데도 등기부상에는 상당 기간 이사로 등재돼 있었다. 아무런 권한도 없으면서 재단을 존속시키는 역할을 했던 셈이다. 2017년 7월 27일 사임한 김태현 이사장은 법적으로는 1년 10개월 후인 2019년 5월 27일(청산인 선임일)까지, 2017년 12월 26일 사임한 5명의 이사는 2018년 8월 10일(2년의 임기만료일)까지 이사로 등재돼 있었다.

이미 재단이 해산된 마당에 한때 이사로 있던 사람으로서 딱히 할 말이 있는 것은 아니다. 다만, 이사장과 이사들이 사퇴해서 재단이 해산됐다는 것은 위에 제시한 여러 증거와 당시 상황을 종합할 때 사실이 아니라는 것을 기록으로 남겨 두고자 한다. 강 대사가 화해·치유재단의 해산을 이사들의 책임이라고 생각하는 것은 자유지만, 표현하는 것은 자유가 아니다. 그런 주장은 '고도모 다마시'(어린애 속이기)일 뿐 잠시라도 재단 문제에 관여했던 공직자나 관계자에게는 설득력이 없다.

3. '위안부 합의'는 적폐인가: 위안부 TF 보고서에 대한 비판적 검증*

여성가족부가 (2018년) 11월 21일 화해·치유재단을 해산하겠다고 밝히고 현재 이를 위한 법적 절차를 밟고 있다. 대법원의 징용자 판결이 있은 지 얼마 안 된 시점이어서 약간 의외였다. 해산 발표를 조금 늦추면서 파장을 줄일 것으로 예상했는데 상황이 바뀔 것 같지 않고, 이왕 해산하기로 방침을 정한 이상 징용자 판결에 구애받을 필요가 없다고 판단한 것으로 보인다. 여성가족부의 발표 내용은 다음과 같다 (약물 등은 발표문 그대로이다).

여성가족부, 화해·치유재단 해산 추진 – 관련 법적 절차 즉시 밟을 예정

□ 여성가족부 (장관 진선미) 는 화해·치유재단 해산을 추진하고, 이를 위한 법적 절차를 밟을 예정이라고 밝혔다.

□ 지난 1월 9일, 정부는 화해·치유재단에 대해 일본군 '위안부' 피해자, 관련단체 등 국민 의견을 광범위하게 수렴하여 처리방안을 마련하겠다고 발표한 바 있다.

  ○ 이에 여성가족부는 외교부와 함께 화해·치유재단 처리방안에 대한 의견수렴 및 관계부처 협의 등을 진행해 왔으며,

  ○ 동 재단을 둘러싼 현재의 상황 및 그간의 검토결과를 반영하여 화해·치

---

* 국민대 일본학연구소가 발간하는 한국연구재단 등재지 〈일본공간〉 24호 (2018년 12월) 에 실었던 글이다. 뒤에 나오는 "화해·치유재단 감사보고서"도 이 글 안에 들어 있었으나 따로 떼어내 "영혼 없는 공무원의 걸작: 여성가족부 화해·치유재단 감사보고서"라고 별도 제목을 달아 게재한다. 일부분은 삭제하거나 다른 곳으로 옮겼으나 큰 틀에서 달라진 것은 없다.

유재단 해산을 추진하고 재단 사업을 종료하기로 결정하였다.

□ 여성가족부는 이번 해산 추진 발표 이후 청문 등 관련 법적 절차를 밟아 나갈 예정이며,

　○ 재단 잔여기금(10월 말 기준 57.8억 원)에 대해서는 지난 7월 편성된 양성평등기금 사업비 103억 원과 함께 일본군 '위안부' 피해자, 관련단체 등의 의견을 수렴하면서 합리적 처리방안을 마련할 계획이다.

　○ 이와 관련해서는, 외교부가 일본 정부와 협의를 진행하는 등 관련 외교적 조치도 함께 취해 나갈 예정이다.

□ 진선미 여성가족부장관은 "〈피해자중심주의〉 원칙 아래 화해·치유재단에 대한 다양한 의견수렴 결과 등을 바탕으로 재단의 해산을 추진하게 되었다"라며, "여성가족부는 앞으로도 일본군 '위안부' 피해자분들의 명예·존엄 회복을 위한 정책 추진에 최선을 다하겠다"라고 밝혔다.

2015년 12월 28일 한국과 일본 정부가 발표한 위안부 합의(이하 위안부 합의)와 그에 따라 발족한 화해·치유재단의 운명은 2017년 7월 31일 외교부장관 직속으로 〈한·일 일본군 위안부 피해자 문제 합의 검토 태스크포스〉(이하, 위안부 TF)를 발족하고, 5개월 만인 12월 27일 검토결과를 발표하면서 방향이 결정된 것이나 마찬가지다. 발표 내용은 예상대로 위안부 합의에 대해 상당히 비판적인 내용을 담고 있다.

앞의 여성가족부 발표 중에 "지난 1월 9일, 정부는 화해·치유재단에 대해 일본군 '위안부' 피해자, 관련단체 등 국민 의견을 광범위하게 수렴하여 처리방안을 마련하겠다고 발표한 바 있다"고 한 것은 위안부 TF 발표를 바탕으로 강경화 외교부장관이 밝힌 정부의 공식 입장을 가리킨다(뒤에 발표 전문). 그 이후 문재인 대통령, 이낙연 국무총리, 정현백 전 여성가족부장관 등 책임 있는 당국자가 위안부 합의에 대해 부정적 의견을 밝히고, 합의에 따라 설립된 화해·치유재단을 해산하겠다는 뜻을 국내외에서 직간접

으로 피력했다.

2018년 9월 25일(현지 시간) 뉴욕에서 열린 아베 신조 일본 총리와의 정상회담 시 나온 문재인 대통령의 발언은 사실상 화해·치유재단에 대한 최후통첩이었다. 문 대통령은 그때 "위안부 피해 할머니와 국민의 반대로 화해·치유재단이 정상적 기능을 하지 못하고 고사할 수밖에 없는 상황이다. 지혜롭게 매듭지을 필요가 있다"고 했다. '지혜'는 결국 해산으로 나타났다.

재단 해산이 결정된 마당에 이런 글을 쓰는 이유는 무엇인가. 죽은 재단을 살리자는 것이 아니다. 비록 죽은 재단이긴 하지만 존재한 적도 없었던 것처럼 하는 것은 옳지 않다고 생각하기 때문이다. 한때나마 존재했던 재단의 활동 중에서 나중에 도움이 될 만한 시사점을 얻어야 한다고도 믿는다. 따라서 이 글은 죽은 재단을 위한 작은 봉분(封墳)이다.

이 글은 재단에 관련된 여러 논의 중에서도 위안부 TF의 보고서를 집중적으로 살펴보고자 한다. 위안부 TF 보고서가 화해·치유재단의 해산을 직접 촉구하지는 않았지만 앞에서 언급했듯 재단의 해산을 결정하는 이론적 근거를 제시했기 때문이다. 그럼에도 불구하고 위안부 TF의 보고서에 대해서는 별다른 논의가 이뤄지지 않았다.

위안부 TF의 보고서에 대한 평가와 함께, 필자는 같은 날 발표한 여성가족부의 화해·치유재단에 대한 감사결과의 문제점과 화해·치유재단의 최근 1년간의 상황, 위안부 문제를 둘러싼 그 밖의 쟁점 등에 대해서도 의견을 제시하고자 한다(화해·치유재단을 해산하는 방법과 직권해산의 근거 등에 대해서도 논쟁이 필요하지만, 이는 별도의 글에서 다루고자 한다).

필자는 30년 이상 신문기자로 일해 왔다. 따라서 이 글은 엄격한 형식을 갖춘 논문이 아니다. 저널리즘 차원에서 문제를 제기하고 필자 나름의 의견을 제시하는 형태를 띠고 있다. 이 점 독자의 양해를 바란다. 또 이 글은 2018년 5월 29일 서울대 일본연구소에서 발표했던 내용을 바탕으로 그 이후 달라진 상황을 반영해서 다시 정리했다는 점도 밝혀 둔다.

1) 시각과 전제

본론으로 들어가기에 앞서 필자의 시각과 전제를 밝히고자 한다.

(1) 필자는 위안부 TF의 보고서에 대해 비판적이다. 하지만 이 글의 목적은 논쟁이 아니라 검증 결과에 대한 이견(異見) 제시이다. 이견은 반드시 옳아서 주목받는 것이 아니라 존재하기 때문에 주목받아야 한다.

(2) 현재 우리 사회의 위안부 문제 논의는 기울어진 운동장이다. 위안부 합의를 옹호하는 주장도 없고, 위안부 TF의 보고서에 대한 비판도 거의 없다(그러나 보이는 것이 전부는 아니다). 필자가 주류의 분위기와는 다른 시각을 전달할 필요성을 느끼는 이유다.

(3) 필자는 앞에서 언급했듯, 본인의 의견보다는 관찰자나 전달자의 입장에 서기 위해 노력해 온 저널리스트이다. 동시에 필자는 화해·치유재단의 이사였기도 하다. 따라서 이 글에는 관찰자나 전달자의 입장만이 아니라 당사자의 시각도 반영되어 있음을 인정한다. 다만, 이를 편협성이 아니라 전문성으로 이해해 주길 기대한다.

(4) 필자도 위안부 합의에 대해 완전히 만족하지는 않는다. 다만 '불가능한 최선'보다 '가능한 차선'을 지지한다는 차원에서 화해·치유재단에 참여했다는 점을 필자가 몸담았던 신문사 칼럼을 통해 여러 차례 공개적으로 밝힌 바 있다(뒤에 그런 칼럼 중 하나를 제시한다). 따라서 평소 소신의 연장선에서 의견을 개진하는 것이지, 돌발적으로 의견을 제시하는 것은 아니다.

(5) 필자도 위안부 문제의 뿌리는 일본에 있으며, 일본이 더 겸허하게, 더 적극적으로 문제해결에 임해야 한다고 생각한다. 다만, 일본 정부를 향한 요구는 계속해야겠지만, 일본 정부의 변화를 이끌어 내기 위한 압력은 이제 일본 지식인과 언론에 맡기는 게 효율적이라고 생각한다. 한·일 양국 모두, 상대방의 주장을 존중해서 생각과 행동을 바꾸는 시대는 이미 지난 것 같다. 왜 이런 현상이 빚어지는지는 별도로 연구해 볼 가치가 있다.

2) 한 · 일 위안부 합의내용(외교부 홈페이지, 2015년 12월 28일)

위안부 TF가 보고서의 맨 앞에 2015년 12월 28일의 위안부 합의 전문(全文)을 싣지 않은 것은 이해하기 어렵다. 위안부 TF의 주된 임무가 위안부 합의를 검토하는 것이기 때문이다. 위안부 TF는 위안부 합의문 중에서 필요한 부분만을 인용해서 비판과 해설을 하고 있는데, 합의의 전문을 보여주지 않는 것은 옳지도 않고 효율적이지도 않다. 합의문 전체를 읽으면 달리 보이는 대목이 있기 때문이다.

그래서 이 글에서는 합의문 전문을 다시 게재한다〔2015년 12월 28일 한일 외교장관 기자회견에서는 기시다 후미오(岸田文雄) 일본 외상이 먼저 발언하고, 윤병세 외교부장관이 이어 발언했다. 한국 외교부는 기자회견 때 발표한 내용을 외교부 홈페이지에 싣고 있다〕.

(1) 기시다 후미오 일본 외상 발표

① 위안부 문제는 당시 군의 관여하에 다수의 여성의 명예와 존엄에 깊은 상처를 입힌 문제로서, 이러한 관점에서 일본 정부는 책임을 통감합니다. 아베 내각총리대신은 일본국 내각총리대신으로서 다시 한 번 위안부로서 많은 고통을 겪고 심신에 걸쳐 치유하기 어려운 상처를 입은 모든 분들에 대해 마음으로부터 사죄와 반성의 마음을 표명합니다.

② 일본 정부는 지금까지도 본 문제에 진지하게 임해 왔으며, 그러한 경험에 기초하여 이번에 일본 정부의 예산에 의해 모든 전 위안부분들의 마음의 상처를 치유하는 조치를 강구합니다. 구체적으로는, 한국 정부가 전 위안부분들의 지원을 목적으로 하는 재단을 설립하고, 이에 일본 정부예산으로 자금을 일괄 거출하고, 일 · 한 양국 정부가 협력하여 모든 전 위안부분들의 명예와 존엄의 회복 및 마음의 상처 치유를 위한 사업을 행하기로 합니다.

③ 일본 정부는 이상을 표명함과 함께, 이상 말씀드린 조치를 착실히 실시한다는 것을 전제로, 이번 발표를 통해 동 문제가 최종적 및 불가역적으로 해결될 것임을 확인합니다. 또한, 일본 정부는 한국 정부와 함께 향후 유엔 등 국제사회에서 동 문제에 대해 상호 비난·비판하는 것을 자제합니다.

일본 측이 발표한 일본어본과 한글본에 차이가 있어 문제라는 지적도 있었다. 그래서 일본어본도 소개한다.

① 慰安婦問題は，当時の軍の關与の下に，多數の女性の名譽と尊嚴を深く傷つけた問題であり，かかる觀点から，日本政府は責任を痛感している。

安倍內閣總理大臣は，日本國の內閣總理大臣として改めて，慰安婦として數多の苦痛を經驗され，心身にわたり癒しがたい傷を負われた全ての方々に對し，心からおわびと反省の氣持ちを表明する。

② 日本政府は，これまでも本問題に眞摯に取り組んできたところ，その経驗に立って，今般，日本政府の予算により，全ての元慰安婦の方々の心の傷を癒やす措置を講じる。具体的には，韓國政府が，元慰安婦の方々の支援を目的とした財団を設立し，これに日本政府の予算で資金を一括で據出し，日韓兩政府が協力し，全ての元慰安婦の方々の名譽と尊嚴の回復，心の傷の癒やしのための事業を行うこととする。

③ 日本政府は上記を表明するとともに，上記（2）の措置を着實に實施するとの前提で，今回の發表により，この問題が最終的かつ不可逆的に解決されることを確認する。

あわせて，日本政府は，韓國政府と共に，今後，國連等國際社會において，本問題について互いに非難・批判することは控える。

위안부 TF는 "양쪽이 발표 내용을 각각 공식 웹사이트에 게재하면서 서로 내용이 일치하지 않는 부분이 생겼다. 한국 외교부는 외교장관 공동기자회견에서 발표한 내용을, 일본 외무성은 양쪽이 사전 합의한 내용을 공식 웹사이트에 게시하였다"고 지적했다. 나중에 다시 언급하겠지만, 요약하자면 한글본에서는 최종적 및 불가역적으로 해결됐다고 보는 전제가 ①, ②번을 모두 실행하는 것인데, 일본어본에서는 ②번만 실행하면 되는 것으로 되어 있다. 즉, 한글본에서는 일본이 '사죄와 반성의 마음을 갖고' 화해·치유재단을 만드는 데 필요한 자금을 대야 한다고 했는데, 일본어본은 화해·치유재단을 만드는 데 필요한 자금만 대면 되는 것으로 되어 있다. 오해의 소지가 있다는 지적에 동의한다.

(2) 윤병세 외교부장관 발표

① 한국 정부는 일본 정부의 표명과 이번 발표에 이르기까지의 조치를 평가하고, 일본 정부가 앞서 표명한 조치를 착실히 실시한다는 것을 전제로, 이번 발표를 통해 일본 정부와 함께 이 문제가 최종적 및 불가역적으로 해결될 것임을 확인한다. 한국 정부는 일본 정부가 실시하는 조치에 협력한다.

② 한국 정부는 일본 정부가 주한 일본대사관 앞의 소녀상에 대해 공관의 안녕·위엄의 유지라는 관점에서 우려하고 있는 점을 인지하고, 한국 정부로서도 가능한 대응방향에 대해 관련단체와의 협의 등을 통해 적절히 해결되도록 노력한다.

③ 한국 정부는 이번에 일본 정부가 표명한 조치가 착실히 실시된다는 것을 전제로, 일본 정부와 함께 향후 유엔 등 국제사회에서 이 문제에 대해 상호 비난·비판을 자제한다.

3) 위안부 TF의 보고서에 대하여

다음의 글은 위안부 TF가 2017년 12월 27일에 발표한 31쪽짜리 〈한·일 일본군 위안부 피해자 문제 합의(2015. 12. 28.) 검토결과 보고서〉를 기본 텍스트로 한다. 이 보고서는 외교부 홈페이지에도 올라 있다.

필자는 보고서의 순서에 따라 보고서가 기술한 내용을 소개하고 이에 대해 코멘트를 하는 방식으로 필자의 의견을 소개하고자 한다.

(1) 합의내용

① 공개 부분(보고서 11~21쪽)

공개 부분 중 가장 핵심적인 사항인 일본 정부 책임, 일본 정부 사죄, 일본 정부의 금전적 조치에 대한 기술에는 한 가지 특징이 보인다. 위안부 합의에 대해 어느 정도 긍정적인 평가를 한 뒤 곧바로 비판하는 방식이다(비판 부분은 '→'와 함께 괄호 안에 실었다 — 필자 추가).

가. 일본 정부 책임(보고서 11쪽)

책임 부분에서 일본 정부의 책임을 수식어 없이 명시하도록 한 것은 책임에 관한 언급이 없었던 고노 담화와, 책임 앞에 '도의적'이 붙어 있었던 아시아여성기금 당시 일본 총리 편지와 비교하여 진전이라고 볼 수 있다. 또한 '일본 정부로서 책임을 통감'한다는 데 더하여, 총리의 사죄와 반성의 마음 표명, 그리고 일본 정부의 예산 출연을 전제로 한 재단 설립이 합의내용에 포함된 것은 일본이 법적 책임을 사실상 인정한 것으로 해석할 수 있는 측면이 있다.

(→ 그러나 '법적' 책임이나 책임 '인정'이라는 말은 이끌어 내지 못했다.)

한국 정부는 일본 측에 재협상은 요구하지 않겠다고 했으나 위의 지적은 앞으로 상황이 바뀔 경우 한국 정부가 '법적 책임'과 '책임 인정'을 합의의 전제조건이나 최종목표로 삼을 것인지를 묻게 한다(어떤 수준을 해결로 볼지는, 한국 정부가 재협상을 요구하지 않겠다는 것과는 별개의 문제다).

나. 일본 정부 사죄(보고서 13쪽)

아베 총리는 내각총리대신 자격으로 사죄와 반성을 표명하였다. 과거 아시아 여성기금 당시 피해자에게 전달된 일본 총리의 편지에도 '사죄와 반성의 마음'이라는 표현이 들어 있었으나, 위안부 합의에서는 좀더 공식적인 형태로 이러한 뜻을 밝혔다는 점에서, 이번 사죄와 반성 표명은 종래보다는 나아진 것으로 볼 수 있다.

(→ 하지만, 내각 결정을 통한 사죄에는 이르지 못하였다. 또 형식이 피해자에게 사죄와 반성의 마음을 직접적으로 전하는 것이 아니었다. 내용도 아시아 여성기금의 총리 편지 중 '도의적' 용어만 빼고 동일한 표현과 어순을 그대로 되풀이하였다.)

이 평가도 앞으로 이 문제가 다시 불거질 경우 '내각 결정'을 합의의 전제로 삼을 것인지, 총리가 직접 위안부들을 만나 사과하도록 하는 이른바 '감성 조치' 등을 요구할 것인지를 묻게 만든다. 또한 '도의적' 용어를 빼고 사과 문안을 만들 경우 어떤 표현과 어순이 좋은 것인지도 의문이다. 국가 간 합의에서는 문체보다는 내용이 우선이고, 그래서 과거에 합의한 내용을 그대로 반복하는 경우도 많다. 동일한 표현과 어순 자체가 문제될 것은 없다고 본다.

다. 일본 정부의 금전적 조치(보고서 14, 15쪽)

위안부 문제가 청구권협정으로 해결되어 법적 책임이 없다는 일본을 상대로 일본 정부의 예산만을 재원으로 하여 개인에게 지급될 수 있는 돈을 받아 낸 것은 이제까지 없었던 일이다.

(→ 그러나 일본 측은 합의 직후부터, 재단에 출연하는 돈의 성격이 법적 책임에 따른 배상은 아니라고 하고 있다. 일부 피해자들과 관련단체들도 배상 차원의 돈이 아니므로 받아들일 수 없다고 하고 있다. 이렇듯 피해자 입장에서 책임 문제가 완전히 해소되지 않는 한, 피해자들이 돈을 받았다 하더라도 위안부 문제가 근본적으로 해결된 것은 아니다.

일본 정부가 내는 돈이 10억 엔으로 정해진 것은 객관적 산정기준에 따른 것이 아니었다. 한일 외교당국 협상과정에서 한국 정부가 피해자로부터 돈의 액수에 관해 의견을 수렴하였다는 기록은 보지 못하였다.

또, 한국에 설립된 재단을 통해 피해자와 유가족들에게 돈을 주는 과정에서 받은 사람과 받지 않은 사람으로 나뉘었다. 이로 인해 한·일 갈등구도인 위안부 문제가 한국 내부의 갈등구도로 변한 측면이 있다.)

일본이 법적 책임에 따른 배상이 아니라고 한 것은 문제다. 하지만, 책임 부분은 위안부 협상에서 가장 첨예하게 맞서 온 대목이자 일본이 절대로 인정하지 않았던 것이어서 일본 측의 반응이 새로운 것도 아니다. 또 일본으로부터 (그 돈의 성격이야 어찌 됐든) 얼마나 받는 게 좋은지에 대해 과연 피해자의 의견을 수렴할 수 있을까. 필자는 회의적이다. 공개적으로 의견을 수렴할 경우 돈을 받고 용서를 판다는 비난을 받을 가능성이 크기 때문에 위안부 할머니나 지원단체들이 선뜻 의사표현을 하지 못할 것이다.

필자는 일본이 출연한 돈을 받은 할머니와 받지 않은 할머니로 나뉘는 것은 자연스러운 일이며, 양쪽 의사를 모두 존중해야 한다고 본다. 돈을 받은 쪽의 의사는 무시하는 한국 사회의 순정(純情)주의가 문제이며, 이런 현상이 빚어진 것은 평범한 국민보다 정부 당국과 언론의 책임이 크다고 생각한다.

라. 최종적 및 불가역적 해결(보고서 15~17쪽)

'불가역적'이라는 표현이 합의에 들어간 경위를 보면, 2015년 1월 제6차 국장급 협의에서 한국 쪽이 먼저 이 용어를 사용하였다. 한국 쪽은 기존에 밝힌 것보다 진전된 일본 총리의 공식 사죄가 있어야 한다면서, 불가역성을 담보하기 위해 내각 결정을 거친 총리 사죄 표명을 요구하였다. 한국 쪽은 일본의 사죄가 공식성을 가져야 한다는 피해자단체의 의견을 참고하여, 이러한 요구를 하였다.

(→ 이 구절은 최종적이고 불가역적인 해결의 전제에 관한 논란을 낳았다. 일본 정부가 예산을 출연하는 것만으로 위안부 문제가 최종적이고 불가역적으로 해결된다고 해석될 여지를 남겼기 때문이다. 그러나 한국 쪽은 협의과정에서 한국 쪽의 의도를 확실하게 반영할 수 있는 표현을 포함시키려는 노력을 적극적으로 하지 않았다.

결국 양쪽은 위안부 문제의 '해결'은 최종적·불가역적으로 명확하게 표현하면서 '법적 책임' 인정은 해석을 통하여서만 할 수 있는 선에서 합의하였다. 그럼에도 한국 정부는 일본 쪽의 희망에 따라 최종 합의에서 일본 정부의 표명과 조치를 긍정적으로 평가하였다. 또, 일본 정부가 실시하는 조치에 협력한다고도 언급하였다.)

이런 식의 비판은 '불가역적'이라는 표현을 당초 우리가 '사죄의 불가역성'을 담보하기 위해 먼저 요구했다는 취지는 무시하고, 오히려 '합의의 불가역성'을 강조하는 일본 측 주장을 수용하는 역할을 하고 있다. 일본의 레토릭에 빠질 것이 아니라 우리는 끝까지 '사죄의 불가역성'을 강조해야 한다.

마. 주한 일본대사관 앞 소녀상(보고서 18~20쪽)

일본 쪽은 소녀상 문제에 관하여 각별한 관심을 보였다. 합의내용은 외교장관이 공동기자회견에서 발표한 부분과 발표하지 않은 부분으로 나뉘어 있는데,

소녀상 문제는 양쪽에 모두 포함되었다. … 양쪽이 협상에서 구체적인 표현을 둘러싸고 밀고 당기기를 한 끝에, 최종적으로는 "관련단체와의 협의 등을 통해 적절히 해결되도록 노력함"이라는 표현이 합의내용의 공개부분과 비공개 부분에 동시에 들어가게 되었다. 한국 쪽은 이것이 소녀상 이전을 합의한 것이 아니며, 발표 내용에 있는 '노력한다' 이상의 약속은 따로 없다고 설명하여 왔다. 특히, 국회, 언론 등이 공개된 내용 외의 합의가 있는지를 물은 데 대해 소녀상과 관련해서 그런 합의는 없다는 취지로 답변하여 왔다.

그러나 한국 쪽은 공개 부분에서 소녀상 관련 발언을 한 것과 별도로, 비공개 부분에서 일본 쪽이 소녀상 문제를 제기한 것에 대해 대응하는 형식으로 같은 내용의 발언을 다시 반복하였다. 특히, 비공개 부분에서 한국 쪽의 소녀상 관련 발언은 공개 부분의 맥락과는 달리, "소녀상을 어떻게 이전할 것인지, 구체적인 한국 정부의 계획을 묻고 싶음"이라는 일본 쪽의 발언에 대응하는 형태로 되어 있다.

소녀상은 민간단체 주도로 설치된 만큼 정부가 관여하여 철거하기 어렵다고 하여 왔음에도 불구하고, 한국 쪽은 이를 합의내용에 포함시켰다. 이 때문에 한국 정부가 소녀상을 이전하기로 약속하지 않은 의미가 퇴색하게 되었다.

비공개 부분에서 무엇이 문제인지, 무엇을 문제로 삼는지가 확실치 않다. 보고서가 밝혔듯 공개한 부분을 다시 확인한 것으로 볼 수도 있다. 그런데도 '비공개 부분'이라는 표현을 씀으로써 이 합의는 이면 합의가 많아서 문제라는 인상을 주고 있다. 또 외국의 공관 앞에 그 공관을 비난하는 조형물을 세울 수 있는지에 대한 원론적 입장은 밝히지 않고, 현실을 그냥 수용하면서 비판했다는 점에서 문제가 있다. 이 사안은 보고서가 지적한 대로 "한국 정부가 소녀상을 이전하기로 약속하지 않은 의미가 퇴색하게 되었다"는 정도에서 언급하면 족할 문제라고 본다.

바. 국제사회 비난 · 비판 자제(보고서 20, 21쪽)

국제사회에서의 상호 비난 · 비판 자제와 관련하여 한국 쪽은 이 문제 역시 위안부 문제가 해결되면 자연스럽게 풀릴 것이라고 주장하였으나 일본 쪽은 이러한 내용을 계속 포함하기를 원하였다. 한국 쪽은 '일본 정부가 표명한 조치가 착실히 실시된다는 것을 전제로', 비난 · 비판을 '상호' 자제하는 것으로 동의하였다.

위안부 합의 이후 청와대는 외교부에 기본적으로 국제무대에서 위안부 관련 발언을 하지 말라는 지시를 하기도 하였다. 그래서 마치 이 합의를 통해 국제사회에서 위안부 문제를 제기하지 않기로 약속했다는 오해를 불러왔다.

그러나 위안부 합의는 한 · 일 양자 차원에서 일본 정부의 책임, 사죄, 보상 문제를 해결하기 위한 것이었으며, 유엔 등 국제사회에서의 보편적 인권 문제, 역사적 교훈으로 위안부 문제를 다루는 것을 제약하는 것은 아니다.

이 지적에는 대체로 동의한다. 다만 이 합의는 시민단체나 학계 등의 활동은 구속하지는 않는다는 점을 밝힐 필요가 있다.

② 비공개 부분(보고서 21~24쪽)
일본 측이 언급했다고 위안부 TF가 지적한 내용을 이해의 편의를 위해 조금 정리해 보면 다음과 같다.

ⓐ 이번 발표에 따라 위안부 문제는 최종적 및 불가역적으로 해결될 것이므로, 정대협 등 각종 단체 등이 불만을 표명할 경우에도 한국 정부로서는 이에 동조하지 않고 설득해 주기 바람. 주한 일본대사관 앞의 소녀상을 어떻게 이전할 것인지, 구체적인 한국 정부의 계획을 묻고 싶음.
ⓑ 제3국에 있어서 위안부 관련 상(像) · 비(碑)의 설치에 대해서는, 이러한 움직임은 제(諸) 외국에서 각 민족이 평화와 조화 속에서 공생하는 것을 희

망하고 있는 가운데, 적절하지 않은 것으로 생각함.

ⓒ 한국 정부는 앞으로 '성노예'라는 단어를 사용하지 않기를 희망함.

한국 측이 언급했다는 내용을 정리하면 다음과 같다.

ⓐ 한국 정부는 일본 정부가 표명한 조치의 착실한 실시가 이루어진다는 것을 전제로, 이번 발표를 통해 일본군 위안부 피해자 문제는 최종적 및 불가역적으로 해결될 것임을 확인하고, 관련단체 등의 이견 표명이 있을 경우 한국 정부로서는 설득을 위해 노력함. 한국 정부는 일본 정부가 주한 일본대사관 앞의 소녀상에 대해 공관의 안녕 위엄의 유지라는 관점에서 우려하고 있는 점을 인지하고, 한국 정부로서도 가능한 대응방향에 관해 관련단체와의 협의 등을 통해, 적절히 해결되도록 노력함.

ⓑ 제3국에서의 일본군 위안부 피해자 관련 석비(石碑)·상(像)의 설치 문제와 관련, 한국 정부가 관여하는 것은 아니지만, 이번 발표에 따라 한국 정부로서도, 이러한 움직임을 지원함이 없이 향후 한일관계가 건전하게 발전할 수 있도록 노력함.

ⓒ 한국 정부는 이 문제에 관한 공식 명칭은 '일본군 위안부 피해자 문제' 뿐임을 재차 확인함.

한국 정부는 공개된 내용 이외의 합의사항이 있는지를 묻는 질문에 대해 소녀상과 관련해서는 그런 것이 없다고 하면서도, 정대협 설득, 제3국 기림비, '성노예' 표현과 관련한 비공개 내용이 있다는 사실은 말하지 않았다. …

비공개 언급내용은 한국 정부가 소녀상을 이전하거나 제3국 기림비를 설치하지 못하게 관여하거나 '성노예'(sexual slavery) 표현을 사용하지 않기로 약속한 것은 아니나, 일본 쪽이 이러한 문제에 관여할 수 있는 여지를 남겼다.

2015년 4월 제4차 고위급 협의에서 잠정 합의내용이 타결된 뒤 외교부는 내부 검토회의에서 4가지의 수정·삭제 필요사항을 정리하였다. 여기에는 비공개 부분의 제3국 기림비, 성노예 표현 두 가지가 들어 있고, 공개 및 비공개 부분의 소녀상 언급도 포함되어 있었다. 이는 외교부가 비공개 합의내용이 부작용을 불러올 수 있음을 인지하고 있었다는 것을 보여 준다.

보고서를 읽어 보면 일본 정부가 소녀상에 대해서 대단히 신경을 썼다는 사실을 쉽게 알 수 있다. 그렇다고 해서 위안부 TF가 '비공개 부분'이라는 말로 발표한 내용들이 합의의 골간을 흔들 정도로 그렇게 중대한 문제인지에 대해서는 의문이다. 위안부 TF는 "비공개 언급 내용은 한국 정부가 소녀상을 이전하거나 제3국 기림비를 설치하지 못하게 관여하거나 '성노예'(sexual slavery) 표현을 사용하지 않기로 약속한 것은 아니나, 일본 쪽이 이러한 문제에 관여할 수 있는 여지를 남겼다"고 평가했다.

필자도 그 정도의 지적은 타당하다고 본다. 문제는 굳이 '비공개'라는 말을 사용함으로써 위안부 합의가 국민을 속였다는 인상을 준 것에 있다. '비공개'라는 단어는 합리적인 논의의 가능성을 차단하면서, 위안부 합의에는 문제가 있으며, 그런 합의를 비판하는 위안부 TF의 보고서는 옳다는 인상을 준다.

③ 합의 성격(보고서 24, 25쪽)

위안부 합의는 양국 외교장관 공동 발표와 정상의 추인을 거친 공식적인 약속이며, 그 성격은 조약이 아니라 정치적 합의이다.

한·일 양국 정부는 고위급 협의의 합의내용을 외교장관 회담에서 구두로 확인하였고 회담 직후 공동기자회견에서 발표하였다. 그리고 사전에 약속한 대로 양국 정상이 전화통화로 추인하는 형식을 취하였다. 양쪽이 발표내용을 각각 공식 웹사이트에 게재하면서 서로 내용이 일치하지 않는 부분이 생겼다.

한국 외교부는 외교장관 공동기자회견에서 발표한 내용을, 일본 외무성은 양쪽이 사전 합의한 내용을 공식 웹사이트에 게시하였다. 또 양쪽이 각기 공식 웹사이트에 올려놓은 영어 번역문도 차이가 있어 혼란을 더했다. 그래서 실제 합의한 내용이 무엇인지, 발표된 내용이 전부인지 등에 관해 의혹과 논란을 낳았다.

앞에서 언급했듯 필자는 문제가 있다는 지적에 동의한다. 그러나 "그래서 실제 합의한 내용이 무엇인지, 발표된 내용이 전부인지 등에 관해 의혹과 논란을 낳았다"는 지적은 과장이다.

(2) 합의의 구도(보고서 25, 26쪽)

그간 피해자 쪽의 3대 핵심 요구사항, 즉 일본 정부 책임 인정, 사죄, 배상의 관점에서 보면, 위안부 합의는 아시아여성기금 등 종래와 비교하여 나아졌다고 볼 수 있는 측면이 있다. 특히, 아베 정부를 상대로 이 정도의 합의를 이루어 낸 것을 평가하는 일부 시각도 있다.

3대 핵심사항은 일본 쪽이 다른 조건을 걸지 않고 자발적으로 하는 것이 바람직하였다. 그러나 위안부 문제의 최종적·불가역적 해결 확인, 소녀상 문제의 적절한 해결 노력, 국제사회에서의 상호 비난·비판 자제 등 일본 쪽의 요구를 한국 쪽이 받아들이는 조건으로 타결되었다.

한국 쪽은 처음에는 고노 담화에 언급된 미래세대 역사교육, 진상 규명을 위한 역사공동연구위원회 설치 등 일본 쪽이 해야 하는 조치를 제시하며 맞대응을 하기도 하였으나, 결국 일본 쪽의 구도대로 협상하게 되었다.

이렇게 3대 핵심사항과 한국 쪽의 조치가 교환되는 방식으로 합의가 이루어짐으로써 3대 핵심사항에서 어느 정도 진전으로 평가할 수 있는 부분조차도 그 의미가 퇴색하였다. 게다가 공개 부분 외에도 한국 쪽에 일방적으로 부담이 될 수 있는 내용이 비공개로 포함되어 있는 것이 드러났다. 그것도 모두 시민사회의 활동과, 국제무대에서 한국 정부의 활동을 제약하는 것으로 해석될 소지가 있는 사항들이다. 이 때문에 공개된 부분만으로도 불균형한 합의가 더욱 기울게 되었다.

앞부분에서 "그간 피해자 쪽의 3대 핵심 요구사항, 즉 일본 정부 책임 인정, 사죄, 배상의 관점에서 보면, 위안부 합의는 아시아여성기금 등 종래와 비교하여 나아졌다고 볼 수 있는 측면이 있다. 특히, 아베 정부를 상대로 이 정도의 합의를 이루어 낸 것을 평가하는 일부 시각도 있다"고 했는데 이는 냉정하고 객관적인 평가라고 본다. 그러면서도 TF는 곧바로 합의를 비판하고 있다. 이런 논리라면 우리가 원하는 것을 하나도 빠짐없이, 완벽한 수준으로 얻어 내야만 만족할 수 있다는 것인데, 국가 간 합의에서 그게 과연 가능하겠는가.

(3) 피해자 중심 해결(보고서 26~28쪽)

위안부 합의에 관하여 중요하게 부각되는 문제의식은 이 합의가 위안부 피해자 및 관련단체와 유엔 등 국제사회가 강조해 온 피해자중심적 접근과 그 취지를 반영하고 있는가 하는 점이다. 한국 정부는 위안부 문제를 전시 성폭력 등 보편적 가치로서 여성인권을 보호하기 위한 차원에서 다루어 왔다.

전시 여성인권 문제와 관련하여 피해자중심적 접근은 피해자를 중심에 두고 구제와 보상이 이루어져야 한다는 것이다. 2005년 12월 유엔 총회 결의에 따르면, 피해자가 겪은 피해의 심각성 정도 및 피해가 발생했던 정황의 역사적 맥락에 따라, 그에 상응하는 완전하고 효과적인 피해의 회복이 이루어져야 한다.

박근혜 대통령은 위안부 문제와 관련하여 "피해자들이 수용할 수 있고 우리 국민이 납득할 수 있는", "국민 눈높이에도 맞고 국제사회도 수용할 수 있는"

해결이 되어야 한다는 점을 강조하였다. 외교부는 국장급 협의 개시 결정 뒤 전국의 피해자단체, 민간 전문가 등을 만났다. 2015년 한 해에만 모두 15차례 이상 피해자 및 관련단체를 접촉하였다.

피해자 쪽은 위안부 문제해결을 위해서는 일본 정부의 법적 책임 인정, 공식 사죄, 개인 배상의 3가지가 무엇보다 중요하다고 말하여 왔다. 외교부는 이들의 의견과 전문가들의 조언을 바탕으로 수식어 없는 일본 정부의 책임 인정, 일본 총리의 공식 사죄, 개인 보상을 주요 내용으로 하는 협상안을 마련하여 국장급 및 고위급 협의에 임하였다.

외교부는 협상에 임하면서 한·일 양국 정부 사이에 합의하더라도 피해자단체가 수용하지 않으면 다시 원점으로 돌아갈 수밖에 없으므로 피해자단체를 설득하는 것이 중요하다는 인식을 가졌다. 또, 외교부는 협상을 진행하는 과정에서 피해자 쪽에 때때로 관련 내용을 설명하였다. 그러나 최종적·불가역적 해결 확인, 국제사회 비난·비판 자제 등 한국 쪽이 취해야 할 조치가 있다는 것에 관해서는 구체적으로 알려 주지 않았다. 돈의 액수에 관해서도 피해자의 의견을 수렴하지 않았다. 결과적으로 이들의 이해와 동의를 이끌어 내는 데 실패하였다.

이 평가에 대해서는 3가지 의견을 제시하고 싶다.

첫째, "국제사회가 강조해 온 피해자중심적 접근과 그 취지를 반영하고 있는가?"라는 질문에 대한 의문이다. 한국 정부가 위안부 문제를 전시 성폭력 근절 등 보편적 가치와 여성인권을 보호하기 위한 차원에서 다루어 왔다는 지적은 맞다. 그러나 일방이 설정한 목표와 양방이 합의 가능한 목표는 별개의 문제다.

둘째, 피해자 및 피해자단체의 의견 수렴이 어디까지 가능한지, 그리고 어디까지 동의를 얻어야 하는지에 대한 궁금증이다. 이는 정책적 판단에 속하는 문제라고 본다. 문재인 정부가 위안부 합의를 비판하면서도 재협상은 요구하지 않고, 일본으로부터 받은 10억 엔을 되돌려주겠다고 공언하지 못하며, 즉각 화해·치유재단을 없애지 못한 것도 피해자와 피해자 지원단체의 주장을 수용한 것은 아니다.

셋째, "외교부는 국장급 협의 개시 결정 뒤 전국의 피해자단체, 민간 전문가 등을 만났다. 2015년 한 해에만 모두 15차례 이상 피해자 및 관련단체를 접촉하였다"고 기술하고 있다. 이는 위안부 합의 협상팀이 피해자와 관련단체의 의견을 수렴하지 않았다는 기존의 주장과 배치되는 대목이다 (이 기술이 갖는 함의와 그 내용을 따져 봐야 할 것이다. 지금은 어렵지만 언젠가는 그럴 기회가 올 것이라고 본다).

(4) 정책결정 과정 및 체계(보고서 28, 29쪽)

위안부 문제를 외교사안으로 다룰 때는 인류 보편 가치를 추구하는 동시에 대외정책 전반과 적절한 균형을 고려하여야 한다. 인화성이 큰 위안부 문제를 조심스럽게 접근하지 않을 경우 대일 외교뿐만 아니라 외교 전반에 큰 영향을 끼치기 때문이다. 박근혜 정부는 위안부 문제를 한일관계 개선의 전제로 삼았고 경직된 대응으로 여러 가지 부담을 초래하였다.

박근혜 대통령은 취임 첫해인 2013년 3·1절 기념사에서 "가해자와 피해자라는 역사적 입장은 천년의 역사가 흘러도 변하지 않는다"면서 대일 강경책을 주도하였다. 한국 정부는 위안부 문제와 정상회담 개최를 연계함에 따라 역사 갈등과 함께 안보, 경제, 문화 등 분야에서 값비싼 대가를 치렀다. 정부 차원의 갈등이 상호 과잉반응과 국제무대에서 과도한 경쟁을 빚으면서 양국 국민 차원의 감정의 골도 깊어졌다.

한일관계 악화는 미국의 아시아·태평양 지역 전략에 부담으로 작용함으로써 미국이 양국 사이의 역사 문제에 관여하는 결과를 가져왔다. 이러한 외교 환경 아래서 한국 정부는 일본 정부와 협상을 통해 위안부 문제를 조속히 풀지 않으면 안 되는 상황을 맞았다.

　한국 정부는 위안부 문제와 안보·경제 부문 등을 분리해 대응하지 못하고 '위안부 외교'에 매몰되었다. 또, 대통령은 위안부 문제해결을 위해 미국을 통해 일본을 설득한다는 전략을 이끌었다. 몇 차례의 한·미 정상회담에서 일본 지도층의 역사관으로 인하여 한일관계 개선이 이루어지지 않고 있다는 점을 되풀이하여 강조하였다. 그러나 이러한 전략은 효과를 거두지 못하였고, 오히려 미국 안에 '역사 피로' 현상을 불러왔다.

　위안부 협상과 관련한 정책의 결정권한은 지나치게 청와대에 집중되어 있었다. 대통령의 핵심 참모들은 대통령의 강경한 자세가 대외관계 전반에 부담을 초래할 수 있음에도 불구하고 정상회담과 연계해 일본을 설득하자는 대통령의 뜻에 순응하였다. 더구나 대통령이 소통이 부족한 상황에서 조율되지 않은 지시를 함으로써 협상 관계자의 운신의 폭을 제약하였다.

　주무부처인 외교부는 위안부 협상에서 조연이었으며, 핵심 쟁점에 관해 의견을 충분히 반영하지 못하였다. 또, 고위급 협의를 주도한 청와대와 외교부 사이의 적절한 역할 분담과 유기적 협력도 부족하였다.

박근혜 대통령이 위안부 문제에 올인함으로써 양국 관계를 악화시켰다는 지적에 대해서는 전적으로 동의한다. 정책의 결정권한이 지나치게 청와대에 집중되어 있다거나 외교부는 조연이었다는 지적도 수긍한다. 그러나 그것이 유독 박근혜 정부에서만 그렇다는 비판에는 동의하기 어렵다. 중요한 사안일수록 청와대가 주도권을 잡는 것은 예나 지금이나 마찬가지다. 현재 진행되는 북핵문제 해결을 위한 프로세스가 대표적이다. 명백히 톱다운 방식이고, 청와대가 주도하고 있으며, 외교부는 조연이다. 그러나 지금 그걸 문제 삼는 지적은 거의 없다. 오히려 톱다운 방식이기 때문에 효율적이라는 분석이나 주장이 많다.

　위안부 문제의 어려움은 크게 3가지다. 양국이 모두 만족하는 결과를 도출하기가 어렵고, 국내적으로 무엇을 해결로 볼지에 대한 기준을 정하기가 힘들며, '국민 정서'가 협상 과정에 가장 큰 요인으로 작동한다는 것이다. 이런 특성 때문에 위안부에 관한 논의는 청와대 쪽으로 수렴되는 경향이 있다. 이는 어느 정부나 마찬가지였다.

(5) 결론(보고서 30, 31쪽)

위안부 TF는 검증을 통해 4가지 결론을 내리고 보고서 말미에 이를 언급했다. 4가지 결론을 한꺼번에 소개하지 않고, 각각의 결론에 대해 코멘트를 하고자 한다.

위안부 TF는 지금까지 피해자중심적 접근, 보편적 가치와 역사문제를 대하는 자세, 외교에서 민주적 요소, 부처 사이의 유기적 협력과 소통을 통한 균형 잡힌 외교 전략 마련이라는 차원에서 합의의 경위를 파악하고 내용을 평가하였다. 위안부 TF는 다음과 같은 4가지 결론을 내렸다.

첫째, 전시 여성인권에 관해 국제사회의 규범으로 자리 잡은 피해자중심적 접근이 위안부 협상과정에서 충분히 반영되지 않았고, 일반적인 외교 현안처럼 주고받기 협상으로 합의가 이루어졌다. 한국 정부는 피해자들이 한 명이라도 더 살아 있는 동안 문제를 풀어야 한다면서 협의에 임하였다. 그러나 협의 과정에서 피해자들의 의견을 충분히 수렴하지 않은 채, 정부 입장을 위주로 합의를 매듭지었다. 이번의 경우처럼 피해자들이 수용하지 않는 한, 정부 사이에 위안부 문제의 '최종적·불가역적 해결'을 선언하였더라도, 문제는 재연될 수밖에 없다.

위안부 문제와 같은 역사문제는 단기적으로 외교 협상이나 정치적 타협으로 해결되기 어렵다. 장기적으로 가치와 인식의 확산, 미래세대 역사교육을 병행하여 추진하여야 한다.

여기서 말하는 '피해자 중심'은 완벽한 합의를 주장하거나 일본이 준 돈을 받지 않는 할머니들만을 존중한다는 인상을 준다. 정부의 태도는 1억 원을 수령한 할머니들을 부끄럽게 만들었다. 합의를 수용한 할머니들도 명백한 '피해자' 아닌가.

"피해자들의 의견을 충분히 수렴하지 않은 채"라는 지적과, 앞서 언급한 "외교부는 국장급 협의 개시 결정 뒤 전국의 피해자단체, 민간 전문가 등을 만났다. 2015년 한 해에만 모두 15차례 이상 피해자 및 관련단체를 접촉하였다"는 언급과는 어떤 차이가 있는지도 묻고 싶다.

둘째, 박근혜 대통령은 '위안부 문제 진전 없는 정상회담 불가'를 강조하는 등 위안부 문제를 한일관계 전반과 연계해 풀려다가 오히려 한일관계를 악화시켰다. 또 국제환경이 바뀌면서 '2015년 내 협상 종결' 방침으로 선회하며 정책 혼선을 불러왔다. 위안부 등 역사문제가 한일관계뿐 아니라 대외관계 전반에 부담을 주지 않도록 균형 있는 외교전략을 마련하여야 한다.

이 문제는 이미 '정책결정 과정 및 체계'에서 언급했다. 필자도 전적으로 동의한다고 밝혔지만, 구태여 '결론'에 다시 담을 내용은 아니라고 본다. 박근혜 대통령의 실책을 결론에서 다시 언급하는 것은 박 대통령의 판단 잘못을 다시 상기시킴으로써 위안부 TF의 결론이 정당하다는 것을 강조하려는 의도라고 한다면 악의적 해석일까.

셋째, 오늘날의 외교는 국민과 함께하여야 한다. 위안부 문제처럼 국민의 관심이 큰 사안일수록 국민과 같이 호흡하는 민주적 절차와 과정이 더욱 중시되어야 한다. 그러나 고위급 협의는 시종일관 비밀협상으로 진행되었고, 알려진 합의내용 이외에 한국 쪽에 부담이 될 수 있는 내용도 공개되지 않았다.

문제의식에는 동의한다. 다만 고위급 협의를 비밀협상으로 했다는 비판에는 동의하기 어렵다. 필자는 앞서 피력했듯 '비공개'라는 말이, 내용보다도 단어 그 자체가 주는 부정적 영향이 크다는 점에서 비판적이다.

이런 논리라면 사드 배치를 둘러싼 갈등을 해소하기 위해 문재인 정부가 2017년 10월 31일에 발표한 중국과의 이른바 '3No 합의'도 나중에 검증받을 가능성이 크다. 3개 항의 합의는 사드를 추가로 배치하지 않고, 미국 미사일방어망(MD)에 참여하지 않으며, 한·미·일 3국 군사동맹을 추진하지 않는다는 것인데, 이 합의는 한국의 안보와 군사주권을 현격히 침해했다는 비판을 받았다.

이 합의는 여러 면에서 위안부 합의와 닮았다. 분명 고위급이 대통령에게 보고하고 지시를 받아 가며 '비밀협상'을 했을 가능성이 크고, 사드 배치를 반대하거나 찬성하는 단체의 의견을 직접적으로 수렴하지도 않았다.

노영민 주중 대사는 이 합의를 발표한 이후 '이면 합의는 없었다'고 말했다. 합의를 발표한 지 보름이 채 지나지 않은 같은 해 11월 12일 베트남 다낭에서 열린 한·중 정상회담에서 한국은 이 합의와 관련, 시진핑 중국 주석이 "새로운 출발이고 좋은 시작이라고 말했다"고 브리핑했다.

그러나 중국공산당 기관지 〈인민일보〉 인터넷판은 시 주석이 "매우 중대한 이해관계 문제에서, 쌍방은 역사에 책임지고, 중·한 관계에 책임지고 … 역사의 시험을 감당할 수 있는 결정을 해야 한다고 말했다"고 보도했다. 시 주석의 발언에 대해 당시 언론은 '3No 합의'로도 사드 문제가 봉합되지 않은 것 같다고 분석했다. 한국이 중국에게 많은 양보를 했지만 중국은 만족하지 않았다는 것이며, 중국 관광객 한국 관광 금지나 제한 등 중국의 보복조치는 아직도 후유증이 크다.

마지막으로, 대통령과 협상 책임자, 외교부 사이의 소통이 부족하였다. 이 결과 정책방향이 환경변화에 따라 수정 또는 보완되는 시스템이 작동하지 않았다. 이번 위안부 합의는 정책결정 과정에서 폭넓은 의견 수렴과 유기적 소통, 관련 부처 사이의 적절한 역할 분담이 필요하다는 것을 보여 준다.

이 지적에는 동의하고, 하루빨리 그런 국가가 됐으면 좋겠다.

외교는 상대방이 있는 만큼, 애초에 세웠던 목표나 기준, 검토과정에서 제기되었던 의견을 모두 반영시킬 수는 없다. 그러나 이러한 외교 협상의 특성과 어려움을 감안하더라도, 위안부 TF는 위와 같은 4가지 결론을 내리지 않을 수 없었다.

이 기술은 위안부 합의를 일방적으로 몰아붙이기 어렵다는 TF의 고민을 보여 주는 동시에, 만약을 위해 퇴로를 열어 놓은 것으로 풀이된다.

참고로 위안부 TF는 보고서 앞부분(2, 3쪽)에서 피해자 중심 접근, 위안부 문제는 국제적·인도적 문제라는 시각, 국민과 함께하는 민주적 절차 중시, 관계부처 간의 긴밀한 소통 등 4가지 기준에 따라 위안부 합의 경위를 파악하고 내용을 평가하겠다고 밝혔다. TF는 대체로 이 기준에 따라 4가지 결론을 제시했다. 다만, 위안부 문제를 국제적·인도적 시각에서 보겠다는 두 번째 기준에 해당하는 결론은 없었고, 그 자리에 박근혜 대통령의 대일정책이 실패했다는 결론을 넣었는데, 그에 대한 필자의 시각은 앞서 언급한 대로다.

(6) TF 발표 전반에 대한 의견

필자는 TF 발표 전반에 대해 이런 의견을 갖고 있다.

① 합의에 '불가역적'이라는 표현을 쓰고, '소녀상'을 언급한 것은 패착이다. 따라서 이에 대한 TF 비판은 타당하다.

② TF는 합의의 핵심(책임 인정, 총리의 사죄 표명, 국가 예산 배정)에 대해서는 너무 박하게 평가했고, 부수적인 문제에 대해서는 너무 과하게 의미를 부여했다.

③ TF는 현실적 목표에 대한 고려를 하지 않았다. 위안부 합의과정에서 할 수 있는 것을 안 했다면 비판받아 마땅하지만, 여러 번 시도했으나 하지 못했던 것에 대해서는 정상참작이 필요하다. TF는 과거의 경험이나 실적에 비추어 오늘을 평가하지 않고 가장 높은 이상적 가이드라인을 설정해 놓고 합의를 비판했다.

위안부 문제를 설명하기 위해 필자는 평소 이런 비유를 인용한다.

"정치가는 태양을 보고, 학자는 흰 구름을 보고, 장·차관은 천둥과 번개를 보고, 실무진은 비를 보고, 언론은 비가 만든 진흙탕을 본다."

정치가는 국민의 뜻만 수용하면 되고, 학자는 이상적인 방안만 제시하면 되고, 장·차관은 여론의 질타만 받지 않으면 되고, 실무진은 현실만 보면 되고, 언론은 모든 관련자를 비판만 하면 된다는 뜻이다.

위안부 TF는 어디를 봤어야 하는가. 필자는 흰 구름의 일부를 보면서, 주로 천둥과 번개, 그리고 비를 봤어야 한다고 생각한다. 즉, 현실을 중시했어야 한다고 본다. 뒤에서 다시 언급하겠지만 위안부 TF가 지금과 같은 결론을 낸다면, 즉 태양과 흰 구름을 목표로 삼는다면, 필자는 우리 정부가 더 이상 얻어 내는 게 힘들 테니 일본과의 협상은 파기하고 재협상을 하지 않는 게 솔직한 태도라고 생각한다(목표를 얻기 힘들다고 생각해서 재협상을 포기하는 것과 국가 간의 약속이기 때문에 사실상 합의를 파기하면서도 재협상을 하지 않는 것은 차원이 다르다).

그러나 위안부 TF는 "위안부 TF는 위안부 합의의 경위와 내용에 관한 검토와 평가로 임무가 한정되어 있으므로, 위안부 합의의 향후 처리 방향에 관해서는 다루지 않았다"고 피해 버렸다. 향후 처리 방향에 대해서는 언급할 '의무'가 없었기 때문에 '가장 높은 곳'을, 그것도 부담 없이 마음껏 보면서 평가했다는 것인가.

[참고] TF 발표에 대한 윤병세 외교부장관의 반론

① 금번 외교부 민간 TF 보고서가 위안부 피해자 문제 협상의 복합성과 합의의 본질적 · 핵심적 측면보다는 절차적 · 감성적 요소에 중점을 둠으로써 합의를 전체로서 균형 있게 평가하지 못한 점을 유감스럽게 생각함.

② 12 · 28 합의는 20여 년간 우리 정부와 피해자들이 원하던 3대 숙원사항에 최대한 근접한 것으로서(일본 정부의 책임 인정, 일본 총리의 공식적 사죄와 반성, 그 이행조치로서 순수 일본 정부예산 사용), 이는 일본 정부가 그간 제시했던 어떠한 위안부 문제 해결방안(고노 담화, 사사에 안(案), 아시아여성기금)보다 진전된 내용임.

　이는 그간 위안부 문제해결에 일본 측 양심을 대표해 온 유력인사들과 미국 등 국제사회가 평가하고 있는 것으로서 2차 대전 이후 여타 사례와 비교하더라도 충실한 내용을 담고 있음.

③ 무엇보다도 피해자 할머니들이 고령이라는 시급성에 비추어 한 분이라도 더 살아 계시는 동안 상처를 치유하겠다는 지난 정부의 강력한 의지하에 이루어 낸 것이며, 합의 당시 생존한 피해 할머니 47명 중 대다수인 36명(4분의 3 이상), 사망자 199명 중 68명의 유가족이 합의를 긍정평가하고 재단사업을 수용했고, 현재도 진행 중인 사업임.

④ 협상 타결에 이르기까지 피해자분들의 의견을 수렴하고자 나름대로 많은 노력을 하였지만, 외교협상의 성격상 피해당사자 모든 분들의 의견을 수렴하여 반영하는 것은 현실적으로 어려웠음. 그러나 이것이 12 · 28 합의의 본질적 · 핵심적 성과에 근본적 영향을 주는 것은 아니며, 대다수 분들이 재단사업에 참여한 것처럼 앞으로 사업이 진전되고 한일관계가 개선되어 나가면서 보완될 수 있는 것임.

⑤ 복잡한 고난도 외교협상 결과와 과정을 우리 스스로의 규정과 절차, 국제외교관례를 무시하고, 외교부 70년 역사에 전례가 없는 민간 TF라는 형식을 통해 일방적으로 공개한 것은 앞으로 우리 외교 수행방식에 대한 국제사회의 신뢰도를 저하시킬 뿐 아니라, 우리 외교관들의 고난도 외교 수행의지를 위축시킬 것으로 우려됨. 끝

이 논평은 필자가 윤병세 장관으로부터 직접 받은 것이다. 윤 장관은 이를 다른 기자들에게도 보냈으며, 나름대로 호응을 얻었다고 밝혔다.

4) 보고서 이외의 쟁점들

위안부 문제를 취재하며 위안부 TF 보고서와 여성가족부의 점검결과 외에도 상시적으로 존재하는 문제들을 실감했다. 이번 기회에 그런 문제들에 대해서도 간단히 언급하고 싶다.

(1) 국민 정서와 리더십

위안부 문제, 나아가서는 일본과 관련된 역사문제에 대해 한일 양국 지도자는 '국민 정서'를 존중하는 것을 지도자의 덕목이라고 생각해 왔다. 그러다 보니, 긁어 부스럼을 만드는 것보다 아무것도 안 하는 것을 최선이라고 여겼다. 그러나 이제는 국익에 도움이 된다면, 비판을 받거나 손해를 보더라도 국민을 설득하는 리더십이 필요하다고 본다. 이는 결단과 용기의 문제이기도 하다.

필자는 한일문제와 관련해 국민의 정서를 거슬러 가며 지도자가 결단을 내린 사례가 그동안 3.5차례 있었다고 본다.

첫 번째가 1965년 박정희 대통령의 한일 국교정상화, 두 번째가 1998년 김대중 대통령의 일본 대중문화 개방이다. 국교정상화 비준 시에는 계엄령

까지 선포했고, 일본 대중문화 개방은 매국노 소리까지 들으며 강행한 것으로 지도자의 결단에 힘입은 바 크다. 시간이 흐른 뒤의 평가도 처음과는 많이 다르다.

세 번째가 박근혜 대통령의 위안부 합의다. 박 대통령이 탄핵을 당하지 않고, 할머니들과 관련단체들을 사후에 위로하거나 설득하고, 일본의 후속조치(일본 총리의 감성조치 등)를 추진했더라면 상황은 달라졌을지 모른다. 상황 변화와 상관없이 필자는 박근혜 대통령의 합의가 형식과 내용 모든 면에서 잘못됐다고 평가하는 것에는 동의하지 않는다. 1991년 8월 14일 김학순 할머니의 증언 이후 노태우, 김영삼, 김대중, 노무현, 이명박 대통령도 합의에 이르지 못했다. 일각에서는 박 대통령의 12·28 위안부 합의는 안 하느니만 못한 합의였다고 비판하고 있으나, 역대 대통령들은 합의를 할 만한 의지와 용기가 없었다고 본다. 합의를 안 하면 칭찬은 받지 못하지만, 비난도 피할 수 있다. 박근혜 대통령은 폭탄 돌리기처럼 자신에게 돌아온 현안을 풀겠다며 3년 넘게 정상회담과 연계하며 강수를 둔 것인데, 그런 시도와 의지조차 무시하는 것은 납득하기 어렵다.

네 번째는 1이 아니라 0.5인데, 위안부 합의를 부정하면서도 일본에 재협상을 요구하지 않겠다고 한 문재인 대통령의 결정이다. 0.5라고 한 이유는 이 결정이 문 대통령의 오리지널 정책이 아니라 박 대통령의 합의에 대한 후속조치이기 때문이다. 선거 공약을 뒤집고 재협상을 하지 않기로 한 것도 결단은 결단이다.

(2) 언론과 확증편향

위안부 문제와 관련해 언론의 확증편향(confirmation bias)이 도를 넘었다. 메이저와 마이너, 전통매체와 인터넷매체를 막론하고 그렇다. 위안부 합의의 잘못된 점, 합의에 반대한 할머니들의 의견은 반복해서 기사화하면서, 현금을 받은 할머니들의 의견은 완전히 무시했다. 또 화해·치유재단이 할머니들에게 돈을 받으라고 강압적으로 권유하고 있다는 등 그릇된 선입견을 전제로 기사를 썼다. 여성가족부가 5개월간(2017. 7. 21. ~12. 22.) 화해·치유재단을 감사하고 특별한 문제점은 없었다는 결론을 내렸으나, 이조차 언론에는 별다른 영향을 주지 못했다.

언론은 위안부 문제를 다룸에 있어 전문성, 객관성, 형평성을 회복할 필요가 있다. 이는 위안부 문제에 대해 특별대우를 해달라는 것이 아니라, 일반적인 보도원칙을 지켜 달라는 요구, 그 이하도 이상도 아니다.

한·일 언론은 해방 이후 지금까지 70년 넘게 주로 상대방을 비난하는 데 지면과 전파를 사용해 왔다. 요즘 한일관계를 보면 그런 시도는 실패한 것으로 보인다. 최근 한일 양국에서 한일관계가 악화한 데는 언론의 탓이 크다는 지적이 심심찮게 들린다. 필자는 이제 양국 언론이 자사의 지면과 전파를 상대방을 비난하는 데만 쓰지 말고, 그 10분의 1이라도 상대방의 입장을 전달하는 데 할애해야 한다고 생각한다. 그런 식으로라도 변화를 모색하지 않으면 상대국에 대한 보도는 점점 영향력과 신뢰를 잃게 될 것이라고 본다(이미 그렇게 되고 있다).

(3) 피해자와 지원단체

화해·치유재단은 '나눔의 집' 등에서 함께 생활하는 할머니들을 만날 수 있도록 해달라고 협조공문을 보냈으나 거절당했다. 나눔의 집은 "할머니들이 합의와 화해·치유재단에 대하여 반대하고 있고, 방문도 원하지 않기 때문에 협조해 줄 수 없다"고 공문으로 거절했다.

필자는 정대협과 나눔의 집이 재단과 할머니들의 만남 여부를 결정할 권한이 있는지부터 의문이다. 정대협과 나눔의 집이 우리 사회에 위안부 문제를 공론화하고, 할머니들을 위해 헌신해 온 것은 주지의 사실이고, 이는 높이 평가받아 마땅하다. 그렇다고 해서 지원단체가 당사자의 권리행사를 대신할 수는 없다고 본다. 관련단체는 할머니들이 재단의 설명을 들을 기회를 마련해 줘야 마땅했으며, 그것이야말로 '피해자중심주의'일 것이다. 어떤 결정을 하든 그것은 할머니들의 몫이다.

(4) 과잉대표와 과소대표

한·일 간의 불행한 역사로 인해 발생한 피해자는 징병자, 징용자, 군속, 위안부 등 4가지 카테고리로 분류할 수 있다. 현재 우리 정부는 위안부 문제를 제외한 다른 피해자들에 대해서는 별다른 관심을 쏟지 못하고 있다. 이에 대해 다른 피해자들은 상대적으로 박탈감을 느낀다며 불만을 토로한다. 이들은 위안부 문제가 한·일 간 현안을 과잉대표하고 있으며, 자신들의 문제를 비롯해 다른 현안들은 과소대표되고 있다고 주장한다. 대법원의 징용자 판결이 이런 구도에 변화를 줄지 주목된다.

(5) 원 트랙과 투 트랙

문재인 정부는 대일관계를 관리하며, 위안부 문제 등 역사 현안과 외교·안보·경제 등 다른 현안은 분리해 투 트랙으로 접근하겠다고 밝혔다. 그러나 원래 투 트랙이란 정부와 민간을 의미하는 것으로, 같은 정부가 투 트랙을 쓰는 것이 가능한지 의문이다. 역사 문제와 다른 현안을 분리해 투 트랙으로 접근하겠다던 일본은 오히려 지난해 1월 부산총영사관 소녀상 설치에 항의해 나가미네 야스마사(長嶺安政) 대사를 소환하며 한·일 통화 스와프 협상을 중단하고 한·일 고위급 경제협의를 연기하는 등 투 트랙을 버리고 원 트랙으로 가버렸다. 원 트랙이냐, 투 트랙이냐는 일방의 의지로 실현할 수 있는 정책은 아닌 듯하다. 그런 점에서 한국과 일본 모두 원점으로 돌아가 '트랙'의 정당성과 가능성을 고민해 볼 필요가 있다.

5) 길은 있는가

위안부 TF는 앞서 언급했듯 위안부 합의에 대해서만 평가할 뿐 '향후 처리 방향'에 대해서는 언급하지 않았다. 향후 처리방향은 강경화 외교부장관이 발표했다.

작년 12·27 위안부 TF 결과 보고서 발표에 앞서 저는 피해자 여러분 등의 의견을 겸허히 수렴하고, 한일관계에 미칠 영향도 감안하면서 2015년 위안부 합의에 대한 정부 입장을 신중히 수렴하겠다고 말씀드린 바 있습니다.

이후 비록 짧은 기간이었지만, 주무 부처인 외교부, 여성가족부를 중심으로 피해자분과 관련단체의 목소리에 귀를 기울이는 한편, 이웃 국가인 일본과의 관계도 정상적으로 발전시켜 나갈 방안을 모색하기 위해 진지하게 검토해 왔습니다.

첫째, 우리 정부는 위안부 피해자분들의 명예·존엄 회복 및 마음의 상처 치유를 위해 우리 정부가 해야 할 일을 해나가는 데 모든 노력을 다하겠습니다.

둘째, 이 과정에서 피해자, 관련단체, 국민들의 의견을 광범위하게 수렴하면서 피해자 중심의 조치들을 모색하겠습니다. 한편 일본 정부가 출연한 화해·치유재단 기금 10억 엔은 전액 우리 정부예산으로 충당하고, 이 기금의 향후 처리방안에 대해서는 일본 정부와 협의하도록 하겠습니다. 화해·치유재단의 향후 운영과 관련해서는 해당 부처에서 피해자, 관련단체, 국민의견을 광범위하게 수렴해 후속조치를 마련할 것입니다.

셋째, 피해당사자인 할머니들의 의사를 제대로 반영하지 않은 2015년 합의는 일본군 위안부 피해자 문제의 진정한 해결이 될 수 없습니다.

넷째, 2015년 합의가 양국 간 공식합의였다는 사실은 부인할 수 없습니다. 이를 감안해 우리 정부는 동 합의와 관련해 일본 정부에 대해 재협상을 요구하지 않을 것입니다. 다만 일본이 스스로 국제 보편기준에 따라 진실을 있는 그대로 인정하고 피해자들의 명예·존엄 회복과 마음의 상처 치유를 위한 노력을 계속해 줄 것을 기대합니다. 할머니께서 한결같이 바라는 건 자발적이고 진정한 사과입니다.

다섯째, 정부는 진실과 원칙에 입각해 역사문제를 다루겠습니다. 정부는 과거사 문제를 지혜롭게 풀려는 노력과 동시에 한일 양국 간 미래지향적 협력을 위해 계속 노력할 것입니다.

마지막으로 오늘 말씀드린 내용이 피해자 여러분들께서 바라시는 바를 모두 충족시킨다고는 생각지 않습니다. 이 점에 대해 깊이 죄송하다는 말씀을 드립니다.

앞으로도 정부는 성심과 최선을 다해 피해자 여러분들의 의견을 경청하면서 추가적인 후속조치를 마련하겠습니다.

— 강경화 외교부장관의 발표, 2018년 1월 9일

강 장관의 발표는 이미 구문이 되었다. 정부는 7월에 103억 원의 예산을 확보했고 화해·치유재단의 해산방침도 발표했다. 그럼에도 불구하고 필자는 기록을 위해 강경화 장관의 발표에 대해 다음과 같은 의문을 제기한다.

첫째, 피해자, 관련단체, 국민, 일본을 모두 만족시킬 수 있는 방안이 있는가? 재협상하지 않겠다는 방침은 피해자와 관련단체의 반발을 사고 있는데 이는 '피해자중심주의'와 어떤 정합성이 있는가?

둘째, 위안부 합의는 인정하지 않지만 재협상도 요구하지 않는다는 것은 국내와 국민에게는 감성적으로, 일본과 국제사회에는 논리적으로 접근하겠다는 뜻으로 읽힌다. 많이 고민한 결과일 것이다. 문제는 그런 이분법적 접근으로 문제를 해결할 수 있느냐는 것이다. 국내와 일본 모두 논리적으로 접근하거나, 어려우면 오히려 국내는 논리적으로, 일본에는 감성적으로 접근해야 해결책이 나오지 않을까. 위안부 문제는 레토릭의 문제가 아니라 설득과 타협의 문제이며, 리더십과 시간의 문제다.

다음에 소개하는 정대협과 정의기억재단의 논평은 사회적 합의의 필요성을 보여 주는 한 예이다. 일부는 이들의 주장대로 됐지만 전부 이뤄진 것은 아니다. 정부는 일본과의 마찰을 각오하며 관련자와 국민의 의견을 최대한 수용했다고 했으나 관련자와 단체들은 아직 만족하지 못하고 있다. 이 간극을 어떻게 메울 것인가.

[참고] 정대협 · 정의기억재단의 문재인 정부 출범 1년 논평

진실과 정의의 원칙에 위배하는 2015 한 · 일 합의는 무효다!
화해 · 치유재단 해산, 일본 정부 위로금 10억 엔 반환 즉각 이행하라!

도쿄에서 열리는 제7차 한 · 중 · 일 정상회담을 위해 문재인 대통령이 처음으로 일본을 방문하는 오늘은 민주주의를 향한 깊은 열망을 품은 촛불시민의 힘으로 문재인 정부가 출범한 지 1년이 되는 날이다.

문재인 정부 출범 이후 지난 1년 우리 사회는 여러 분야에서 일정한 진전을 이루기도 했다. 촛불시민들의 요구대로 한국 사회에 누적되었던 적폐청산을 통한 민주주의를 완성하는 길에 한걸음 더 가까이 나아갔고, 서지현 검사의 발언을 기폭제로 시작된 미투 운동은 사회 각계각층으로 확산되어 성평등한 사회를 위해 한 걸음 더 나아가고 있으며, 분단 73년 후 남북 정상회담을 통해 한반도에는 봄이 찾아오고 있다.

하지만 제2차 세계대전 종전 73년이 지나도록 고통 속에서 삶을 이어가고 있는 일본군 성노예 피해자들에게 봄은 아직 오지 못했다.

문재인 정부 출범 당시 한국정신대문제대책협의회(이하 정대협)와 일본군 성노예제 문제해결을 위한 정의기억재단(이하 정의기억재단)은 생존 피해자들과 함께 일본군 성노예 피해자들의 명예와 인권 회복을 위한 굴욕적인 2015 한 · 일 합의 무효와 화해 · 치유재단 해산, 일본 정부의 위로금 10억 엔 반환 등을 통한 일본군 성노예제 문제의 정의로운 해결을 요구했다.

이후 외교부와 여성가족부는 장관 직속 TF팀을 구성하여 2015 한·일 합의와 화해·치유재단 운영에 대한 검증을 진행했고, 2015 한·일 합의 발표 2년을 앞둔 지난 2017년 12월 27일 그 결과를 발표했다. 바로 다음 날 문재인 대통령은 "진실과 정의의 원칙에 벗어난 2015 한·일 합의는 정치적 협상의 결과물"이었음을 인정하고 "일본군 성노예 피해자들의 명예와 인권 회복을 위한 조치를 취할 것"임을 밝혔다.

그로부터 약 2주 뒤인 2018년 1월 9일 강경화 외교부장관은 2015 한·일 합의는 이 문제의 진정한 해결이 될 수 없음을 선언하고, 피해자중심주의적 접근법에 따라 화해·치유재단에 대한 후속조치, 그리고 일본 정부의 위로금 10억 엔에 대한 후속조치를 포함한 일본군 성노예 피해자들의 명예와 인권 회복을 위한 정부 차원의 모든 조치를 취할 것임을 주요 내용으로 한 2015 한·일 합의에 대한 정부 기본처리방향을 발표했다.

이러한 정부의 발표에 지원단체와 생존 피해자들은 문재인 정부의 진정성을 믿고 우리가 그토록 요구했던 화해·치유재단에 대한 후속조치와 일본 정부의 위로금 10억 엔에 해당하는 정부예산 충당을 통한 문제해결이 언급됨에 따라 지난 73년간 이루어지지 못한 일본군 성노예 피해자들을 위한 정의실현을 조금이라도 앞당길 수 있을 것이라 기대했다.

하지만 문재인 정부 출범 1년이 지난 지금 2015 한·일 합의에 대한 정부 기본처리방향 발표 5개월여가 다 되도록 피해자와 지원단체, 광범위한 국민여론 수렴이라는 명분으로 일본 정부의 위로금 10억 엔으로 설립된 화해·치유재단은 여전히 해산되지 않았고, 일본 정부의 위로금 10억 엔에 상응하는 정부의 예산충당도 이루어지지 않고 있다.

'2015 한·일 합의는 일본군 위안부 문제의 진정한 해결이 아니다'라고 말하면서도 화해·치유재단 해산, 일본 정부의 위로금 10억 엔 반환이라는 정부 차원의 구체적인 후속조치가 이루어지지 않고 있는 사이 정부 출범 당시 38명이었던 생존 피해자의 수는 28명으로 줄었고, 국제사회에서 이어지고 있는 일본 정부의 역사와 범죄사실 왜곡으로 인해 일본군 성노예 피해자들의 명예와 인권 훼손은 계속되고 있다.

더욱이 작년 6월 이후 사실상 아무런 사업도 없이 그 운영이 정지된 것으로 알려진 화해·치유재단은 일본 정부의 위로금 10억 엔을 재단운영비로 계속 사용하고 있으며 또한 문재인 정부의 2015 한·일 합의 및 화해·치유재단 운영 검증 TF 보고서 발표 직전 당연직 이사 3인을 제외한 모든 이사들이 사퇴한 것으로 알려졌던 화해·치유재단 등기에 김태현 이사장 등은 여전히 등기이사로 건재하고 당연직으로 참여하고 있던 여성가족부 권익증진국장과 외교부 동북아시아국장은 변경된 국장들이 새롭게 이사로 선임되어 있는 상황이다. 하지만 화해·치유재단에 대한 관리감독 의무가 있는 여성가족부는 이에 대한 아무런 조치도 취하지 않고 있어 그 문제는 더욱 심각하다.

문재인 정부는 '피해자중심주의 접근원칙에 따라 일본군 성노예 피해자들의 명예와 인권 회복을 위한 정부 차원의 모든 조치를 취하겠다' 했던 자신들의 약속을 기억하고, 피해자들의 진정한 명예와 인권 회복의 시작을 위해 화해·치유재단 해산, 일본 정부의 위로금 10억 엔 반환을 위한 정부예산 충당이라는 2015 한·일 합의에 대한 후속조치를 즉각 이행해야 한다.

— 2018년 5월 9일, 한국정신대문제대책협의회 공동대표 윤미향, 한국염, 김선실
일본군 성노예제 문제해결을 위한 정의기억재단 이사장 지은희

필자는 앞에서 제시한 의견들을 공개적으로 주장한 적이 있는가? 이 가상 질문에 대한 답변을 하면서 이 절을 마무리하고자 한다. 현직 신문기자로 있는 동안에는 일본 문제에 대해 사회 일반의 시각과는 결이 다른 의견을 제시하는 칼럼을 종종 썼다. 그 예를 하나 제시한다.

위안부 할머니 34명의 선택은 뉴스가 안 되나

박근혜 정부의 대일정책 기조는 정권 초기에는 해빙무드를 보이다가 정권 말기에 원점으로 돌아가는 롤러코스터에서 탈피하겠다는 것이었다. 그래서 정권 출범 초부터 최대 난제인 일본군 위안부 문제해결을 정상회담의 전제로 내세우는 역순(逆順)의 카드를 뽑아 들었고, 3년 가까이를 버텼다. 그 출구가 2015년 12월 28일 합의다. 그러나 결과적으로 이 정부도 예전 패턴을 깨는 데는 실패한 것 같다. 위안부 합의가 저항을 받고 있는 데다 양국 갈등이 도졌기 때문이다.

기자는 한일 정부의 합의로 만든 '화해·치유재단'의 이사임을 다시 한 번 밝힌다. 지난해 7월 이사가 된 후 "내가 욕먹는 위안부재단 이사가 된 이유"라는 글(2016년 8월 1일 자)을 통해 '불가능한 최선'보다는 '가능한 차선'을 지지한다고 밝혔고, 그 소신에는 변함이 없다.

기자 개인의 소신이 뭐 그리 대수인가. 한일관계를 좌우하는 중요한 요소 중 하나가 언론인데, 최근 위안부 문제에 대한 일부 언론의 보도 태도에 위화감을 느끼고 있음을 지적하고 싶을 뿐이다. 한국 언론은 광복 이후 숱한 성역을 깨면서 성장해 왔다. 지금은 어떤 권력기관, 어떤 직역, 어떤 국가를 비판하는 데도 일말의 거리낌이 없다. 그런데 마지막으로 남아 있는 '성역'이 있다. 일본 관련 보도다. 일본 관련 보도에서 언론은 여전히 국민 정서에서 자유롭지 못하다. 그렇지만 반일(反日), 극일(克日)을 넘어 용일(用日)과 협일(協日)을 말하던 언론이 요즘 너무 쉽게 반일로 회귀하는 것 같다.

이런 주장을 하면 비난을 각오해야 한다. 분명히 말하지만 일본 정부와 정치인들의 잘못된 주장, 위안부 합의과정에서 부족했던 점에 대한 비판 등에는 기자도 동의한다. 국민 정서도 존중한다. 기자가 주목하는 것은 한국 언론이 보도한 것들이 아니라 보도하지 않는 것들에 관한 것이다. 일본 관련 보도에서도 언론은 '감정적인 선수'가 아니라 '냉정한 심판'이 돼야 국내외적으로 신뢰를 얻고, 궁극적으로 국익에 도움이 된다고 믿기 때문이다.

이런 문제는 어떤가. 위안부 합의 당시 생존 위안부 할머니는 46명이었다. 그중 34명이 '화해·치유재단'이 배상금 성격으로 지급하는 1억 원을 받겠다고 신청했고, 이 중 31명은 두 번에 나눠 이미 전액을 지급받았다. 예상보다 많은 숫자로 의미가 있다. 그런데 이 보도자료는 푸대접을 받았다. 국민 정서에 맞지 않아 쓰기 싫다는 기자도 있었다. 합의를 거부하는 할머니들이나 단체의 의견도 중요하지만, 고민 끝에 다른 결정을 내린 할머니들의 선택도 존중받아 마땅한 것 아닌가.

10억 엔에 소녀상을 팔아먹었다는 주장도 그렇다. 한국 정부는 일본 정부의 사죄 표시로서 단돈 1엔이라도 '일본의 예산'을 받길 원했고, 그 결과가 10억 엔일 뿐이다. 그런데도 일본 정부가 본말을 전도해 10억 엔과 소녀상 철거를 연계한다면 일본 정부를 비판해야지, 한국 정부를 몰아붙일 일이 아니다. 위안부 소녀상은 다른 곳이라면 어디라도 괜찮지만 다른 나라의 공관 앞에 세우는 것은 국제협약상 문제라는 점도 분명히 지적해야 한다.

최종적, 불가역적 해결이라는 것은 정부끼리의 약속일 뿐 민간단체까지 구속할 근거는 없다는 것도 알려야 한다. 유력 대선주자들이 위안부 합의를 폐기한다면 무슨 방법으로 그 이상의 성과를 얻어 낼 것인지도 물어봐야 마땅하다. 최근 사설이나 칼럼 등은 이런 시각을 보여 주고 있으나 사실을 충실히 전해야 하는 보도는 오히려 소극적이다.

일각에서 위안부 합의를 굴욕적 외교 참사라고 한다. 중국은 사드(THAAD ·고고도미사일 방어체계) 배치 결정을 철회하라며 바로 지금, 안보문제에 대해 내정간섭까지 해가며, 한국의 굴복을 강요하고 있다. 조공(朝貢) 받던 시절에 군림하던 행태다. 그런데도 주한 중국대사관 앞에 사드 모형을 세워 항의하자는 주장도, 단체도 없다. 뭔가 이상하지 않은가.

한일문제를 보도하는 우리 언론이 '양비론'에 빠져 있다고 비판하며, 일본의 태도를 더욱 질책해야 한다는 지인도 있다. 국민 정서에서 자유롭지 못한 한국 언론이 양비론까지 오게 된 것도 진전이라면 진전이라는 게 기자의 평소 생각이다. 30년 전에는 시도조차 못 했던 일이다. 한국은 이제 일본의 종속변수가 아니다. 일본의 변화에만 목을 맬 이유도 없다. 일본만을 질책하며 국내 평가에 만족했던 보도방식은 광복 이후 한국 언론이 70년간 걸어 온 편한 길이다. 편한 보도로는 한일관계를 바꾸지 못했다.

— 심규선 칼럼, 〈동아일보〉 2017년 1월 16일 자

그러나 위안부 TF의 보고서에 대해서는 칼럼을 쓰지 못했다. 필자가 위안부 TF의 발표가 있고 나서 나흘 뒤인 2017년 12월 31일 신문사를 퇴직했기 때문이다. 이 글로 칼럼을 대신한다.

4. 영혼 없는 공무원의 걸작:
여성가족부 화해 · 치유재단 감사보고서*

위안부 TF가 검증 결과를 발표하던 날, 여성가족부도 화해 · 치유재단 점검결과를 발표했다. 그런데 이 자료는 정말로 문제가 많다고 생각한다. 이유는 이렇다.

1) 보도자료를 보면 …

우선 당일 발표한 보도자료를 보자(굵은 글씨는 발표자료 그대로이다).

여성가족부, '화해 · 치유재단' 점검결과 등 발표

□ 여성가족부(장관 정현백, 이하 여가부)는 12월 27일(수) **'화해 · 치유재단'**
(이하 재단)과 **'일본군 '위안부' 피해자 관련 기념사업'**에 대한 **점검 · 조사(이하
점검) 결과**를 발표했다.

○ 이번 점검은 재단의 설립과정, 재단에서 실시한 생존 피해자 대상 현금지급
사업, 일본군 '위안부' 기록물의 유네스코 세계기록유산 등재 지원중단 등
그간 외부에서 문제로 제기되었던 사항들을 중심으로 **지난 2017년 7월 21일
(금)부터 실시**됐다.

---

* 국민대 일본학연구소가 발간하는 한국연구재단 등재지 〈일본공간〉 24호(2018년 12월)에
게재한 '위안부 합의는 적폐인가'라는 글 속에 들어 있는 것을 따로 떼어내 게재한다.

□ 점검결과 주요 내용은 다음과 같다.

〈재단설립 과정〉

○ 재단설립은 12・28 한・일 합의에 의해 "일본 정부의 출연금으로 '위안부' 피해자 지원사업을 담당할 재단을 한국 정부가 설립"하기로 함에 따라, 양 국합의의 후속조치로 추진됐다.

○ 2015년 12월 30일 개최된 관계부처 회의에서 **외교부**는 설립절차 및 추진일 정과 함께 소관부처에 대한 별도협의 없이 **재단등록 부처를 여가부로 명시한** **'재단 설립계획(안)'**을 제시하였고, 2016년 1월 6일 "조용하고 신속하게 설립 을 추진하라"는 당시 대통령의 지시사항을 여가부에 전달했다.

○ 이에 따라, 여가부는 외교부와 함께 2016년 1월 29일 재단설립을 위한 '**민 관 태스크포스(TF)**'를 발족하고 2016년 3~4월 설립을 목표로 필요한 절차 를 진행했다.

  - 이후 재단의 설립방식, 피해자별 지급액 결정과 국내외 정치상황, 일본 출연금의 거출시기 등을 고려하는 과정에서 설립이 늦어져 **2016년 7월 28 일 재단이 출범**했다.

○ 재단설립 과정에서 절차상 위법사항은 발견되지 않았으나, 여가부가 신청 일로부터 평균 20일이 소요되는 법인 설립허가를 5일 만에 처리하고, 설립 허가를 위해 필수적인 법인사무실의 임대차 계약을 소속 직원이 대리로 체 결하는 등 **재단설립을 적극 지원한 정황이 확인됐다.**

〈재단 행정비용(운영비) 국고지원〉

○ 여가부는 2016년 8월 30일 일본군 '위안부' 피해자(이하 피해자) 기념사업 예산의 일부를 재단의 **인건비, 관리비 등 운영비** 명목으로 지원했다.

○ 일본군 '위안부' 피해자 관련 기념사업 등을 수행하는 민간단체에 경비를 보 조할 때에는 보조받는 민간단체가 관련사업 수행실적이 있어야 함에도 불

구하고 **사업실적이 없는 재단에 국고를 보조했다.**

– 또한, 국고보조 전에 받아야 하는 '일본군 '위안부' 피해자 생활안정지원 및 기념사업 심의위원회'의 **심의를 받지 않았다.**

〈일본군 '위안부' 피해자 현금지급사업〉

○ 현금지급사업은, 피해당사자 또는 유족의 신청을 받아 재단에서 한·일 합의 발표 당시 생존 피해자와 사망 피해자 유족에게 일본 정부의 출연금을 지급하는 것이었다.

– 생존 피해자에게는 개별면담 등을 통해 **당사자의 의사를 확인**한 후, **지급신청서**를 접수하고 **심의** 등의 절차를 거쳐 현금을 지급했다.

○ 생존 피해자에 대한 면담은 **2016년 1월~2017년 6월까지 외교부·여가부· 재단 관계자**에 의해 **개인별로 1~7차례**에 걸쳐 실시됐다.

– 이 과정에서 정부 및 재단 관계자가 피해자들에게 한·일 합의의 긍정적 인 면을 부각시키고 **현금수령을 적극적으로 권유하거나 설득하는 발언**들을 확인할 수 있었다.

※ 주요 면담 일정(방문기관): ① 2016년 1월(외교부), ② 2016년 4월(외교부·여가부), ③ 2016년 6월(재단설립준비위원장·외교부·여가부), ④ 2016년 10월(외교부·여가부·재단), ⑤ 2016년 10월~(재단)

○ 현금지급 절차에서 필수적인 '지급신청서'는 피해자 동의하에 당사자가 직접 작성하였으나 **피해자가 노환 또는 문맹 등**으로 작성하기 곤란한 때에는 **보호자가 대리로 작성**하였다.

– 일부 피해자의 경우 동의 의사를 표시하였더라도, **고령·언어(중국어) 제약** 등으로 인해 **지급되는 현금의 의미를 정확하게 알았는지**에 대한 논란의 여지는 남는다.

〈'기록물 유네스코 등재추진 위탁운영' 사업 지원중단〉

○ 여가부는 2015년까지 일본군 '위안부' 관련 기록물의 유네스코 세계기록유산 등재를 한국여성인권진흥원을 통해 지원해 왔으나, 2016년부터는 예산지원을 중단했다.

○ 여가부는 당시 중단사유에 대하여 "유네스코 등재는 민간추진 원칙으로 정부지원이 부적절하고, 정부지원 시 관계국의 반발로 오히려 심사에 불리하다"라고 설명했다.

  - 그러나 2016년 1월 6일 "유네스코 등재 지원사업에 한국여성인권진흥원이 관여 말고, 추진과정에서 정부 색을 없애도록 하라"는 당시 대통령의 지시가 전달되어, 사업지원을 중단하였다.

□ 여가부는 이번 점검과 관련하여 "12·28 한·일 합의 발표 이후 재단 설립과 운영 과정에서 일본군 '위안부' 피해자 할머니들의 의견을 충분히 수렴하지 못하였고, 현금지급사업 집행과정에서도 할머니들께 갈등과 심적인 고통을 드린 것에 대해 깊이 사죄드린다"라고 하면서,

○ "앞으로 일본군 '위안부' 피해자 관련 기념사업 추진 시 피해자 할머니들의 의견을 충분히 청취하여 사업을 추진하는 한편, 이번 점검결과를 바탕으로 향후 재단 운영방향 등에 대해서는 관계기관과 협의해 나갈 계획"이라고 밝혔다.

[붙임] 1. 화해·치유재단 점검결과 보고서
    2. 일본군 '위안부' 피해자 관련 기념사업 조사결과 보고서

이 보도자료의 문제점은 다음과 같다.

가장 큰 문제는 당시 최대 관심사였던 현금지급 과정에서 할머니들에게 돈을 받으라고 강요한 일이 있느냐는 쟁점에 대해 화해·치유재단의 잘못이 없었다는 것을 확인하고도 이를 언급하지 않았다는 것이다(이 점은 뒤에

상술하겠지만, 공무원의 양식을 의심케 만든다).

또 보도자료 말미에 화해·치유재단 점검결과와는 아무 관련이 없는, 위안부 기록물 유네스코 등재에 필요한 예산을 박근혜 대통령의 지시로 중단했다는 내용을 붙여 놓았다는 점이다. 이는 화해·치유재단 점검결과에서 별다른 문제점이 발견되지 않자 다른 뉴스거리를 제공하기 위한 의도로 보인다. 실제로 많은 매스컴이 화해·치유재단 점검결과가 아니라 박 대통령이 위안부 유네스코 등재 예산을 삭감한 것을 메인 뉴스로 보도했다. 그런 점에서 여가부의 의도는 성공했다.

또한 화해·치유재단 점검에서는 이렇다 할 비위 사실이 드러나지 않았는데도, "현금지급사업 집행과정에서도 할머니들께 갈등과 심적인 고통을 드린 것에 대해 깊이 사죄드린다"라고 함으로써 마치 화해·치유재단 운영에 문제가 있는 것처럼 호도했다.

2) 보도자료에 첨부한 보고서를 보면 …

보도자료의 말미에는 앞서 언급했듯이 '붙임'이라고 해서 '1. 화해·치유재단 점검결과 보고서', '2. 일본군 '위안부' 피해자 관련 기념사업 조사결과 보고서'가 붙어 있다. 이 중 '화해·치유재단 점검결과 보고서'를 중점적으로 검토했다. 객관적인 사실을 적시한 것은 제외하고, 점검팀의 의견만을 뽑아서 정리하면 다음과 같았다. 먼저 보고서의 해당 부분을 제시하고, 그 부분이 보도자료에도 있으면 함께 소개한 뒤, 필자의 의견을 기술한다.

(1) 화해·치유재단 설립

ⓐ (보고서) 제출된 법인설립 허가신청서와 관련서류를 〔표 1〕과 같이 확인한 결과 언급할 만한 서류상 하자는 발견되지 않았음. 다만, 여가부의 통상적

인 법인설립 허가 평균 소요기간은 20일이나 화해·치유재단은 5일 만에 신속하게 처리되었음. 특히 재단설립 과정에서 필수 구비사항인 법인사무실의 임대차 계약을 여가부 직원이 대리로 체결한 사실이 확인되었는바, 이것은 통상적인 직무범위에 해당되지는 않음(※ 사무실 대리 임차계약 체결과 관련하여 담당 공무원은 "한·일 합의에 따라 한국 정부가 재단을 설립해야 하는 입장이었고, 일본으로부터 출연금이 들어오기 전에 사무실을 구해야 하는 상황이었음. … 사무실을 빌려준다는 곳이 없어서 스무 군데 넘게 알아보러 다녔고, 우리 부 산하기관의 사무실을 쓸 수 있는지 알아보기도 했다"고 소명).

(보도자료) 재단설립 과정에서 절차상 위법사항은 발견되지 않았으나, 여가부가 신청일로부터 평균 20일이 소요되는 법인설립 허가를 5일 만에 처리하고, 설립허가를 위해 필수적인 법인사무실의 임대차 계약을 소속 직원이 대리로 체결하는 등 재단설립을 적극 지원한 정황이 확인됐다.

법인 허가를 빨리 내준 것이나 여가부 직원이 사무실을 대리 계약한 것은 법적으로 문제가 없고 당시 재단을 빨리 발족시키기 위한 정부 차원의 조치로서 이해할 만한데도 굳이 이를 언급함으로써 설립과정에 문제가 있다는 인상을 주고 있다.

ⓑ (보고서) 화해·치유재단의 목적사업으로 두 가지만 명시(① 일본군 위안부 피해자의 명예와 존엄의 회복 및 마음의 상처 치유를 위한 사업, ② 재단 목적에 부합하는 사업) 하고 구체적인 계획은 이사회의 의결을 거쳐 여가부장관의 승인을 얻어 시행토록 함으로써 재단설립 시 실현가능성 여부를 판단하기 어려웠음.

재단설립 목적으로 두 가지만 명시했기 때문에 실현가능성 여부를 판단

하기 어렵다는 표현은 점검팀의 극히 자의적인 결론이다. 다른 재단과는
달리 화해·치유재단의 설립목적은 분명하므로 사업이 제한적이다. 즉,
사업을 여러 가지 하겠다고 늘어놓을 필요가 없다. 또한 구체적인 계획은
따로 만들어 시행토록 하고 있는데, 실현가능성 운운하는 것은 근거 없는
흠집 내기다.

ⓒ (보고서) 재단 정관 중 일부는 주무부처인 여가부장관은 중요사항에 대한 허
가 또는 승인 전에 외교부장관과 협의를 거치도록 하고 있음.

마치 여가부가 외교부에 종속되어 있으며 그것이 문제라는 것처럼 표현
하고 있다. 재단 운영과정에서 여가부와 외교부가 협의를 거치도록 한 것
은 정책선택의 문제이지, 체크리스트에 들어갈 항목은 아니다.

(2) 재단 국고보조금 지원 및 집행

ⓐ (보고서) 복지지원과는 '국제공조 활동 및 민간단체 기념사업 지원'을 '일본
군 위안부 피해자 명예 존엄 회복 및 마음의 치유사업'으로 변경하여 재단에
보조하였는바, 부적정한 집행으로 판단되지 않음.

ⓑ (보고서) 재단에 대한 국고보조금을 전액 운영비로만 지원하는 것은 불가능
하다는 규정은 없으나 그런 사례는 찾아보기 어려웠음.

ⓒ (보고서) '보조금 관리에 관한 법률' 제16조에 따르면 보조사업의 특성을 고
려하여 공모방식으로 하는 것이 적절하지 않다고 인정되는 경우에는 예외적
으로 공모절차를 거치지 아니할 수 있으므로, 여가부가 공모절차를 거치지
않고 재단에 보조금을 지원한 것은 법령상 하자가 있다고 보기는 어려움.

ⓓ (보고서) 민간단체에 경비를 보조할 때는 관련 사업의 수행실적이 있어야 하고, 심의위원회의 심의를 거쳐야 하는데 이를 준수하지 않았음(복지지원과에서는 재단설립위원회의 활동실적을 재단의 사업실적으로 인정하고, 그동안 전례에 따라 심의위원회의 심의를 거치지 않았다고 소명).

(보도자료) 일본군 '위안부' 피해자 관련 기념사업 등을 수행하는 민간단체에 경비를 보조할 때에는 보조받는 민간단체가 관련사업 수행실적이 있어야 함에도 불구하고 사업실적이 없는 재단에 국고를 보조했다. 또한, 국고보조 전에 받아야 하는 '일본군 '위안부' 피해자 생활안정지원 및 기념사업 심의위원회'의 심의를 받지 않았다.

이상의 4가지 지적은 대체로 문제가 없다는 뜻이다. 그런데도 보도자료는 아주 사소한 문제점을 지적함으로써 전체적으로 문제가 있다는 인상을 주고 있다.

(3) 개별피해자 현금지급사업

ⓐ (보고서) 정부 및 재단의 관계자가 피해자를 면담하는 과정에서 현금수령을 강요하는 내용은 확인할 수 없었으나, 피해자들에게 한·일 합의를 긍정적으로 부각시키고 현금수령을 적극적으로 권유하거나 설득하는 발언들은 볼수 있었음. ＊언론에서 재단 관계자의 회유·종용 사례로 인용되는 대화는 현금수령 여부를 결정하지 못하고 있던 피해자와의 면담과정에서 있었던 것으로, 설득성 발언들이 보였음.

(보도자료) 이 과정에서 정부 및 재단 관계자가 피해자들에게 한·일 합의의 긍정적인 면을 부각시키고, 현금수령을 적극적으로 권유하거나 설득하는 발언들을 확인할 수 있었다.

여가부 발표의 가장 큰 문제는 바로 이곳에 있다. 현금수령 과정에 강요가 있었는지는 가장 첨예한 쟁점이었다. 감사결과 강요가 없었던 것으로 드러났다면 먼저 분명하게 "강요는 없었다"라고 기술하는 게 맞다. 그러나 보고서는 "현금수령을 강요하는 내용은 확인할 수 없었으나"라는 표현으로 슬쩍 물타기를 한 뒤 곧바로 권유와 설득 과정을 문제 삼고 있다. 더 큰 문제는 보도자료에는 "현금수령을 강요하는 내용은 확인할 수 없었으나"라는 대목조차 넣지 않았다는 것이다. 현금수령 과정에 강요가 없었다는 것을 인정하기 싫다는 의사를 밝힌 것이나 마찬가지다. 이는 결코 공정하지 않다(이런 보도자료를 어느 선까지 관여해서 만들었고, 어느 선에서 최종 허가를 했는지 궁금하다. 세월이 흐르면 반드시 규명해야 할 대목이라고 생각한다).

ⓑ (보고서) 피해자들이 고령으로 인해 의사표시가 제한적이고 타인에 의해 왜곡될 수 있으므로 재단에서는 피해자의 현금지급사업 참여 동의 여부를 당사자로부터 확인하고 지급신청서를 접수. 다만, 일부 피해자의 경우에는 노환으로 건강상태가 좋지 않거나, 오랜 중국생활로 우리말을 할 수 없어 (통역으로 의사전달) 비록 피해자가 사업 참여에 동의 의사를 표시했다 하더라도 지급되는 현금의 의미를 정확하게 알고 있었는지에 대한 논란은 있을 수 있음.

(보도자료) 현금지급 절차에서 필수적인 '지급신청서'는 피해자 동의하에 당사자가 직접 작성하였으나 피해자가 노환 또는 문맹 등으로 작성하기 곤란한 때에는 보호자가 대리로 작성하였다. 일부 피해자의 경우 동의 의사를 표시하였더라도, 고령·언어(중국어) 제약 등으로 인해 지급되는 현금의 의미를 정확하게 알았는지에 대한 논란의 여지는 남는다.

금전수령 의사를 어떻게 표시했는지도 중요한 문제다. 일부 논란이 있었던 것도 사실이다. 그러나 감사결과 큰 문제는 없는 것으로 확인됐다. 필자는 이 문제와 관련해 할머니들이 의사표시가 가능했을 때 수령 의사를 밝혔고, 나중에 정신이 혼미해졌다면 어느 쪽 의사를 존중해야 하는지 묻고 싶다. 필자는 의사표시가 가능했을 때 밝힌 의사를 존중하는 것이 상식에 맞는다고 본다. 본인들이 건강에 문제가 없을 때 의사표시를 한 자료도 재단이 갖고 있다.

또한 "고령·언어(중국어) 제약 등으로 인해 지급되는 현금의 의미를 정확하게 알았는지에 대한 논란의 여지는 남는다"고 했는데, 그렇다면 논란의 여지를 남기지 않을 방법이 무엇인지를 묻고 싶다. 현재로서는 뚜렷한 방법이 없으며 가족이나 주변 사람들의 도움을 받을 수밖에 없지 않은가.

ⓒ(보고서) 현금은 보호자 명의 통장으로 입금된 1명을 제외하고, 모두 피해자 명의 통장으로 입금.

* 보호자 명의 통장으로 입금된 1명은 중국 거주 피해자로 현재 피해자에 대한 생활안정지원금 및 간병비가 입금되는 가족 명의 계좌로 입금.

* 현금이 보호자의 통장으로 입금되었다는 일부 언론보도가 있어 확인해 본 결과, 피해자 명의 통장으로 입금됨.

이 문제도 논쟁이 많았으나 전혀 사실무근으로 밝혀졌다.

(4) 공무원 파견

ⓐ(보고서) 정해진 절차에 따라 재단에 공무원을 파견한 것은 법령상 하자가 없음. 다만 파견기관에서 지급해야 할 직책수행 경비 일부(3개월분 45만 원)를 여가부에서 지급한 것은 지침에 위반됨.

쟁점이 됐던 것은 공무원 불법 파견 여부였는데 문제가 없었다는 것이 밝혀졌다.

(5) 직원 채용

ⓐ (보고서) 특정인을 채용하기 위해 선발자격 조건을 임의로 변경하였는지를 검토하였으나 특이점은 발견하지 못함. 2차 면접 심사 후, 1순위 합격자에게 통보하였으나 연봉 문제로 입사를 포기하여 차순위자가 최종 합격자로 확정. 1순위자 입사 포기 사유와 자발적 의사에 따라 입사를 포기한 것인지 확인하기 위해 전화통화(2017년 9월 5일, 16 : 00).

 * [통화결과] 연봉이 낮아 포기하게 되었으며, 입사 포기는 본인 의사에 의한 것임.

이 문제도 논쟁이 많았으나 전혀 사실무근으로 밝혀졌다.

여가부 점검결과에 대해 필자는 전체적으로 다음과 같은 문제점이 있다고 본다. 한마디로 얘기해 여가부는 문제가 없는 것을 문제가 있는 것처럼 보이기 위해 노력했다고 본다.

첫째, 이상에서 보았듯 그동안 제기됐던 재단의 명예와 도덕성과 관련된 여러 문제는 거의가 근거가 없는 것으로 밝혀졌으나, 여가부는 이를 중립적으로도 적시(摘示)하지 않았다.

둘째, 다시 언급하지만 가장 큰 쟁점이었던 현금수령 강요 여부와 관련해 점검팀은 "현금수령을 강요하는 내용은 확인할 수 없었다"는 결론을 내렸다. 그럼에도 불구하고 이를 보도자료에서는 전혀 언급하지 않았으며, 오히려 '권유'나 '설득'이라는 단어를 사용해 마치 문제가 있는 것처럼 호도했다.

셋째, 재단 이사장이나 이사들이 많은 보수를 받는다는 루머에 대해서도 해명해 줄 필요가 있었으나 하지 않았다〔이사장과 이사들은 2016년 하반기만 회의참석수당으로 한 차례 10만 원씩을(9차례 — 필자 추가) 받았고, 국회가 재단 예산을 전액 삭감한 2017년 1월 이후 1년간은 한 푼의 수당도 받지 않고 이사회에 참석했다. 재단 이사들은 그렇게 하기로 공식적으로 합의했다〕.

부록 화해·치유재단의 최근 1년(2017년)

화해·치유재단은 2016년 7월 28일부터 2017년 12월 28일까지 서면이사회 6번을 포함해 19번의 이사회를 개최했다. 2017년 말 이후 이사회는 열리지 않았다. 그간의 재단 상황을 정리하면 다음과 같다.

① 재단 이사 2명은 2017년 3월 사임의사를 밝히고 이사에서 물러났다(등기부에서도 이름이 빠졌다). 김태현 이사장은 재단 발족 1년이 되던 2017년 7월 27일부로 사임의사를 밝혔다(등기부에서는 빠지지 않았다). 조희용, 심규선, 진창수, 이원덕, 김재련 이사도 위안부 TF가 검증결과를 발표하기 하루 전인 2017년 12월 26일부로 사임의사를 밝혔다(등기부에서는 빠지지 않았다). 사임의사를 밝힌 이사들은 정관이 규정한 절차에 따라 후임 이사를 선임해 달라고 여성가족부에 여러 번 요청했으나 받아들여지지 않았다. 감사는 2018년 2월에 사임의사를 표시했다. 상근이사인 재단의 사무처장도 10월에 임기만료로 물러났으나 후임은 선임되지 않았다. 따라서 당초 11명의 이사 중 9명이 사임 또는 퇴임하거나 사임의사를 밝혔고, 당연직인 여성가족부 권익증진국장, 외교부 동북아시아국장 2명만이 남게 됐다.

김태현 이사장과 5명의 민간인 이사들은 여러 문제가 있었으나 대외적으로는 재단의 3대 사업(생존자 위안부에 대한 현금지급사업, 사망자 유족에 대한 현금지급사업, 모든 위안부의 명예회복 및 존엄에 관한 사업) 중 제일 중요한 첫 번째 사업이 어느 정도 마무리됐다는 판단에 따라 퇴진을 결심하게 됐다고 입장을 정리했다.

여성가족부는 재단 해산결정을 발표하며 재단의 정관에 따르면 이사회에서 해산을 결정할 수 있으나, 민간인 이사들이 모두 사임함으로써 최소 5명이 되어야 하는 이사회 구성요건을 충족할 수 없어 직권으로 해산하는 방법을 택했다고 밝혔다(후임 이사를 선발해 달라고 여러 차례 요구했으나 이에 응하지 않고 있다가, 이사회를 구성할 수 없어서 직권으로 해산한다는 것을 어떻게 이해해야 할지 모르겠다).

이사 5명이 2017년 12월 26일 여성가족부장관에게 보낸 사임 관련 의견 표명서의 내용은 다음과 같다.

사임 관련 의견 표명서

작성자: 조희용 · 심규선 · 진창수 · 이원덕 · 김재련

작성일: 2017. 12. 26.

화해 · 치유재단 이사장 직무대행 조희용 및 위 각 이사들은 2017. 12. 26. 자로 재단 이사직 사임과 관련하여 다음과 같은 의견을 표명하오니 조속한 시일 내에 등기부상 사임등기 절차를 진행해 주시기 부탁드립니다.

1. 화해 · 치유재단은, 2015. 12. 28. 자로 공표된 '한 · 일 간 위안부 합의'의 성실한 이행을 위해 설립된 재단이며, 재단 이사들은 위 합의가 비록 부족한 점은 많으나, 이사로 참여하여 부족한 부분을 메워 나가고 위 합의에 기초한 화해 · 치유사업이 성실히 진행하는 데 일조하고자 이사로 활동해 왔습니다.

2. 재단 이사들은, 일본에서 출연한 돈은 전액 피해 할머니들을 위한 지원사업에 사용되어야 한다는 입장을 분명히 했으나, 16년 국회에서 정부가 확보한 재단운영예산을 전액 삭감하여, 부득이 17년 재단 운영경비를 일본이

출연한 기금으로 사용하였으나, 17년 국감에서 일본이 출연한 기금을 재단 운영비로 사용하는 것조차 적절하지 않다는 지적을 받았습니다.

3. 또한 외교부에서는 한·일 위안부 합의과정의 문제점을 들여다보기 위한 TF팀을 발족하여 그 결과발표를 목전에 두고 있고, 재단 주무부처인 여성가족부도 재단활동에 대한 진상조사를 하여 그 결과발표를 앞두고 있습니다.

4. 위와 같은 상황 속에서 재단은 재단 정관에서 규정하는 목적사업을 더 이상 추진하지 못하고 있으며, 재단 운영비조차 확보되지 않은바, 사실상 식물 재단입니다.

5. 이에 현 재단의 이사로 활동 중인 조희용, 심규선, 진창수, 이원덕, 김재련은, 그동안 구두로 몇 차례 밝힌 바 있는 이사직 사임의사를 정식 문서로 접수하오니 적의처리해 주시기 바랍니다.

6. 재단 이사들은, 이사직 사임과 관련하여 어떠한 외부적 공표도 하지 않을 것이며, 이사직 사임 및 후속절차 일체는 주무부처 및 관계부처 담당자분들께서 정식절차로 진행해 주시길 당부드립니다. 끝.

위 각 이사들의 서명날인은, 각 이사들의 사임서 기재 서명, 날인으로 대체함.

첨부서류: 각 사임서 1부 및 인감증명서 2통

(* 이사들은 사임의사 표명과 관련하여 어떠한 외부 공표도 하지 않겠다고 했으나, 이런 사실이 다른 루트를 통해 공개됐고, 이미 보도까지 되었으므로 합의를 거쳐 공개하는 것이다.)

② 생존 위안부 47명(2015년 12월 28일 기준, 2016년 12월 1명 새로 등록 포함) 중 34명은 1억 원을 수령했고, 2명은 수령의사를 밝혀 심의 중이었는데 그중 1명은 유족을 찾고 있었고, 1명은 성년후견인지정 절차를 밟고 있었다. 9명은 수령을 거부하거나 미확인 상태였으며, 2명은 해외 거주자로서 합의 이후 사망하여 유족 확인이 어려웠다(1억 원 수령자는 최종적으로 35

명이었다 — 필자 추가).

③ 사망위안부에 대한 현금지급사업은 199명 중 68명의 유족이 수용의 사를 밝혀 이 중 58명에게 2천만 원씩을 지급했다. 10명은 심사 중, 9명은 신청 준비 중이었고, 나머지 122명은 소재를 파악하던 중이었다.

재단 이사들은 재직하는 동안 다음과 같은 희망을 피력했다.

① 재단을 준비하는 과정에서 한때 일본이 준 돈으로 재단 운영경비까지 쓰자는 의견도 있었다. 일본이 사죄의 의미로 준 돈으로 재단까지 운영해야 그 의미를 더욱 부각시킬 수 있다는 논리에서였다. 그러나 막상 재단이 발족하자 그런 의견보다는 일본의 출연금은 할머니들만을 위해 써야 한다는 의견이 단연 우세했다. 이사들은 그런 뜻을 정부에 건의해 2016년은 국고에서 1억 2,200만 원을 지원받아 운영경비에 충당하고 모자라는 5,900만 원만 일본 출연금에서 사용했다. 2017년도 예산도 대부분 삭감돼 일본 출연금에서 운영경비를 충당했다. 이사들은 이사회가 열릴 때마다 일본 출연금은 전액 할머니들을 위해 사용하는 것이 마땅하며, 부득이하게 운영경비로 쓴 일본 출연금은 나중에라도 반드시 국고에서 변제해야 한다고 주장했다.

② 사망자 유족을 찾기 위해서는 주소를 검색해야 하고, 유족을 찾더라도 가족관계를 확인해야 한다. 그러기 위해서는 호적과 주민등록 관련 각종 공부(公簿)를 봐야 하는데, 개인정보보호법에 막혀 그런 협조를 전혀 받지 못했다. 이사들은 이 문제가 빨리 해결되거나 개선되기를 여러 차례 건의했으나, 성과를 거두지 못했다. 재단이 해산되는 마당에 이 건의는 의미가 없어졌으나 비슷한 사례가 발생하면 같은 문제가 다시 부상할 것이 분명하다. 이에 대한 범정부 차원의 대책 마련이 필요하다.

5. 화해·치유재단 해산 근거(민법 38조), 납득할 수 없다: 재단 허가 취소를 위한 청문회에 제출한 의견서*

화해·치유재단 해산과 관련해 의견진술 기회를 주신 데 대해 감사드립니다. 본 의견제출인은 2016년 7월 재단이 설립될 때부터 이사를 맡아 지난해 12월 사임의사를 표시했고, 이사회에서 사임 승인을 받지 못한 채 임기 2년이 경과한 2018년 7월에 임기가 끝난 것으로 간주되고 있는 심규선이라고 합니다.

정부는 11월 21일 전임 박근혜 정부가 2015년 12월 28일 일본 정부와의 합의(이하 위안부 합의)에 따라 설립한 화해·치유재단의 해산 방침을 공표했습니다. 청문도 재단 해산을 위한 법적 절차로 알고 있습니다.

12월 7일 청문에 출석해 본인의 의견을 진술하고 싶었으나 그날 마침 일본 출장 때문에 부득이 의견서를 제출하게 된 점을 양해해 주시기 바랍니다. 이미 해산이 결정된 마당에 의견서를 제출하는 것은 다음과 같은 이유에서입니다.

첫째, 청문의 목적이 이미 결정된 사안을 지지, 또는 강화하는 의견보다 반대나 이견을 듣기 위한 절차로 이해하고 있기 때문입니다.

둘째, 말보다는 글로 쓰는 것이 의견제출인의 의사를 좀더 분명하고 오해 없이 전달할 수 있다고 판단했기 때문입니다.

셋째, 존재하는 것이 기록되는 것이 아니라 기록된 것이 존재한다고 믿기 때문입니다. 세월이 흘러 화해·치유재단 해산에 대한 논의를 돌아볼 때 소수의견도 존재했었다는 것을 증명할 방법은 기록으로 남기는 수밖에

---

* 화해·치유재단 해산을 위한 청문회(2018년 12월 7일)에 제출한 서면의견서이다.

없다는 데에 생각이 미쳤기 때문입니다.

　의견을 진술하기에 앞서 본인은 이 글을 접하게 될 관계자 여러분에게 다음과 같은 부탁을 드립니다.

　첫째, 한·일 간의 현안, 그중에서도 위안부 문제는 누구는 옳고 누구는 틀린다는 프레임으로 보지 않길 희망합니다. 진영논리에서 벗어나 가능하면 객관적으로 의견을 들어 달라는 것입니다. 위안부 문제는 역사적, 외교적, 정치적, 법리적, 국제적, 감정적 문제 등이 뒤섞인 매우 복잡한 현안입니다. 전 정부의 위안부 합의를 후임 정부가 부정하는 것이 그걸 증명합니다. 이 문제를 옳고 그름의 문제, 이기고 지는 문제로 단순화하면 겉으로는 명쾌해 보일지 모르나 궁극적인 해법이 될 수는 없습니다. 그런 식으로 문제에 접근한다면 현 정부의 해법도 나중에 다시 비판받을 가능성이 있습니다.

　둘째, 이 문제를 지금의 시각으로만 보지 말고 미래의 어느 시점에서 과거의 문제로 보려는 자세도 가져 주시기 바랍니다. 정권을 넘어선 타임 스팬으로 읽어 달라는 것입니다. 지금은 최선의 선택이라고 생각하지만 시간이 흐르면 그렇지 않은 것으로 증명된 사례와 그 반대의 사례는 역사상 숱하게 많습니다. 한·일 간의 가까운 예만 보더라도 1998년 일본의 대중문화 개방을 앞두고 국민의 반대가 심했으나 김대중 대통령은 이를 뿌리치고 결단을 내렸습니다. 지금은 그 결정을 비난하기는커녕 일본의 대중문화가 한국의 문화경쟁력을 높이는 데 자극제 역할을 했다고 긍정적으로 평가하고 있습니다.

　셋째, 위안부 문제를 해결하는 데도 새로운 리더십을 발휘할 때가 왔다는 사실을 말하고 싶습니다. 리더십의 개념을 재정립해야 한다는 뜻입니다. 역사문제와 관련해 지금까지 한·일 양국의 리더들은, 국민의 의사만 수렴하면 좋은 리더라고 자평해 왔습니다. 즉, 해결은 못 해도 비판만 받지 않으면 된다고 생각했습니다. 이제 그런 시절은 극복해야 한다고 봅니다. 국익을 위해서라면, 국격을 위해서라면, 국민의 정서를 기계적으로 수렴하는 것으로 끝낼 것이 아니라 국민을 설득하는 리더십도 필요하다고 봅니다. 이런 리더십은 모든 분야에서 요구되는 보편적 룰입니다. 그런데도 유독 한일문제, 특히 역사문제만큼은 그런 룰이 통하지 않고 있습니다.

앞서 언급했듯 한·일 간의 역사 문제는 복잡해서 어느 누구의 의견이 전적으로 옳다고 단정하기 어렵습니다. 다수가 지지하는 의견을 제시하기 위해서는 깊은 지식과 연륜, 상당한 선견과 통찰이 필요하다는 것을 의미합니다. 의견제출인은 그런 자질을 갖고 있지 못합니다. 그럼에도 불구하고 한일문제를 관찰해 온 저널리스트의 시각과 재단에 참여하며 느꼈던 소회 등을 기반으로 솔직하게 의견을 진술하고자 합니다.

1) 화해·치유재단의 해산에 대하여

(1) 의견 개괄
의견제출인은 화해·치유재단의 해산에 부정적입니다. 위안부 합의를 부정하고 재단을 해산한다고 해서 그보다 나은 합의를 얻어 낼 수 있다고 보지 않기 때문입니다. 본인이 재단 이사로 참여한 것은 '불가능한 최선'보다는 '가능한 차선'을 지지했기 때문이며, 주변에서 종종 비판도 받았지만 그런 소신에는 지금도 변함이 없습니다.

현 정부가 위안부 합의를 사실상 인정하지 않고, 화해·치유재단을 해산하면서도 재협상을 요구하지 않는 이유는 무엇일까요. 2015년 12월 28일 합의 이상의 것을 얻어 내기는 어렵다고 판단했기 때문은 아닐까요. 재단을 해산하는 것은 해결책이 아니라 이 또한 국민여론과 현실정치 사이의 타협책일 뿐입니다. 불완전한 합의에 대한 비판도 많지만, 불완전한 타협의 미래도 밝지 않습니다.

(2) 재단을 해산할 수 있나

위안부 합의는 양국 정부가 공식적, 공개적으로 합의한 것입니다. 따라서 지키는 것이 마땅하다고 봅니다. 그러나 의견제출인은 국민의 선택을 받은 정부가 합의를 파기하거나 무효화하려 한다면, 그것을 막을 방법도 없다고 말해 왔습니다. 다만 본인은 그럴 경우, 일본이나 전 정권을 비난할 것이 아니라 합의를 파기하는 데서 오는 불이익이 무엇인지를 국민에게 솔직하게 설명하고, 그 불이익을 감내하겠다는 의사를 밝히는 것이 먼저라고 생각합니다.

(3) 재단을 해산하지 않는다면

이미 해산하기로 결정한 마당에 이런 의견을 제시하는 것은 의미가 없지만, 기록을 위해 남겨 두고자 합니다.

의견제출인도 절대로 위안부 합의가 완벽하다고는 생각하지 않습니다. 그러나 앞서 언급했듯 2015년 12월 28일 합의 이상을 도출해 내는 것도 힘들다고 봅니다. 따라서 본인은 위안부 합의를 부정하거나 재단을 없앨 것이 아니라 '보충협의'나 '보완대책' 등을 통해 부족한 부분을 메워 나가는 것이 합리적이라고 판단합니다.

일본이 한국의 그런 시도에 응하겠느냐는 의문도 있지만, 재단을 해산한다고 해서 일본의 태도가 달라지지 않을 것은 마찬가지이고, 그렇다면 재단을 해산하는 것보다는 보완책을 논의하는 것이 더 합리적일 것입니다.

(4) 재단을 해산한다면

재단을 해산한다고 모든 것이 끝나거나 없었던 일이 되는 것은 아닐 것입니다. 의견제출인은 재단의 해산과정에서 다음과 같은 점에 유념해야 한다고 믿습니다.

① 재단을 적폐로 치부해서는 안 됩니다

재단은 명백히 대한민국 정부의 선택과 일본 정부와의 합의에 따라 존재했던 기구입니다. 비록 현 정부의 정치적 판단에 따라 없애기는 하지만, 이를 전 정권의 적폐로 치부하는 것은 영속돼야 할 대한민국의 국격을 떨어뜨리는 일이며, 이 문제의 또 다른 당사자인 일본 정부를 불필요하게 자극할 뿐입니다. 기분 좋은 일과 국익이 반드시 일치하지는 않습니다.

② 얻을 게 있습니다

재단이 설립돼서 최근까지 해온 일은 재단의 성격이나 지지 여부와 상관없이 위안부에 대해 국가가 할 일을 실제로 시행했던 것입니다. 그 과정에서 일부 불협화음이 보도되기도 했지만, 여성가족부가 장기간 감사한 결과 그런 주장들은 사실무근으로 밝혀졌습니다(여성가족부 화해·치유재단 감사결과보고서, 2017년 12월 27일). 재단이 그간 해온 업무는 차후에 이 문제를 다루는 데 필요한 자료로 활용할 필요가 있습니다.

③ 위안부 할머니들을 편으로 갈라서는 안 됩니다

현 정부는 위안부 합의를 사실상 부정하고 재단을 비판하는 과정에서 '피해자중심주의'라는 것을 내세웠습니다. 즉, 피해자 할머니들이 납득하지 못했기 때문에 합의도, 재단도 정당성이 없다는 주장입니다. 그러나 현 정부의 이 주장은 이중적입니다. 일본 정부가 출연한 치유금을 받지 않는 위안부 할머니들의 의견만 중시함으로써 치유금을 받은 할머니들에게 상처를 줬습니다. 고민 끝에 일본 정부가 출연한 돈을 받기로 한 할머니들의 선택도, 받지 않기로 한 할머니들의 선택도 모두 존중받아 마땅하다는 것이 의견제출인의 생각입니다. 그들 모두가 똑같이 '피해자중심주의'가 말하는 '피해자'이기 때문입니다.

④ 10억 엔 반환에 매달릴 필요가 없습니다

위안부 합의에 반대해 온 개인이나 그룹은 위안부 합의 파기, 화해·치유 재단 해산, 일본이 출연한 10억 엔 반환 등을 주장해 왔습니다. 합의의 골 간인 화해·치유재단을 해산함으로써 위안부 합의는 사실상 파기됐습니 다. 이제 10억 엔 문제만 남았는데, 그것마저 일본에 돌려주라고 요구합니 다. 그러나 의견제출인은 합의가 사실상 파기된 마당에 (일본 정부가 받지 않을 것이 분명한데) 그 10억 엔을 돌려주려고 한·일 간의 마찰을 더 키울 필요는 없다고 봅니다. 일본과 협의해서 어디에 쓸지를 논의하고, 그것이 안 되면 일본도 납득할 만한 사업에 써서 소진하는 것이 그나마 마찰을 줄 이는 방법이라고 봅니다.

일제 강제징용자에 대한 대법원 판결로 요즘 한국 정부와 한국 기업, 그 리고 일본 기업이 참여하는 이른바 '2+1재단'이 논의되고 있습니다. 여기 서 말하는 한국 기업은 1965년 한·일 청구권협정에 따라 혜택을 본 기업, 일본 기업은 종전 이전에 한국인 노동자를 동원해서 이득을 본 기업을 말 합니다. 일본 기업이 응할지 어떨지는 모르겠으나 위안부 재단에 넣은 10 억 엔은 일본에 돌려주라고 하면서, 1965년 한·일 협약으로 해결이 됐다 던 강제징용자 문제는 사법적 판단을 존중한다며 일본 기업에 다시 돈을 내라고 하는 '한국식 편의주의'를 어떻게 봐야 할지 정부 차원에서 고민할 필요가 있습니다.

⑤ 합의의 수준을 논의해야 합니다

일본 측에 재협상을 요구하지 않는다는 것은 알겠는데, 그것이 앞으로 한 국 정부는 위안부 문제에 관련해 일본 측에 어떤 요구도 하지 않을 것이며, 합의하지 않은 것으로 합의한다(*agree to disagree*)는 뜻인지는 불분명합니 다. 또한 이런 방법이 언제까지 국민의 지지를 받을지, 국제사회가 어떻게 수용할지도 의문입니다.

현 정부의 방침과는 별개로 우리는 이제 위안부 문제와 관련해 어떤 것을 해결로 볼 것인가에 대한 논의를 원점에서 다시 시작해야 할 필요가 있을 것 같습니다. 이번 재단 해산은 국민을 100% 만족시킬 수 있는 위안부 합의는 불가능하다는 것을 입증했습니다. 이제 냉각기를 갖고 어떤 수준의 합의를 해결로 볼 것인지에 대한 논의가 필요합니다. 돌발적인 합의를 해서 또다시 거부당하는 것보다 시간이 걸리더라도 꾸준히 논의를 축적해, 일정 수준의 합의를 이루는 것이 늦지만 빠른 길이라고 생각합니다.

2) 화해 · 치유재단 해산 근거에 대하여

재단을 해산하는 것은 정치적 판단이어서 어쩔 수 없다고 하더라도, 해산의 근거에 대해서는 이견이 있습니다. 해산이라는 전제를 받아들인다고 했으니 이는 트집이 아닙니다. 해산하더라도 법적, 이론적으로 좀더 정당한 근거를 제시했으면 좋겠다는 것입니다.

(1) 민법 제38조(법인의 설립허가의 취소)

여성가족부는 법인의 설립허가를 취소할 수 있는 근거로 민법 제38조(법인의 설립허가의 취소)를 제시했습니다.

민법 제38조는 "법인이 목적 이외의 사업을 하거나 설립허가의 조건에 위반하거나 기타 공익을 해하는 행위를 한 때에는 주무관청은 그 허가를 취소할 수 있다"고 되어 있습니다.

의견제출인은 이 규정을 화해 · 치유재단을 해산하는 근거로 제시한 데 대해 도저히 납득할 수가 없습니다. 재단이 이 규정의 어디를 위반했는지 짐작이 가지 않습니다. 재단은 목적 이외의 사업을 한 적도 없고, 설립허가의 조건을 위반한 적도 없으며, 공익을 해하는 행위를 한 적도 없습니다 (앞서 제시한 여성가족부의 감사에서도 그런 지적은 없었습니다). 혹시 국민의 정서에 기대어 공익을 해쳤다고 말하려는 것은 아니겠지요. 만약 그렇다면 전 정부가 공익을 해하는 재단을 만들었다는 말이 되고, 그런 판단에 따라 재단을 해산하려 한다면 그런 발상이야말로 법치주의를 부정하는, 따라서 공익을 해하는 행위일 것입니다.

(2) 여성가족부 소관 비영리법인의 설립 및 감독에 관한 규칙 제 4조(설립허가)

여성가족부는 또 화해·치유재단의 설립허가를 취소할 수 있는 근거로 '여성가족부 소관 비영리법인의 설립 및 감독에 관한 규칙 제 4조(설립허가)' 도 제시했습니다. 이 규칙 4조는 다음과 같습니다.

> ① 여성가족부장관은 법인 설립허가 신청의 내용이 다음 각 호의 기준에 모두 맞는 경우 그 설립을 허가한다.
> 1. 법인의 목적과 사업이 실현가능할 것
> 2. 목적사업을 할 수 있는 충분한 능력이 있고, 재정적 기초가 확립되어 있거나 확립될 수 있을 것
> 3. 다른 법인과 같은 명칭이 아닐 것

이 주장은 다음과 같은 문제가 있습니다.

첫째, 법인 설립허가의 근거를 법인 설립취소의 근거로 사용할 수 있는가? 둘째, 백 보를 양보해 그렇게 할 수 있다고 하더라도, 위의 3개 항 중 어느 조항을 적용할 수 있는가?

아무래도 '1. 법인의 목적과 사업이 실현가능할 것'이라는 조항을 역으로 적용해 '법인이 목적과 사업을 실현할 가능성이 없기 때문에' 해산하겠다는 것으로 읽힙니다. 그런 편법을 인정한다고 하더라도 이 주장은 아래에 상술하는 것처럼 여러 문제점을 안고 있습니다.

(3) 재단은 목적과 사업 실현이 불가능한가

① 알 수 없는 해산 사유

여성가족부는 11월 21일 화해·치유재단의 해산 방침을 밝히면서 다음과 같은 보도자료를 배포했습니다.

여성가족부, 화해·치유재단 해산 추진 - 관련 법적 절차 즉시 밟을 예정

□ 여성가족부(장관 진선미)는 화해·치유재단 해산을 추진하고, 이를 위한 법적 절차를 밟을 예정이라고 밝혔다.

□ 지난 1월 9일, 정부는 화해·치유재단에 대해 일본군 '위안부' 피해자, 관련단체 등 국민 의견을 광범위하게 수렴하여 처리방안을 마련하겠다고 발표한 바 있다.

○ 이에 여성가족부는 외교부와 함께 화해·치유재단 처리방안에 대한 의견수렴 및 관계부처 협의 등을 진행해 왔으며,

○ 동 재단을 둘러싼 현재의 상황 및 그간의 검토결과를 반영하여 화해·치유재단 해산을 추진하고 재단 사업을 종료하기로 결정하였다.

(이하 생략)

이 자료 어디에도 화해·치유재단의 어떤 점이 해산사유가 되는지 분명히 나와 있지 않습니다. 국가 간의 합의로 만들었고, 존속 여부가 초미의 관심을 끌고 있는 재단을 해산하겠다고 하면서, 그 근거로 '현재의 상황'과 '그간의 검토결과'라고 불확실하고 애매모호한 근거를 제시했습니다. '그간의 검토결과'는 정치적 판단을 의미하는 것 같은데 그건 그렇다 치고, '현재의 상황'은 무얼 의미하며, 민법 제38조와 여가부 규칙 제4조의 어디에 해당하는지 궁금합니다.

② 직권 취소에 대한 의문

여성가족부 최창행 권익증진국장은 2018년 11월 21일 재단의 해산 방침을 밝히면서 기자들의 질문에 "해산 방법은 직권취소나 이사회 자진해산 2가지 형태가 있다. 현재 이사들이 없는 상태고, 그렇기 때문에 직권취소 형태로 가는 것이다"라고 했습니다. 이 발언은 이사들이 있었다면 이사회가 자진해산하는 방안도 고려할 수 있었을 텐데 그렇게 할 수 없으니 직권취소할 수밖에 없다는 것으로 읽힙니다. 표면적으로는 맞는 말입니다.

그러나 주무부처인 여성가족부는 지난해 7월 김태현 이사장이 사임의사를 표하기 전후부터, 그리고 지난해 12월 5명의 민간이사가 사임의사를 표하기 전후부터 이사들과 재단 직원들이 장관과 담당간부들에게 면담과 공문발송, 문서전달 등의 방법으로 이사회 충원이 필요하다고 수차례 건의했으나 정관에 규정된 어떤 조치도 취하지 않았습니다("임원 중에 결원이 생긴 때에는 2월 이내에 충원하여야 한다" — 재단 정관 제7조, "임기만료로 인한 충원 시 새로운 임원의 임명은 임기만료 2월 전까지 하여야 한다" — 재단 정관 제6조).

이런 지적에 대해 여성가족부는 새로 출범한 정부가 위안부 합의와 재단 활동에 대해 부정적인데 어떻게 이사를 충원하며, 어떻게 재단을 지원하겠느냐고 반박하고 싶을 것입니다. 맞습니다. 그렇기 때문에 의견제출인은 재단의 설립허가 취소의 이유를 재단에 떠넘기지 말고 정치적 판단에 따라 해산한다는 점을 이미 공개적으로 밝혔으니 그에 맞는 방안을 찾아서 해산하라는 것입니다(그 방법은 뒤에 기술하겠습니다).

해산 근거도 명백히 밝히지 않고 그 책임을 재단에만 떠넘기려는 태도는 마치 의붓자식에게 일부러 밥을 주지 않고, 그 의붓자식이 너무 배가 고파 부엌으로 몰래 들어가자, 그 현장을 붙잡아 도둑놈은 가문의 망신이라며, 일방적으로 호적에서 파내는 것과 같다고 하면 지나친 비유일까요. 재단에 관여했던 사람으로서 정부의 처분이 불공정하다고 느끼는 이유입니다.

③ 이사회와 재단 기능정지의 관계

화해·치유재단이 출범할 때의 이사는 11명이었으나 대부분 사임의사를 밝히거나, 임기만료로 현재는 당연직 이사 2명(여성가족부 권익증진국장, 외교부 동북아시아국장)만이 남아 있습니다. 등기부에는 9명의 이름이 올라 있어 회의에 필요한 재적 과반수는 5명인데, 이 인원을 확보하지 못해 이사회를 열 수 없었던 것이 사실입니다. 그렇다고 해서 재단의 기능이 정지됐다고 단정할 수 있는지는 의문입니다.

이사회를 열지 못했어도 재단은 지속적인 민원 응대(유족 확인과 지급신청자료 준비 등), 생존 피해자 지원(피해자 요청에 따른 방문, 안부 확인과 명절 인사, 조문과 조의금 전달 등), 피해자 유족 면담, 대외협력(정부부처와 국회의 자료 요청 응대 등), 각종 자료 생산 등 일상업무를 수행했습니다. 한마디로 이사회만 열리지 않았지 평상시 업무는 그대로 해왔습니다. 주무부처가 채워 주지 않은 이사진 때문에 재단 전체가 아무 일도 하지 않았거나 아무 일도 못 했다는 인상을 주는 것은 사실에 부합하지도 않을 뿐 아니라, 이를 이유로 해산하겠다는 것은 과도한 처분이라고 생각합니다.

3) 정치적 해산 방법에 대하여

의견제출인은 이상의 이유로 화해·치유재단의 비위에서 해산의 근거를 찾으려는 것은 정의롭지도 않고 가능하지도 않다고 생각합니다.

따라서 본인은 정치적 해산에 맞는 방법으로 해산하는 것이 옳다고 보고, 그 방법은 두 가지를 검토할 수 있다고 생각했습니다. '생각했습니다'라고 표현한 것은 정부가 재단해산 방침을 밝히기 훨씬 이전부터 결국은 재단을 해산할 것으로 보고, 해산하려면 어떤 방법이 있는지를 실제로 고민했기 때문입니다.

첫 번째 방법은 단 며칠만이라도 후임 이사를 임명해서 해산절차를 밟으면 된다고 생각했습니다. 재단 정관에 이사는 5인 이상 15인 이하로 되어 있고, 당연직 이사 2명은 있으니 3명만 더 임명하면 이사회를 구성할 수 있습니다. 그 3명은 임기가 끝난 이사를 재임명할 수도 있을 것입니다("이사장과 이사 및 감사의 임기는 2년으로 하되 연임할 수 있다"— 재단 정관 제7조). 재단의 해산은 이사 3분의 2 이상의 찬성이 필요하므로 5명의 이사 중 4명만 찬성하면 해산할 수 있습니다.

두 번째 방법은, 사임의사를 밝히기는 했으나 등기부에 남아 있는 이사들이 해산을 결의하는 것이었습니다. 본인은 정부 측에서 그렇게 해달라고 요청하면 응하겠다고 사석에서 밝힌 적이 있습니다. 이유는 정부가 해산시키기로 마음먹은 이상, 어떤 방법을 써서라도 해산할 텐데 구태여 애를 먹일 필요가 없으며, 또한 남들이 별로 내켜 하지 않는 이사직을 맡을 때부터 개인의 영달을 위해서가 아니라 나름대로 국가의 입장을 고려했기 때문입니다(다른 이사들과 이 문제를 논의한 적은 없으나 그들도 같은 요청을 받으면 몇 명은 긍정적으로 검토했을 것으로 보며, 첫 번째 방법을 위해 필요한 3명의 이사는 확보가 가능했을 것으로 예상합니다). 그런데 11월 21일 정부가 직권취소 방법을 쓴다는 말을 듣고는 매우 뜻밖이라는 생각이 들었고, 등기부에 이름이 남아 있어도 임기가 끝나면 이사로서의 권한이 없어진다는 사실도 알게 됐습니다.

의견제출인이 위의 두 가지 방법 중 하나로 해산하는 것이 좋겠다고 생각한 데는 3가지 이점이 있기 때문이었습니다. 그것은 해산의 명분을 붙이기가 쉽고, 국가가 무리하게 취소한다는 인상을 피할 수 있으며, 그럼으로써 일본의 반발을 줄일 수 있다는 것입니다.

해산의 명분을 붙이기 쉽다는 것은 해산의 이유로 재단의 가장 중요한 사업인 생존 위안부에 대한 현금지급사업이 마무리됐기 때문이라고 하면 자연스럽다는 뜻입니다. 재단 스스로 해산을 결정한 것이므로 당연히 국가가 강압적으로 취소하는 듯한 인상을 피할 수 있습니다. 이런 방법을 썼다면 일본에게도 비빌 언덕을 제공함으로써, 반발을 없앨 수는 없으나 줄일 수는 있었을 것이라고 믿습니다. 이렇게 하는 것이 정치적 판단에 따른 해산에 걸맞은 방법이 아닐까요.

4) 몇 가지 질문과 신청

의견제출인으로서 이 글을 쓰는 과정에서 품게 된 몇 가지 궁금증에 대해 질문을 하고 신청도 드리고자 합니다.

(1) 질의사항

① 화해·치유재단은 설립허가 취소의 근거로 제시한 민법 제38조와 여성가족부 규칙 4조의 어느 조항을 위배했나요?

② 등기부상에는 이름이 남아 있더라도 이사들의 권한은 임기 2년이 경과한 7월에 끝난 것으로 보는 것이 맞는지요?

(2) 신청사항

질의사항과 관련 있는 신청입니다. 행정절차법 제33조(증거조사)에 따르면 청문 주재자는 직권으로 또는 당사자의 신청에 따라 증거조사를 할 수 있습니다. 본 의견진술인은 위의 질의사항에 대해 공신력이 있고 독립적인 기관으로부터 답변을 들을 수 있도록 청문 주재자께서 증거조사를 해줄 것을 신청합니다.

긴 글, 읽어 주셔서 감사합니다.

6. 박유하의 주장, 다시 들여다보기

윤미향 사태가 일어나고 나서 《제국의 위안부》라는 책 때문에 위안부 할머니들에게 소송을 당한 박유하 세종대 교수를 떠올린 사람은 필자만이 아닐 것이다. 책의 내용에 대한 논쟁은 별도로 하더라도 그가 일찌감치 정대협(정의연)과 할머니들의 '왜곡된 갑을관계'에 의문을 표시하고, 지원단체의 운동방식에 문제를 제기했기 때문이다. 그의 주장은 이용수 할머니의 기자회견 내용과 많이 닮아 있다. 박 교수는 지금도 《제국의 위안부》가 아니라 정대협의 '두려움'이 자신을 제소한 동기라고 생각한다.

"나는 지금도 믿고 있다. 내 책은 허위가 아니다. 내가 고발당한 건 책이나 심포지엄 때문만도 아니요, 할머니들과 가까워지는 것, 그에 따라 나눔의 집과 정대협 문제가 세상에 드러나게 될 것을 그 사람들이 두려워했기 때문이라고 생각한다."

"처음부터 나에 대한 고발이 정말 나눔의 집 할머니들 뜻이었는지 궁금했는데 (윤미향 사태가 터지면서) 의구심이 더 커졌다."

《제국의 위안부》를 내고 '위안부 문제 제3의 목소리'라는 제목으로 심포지엄을 열었고, 할머니들의 영상 인터뷰를 공개했다. '일본에서 돈을 주려면 할머니들 손에 직접 쥐어 주어야지, 왜 정대협을 끼느냐', '법적 책임이고 뭐고 우리는 우선 보상부터 해줬으면 좋겠다'는 이야기가 공개됐다. 이분들 모두가 세상에 자신들이 알려지는 걸 두려워해 얼굴과 목소리는 변조했다.

당시 심포지엄은 속내를 숨겨야만 했던 할머니들의 이야기를 처음으로 세상에 내보낸 거였다. 사비를 털어 치렀고 기대 이상으로 한·일 양국 언론들이 크게 주목했다. 그리고 한 달 반 후 고발당했다. 배(춘희 ─ 필자) 할머니가 돌아가시고 일주일 만이기도 했다.

　나눔의 집 할머니들이 낸 고소장에는 '박유하의 책과 활동을 이대로 놔두면 도움이 되지 않는다'는 내용이 적혀 있었다. 책에 대해서도 무려 109곳이 문제가 된다며 출판 및 판매 금지와 할머니들에 대한 접근 금지를 요구한 가처분이 신청됐다. 생애 처음 겪는 정신적·육체적 고통의 시작이었다."

— '허문명의 SOUL 인터뷰', 〈신동아〉 2020년 7월호

　박 교수가 언급한 '위안부 문제, 제3의 목소리'라는 심포지엄은 필자도 취재했다. 심포지엄은 2014년 4월 29일에 열렸고, 5월 1일 자 〈동아일보〉에 관련 기사를 게재했다. 지금 읽어 봐도 상당히 조심스럽게 썼으나 기사 길이는 꽤 길다.

"20년간 못 푼 위안부 문제 … 제3의 길은 없는가"
박유하 세종대 교수 심포지엄서 문제제기

누군가 이런 말을 한다면 …. "대립하는 사안을 평가하기 위해서는 반대주장까지를 포함해 모든 사실을 객관적으로 검증하려는 자세가 필요하다." 대답은 당연히 "그렇다"일 것이다. 그러나 현실은 그렇지 못한 경우가 많다. 그중 대표적인 게 일본군 위안부 문제다. 위안부 문제에 대해 '객관적 검증' 운운했다가는 격렬한 비판이나 친일파라는 매도를 각오해야 한다.

　박유하 세종대 교수가 4월 29일 서울 한국프레스센터에서 개최한 '위안부 문제, 제3의 목소리'라는 심포지엄은 그래서 주목을 받았다. 그는 묻는다. "위안부 문제가 불거진 지 20년 이상이 됐는데도 왜 해결이 안 되고 있는가." 그는 책임이 일본에 있다는 것을 인정하면서도 한국사회의 '주류'와는 다른 생각을 갖고 있다. 즉, 우리 쪽에는 문제가 없었느냐고 물어야 한다는 것이다.

　박 교수는 "양국 정부가 대변하고 있는 상반된 목소리, 당사자들이 주장하고 있는 목소리, 이 문제의 해결을 위해 노력해 온 사람들의 목소리와는 다른

목소리가 있다"고 말한다. 이어 "양극단의 목소리에 묻혀 있는 목소리가 제3의 목소리이고, 이제는 그걸 밖으로 드러낼 때가 됐다"고 주장한다.

심포지엄 4시간 반 동안 조마조마했다. 박 교수와 참석자들이 위안부 문제에 대해 그동안 우리들이 당연하게 받아들여 온 '사실'에 대해 의문을 제기했기 때문이다. 일본군의 직접적 강제 없이 위안부가 된 경우는 없는가. 위안부 할머니들은 모두 배상보다는 일본의 법적 책임을 더 원하고 있는가. 일본에 법적 책임을 요구하는 것이 현실적으로 가능한가. '아시아여성기금'은 정말로 일본의 국가책임을 피하려는 '꼼수'에 불과했는가 등등.

박 교수는 이런 시각을 지난해(2013년 — 필자) 8월 출간한 《제국의 위안부》라는 책에서 이미 제기한 적이 있다. 그렇지만 그의 주장은 아직 소수에 속한다. 위안부 문제는 20여 년이 흐르면서 이의제기를 용납하지 않는 '성역'이 됐다. 따라서 '제3의 시각'은 '건전한 문제제기'가 아니라 주류를 부정하는 것이나 마찬가지다. 김문숙 부산정신대문제대책협의회장이 위안부의 활동방식을 비판할 때를 비롯해 객석에서 몇 차례 고성이 터져 나온 것도 예상됐던 일이다. 당초 이날 심포지엄에는 위안부 할머니 몇 명이 나와 발언할 예정이었으나 결국은 무산됐다. 그들의 주장은 음성을 변조하고 얼굴에 모자이크를 씌운 영상을 보여 주고 박 교수가 설명하는 것으로 대신했다. 이는 위안부 할머니조차 '주류'와 다른 목소리를 내기가 어렵다는 걸 방증한다.

이날 "한·일관계의 개선이나 미래라는 이름으로 위안부 문제를 빨리 덮으려는 것 아니냐"는 비판도 나왔다. 그러나 박 교수는 "위안부 문제해결을 위해 그 시대, 그 자리에서 노력했던 사람이 많다"고 인정하면서도 "이제는 위안부 할머니들을 이 문제에서 해방시킬 때가 왔다"고 주장했다. 이는 위안부 할머니들을 '운동의 볼모'로 삼아서는 안 된다거나, 위안부 할머니들이 자신의 의사를 자유롭게 표현할 수 있는 분위기를 만들어야 한다는 뜻으로 들렸다. 이와 관련해 김문숙 회장은 "내가 20년 전에 위안부 할머니들을 처음으로 찾아냈을 때는 각자가 다른 얘기를 했는데, 이제는 모든 할머니들이 똑같은 말을 하고 있다"고 말했다.

　박 교수의 이런 주장은 본인이 원하든 원치 않든 일본의 입지를 굳혀 주는 것이기도 하다. 본인이야 '진실'을 규명하는 것이 우선이고, 어느 쪽에 유리한가 불리한가는 중요치 않다고 할 게 분명하지만 현실은 그렇지 않다는 것도 분명하다. 이날 심포지엄에 한국 매스컴보다 일본의 매스컴이 훨씬 많이 찾아와 관심을 보인 것도 그래서였을 것이다. 또한 박 교수의 주장이 자칫 위안부 문제에 대한 국내 의견을 분열시켜 대일본 협상력을 떨어뜨릴 수도 있다는 의견도 학계에는 엄존한다.

　심포지엄 주최 측은 행사가 끝난 뒤 양국 정부, 양국 관련단체, 양국 언론에 대한 3개 항의 제언을 채택했다. 정부는 관련단체와 전문가 등으로 협의체를 만들어 실질적인 논의를 하고, 관련단체는 상대국과 위안부에 대한 비방행위를 중지하며, 양국 언론은 상대 국민들의 악감정을 부추기는 보도를 자제하라는 내용이다. 이는 '제3의 길'을 가기 위해 꼭 필요한 환경조성이기도 하고, 자신들의 주장에 설득력을 담보하기 위한 '방패'이기도 하다.

　이날 심포지엄에서는 와다 하루키 도쿄대 명예교수의 발언도 관심을 끌었다. 와다 교수는 '아시아여성기금'의 설치 때부터 관여했고, 해산될 때까지 2년간 전무로 일했다. 여성기금의 산증인이자 한국 측의 입장을 대변해 온 인사다. 그런 와다 교수도 이날, 한일 간에 최대의 쟁점인 '법적 책임'에 대해서는 일본의 분위기상 한계가 있다고 인정했다. 그러면서 "법적 책임을 진다고 해서 일본의 죄가 용서받거나, 가벼워지는 것은 아니다"며 한국이 너무 명분에 얽매이지 말 것을 주문했다.

　또한 '여성기금'의 발족을 보도하며 일본 언론이 위안부에게 지급하려는 돈을 '見舞金'(미마이킨)으로 표기한 것도 '여성기금'이 실패하는 데 결정적 영향을 미쳤다는 견해를 피력했다. 즉, '미마이킨'이 한국어로 '위로금'으로 번역되며 일본 정부가 발뺌하려는 것으로 받아들여졌고, 법적 책임을 요구했던 당사자들도 "우리가 거지냐"며 반발하게 만드는 빌미를 줬다는 것이다.

와다 교수는 "당시 무라야마 총리 측은 '미마이킨'이라는 단어를 쓴 적이 없다. 당시 관방장관이 '미마이킨'이라는 건 전혀 고려하고 있지 않다고 확실하게 부정해야 했다"며 아쉬워했다. 물론 이 주장은 '여성기금'의 실패를 단어 사용의 실수 때문만으로 볼 수 없다는 비판을 받았다.

이날 와다 교수에게 이런 질문을 한 청중도 있었다. "일본 정부는 일본인 위안부에게 사과하거나 보상한 적이 있는가." 와다 교수는 답했다. "명시를 하지는 않았지만 아시아여성기금은 일본인 위안부 여성도 염두에 두고 있었다. 일본인 여성이 요청하면 대응하겠다는 전제가 있었지만 실제로는 그런 사례가 한 건도 없었다."

심포지엄이 끝난 뒤 박 교수는 "출발치고는 괜찮았다고 생각한다. 다만 이런 시각을 주변이 어떻게 받아들일지가 궁금하다"고 말했다. 박 교수의 주장도 주장 중의 하나이며 당연히 검증의 대상이다. 박 교수의 주장도 "내가 옳다"는 것이 아니라 검증의 도마 위에 올라가는 것조차 막지는 말아 달라는 것은 아닌지.

기자가 생각하기에 이날 심포지엄의 주제는 '위안부 문제'가 아니라 '주류'와 다른 이야기를 할 때 우리 사회가 어떻게 받아들일지를 물어보는 자리 같았다. 대답을 얻으려면 시간이 필요할 듯하다.　　　　— 〈동아일보〉 2014년 5월 1일 자

이 기사는 위안부 문제와 관련해 요즘 분출하고 있는 사안들을 거의 망라하고 있다. 만약 우리 사회나 학계, 시민단체가 일찍부터 이런 '비주류 의견'에 귀를 기울이는 포용력과 진지함을 갖고 있었다면 어떻게 됐을까.

필자는 "심포지엄의 대답을 얻으려면 시간이 필요할 듯하다"고 했으나 그 예상은 보기 좋게 빗나갔다. 한 달 반 후 곧바로 '반응'이 왔다. 박 교수가 예상도 못 했던 '제4의 방식'으로…. 위안부 할머니 9명이 2014년 6월 《제국의 위안부》가 자신들의 명예를 훼손했다며 형사소송, 민사소송, 출판판매금지 가처분소송을 냈다.

형사소송에서 서울동부지방법원은 2017년 1월 25일 검찰이 범죄사실로 적시한 35개 표현 중 30곳은 의견표명, 5곳은 사실적시라고 보고, 모두에 대해 무죄를 선고했다. 그러나 서울고등법원은 2017년 10월 27일 원심을 파기하고 11개 표현은 '허위사실'이며, '고의'가 있었고, 《제국의 위안부》가 말하는 '위안부'는 '조선인 일본군 위안부 전체'가 아니라 '이 사건 피해자'라는 논지로 유죄판결을 내리면서 1천만 원의 벌금을 선고했다. 이 재판은 2020년 12월 현재 대법원에 계류 중이다.

민사소송은 원고 9명에게 각 3천만 원을 지급하라는 것이었다. 서울동부지방법원은 2016년 1월 13일 원고 9명에게 각 1천만 원의 위자료를 지급하라고 선고했다. 선고 다음 달 법원이 박 교수의 급여를 차압하자 박 교수는 강제집행정지를 신청했다. 같은 해 3월 서울고등법원은 강제집행정지 신청을 인정하며 4,500만 원을 공탁하라고 명했다. 이 재판은 서울고등법원에 계류 중이다.

출판판매금지 가처분소송에서 서울동부지방법원은 2015년 2월 17일 《제국의 위안부》에서 34개의 표현을 삭제하지 않고는 출판 등을 해서는 안 된다"는 결정을 내렸다. 박 교수와 출판사(뿌리와이파리)는 같은 해 6월 34곳을 삭제한 책을 내놨다.

박 교수는 2018년 《제국의 위안부, 법정에서 1460일》과 《제국의 위안부, 지식인을 말한다》등 두 권의 책을 냈다. 두 책을 통해 검찰의 기소를 비롯해 재판부와 외부의 비판을 반박했다. 박 교수와 출판사는 이 사건의 아카이브 역할도 하는 〈제국의 위안부, 법정에서 광장으로〉라는 홈페이지(http://parkyuha.org)도 운영하고 있다.

박 교수는 윤미향 사태에 대해 어떻게 생각하고 있을까.

할머니들을 위한 운동이 정대협이 내건 '대의'라면 일본 정부를 설득하고 일본 내부에 더 많은 시민적 공감대를 만드는 일에도 매진했어야 하지 않을까. 한·

일관계가 갈수록 나빠진 게 정대협 때문이라고만은 할 수 없지만 사실과 관련한 내용을 조금씩 바꾸고 일본인들이 납득하기 힘든 주장을 해온 정대협의 운동방식이 한일관계 악화에 큰 영향을 미친 것은 사실이다. 위안부 운동방식 자체를 고민하고 전환하지 않으면 안 되는 시점이다. 하지만 30년 동안 우리 사회에 정착된 인식이 너무 깊고 공고해 그게 가능할까 싶다.

(배춘희 할머니와) 나눔의 집에서의 만남이 무산된 후 노골적 경계를 당하면서 전화통화가 소통의 중심이 됐다. 할머니는 '추운데 커튼도 안 달아 준다', '찾아오는 사람들이 건네주는 성금을 직원이 가져간다'는 말도 했다. '따로 나가 살고 싶다'고도 했다. 그러다 병원에 입원한 걸 알고 문병 갔는데 간호사가 어딘가와 통화하더니 나더러 나가라고 했다. 그게 마지막이었다. 이후 나눔의 집에 찾아갔지만 문전박대를 당했다. 그러곤 통화를 몇 번 더 했지만 할머니 몸이 쇠약해져 길게 대화를 나눌 상황이 아니었다. 얼마 후 할머니가 작고했다는 걸 뉴스를 통해 들었다. 끝내 할머니를 도와주지 못했다는 자책 때문에 눈물이 쏟아졌다. 빈소에도 갔지만 나를 불편해하는 시선이 느껴져 영전에는 짧게 인사하고 복도에 오래 앉아 있다가 돌아왔다.

고발을 당한 이후 나는 오로지 혼자 단체 사람들, 관계자들, 비판자들이 집단으로 내놓는 모든 공격 글을 분석하고 반론을 내놓아야 했다. 그런 작업 이상으로 힘들었던 건 그 안에 담긴 왜곡과 적대, 조롱이었다. 이들은 오로지 자기들 생각을 지키기 위해, 그동안 국민을 향해 해온 말들의 수많은 모순을 그저 덮기 위해, 운동에 방해가 된다는 이유로 나를 사이비 학자, 매국노, 친일파로 몰아갔다.

책에 분명히 일본 우파를 비판한 대목이 있는데도 전혀 주목하지 않았다. 내 책이 위안부를 왜곡하기 위해 의도적으로 교묘하게 서술됐다면서 '악랄', '잔인', '이기적', '악의적'이란 모진 단어들을 서슴지 않고 썼다. 이게 마녀사냥 아니면 뭔가. 더 슬픈 것은 지식인들조차 국민의 마녀사냥을 유도했다는 것이다.

— '허문명의 SOUL 인터뷰', 〈신동아〉 2020년 7월호

이번 일을 대하는 정의연의 태도가 '왜 우리에게 흠집을 내냐'는 식이어서 실망했다. 쏟아지는 의혹에 대해 아무런 반성 없이 '대의'라는 말로 모든 것을 정당화하려는 시도다. 정대협은 자신들이 세계적인 성과를 이뤘다고 강조한다. 위안부 운동의 공론화에 성공한 것은 맞다. 하지만 그 내용은 꼭 정확하지 않고 그 때문에 반발만 샀다. 현재 한·일관계 악화 배경에는 위안부 문제가 있다.

일본도 잘못을 인정하고 완벽하지 못했을지 모르나 두 번에 걸쳐 사죄하고 보상했다. 그 사죄보상을 받아들인 할머니는 80% 정도다. 그런데도 일본의 보상 시도는 전부 거부되었고, 과장된 내용만을 전 세계에 유포해 억압하려는 활동이 해결로 이어질 리 없다. 그럼에도 (정대협은) 한국이나 다른 나라를 향해 일본이 아무런 시도도 하지 않았거나 진정성이 담기지 않은 시도인 것처럼 선전해 왔다. 30년 위안부 운동은 자신들이 내세운 목표를 달성하지 못했으니 그것이 한계점이다. 공은 공대로 인정하더라도, 냉정한 평가가 이뤄져야 하는 시점이라고 생각한다. 무엇보다 진정한 당사자주의가 아니었다는 것이 여러 번 드러났다고 생각한다.
　　　　　　　　　　　　　　　　　　　　　　— 〈노컷뉴스〉 인터뷰, 2020년 6월 9일

박 교수는 2020년 8월에 《일본군 위안부, 또 하나의 목소리》(뿌리와 이파리)라는 책도 냈다. 이 책은 나눔의 집에 살던 배춘희 할머니 등 4명의 위안부 할머니와 전화로 나눈 대화를 실은 것이다. 대화 기간은 2013년 가을부터 2014년 5월까지로, 배 할머니와의 대화(21차례)가 가장 많고 실명을 밝힌 것도 배 할머니뿐이다. 박 교수는 생전의 배 할머니와 친했다.

이 책을 보면 배춘희 할머니도 생전에, 이용수 할머니처럼 할머니와 지원단체의 관계에 대해 불만을 갖고 비판했다.

응. 여기는 위안부 핑계 대고 뭐 어떻고 뭐 … 일본에서도 몇십억씩 뭐, 정대협(挺對協)에 부쳐 주고, 여기는 또 여기대로 집 짓고, 또 뭐해 가지고 이번에 또 집 지을라 하고…. 또 뭐, 연구가 많거든, 몇백 년 해 먹을라는지는 몰라도…. … 사람이 없으니까 내가 얘기하지만, 윤미향, 그거는 얼마나 재미있어. 일본에서 팬들이 돈도 몇십억씩 해서 부쳐 주지. 그리고 나눔의 집은 나눔의 집대로 할매들 얼굴 팔아 가지고, 그래 가지고 돈 벌지. 그런 商賣(장사) 야메라레나이와케야(못 그만둔다고). 그게 가만히 생각하면….

우리들이 지(지원단체) 마음을, 見ておる(보고 있지). 사람들이 (사람들의) 속을 다 안다고. 정대협이는 어째가지고 해 먹는다. '나눔의 집'은 할머니 얼굴 팔아 가지고 전부 돈 받아 가지고 집 짓고 땅 사고 전부 저런 데다 그런다는(돈 쓴다는 거)…. 人情もクソも(인정이고 나발이고) 없다 카는 거. 그걸 아니까 腹が立つわけ(화가 난다고)….

일본사람들을 강제적으로 못 만나게 한 정황도 있다.

아, (일본사람을) 못 만나게 해. 작년에도 일본 國會(국회) 사람들 열여섯 명 왔는데, 방에 뛰(뛰어) 들어오더니만도 커텐(커튼)을 첨에 치라 캐(해). 왜, 왜, 커텐을 치라 카는데(하는데), 여기 손님 있는데 커텐을 왜 치냐 카니(하니), 소장이 들어와 가지고 커텐을 탁 쳐뿔고(쳐버리고), 문도 탁 잠가 뿔고(잠가 버리고) 해가지고, 저 허연 종이를 하나 가져오더니마는 전부 자기들이 (우리) 이름을 써 가지고, 저 사람들이 보는 거 反對(반대) 한다고….

일본인과의 접촉을 막는 방식을 보면 나눔의 집이 평소 할머니들을 어떻게 대우했는지 알 수 있다. 할머니들의 의사를 무시했을 뿐만 아니라 마치 할머니들이 일본사람들을 만나고 싶어 하지 않는 것처럼 거짓말까지 했다. 박 교수는 이 책의 에필로그에 다음과 같은 소감을 남겼다.

여기 나오는 이야기들은 우선 2020년 5월의 이용수 님의 문제제기와 많은 부분 호응한다. 지원자가 위안부 피해자를 동등한 인격체로서 존중했는지, 즉

칸트를 빌려 말하자면 수단이 아니라 목적으로 대했는지, 이용수 님의 표현을 빌리자면 '이용'하지는 않았는지. 배 할머니는 이에 관한 많은 생각을 내게 털어놓으면서도 끝내 자신의 생각을 직접 세상에 전하지 못하고 저세상으로 떠났지만, 이 책을 통해 뒤늦게나마 전해질 배 할머니의 목소리는 그 점에서 이용수 님과 함께 나란히 달릴 수 있는 또 한 사람의 독립적인 '주자'가 되어 줄 것이다.

배 할머니의 침묵은 '대변자'가 다름 아닌 위안부 문제 관련 활동으로 쌓아 온 사회적 신뢰와 명성과 권력이 너무 커져서 그에 대한 이의 제기는 '당사자' 조차 어렵다는 걸 알았기에 선택된 것이 분명했다. 같은 '당사자' 간에도 힘의 차이는 있다. … 주목을 받기는커녕 바로 그 '대변자'에 의해 불이익을 당할지도 모른다는 두려움은 '나눔의 집' 거주자처럼 따로 가족이 없거나 있어도 형편이 썩 좋지 않은 분일 경우, 더 컸다. 또 그 차이는 그대로 당사자와 대변자 간의 힘의 차이가 되어 나타났다. '힘'의 차이를 내면화한 이들은 목소리를 내지 않는다. 하지만 침묵은 소리가 되어 나오지 않을 뿐, 목소리가 아닌 것은 아니다. 배 할머니가 이렇게 말하고 있는 것처럼.

배 할머니의 생각이 꼭 '피해자의 목소리'의 중심이 되었어야 한다는 이야기가 아니다. 문제는 이런 목소리가 단 한 번도 들리지 않았다는 사실, 들리지 않았다는 사실조차 인식된 적이 없다는, 당사자 소외라는 사태가 30년이라는 세월 동안 단 한 번도 문제시되지 않았다는 사실에 있다.

박 교수는 〈신동아〉 인터뷰에서 "다수는 아니어도 많은 사람이 지지해 주고 있다. 내가 존경하는 사람들의 응원이 큰 힘이 됐다. 페이스북에서 새롭게 만난 옹호자들은 한국 시민사회의 새로운 가능성을 보여 주고 있다. 내 유일한 수확이라고 할까. 거듭 말하지만 한·일관계가 나빠진 것이 정대협 탓이라고만 할 수 없다. 하지만 그들의 편협함, 강경함으로 한·일 상호 간 이해의 동력이 사라지고 정부가 운신할 폭은 좁아졌다. 뻔뻔한 일본, 사죄 않는 일본인들이란 이미지가 정착됐고, 양심적 일본인들과의 폭넓은 연대는 멀어졌다"고 말했다.

박 교수가 '큰 힘'이라고 한 것 중에는 다음과 같은 논문도 들어갈 것이다. 홍승기 인하대 법학전문대학원 교수는 2020년 3월 인하대가 발행하는 〈법학연구〉(제23집 제1호)에 《제국의 위안부》 형사판결의 비판적 분석: 서울고등법원 2017노610 판결을 중심으로"라는 논문을 게재했다. 1심 무죄판결을 파기하고 박 교수에게 1천만 원의 벌금을 선고한 서울고등법원의 판결을 정면으로 반박하는 내용이다. 홍 교수가 동원한 국내외의 법리는 전문가가 아니면 쉽게 이해하기 어렵다. 다만, 저널리즘 측면에서는 홍 교수의 주장을 다음과 같이 정리할 수 있다.

첫째, 명예훼손죄는 '사실의 적시'에 대한 범죄이고 '의견'은 대상으로 하지 않는다(형법 제307조). 그런데도 재판부는 박 교수의 '의견'을 '사실의 적시'로 본 것이 많다.

둘째, 형사재판에서 범죄사실의 인정은 합리적인 의심이 없는 정도의 증명에 이르러야 한다(형사소송법 제307조 제2항). 검사가 합리적 의심을 배제할 만큼 박 교수의 범죄사실을 증명하지 못했는데도 재판부는 이를 받아들였다.

셋째, 재판부가 유죄판결의 증거로 인정한 쿠마라스와미 보고서, 맥두걸 보고서, 미 하원 결의안 등은 '정확하고 객관적인 사실만을 담고 있다'고 보기 어렵다. 그런데도 재판부는 이들 자료에 과도한 증거능력을 부여했다.

넷째, 재판부는 제3자의 진술을 인용하거나 평가한 것까지 박 교수 본인의 '사실 표현'이라고 했다. '위안부가 일본군에게 동지의식을 느꼈다'는 이른바 '동지의식론' 또는 '자긍적 협력론'은 당시 정황에 대한 증언에서도 나오고, 다른 저작들도 언급하고 있다. 또 박 교수만이 위안부의 강제동원을 부인한 것처럼 단죄했으나 다른 여러 연구에 따르면 위안부의 동원방식은 사기, 협박 폭행, 유괴 납치, 인신매매, 공출, 근로정신대 도망, 자원 등 다양했다. 따라서 "훈련된 제국군대가 제복을 입고, 조선반도를 헤집으며 어린 소녀를 총칼로 위협하여 위안부로 끌고 갔다는 주장의 설득력은 의문이다."

홍 교수는 이런 논지를 통해 다음과 같은 결론에 이른다.

항소심은 "피고인이 주장하는 바와 같이 일본군 위안부 문제에는 사회 구조적 원인이 존재하고, '조선인 일본군 위안부'들의 모습이나 처지가 매우 다양하며, 이 사건 도서는 피고인이 기존 자료 등을 토대로 현재 우리 사회나 학계의 주류적인 시각과는 다른 입장에서 '위안부' 문제에 관한 자신의 주장을 개진하는 내용이고, 이 사건 도서 곳곳에서 여러 예외적인 경우와 다양한 '위안부'들의 모습이나 처지가 서술되어 있다"는 점을 인정하였다.

그러함에도 "그러나 피고인은 이 사건 표현들에서는 예외적인 경우를 서술하지 않거나 단정적인 표현을 사용함으로써 이를 접하는 독자들은 마치 대부분 또는 많은 '조선인 위안부'들이 자발적으로 '위안부'가 되어 경제적 대가를 받고 성매매를 하였고, '조선인 위안부'들은 일본군과 함께 전쟁을 수행하였으며, 일본국과 일본인은 '조선인 위안부'를 강제동원하거나 강제연행하지 않았다고 받아들일 수 있다"고 판단하였다. 이러한 법원의 판단은, 학자가 기존의 다수 견해에 반하는 새로운 주장을 하려면, 다수 견해로부터의 만일의 반박에 대비하여, 그 새로운 주장의 전제가 되는 모든 사실을 반복하고 또 반복하라는 과도한 요구로서 전혀 현실성이 없는 요청이다.

항소심 판단은, 사용된 어휘의 통상적 의미, 전체적 흐름, 문구의 연결, 전체의 문맥이나 사회적 흐름 등을 종합적으로 검토하지 않고, 이 사건 표현을 파편화하여 그 의미를 왜곡하였다. 무엇보다도 ··· 유죄에 대한 상당한 의심(*actual and substantial doubt*)을 무시하고 '합리적 의심의 배제'라는 형사 증거법의 원칙을 위반함으로써 자유심증의 한계를 일탈하였다는 비난을 피하기 힘들다.

이 사건 표현은 기본적으로 학자의 의견이자 평가이다. 입장을 달리하여 이 사건 표현들 가운데 '사실'이 있다 하더라도 그 사실은 《제국의 위안부》의 전체적 맥락에서 파악하면 '허위'사실이라고 단정할 수 없는 표현이다.

《제국의 위안부》의 '위안부'란 개인마다 사연과 고통의 층위가 다른 '조선인 일본군 위안부 전체'를 의미한다. 《제국의 위안부》 표지 상단에는 "실은 그 옛날의 강제로 끌려간 소녀도 지금의 투사도 '위안부'의 전부는 아니다. '위안부'의 그 모든 모습을 보지 않고는 문제는 영원히 풀리지 않는다"라는 문장이 기록되어 있다. 그런데 항소심은 굳이 《제국의 위안부》의 '위안부'를 '이 사건 피해자들'로 좁게 해석하였다. 객관적 자료에 한계가 있고, 시각을 달리하는 새로운 자료가 뒤엉켜 객관적 진실 여부를 확인하는 것이 용이하지 않은 이러한 종류의 사건에서는 유죄 판단을 극도로 자제하였어야 마땅하다(대법원 1998. 2. 27. 선고 97다19038 판결 등). 항소심 판단은 학술서에 대한 형사 판단에 반드시 필요한 절제와 고심의 경계선을 크게 넘었다.

홍 교수 논문의 결론을 길게 인용한 것은 그의 주장이 100% 맞는다고 지지하기 때문이 아니다. 나름의 논리를 세워 '소수 의견'을 지지하는 '또 다른 소수 의견'도 그것대로 의미가 있다고 보기 때문이다. 특히 성역화되어 있는 위안부 문제에서는 더욱 그렇다.

홍 교수의 주장도 당연히 토론의 대상이다. 그 토론은 공론의 장에서 이뤄져야 하며, 실제로 그렇게 될 것이다. 그의 논문을 처벌하라고 제소하는 일은 없을 테니까. 법원이 유죄로 인정한 저자와 저서를 옹호하고, 판결까지 비판하는 주장은 법정에 설 걱정을 안 해도 된다는 것은 아이러니다. 유죄판결을 받은 박 교수의 주류 비판보다 홍 교수의 주장이 훨씬 더 강하고 명료한데도 말이다. 어딘가 이상하지 않은가. 그 '이상함'은 법정에 세울 필요도 없고, 세워서도 안 되는 학자를 법정에 세우면서 빚어진 것은 아닌지.

2020년 봄에는 일본의 한 외국어대 대학원에 재학 중인 일본인 여학생이

'박유하 사건'의 발단과 전개과정, 이를 둘러싼 논란 등을 망라한 석사논문을 제출했다. 이 학생도 홍 교수와 마찬가지로 위안부가 된 경위는 다양하다는 이유로 박 교수의 주장을 지지했다. 논문의 종장에서 자신의 의견을 요약했는데 눈길을 끄는 대목이 있다.

그러나 이미 밝혀졌듯이 '위안부'는 실로 다종다양하다. 그녀들이 말하는 진실도, 또는 거짓조차도, 위안부가 되거나 될 수밖에 없었던 피해자 여성과 그녀들의 경험에서 나오는 것이다. 그녀들이 말하는 것을 모두 어떤 하나의 이미지로 집약하는 것은 불가능한데도, 정대협 운동과 국민의 '반성'에 뿌리를 둔 '위안부' 이미지는 아무런 의심 없이 받아들일 수 있는 '강제로 끌려간 소녀'로서의 측면만을 표상하게 되었다. 왜냐하면 한국 국민의 반성은 위안부 쪽이 아니라 위안부에게 고통을 준 일본 쪽으로 향해 있기 때문이다. 일본으로부터 공식적인 사죄 및 법적 배상을 이끌어 내기 위해서는 한국으로서는 명확한 피해자가 아니면 안 되었다. 따라서 '강제로 끌려간 소녀'는 피해자 이미지의 표상에 가장 잘 맞는 것이 되었고, 다양했을 위안부의 실태를 하나의 이미지로 집약시켜 사람들이 이해하는 위안부로 정착시킬 수 있었던 것이다. …

위안부 문제의 미해결 상태는 한국이 늘 일본의 식민지배를 받았다는 사실을 상기하는 상황에 놓여 있다는 것을 나타내고, 일본은 이제 한국을 위협하는 존재가 아니라는 증거를 얻으려는 정대협 운동은 한 가지 이미지로 집약된 '위안부'를 근거로 해서 지위를 얻으려고 했다. 그런데 이 한 가지 이미지를 흔들게 된 것이 《제국의 위안부》였다. …

현재 한국에서는 위안부 문제 또는 위안부 이해에 대하여 당사자인 위안부의 심정을 반영하는 것도 아니고, 국민 한 사람 한 사람의 인식을 존중하는 것도 아니고, 전체주의적 판단으로 이를 결정하려고 하고 있다. 그리고 《제국의 위안부》라는 단 한 권의 책에 대한 재판상황이 그런 상황을 드러내 보여 주고 있는 것이다.

정대협은 위안부를 '한 가지 이미지'로 집약해 지위를 얻으려 했고, 한국인은 '한 가지 이미지'를 의심 없이 받아들였으며, 이는 일본으로부터 공식 사죄와 법적 배상을 얻어내는 데 편리했기 때문인데, 이런 구도를 흔든 것이 《제국의 위안부》라는 것이다.

　　《제국의 위안부》가 나온 뒤 박 교수를 지지하거나 학문의 자유를 법정에 예속시키려는 움직임에 반대하는 성명도 있었고, 반대로 박 교수를 비판하는 책이나 논평도 적지 않았다. 그 모든 것을 망라해서 논할 수 있는 지식과 철학은 필자에겐 없다. 다만 말할 수 있는 것은 《제국의 위안부》 논쟁은 기존의 '주류'나 '상식'에 도전했을 때, 특히 도전받는 상식이 내셔널리즘의 엄호를 받고 있을 때, 나아가 일본 제국주의에 기반한 '피해의식'과 연계되어 있을 때, 어떤 일이 벌어지는가를 상징적으로 보여 준다는 것이다. 또 한일 문제에서 '주류'가 당연히 이기는 것이 아니라 때로는 '비주류'의 어깨도 보듬는 그런 사회가 되길 희망한다는 것이 얼마나 사치인지를 극명하게 일깨워 주고 있다는 것이다.

제 3 장

강제징용과 문희상 법안

1. 문희상 법안을 어떻게 볼 것인가

필자는 강제징용 문제를 해결하기 위해 2019년 12월 18일 문희상 당시 국회의장이 국회에 제출한 '기억·화해·미래 재단법안'(이하 '문희상 법안')에 관심이 많다. 남들보다는 긍정적이기도 하다.

필자의 이런 생각은 아주 소수파여서 강제징용 문제해결을 고민하는 세미나나 토론회 등에서 종종 비판을 받는다. 말은 부드럽게 하지만 "일본의 책임을 면제해 주는 법안으로서 구체성도 없고 하자도 많기 때문에 지지를 못 받고 있으니 국회통과는 어려울 것"이라는 게 비판의 요지이다. 이 정도 비판은 그래도 양호하다. 아예 "절대로 통과시켜서는 안 될 법안"이라고 하는 학자도 있다.

논쟁은 얼마든지 수용할 수 있으나, 강제징용 문제를 어떻게 풀 것인가를 논의하는 세미나나 토론장을 아무런 성과 없이 떠나는 일이 계속되고 있다는 것이 문제다.

필자도 문희상 법안의 약점과 한계를 잘 안다. 일방적으로 문희상 법안을 옹호하는 게 아니다. 문희상 법안을 한번 꼼꼼하게 읽어 보라는 것이다. 일반국민이 그러기 힘드니 전문가들만이라도 그렇게 할 필요가 있다. 그래야 혹시 일본과 협상할 때나 새로운 방안을 만들 때 시간 낭비를 줄일 수 있고, 더 나은 안을 만들 수 있다고 믿기 때문이다. 이건 이래서 안 되고, 저건 저래서 안 된다는 말은 너무 많이 들었다. 그런 주장은 제안이 아니고 현상 분석이다. 문제는 '풀리는' 것이 아니라 '푸는' 것이다. 문희상 법안을 제안의 눈으로 보면 달리 보이는 게 있다.

이 글에서는 2020년 5월 21대 국회가 문을 닫으며 자동폐안된 문희상 법안의 그 후와 2020년 하반기에 새로 등장한 해법을 비판적으로 소개한다.

1) 문희상 법안 폐안, 그 후

문재인 대통령은 2020년 8월 15일 제 75주년 광복절 기념사에서 징용 문제에서 비롯한 일본과의 갈등과 수출규제, 협상조건 등에 대해 비교적 자세히 언급했다.

우리 국민들은 많은 위기를 이겨 왔습니다. 전쟁의 참화를 이겨 냈고, 외환위기와 금융위기를 극복했습니다. 일본의 수출규제라는 위기도 국민들과 함께 이겨 냈습니다. 오히려 '아무도 흔들 수 없는 나라'로 도약하는 기회로 만들었습니다. 대기업과 중소기업의 상생협력으로 '소재·부품·장비의 독립'을 이루며, 일부 품목에서 해외투자 유치의 성과까지 이뤘습니다. …

2005년 네 분의 강제징용 피해자들이 일본의 징용기업을 상대로 법원에 손해배상 소송을 제기했고, 2018년 대법원 승소 확정판결을 받았습니다. 대법원은 1965년 한·일 청구권협정의 유효성을 인정하면서도 개인의 '불법행위 배상청구권'은 소멸하지 않았다고 판단했습니다. 대법원의 판결은 대한민국의 영토 내에서 최고의 법적 권위와 집행력을 가집니다. 정부는 사법부의 판결을 존중하며, 피해자들이 동의할 수 있는 원만한 해결방안을 일본 정부와 협의해 왔고, 지금도 협의의 문을 활짝 열어 두고 있습니다. 우리 정부는 언제든 일본 정부와 마주 앉을 준비가 되어 있습니다.

함께 소송한 세 분은 이미 고인이 되셨고, 홀로 남은 이춘식 어르신은 지난 해 일본의 수출규제가 시작되자, "나 때문에 대한민국이 손해가 아닌지 모르겠다" 하셨습니다. 우리는 한 개인의 존엄을 지키는 일이 결코 나라에 손해가 되지 않는다는 사실을 확인할 것입니다. 동시에 삼권분립에 기초한 민주주의, 인류의 보편적 가치와 국제법의 원칙을 지켜 가기 위해 일본과 함께 노력할 것입니다. 한 사람의 인권을 존중하는 일본과 한국, 공동의 노력이 양국 국민 간 우호와 미래 협력의 다리가 될 것이라 믿습니다. ─청와대 홈페이지, 2020년 8월 15일

2019년 7월 일본의 대한(對韓) 수출규제 이후 한·일 양국이 전방위로 대립한 지 1년을 넘긴 시점에서, 대통령의 2020년 광복절 연설은 관심을 끌 수밖에 없다. 일본이 가장 주목했던 대목은 아마도 "사법의 판결을 존중하면서, 피해자가 동의할 수 있는 방안을, 일본 정부와 협의해 왔고, 앞으로도 협의할 것"이라는 대목일 것이다. 한마디로 줄이면 대통령의 입장은 바뀐 것이 없다는 것이다. 물론 일본도 바뀐 것이 없다. 그렇다면 과연 한국과 일본이 원만한 해결방안을 찾을 수 있을까. 당일, 또는 그다음 날 대통령 연설을 보도한 일본 쪽 반응은 그리 호의적이지 않았다.

문제해결을 위해 "언제든 일본 정부와 마주 앉을 준비가 되어 있다"며 대화를 촉구했으나, 일본 정부가 요구한 구체적 대응에 대해서는 언급하지 않았다. 관계가 더 악화하는 것을 피하면서 강제징용 문제는 타협하지 않겠다는 자세를 다시 한 번 보여 준 것 같다. ─〈교도통신〉

한국 정부 관계자에 따르면 문 정권은 2년이 채 안 남은 임기 중에 가장 중요한 과제인 남북협력사업을 성사시키겠다는 의욕이 강하다. 실현을 하려면 북한 제재를 완화할 수밖에 없는데, 이 관계자는 "미국만이 아니라 일본의 이해도 필요하다. 연설에서 새로운 관계악화를 초래하는 대일 비판은 피하자는 판단이 작용했다"고 말했다. ─〈아사히신문〉

문 대통령의 발언은 (일본제철의 자산 ─ 필자) 매각명령이 내려진 일본 기업이 실제 손실을 입기 전에 일한 두 정부의 교섭으로 해결하자는 의향을 나타낸 것이다. … "사법 판단을 존중한다"는 원칙적 입장을 굽히지 않겠다고 강조해 교섭에서 일본 측의 양보를 촉구한 것으로 보인다. ─〈요미우리신문〉

일본 정부와 "교섭의 문은 열려 있다"고 했지만 구체안은 언급하지 않아 일·

한 정부 간 교섭은 난항이 예상된다. 국회에는 피고기업의 배상금 상당액을 일한의 기업 등이 대신 지불하는 재단설립 법안이 2건 제출돼 있지만 연설에서는 화해를 모색하는 이 같은 움직임에 대한 언급은 없었다.　　— 〈마이니치신문〉

문재인 대통령은 15일 광복절 연설에서 이른바 징용공 문제에 대해 한국 대법원이 일본 기업에 배상을 명한 2018년의 판결을 "존중한다"는 종래의 자세를 다시 한 번 보여 줬다. 입장을 바꾸지 않고 일본에 대화를 촉구함으로써 일본 측의 타협 외에는 해결책이 없다는 한국 측의 엄중한 사정을 노정했다.

— 〈산케이신문〉

　5개 매체의 반응을 모두 소개한 것은 일본 측의 공통 키워드를 뽑아 보기 위한 것이다. 모든 기사의 저변에는 대통령이 일본의 양보를 요구하고 있고, 일본이 요구하는 구체안은 제시하지 않았다는 인식이 깔려 있다.

　구체적인 안을 한국에서는 한국 기업과 일본 기업, 한국 정부와 일본 정부, 거기에 국민성금까지를 합친 5개의 행위자를 어떻게 조합할 것이냐의 문제로 이해한다. 그러나 일본 정부는 1965년 한·일 협정으로 끝난 문제이니 일본 정부나 일본 기업은 끼우지 말고 한국 정부가 책임지고 해결하라는 입장이다.

　지금까지 2019년 6월 19일 한국 정부가 제시한 1 + 1 안(청구권 자금을 받은 한국 기업 + 강제동원 노동자를 썼던 일본 기업), 한국 정부가 고려하고 있는 것으로 알려진 1 + 1 + α 안(청구권 자금을 받은 한국 기업 + 강제동원 노동자를 썼던 일본 기업 + 한국 정부?), 2 + 2 안(청구권 자금을 받은 한국 기업 + 강제동원 노동자를 썼던 일본 기업 + 한국 정부 + 일본 정부) 등이 설왕설래했다.

　1 + 1 안에 대해 일본 정부는 일본 기업이 참여하는 것도 반대하지만, 한국 정부가 참여하지 않으면 의미가 없다고 주장하면서 거부했다. 그러자 한국 정부는 2019년 광복절에 특사를 보내 일본 측에 1 + 1 + α 안을 냈다고

한다. 일본 기업이 먼저 피해자에게 배상하면 한국 정부가 기금을 마련해서 일본 기업이 낸 돈을 보전하는 안이라고 한다. 그러면 일본 기업은 금전적으로는 손해 볼 것이 없다는 주장이다. 그러나 일본 정부는 징용 문제는 1965년 협정으로 끝난 문제라고 지금껏 주장해 온 명분을 굽혀야 하고, 한국 정부는 국가 예산을 써야 한다는 난관이 있다. 2 + 2 안은 민간단체와 전문가 등이 가장 먼저 제시한 안이지만, 일본 정부는 일본 정부가 개입할 이유가 없다며 거부했다.

이들 방안 말고 실제로 구체적 형태를 띠었던 것이 또 다른 1 + 1 + α 안인 '기억 · 화해 · 미래재단 법안'(일명 '문희상 법안')이다. 문희상 법안의 1 + 1은 청구권자금 수혜를 받은 한국 기업과 강제동원 노동자를 썼던 일본 기업만이 아니라 그냥 한국 기업, 그냥 일본 기업으로 범위를 넓혔다. + α는 양국 국민의 성금이다. 그러니 앞의 1 + 1 + α 안과 전혀 다르다.

문희상 당시 국회의장은 20대 국회 말인 2019년 12월 18일 '기억 · 화해 · 미래재단 법안'을 대표발의했으나 담당 소위인 행정안전위원회나 법제사법위원회에서 논의 한 번 못 하고 2020년 5월 29일 20대 국회 임기가 끝나며 자동 폐안됐다. 그 후 이 법안과 관련해 몇 가지 움직임이 있었다.

첫 번째는 이 법안을 21대 국회에 다시 상정한 것이다.

무소속 윤상현 의원은 8일 일제 강제징용 피해자 배상을 위해 문희상 전 국회의장이 발의했으나 20대 국회 임기만료로 폐기됐던 '1 + 1 + α(알파)' 법안을 재발의한다고 밝혔다. 발의된 법안은 한일 양국 기업과 국민(1 + 1 + α)이 자발적으로 낸 성금으로 '기억 · 화해 · 미래재단'을 설립하는 '기억 · 화해 · 미래재단법안' 제정안과 강제징용 피해조사를 위한 '대일항쟁기 강제동원 피해조사 및 국외강제동원 희생자 등 지원에 관한 특별법' 개정안이다.

윤 의원은 이 법안에 대해 "피해자 중심 지원방안이면서 한일 정부 간에 경제적, 외교적으로 켜켜이 쌓여 있는 갈등의 근원인 강제동원 피해자 배상문제를 해소할 수 있는 현실적인 해법"이라며 "외교가 실패했을 때 입법부인 국회가 그것을 회복시키는 힘을 발휘해야 한다"고 강조했다.

미래통합당 소속인 이명수·윤영석·김성원·성일종·윤창현·최승재 의원 등 12명이 공동발의자로 참여했다.　　　　　－〈연합뉴스〉 2020년 6월 8일 입력

윤 의원은 2019년 12월 18일 이 법안을 처음 발의할 때 야당 의원(미래통합당)이었고, 공동발의자였다. 그때와는 달리 21대 국회에서는 여당 의원이 한 명도 참여하지 않았다.

일본 측에서 이 법안을 공개적으로 지지하는 발언이 나오기도 했다.

가와무라 다케오(河村建夫·78) 일·한의원연맹 간사장은 26일 "(20대 국회에서 폐기된) 문희상 법안이나 이보다 더 진전된 안(案)이 다음 한국 국회에서 통과되면 아베 총리는 문재인 대통령과 정상회담을 하고 수출규제가 풀리게 될 것"이라고 했다. 문희상 국회의장이 대표발의했던 '문희상 법안'은 한·일 기업과 양국 국민 성금으로 징용 피해자들에게 보상하는 내용을 담고 있다.

그는 이날 국회 사무실에서 본지와 인터뷰를 갖고 "문희상 법안이 좌초된 것은 유감이다. 한국의 차기 국회에서도 양국 관계를 개선하는 법안을 계속 추진해 달라"며 이렇게 말했다.

일본 정계의 대표적 친한파(親韓派)인 그는 아베 총리와 같은 야마구치(山口)현 출신으로 이곳에 나란히 지역구를 두고 있다. 그동안 '고향 후배'인 아베 총리를 도쿄와 야마구치현에서 자주 만나 한일관계 개선 방향에 대해 설명해왔다. 그는 "지난 13일에도 관저(官邸)에서 아베 총리를 만나 한국 상황에 대해 얘기했다. 아베 총리는 한국 국회가 바뀌어도 일한 관계를 위해 계속 노력해 달라고 했다"고 밝혔다. … 그는 최근 일본에서는 '윤미향 사건'을 주의 깊게 보고 있다고 했다. 그는 "특정 단체가 위안부 문제를 이용해 물의를 일으켰다는 것이 매일 보도되고 있다. 이번 사건이 양국의 미래 지향적 관계를 만들

어 나가는 계기가 되기를 바란다"고 했다. — 〈조선일보〉 2020년 5월 27일 자

피해자단체 중에도 문희상 법안을 찬성하는 곳이 많다고 한다.

행정안전부 산하 일제강제동원피해자지원재단(지원재단)에 따르면 재단이 올해 1월 실시한 자체 설문조사에서 산하 단체 59곳 가운데 53곳(89.8%)은 "문희상 법안에 찬성한다"는 의견을 냈다고 한다. 반대의사를 밝힌 곳은 4곳, 유보적인 입장을 표명한 곳은 2곳으로 집계됐다. 지원재단은 2015년까지 특별법에 따라 한시적으로 운영되던 대일 항쟁기 강제동원 피해조사위원회의 잔여 사업을 유지하기 위해 2014년 행안부(당시 행자부) 산하단체로 설립된 곳이다. 강제징용 관련단체의 지원사업을 하는 공식 창구라고 볼 수 있다.

재단 관계자는 〈중앙일보〉에 "단체는 주로 유족회로, 회장단에 일일이 전화를 돌려 조사한 것"이라며 "이들은 '강제징용 문제의 해법은 강제징용 관련단체에 의견을 물어야 한다'는 생각이 강했다"고 전했다.

이들이 문희상 법안에 찬성했던 이유는 포괄적 해법이라는 점에서다. 문희상 법안은 재단을 설립해 대법원 확정판결 원고들에게 위자료를 지급하되, 소송에 참여하지 않은 이들도 위자료를 신청할 수 있도록 했다. 지급 시한은 2018년 대법원 판결로부터 3년으로 정했다. 민사소송 당사자 간 합의가 있으면 판결 결과를 꼭 따르지 않아도 된다는 점에 착안한 것이다.

— 〈중앙일보〉 2020년 6월 22일 입력

〈중앙일보〉는 피해자단체가 '문희상 법안'에 찬성하는 이유로 '포괄적 해법'을 언급하며 "소송에 참여하지 않은 이들도 위자료를 신청할 수 있기 때문"이라고 했다. 이 말은 무슨 의미일까. 강제동원 피해자들이 일본 기업을 상대로 소송하려면 그 기업, 또는 승계기업이 한국에 있어야 하고, 자산도 보유하고 있어야 하며, 그 기업에서 강제노동을 했다는 사실을 본인

이 증명해야 한다. 힘든 일이다. 이춘식 옹이 신일본제철을 상대로 2018년 10월 30일 대법원에서 승소 판결을 받자 후속 소송이 많을 것으로 예상했으나 그런 일은 일어나지 않았다. 앞에서 지적한 어려움 때문이다. 따라서 피해자단체들은 소송보다 재단 설립을 통해 위자료를 받는 것이 현실적이라고 판단했을 것이다.

남상구 동북아역사재단 한일역사문제연구소장의 조사에 따르면 일본 기업을 상대로 제기한 강제동원피해 손해배상청구 소송 현황은 2020년 7월 13일 현재 대법원 승소 3건 32명, 대법원 계류 9건 110명, 고등법원 계류 1건 63명, 지방법원 계류 6건 872명 등 모두 19건 1,077명이다. 서울지법에 668명이 제기한 소송이 가장 큰데, 이 소송은 상당히 느리게 진행 중이다. 2018년 10월 대법원 강제징용자 승소 판결 이후에 제기한 소송은 서울 1건(2019. 4. 4.), 광주 · 전남 1차 54명(2019. 4. 29.), 광주 · 전남 2차 33명(2020. 1. 14.) 등 3건 118명에 불과하다.

문희상 법안은 20대 국회에서 자동폐안되었으나 폐안 이틀 전인 5월 27일 〈중앙일보〉에는 이런 기사가 실렸다.

[한일비전포럼] 미래를 여는 지도자 결단으로 한 · 일관계 교착 풀어야
〈위기의 한일관계 연속진단 17〉 박홍규 고려대 교수 발제문 요약
지난해 12월 18일 문희상 국회의장이 대표발의한 '기억 · 화해 · 미래재단 법안', 이른바 문희상 법안은 한 · 일 양국 지도자의 부담을 완화하는 데 초점이 맞춰져 있다.

한국 정부가 그동안 강조해 온 '대법원 판결 존중' 원칙을 훼손하지 않기 위해서 대위변제 방식을 택했다. 한 · 일 양국 기업과 국민(1 + 1 + α)으로부터 자발적 기부금을 모아 재단을 세우고 강제징용 피해자들에게 위자료를 지급한다는 내용이 골자다. 즉, 채권을 인정해 일본 기업의 책임이 소멸하는 것이 아니기 때문에 사법부 판단을 존중할 수 있다. 또 법안에 양국이 1998년 맺은 '21

세기 새로운 한일 파트너십 공동선언'(김대중-오부치 공동선언) 내용을 명시했다. 기존의 사죄를 전제로 해서 일본 측 부담을 덜자는 취지다. 국회 입법을 통해 행정부 수반의 부담을 줄이는 것 역시 문희상 법안의 기본적 특징이다.

일본 쪽 반응은 긍정적이다. 주요 정치가들과 사전교감을 통해 이 정도면 수용 가능하다는 것을 확인했다. 일본 언론도 기대감을 나타내고 있다. 한국에서도 지난해 12월 국회의장실 의뢰로 실시한 여론조사에선 전반적으로 긍정적인 반응이 나왔다. 물론 법안을 반대하는 의견도 상당하다.

문희상 법안은 '가해자 사죄 → 피해자 용서 → 화해 성립'이란 기존 틀을 벗어나 피해자가 선도해 화해를 끌어낸다는 데 의미가 있다. 피해자들이 간절히 요구해 온 배상문제를 실질적으로 해결하자는 것이다. 나아가 악화일로의 한·일관계로 경제적 피해가 가중되고 양국 국민감정이 악화하는 상황에서 돌파구를 마련하자는 것이다. 나라를 빼앗기고 국민을 고통에 빠뜨렸던 역사에 대한 국가의 책임을 부인할 수 없다. 이제 높아진 한국의 국가 위상에 맞게 피해자 문제해결에 적극 나서야 한다. 공은 21대 국회로 넘어갔다. 180석 거대 여당이 야당과 협치를 이뤄 낼 수 있는 시금석(試金石)이 될 것이다. 지도자의 결단만 있다면 여·야 공동 발의로 협치의 길을 열 수 있다.

— 〈중앙일보〉 2020년 5월 27일 자

그렇다고 반대 그룹이 없는 것도 아니다. 문희상 법안은 일본에게만 유리하기 때문에 "아베가 문희상에 대해 만세를 불렀을 것"이라고 비판한 변호사도 있다. 다음은 YTN라디오 〈노영희의 출발 새아침〉에 출연한 송기호 변호사의 발언 중에서 문희상 법안에 대해 비판적으로 언급한 부분만을 발췌한 것이다(YTN, 2019. 12. 4.). 법리적 측면에서 언급한 내용이 많다.

"근본적 구조 문제이기도 하면서 동시에 문희상 안이 가지고 있는 가장 큰 문제는 일본의 모순, 일본의 문제점을 우리 사회에 전가시키고 우리의 분열로 악화시킨다는 거죠."

"만약에 문희상 의장 안이 독일이 만든 법처럼 아예 모든 청구권은 이 법을 통해서만 해결이 되고 나머지 별도로 재판할 수 없다. 이런 조항이 들어간다면 그것은 헌법이 보장하는 개인의 재판청구권이라든지, 또 개인의 의사결정을 침해하는 것이기 때문에 당장 위헌법률이 되는 거거든요. 그러니까 문희상 의장 안은 지나치게 조급할 뿐만 아니라, 이것이 2015년 박근혜 정부의 잘못된 위안부 합의하고는 달리 우리 법으로 만들어진다는 점에서 이것이 정말로 발의된다든지 그럴 경우에는 우리 안에 어떤 뭐라고 할까요, 커다란 어떤 상처. 또 우리 법치주의의 수준이 아주 현저하게 떨어지는, 또 일본은 아베 앞에서 어떤 자중지란이라고 할까요, 실효성도 없으면서 법적으로도 논리적인 그런 어떤 정합성도 갖지 못하는 법입니다."

"노영희 앵커님이 만약에 일본 아베 총리라면 이 법안 이야기를 들었을 때 아마 엄청 좋아하고 어디 조용한 데 가서 만세 불렀을 것 같아요."

"특히 지금까지 일본이 이야기해 온 한국 대법원 판결에 뭔가 문제가 있다, 국제법 위반이라고 하는, 그러니까 이 문제의 가장 큰 핵심은 대법원 판결에서 패소한 일본 기업이 이 판결 결과를 이행하면 되거든요. 그런데 그것을 아베 총리가 국제법에 어긋나게 방해하고 있는 것이고. … 문희상 안이 가지고 있는 가장 큰, 일본에게 가장 큰 승리는 뭐냐면, 지금까지 일본이 일관되게 주장해 온, 우리가 좀 돌이켜보면 일본의 논리는 지금까지 한 번도 흐트러진 적이 없어요. 처음부터 끝까지 한국 대법원 판결이 국제법 위반이다. 그러니까 청구권협정 위반이란 이야기죠. 문희상 안의 가장 큰 문제점은 그런 일본의 논리를 완벽하게 뒷받침해 준다는 거죠. … 그러니까 패소 판결받은 일본 기업에 대한 정상적 사법절차가 진행되고 있는데 갑자기 한국 국회가 국회의장이라는 사람이 대한민국 법을 만들어서 그럴 필요가 없다고 하는 거죠."

"그런데 이게 왜 갑자기 대두가 됐느냐라고 한다면, 일본 안에서 호응하는 흐름이 있는 거죠. 그러니까 이것이 단순히 문희상 의장이 와세다대에 가서 그냥 연설하는 것에 그치지 않고 일본의 논리, 일본의 입장과 완벽하게 맞아떨어지다 보니까 일본 내에서 이런 방향으로 해결하고 싶어 하는 것이죠."

피해자의 시각에서, 일본 전범(戰犯) 기업의 참여를 강제할 수 없다는 점을 비판하기도 했다.

(문희상 법안에 대해) 강제징용 피해자와 원고단, 일본군 위안부 지원단체인 정의기억연대 등까지 포함하여 시민단체가 강력히 반발하였다. 일본의 사죄도 없고 전범기업의 보상도 없이 한·일 양국 국민과 기업의 공동기금으로 전쟁범죄를 사면하는 것이나 마찬가지라는 주장이었다. 2020년 1월 강제징용피해자 지원단체인 한일공동행동은 '강제동원 한일공동협의체' 설치를 제안하였다. 여기에는 한일 양국의 피해자와 원고단, 학계전문가, 한일 양국기업이 참여하게 된다. 특히 한일 양국 기업이 출연하는 재단을 설립하여 피해자를 구제할 것을 기대하고 있었다. 한국 정부는 관심을 보였지만, 일본은 즉각 거부하였다.
— 양기호(성공회대 교수), '2020년 나가사키 한일관계 컨퍼런스' 원고, 2020년 9월 17일

그러나 피해자들의 반발 등 넘어야 할 산이 많다. 가장 큰 쟁점은 피해자들에게 기금을 통해 위자료를 지급하는 방안을 둘러싼 논란이다. 과거사 피해자나 관련 시민단체는 이런 방식은 결국 일본에게 과거사 면죄부를 주는 꼴이 될 것이라고 비판하고 있다. 일본제철·미쓰비시·후지코시 강제동원 피해자 소송 대리인인 임재성 변호사는 27일 국회 앞 기자회견에서 "문 의장의 제안에 따르면 일본 기업은 법적·역사적 책임이 아닌 자발적 방식으로 돈을 모으고, 심지어 그 돈에 한·일 기업과 국민의 돈까지 교묘히 섞이게 된다. 이는 결코 대법원 판결의 이행이 아니며 가해의 역사를 청산하는 게 아니라 외교적 갈등을 만들 여지가 있는 피해자를 청산하기 위한 방안이다"고 비판했다. 우회적 방법으로 배상금을 지급하는 것에 대한 본질적 문제제기다. …

이 밖에도 강제동원 피해자 위자료 지급 대상을 약 1,500명으로 한정할 경우에, 수십만에서 수백만 명에 이르는 나머지 피해자들과 형평성 문제도 제기될 수 있다. 또, 기억인권재단을 통한 위자료 수령에 동의하지 않고 전범기업이나 일본 정부에게서 배상금을 직접 받기 원하는 경우에는 어떻게 할지도 정리가 되어야 한다. 일제피해자 인권특별위원회 위원장으로 있는 최봉태 변호사는 "기금을 통한 위자료 수령에 동의하지 않는 피해자에 대해 재판으로 구제받는 권리가 보장되어야 한다. 그렇다면 문희상 법안이 문제 될 것은 없다고 본다"고 밝혔다. 하지만 이럴 경우 일본 정부나 기업 쪽이 배상금 문제가 완전하게 끝나지 않을 것을 우려해 재단에 기부금 내기를 꺼릴 가능성이 있다.

— 〈한겨레〉 2019년 12월 1일 입력

(전략) 다만, 대법원 판결의 피고 기업의 참여를 강제할 수 없다는 점은 문희상 법안의 한계다. 일본 기업·정부 차원의 사죄를 명문화할 수도 없다. 법안이 통과되더라도, 정치적 합의로 일본 정부·기업의 사과 등 '성의 표시'가 담보돼야 한다는 지적이 나오는 이유다.

이 때문에 일각에서 강력히 반대하는 목소리가 있었던 것도 사실이다. 지난해 11월 27일 강제징용 소송 대리인단과 정의기억연대·민족문제연구소 관계자 등 20여 명은 국회 앞에서 공동 기자회견을 열고 "문희상 법안의 즉각 폐기"를 요구했다. "자발적 기부금 방식은 가해 기업의 책임을 인정하지 않고, 면죄부를 주는 것"이라는 이유였다. 이들은 의장실에 항의 서한을 전달하기도 했다. 이때는 법안이 발의되기 전으로, 초안에 화해·치유재단의 잔금 60억 원을 새로운 재단으로 이관한다는 내용이 들어 있었다. 정의연 등 여성단체의 항의로 해당 내용은 빠진 채 발의됐다.

"국회의 입법 사안"이라며 여론을 관망하던 정부는 이때를 기점으로 "반대하는 피해자가 있는 한 정부가 힘을 실어 주기는 어렵다"며 부정적 입장을 굳혔다.

— 〈중앙일보〉 2020년 6월 22일 입력

〈중앙일보〉 기사의 마지막 부분, 여론을 관망하던 정부가 반대 측의 목소리가 들리자 부정적 입장을 굳혔다는 대목은 의미가 있다. 여기서 정부는 청와대를 의미한다. 사실 문희상 의장 쪽에서는 법안을 발의한 후 청와대가 나서 주길 바랐으나 그런 일은 없었다. 2019년 12월 18일 발의한 후 20대 국회 임기종료일인 2020년 5월 29일까지 6개월도 안 되는 기간에 이처럼 미묘한 법안을 통과시키기는 사실상 무리였는지도 모른다. 그러나 그 기간 동안 공청회 한 번 열지 못한 것은 청와대와 정부의 부정적 분위기와 무관치 않을 것이다.

그렇다면 그 후는 어떤가. 앞서 언급했듯 2020년 8월 15일 광복절 경축사를 보면 대통령의 생각은 바뀌지 않았다. 2020년 8월에 더불어민주당의 선장이 된 이낙연 대표의 의중은 어떨까.

일본통 정치인으로 꼽히는 이낙연 더불어민주당 대표는 한·일관계 회복의 실마리를 양측 외교당국의 자율성 확보에서 찾았다.

이 대표는 21일 한국프레스센터에서 열린 외신기자 간담회에서 "이제는 두 나라 정부가 모두 외교당국 간 협의에 맡기고, 웬만하면 제동 안 걸고 모종의 접점을 찾도록 촉진해 주면, 좋은 결과가 나올 수 있으리라 생각한다"고 말했다. 그는 "한국도 일본도 지키고자 하는 원칙들이 있다"며 "각자의 원칙을 살리면서도 접점을 찾아가는 과정, 이것을 외교 당국이 가장 잘 알고 있다"라고도 했다.

다만 이 대표는 일본 측이 해법으로 거론하는 이른바 '문희상 안(案)'엔 부정적인 의견을 나타냈다. 그는 "당시에도 문희상 의장 안은 국회에서나 정부에서나 수용되기 어려운 것으로 받아들여졌다"면서 "또 나와도 상황은 크게 달라지기 어려울 것으로 생각한다"고 했다. "피해자들이 동의할 수 있겠는가, 그런 것이 전제되지 아니하고 절차를 진행하기가 몹시 어려울 것"이라는 게 이 대표의 설명이었다. …

이런 '문희상 안'을 다시 이 대표가 언급한 것은 앞서 최근 가와무라 다케오(河村建夫) 일·한의원연맹 간사장의 방한 때문이다. 스가 요시히데(菅義偉) 일본 총리의 측근인 다케오 간사장은 17~19일 이 대표와 김종인 국민의힘 대표, 박지원 국정원장 등과 만나 '문희상 안'을 언급하며 한·일관계 개선의 필요성을 강조했다고 한다. 이 대표의 이날 발언에 대해 당내에선 "다케오 간사장의 제안엔 선을 그으면서도, 한국 정부가 생각하는 원칙과 경로를 전달한 것"이라는 해석이 나왔다.

이 대표는 이날 수차례 우리 정부의 '원칙'을 강조했다. 이 대표는 "양국이 서로가 지키고자 하는 대원칙들을 서로 인정해 가면서 접점을 찾아야 한다"고 했고, 기자 간담회 후 한국 기자들과 만난 자리에서도 "(제 얘기는) 피해자중심주의 같은 원칙을 변형하자는 게 아니라, 원칙은 지켜 가면서 접점을 찾자는 것"이라고 했다. 한일 외교당국 회담이 성과를 내지 못하는 이유에 대해서도 "제가 보기에는 주로 일본 측 총리관저에 의해서 제동이 걸렸다고 생각한다"고 했다.
　　　　　　　　　　　　　　　　　　　　　　　— 〈중앙일보〉 2020년 10월 21일 입력

이낙연 대표의 발언은 본인의 소신이기도 하겠지만, 유력한 대권 주자가 된 이상 일본 관련 문제에서 유화적 태도를 취하기가 힘들다는 점도 고려해야 할 것 같다.

가와무라 다케오 일·한의원연맹 간사장은 '문희상 안'에 대해 미련을 갖고 있으나 2020년 10월 한·일의원연맹 한국 측 회장이 된 김진표 의원은 부정적이다.

방한 중인 가와무라 다케오(河村建夫) 일·한의원연맹 간사장이 국내 주요 정계 인사들과 만나 문희상 전 국회의장이 제안한 강제징용 해법, 이른바 '1＋1＋a(알파)' 안을 거론한 것으로 19일 전해졌다.

가와무라 간사장은 전날 더불어민주당 이낙연 대표와 국민의힘 김종인 비상대책위원장, 한·일의원연맹 회장인 민주당 김진표 의원, 박지원 국가정보원장 등과 잇따라 회동했다.

가와무라 간사장은 이들과 만난 자리에서 "'문희상 안'이 다시 발의됐는데 이것이 앞으로 어떻게 될 것 같은가"라며 동향을 물었다고 한다.

김 의원은 이에 대해 "한일관계가 악화된 현재로선 협력관계를 기반으로 하는 '문희상 안'이 해법이 될 수 없고 법안이 통과될 가능성도 거의 없다"며 부정적인 입장을 피력한 것으로 전해졌다. …

일본 정부는 일본 기업이 강제로 돈을 내지 않아도 된다는 점에서 '문희상 안'에 긍정적인 견해를 보인 바 있다.

이 법안은 20대 국회 임기만료로 폐기됐지만 지난 6월 무소속 윤상현 의원이 재발의했다. 가와무라 간사장의 방한을 계기로 해당 법안에 대한 국내 정치권의 의사를 타진한 것으로 보인다.

그러나 징용 피해 배상청구 소송에서 이긴 당사자들과 이들을 지원하는 시민사회단체는 '문희상 안'이 일본의 사죄·배상 책임을 면해 주는 것이라며 수용할 수 없다는 입장을 보이고 있다.　　　　－〈연합뉴스〉 2020년 10월 19일 입력

총리실이나 외교부 등에서도 이 법안을 추진할 만한 사람은 없다. 한일 양국이 첨예하게 대립하고 있는 바람에 평상시 같으면 정부 쪽에서 끝낼 수 있는 문제도 이제는 대통령 쪽으로 넘어간다. 정부 쪽에서는 의견 개진은 할 수 있을지 모르나 추진은 어려울 것이다.

따라서 당·정·청 모두에서 특별한 변화가 없는 한 문희상 법안의 미래는 밝지 않다. 그렇지만 필자는 징용 문제를 풀기 위해서는 앞서 언급했듯 일단 문희상 법안을 연구해 볼 필요가 있다고 생각한다. 이유는 이렇다.

첫째, 지금까지 우리는 피해자라는 이유로 일본 측에 요구만 해왔지 우리가 먼저 무엇을 하겠다고 제안한 적이 없는데, 이 법안은 우리가 먼저 이니셔티브를 쥐겠다는 것이다.

둘째, 강제징용 문제가 한일 간의 최대 현안으로 등장한 이후 가장 구체적인 해법을 제시하고 있다.

셋째, 행정부(대통령)는 이미 강경대응 방침을 밝힌 이상 뒤로 물러서기가 쉽지 않다. 입법부가 만든 법안은 양국이 '질서 있는 퇴장'을 하는 데 도움을 줄 수 있다.

문희상 법안의 약점도, 국회에서 통과시켜서는 안 될 이유도 수십, 수백 가지가 있을 수 있다. 문희상 법안을 비판하는 전문가와 운동가의 얘기도 많이 들었다. 그럴 때마다 필자가 마음속으로 되물었던 것은 "한국과 일본을 모두 만족시킬 방안이 있겠느냐?"는 것이다. 위안부나 강제징용 문제에 강경한 사람들은 양보와 타협을 할 바에야 합의를 하지 않는 게 낫다고 생각한다.

필자의 생각은 간단하다. 만약 협상권을 쥐고 있는 정부도 양보와 타협을 할 수 없다고 생각한다면 더 이상 고민할 필요가 없다. 협상에 목을 매지 말고 협상을 결렬시킨 뒤 국민에게 설명하고 이해를 구하면 된다. 그리고 우리가 입을 손해를 감내하면 된다. 어쩌면 그 방법이 가장 쉬울지도 모른다. 그렇지 않고 100%를 얻어 낼 수는 없으나 합의를 하는 것이 국익에 도움이 된다고 판단한다면 양보와 타협을 통해 협상을 끝내야 한다. 이때도 똑같이 국민에게 설명하고 이해를 구해야 한다. 명분과 실리 둘 다 얻겠다며 아무것도 안 하는 것도, 언젠가는 둘 다 얻을 수 있을 것이라며 '희망고문'을 하는 것도, 이제는 졸업할 때가 됐다.

2) 2020년의 강제징용해법 논의: 호두에서 망고로 바뀌었을 뿐

2019년 7월 일본의 대한(對韓) 수출규제조치 이후로 경색되었던 한일관계가 2020년 9월 스가 요시히데 신임 일본 총리 취임 이후 뭔가 달라질 것 같다는 기대가 감지되고 있다. 스가 요시히데 총리가 아베 신조 전 총리와는 달리 실용주의자라는 말을 듣고 있고, 그의 취임 이후 한·일 간 고위직 면담이 늘어난 데 따른 것으로 보인다. 그러나 필자는 이런 분위기는 찻잔 속의 훈풍일 뿐, 강제징용 문제를 해결하지 못하면 관계개선은 불가능하다는 본질은 바뀐 것이 없다고 본다. 즉, 양국 관계는 겉과 속이 모두 딱딱했던 호두에서, 겉은 부드럽지만 안에는 크고 딱딱한 씨가 여전히 버티고 있는 망고 상태로 바뀌었을 뿐이다.

스가 총리 취임 이후 문재인 대통령과의 전화 통화, 가와무라 다케오 일·한의원연맹 간사장의 방한, 박지원 국정원장의 방일과 스가 총리 면담, 김진표 한·일의원연맹 대표단의 방일과 스가 총리 면담, 이낙연 더불어민주당 대표의 도쿄올림픽 지원 발언, 문재인 대통령이 아세안+3(한중일) 정상회의에서 "특히 일본의 스가 총리님 반갑습니다"라고 한 발언 등이 관심을 끌었다.

한국 측은 이런 면담과 관심표명을 통해 일본도 변할 것으로 기대하고 있는 듯하다. 그러나 일본 측의 반응은 다르다. 일본 측은 한국 측이 강제징용 문제에 대한 해법을 제시하지 않으면 면담은 그저 면담일 뿐이라는 입장이다. 대표적으로 박지원 원장이 제안했다는 '제2의 김대중-오부치 선언'이나 한국이 호스트인 2020년 말의 한중일 정상회담이 잘될 것이라는 주장은 일본의 분위기를 모르는 자가발전에 불과하다. 한중일 정상회담은 결국 열리지 못했다. 예전에도 해를 넘긴 적이 있다며 2021년 초에라도 열 수 있는 방안을 모색하는 것 같지만 가능성은 그리 높지 않다.

한국 측이 일본에게 화해 제스처를 보이기 시작한 것은 도쿄올림픽을 이용해 남북 화해 무드에 다시 불을 지피는 동시에, 동맹을 중시하는 바이든 미 행정부 출범을 의식한 것이라는 말이 있다. 바이든 행정부는 트럼프 정부와는 달리 한미일 공조를 중시할 것이고, 2021년 중반 외교라인을 정비하면 삐걱대는 한일관계에 개입할 가능성이 적지 않다는 분석이다. 한국이 움직이기 시작한 것은 그때를 대비해 한일관계 개선을 위해 노력했다는 인상을 줌으로써 좀더 유리한 고지를 차지하려는 의도라고 일본은 보고 있다.

사실 여부는 차치하고, 한국과 일본이 자주적으로 해결할 일을 미국에 맡기는 '형님 고자질 외교'는 이제 졸업할 때가 됐다. 이런 외교의 저변에는 '착각'이 깔려 있다. 즉, 미국이 자국 편을 들 것이라는 착각이다. 미국이 개입하면 '봉합'은 되겠지만 '해결'은 되지 못한다. 결국은 한일 양국의 문제로 되돌아온다. 오바마 대통령이 개입했던 한일 위안부 합의와 파기가 그 증거다. 한일이 해결해야 할 문제를 미국에 청부하는 것은 필요 이상으로 미국의 결정력과 발언력을 키워 주는 일이기도 하다. 미국을 활용하는 것은 필요하지만, 역사문제까지 떠넘겨서는 안 된다고 본다.

바이든 행정부 출범을 의식했든 안 했든 더 중요한 것은 한일 양국이 관계를 개선할 의지가 있느냐는 것이다. 필자는 한국과 일본 모두 입장이 바뀐 것은 없다고 본다. 한국은 강제징용 문제는 행정부가 간여할 수 없는 대법원 판결이므로 반드시 이행해야 하고, 피해자중심주의에 입각해서 풀어야 한다는 입장을 바꾼 적이 없다. 이는 문재인 대통령의 일관된 입장이므로 참모진이나 정부 부처 차원에서 다른 생각을 해봤자 소용이 없다(참모 등이 다른 생각을 하지도 않지만). 일본도 이 문제는 1965년 한일 협정에 따라 끝난 문제이며, 일본이 아니라 한국이 해결해야 한다는 입장을 바꾼 적이 없다. 분위기가 본질을 바꾸기도 하지만, 아직은 그런 시기가 아니다.

2020년 하반기에 들어서면서 한국에서는 2021년 7월로 연기한 도쿄올림픽의 성공적 개최와 북일관계 개선을 위해 한국이 긍정적 역할을 할 수 있을 것이라는 말이 나오기 시작했다. 한국이 도쿄올림픽 개회식에 북한의 실력자가 참석하도록 도울 수도 있고, 도쿄올림픽을 계기로 남북미일 회담을 열 수도 있다는 것이다. 그러나 불확실한 미래의 어음으로 현재의 강제징용 문제를 풀 수는 없다. 한국은 기대할 수도 있으나, 일본은 불확실성에 기대를 걸고 현재의 손해를 감수하거나 양보하지는 않을 것이다. 더욱이 도쿄올림픽의 성공을 위해 한국이 쓸 수 있는 특별한 카드가 있다거나, 북한을 유인할 강력한 레버리지를 갖고 있다고 보기도 어렵다. 북한이 실질적으로 핵을 보유함으로써 한국이 남북관계를 이용해 일본을 유인할 수 있는 '마법'도 효용이 다한 것은 아닌지 따져 볼 일이다. 오히려 한국은 북한과 일본이 직접 접촉할 가능성을 경계해야 한다.

강제징용 해법에서 '문희상 법안'을 배제한 한국에서 2020년 중반 이후 일본의 징용기업이 대법원 판결에 따라 먼저 배상을 하고, 그 배상금을 한국이 보상해 줌으로써 일본 기업이 '실질적 손해(實害)'를 입지 않도록 해 주면 어떠냐는 안이 관심을 끌고 있다. 또 이렇게 좋은 안을 일본 측에 제시했는데도 일본이 거부하고 있다며 비판하기도 한다. 이 안은 2019년 광복절에 일본에 간 특사가 제시했다는 설도 있으나, 양국의 경색국면이 길어지면서 다시 관심을 끄는 모양새다.

구태여 일본 측의 입장을 대변하고 싶은 생각은 없으나, 이 제안은 지금까지 이 문제가 왜 풀리지 않고 있는지를 애써 무시한 것이며, 너무나 한국 중심적이라는 사실을 지적하지 않을 수 없다. 한국은 대법원 판결을 이행하지 않을 수 없다고 하고, 일본은 대법원 판결 자체를 인정하지 않는 것이 한일관계를 최악의 상태로 오게 만든 가장 큰 이유이다. 그런데 일본 기업의 '실질적 손해'를 막아 주겠다는 한국 측의 방안은 일본 기업이 강제징용자에게 위자료를 지급할 의무가 있다는 대법원 판결을 일단 수용하라는 것이다. 일본이 몇십, 몇백억 원을 손해 보지 않기 위해 이 방안을 수용할 리가 없다. 한국은 "문희상 안은 일본의 징용기업이 출연금 모금에 참여하지 않을 경우 대법원 판결을 무력하게 만들고, 징용기업에게 면죄부를 주는 것"이라며 반대하고 있다. 즉, '실질적 보상'을 위해 대법원 판결의 명분을 양보해서는 절대로 안 된다는 주장이다. 그런 한국이 이번에는 일본 측에게 명분을 버리고 얼마 안 되는 실리를 챙기라고 주장하는 것은 모순이다.

이런 주장을 하면 아무 일도 하지 말라는 것이냐는 반론이 있을 수 있다.

그런 뜻이 아니다. 필자의 의도는 분명하다. 아무것도 달라지지 않았는데 달라진 것처럼 국민을 호도해서는 안 되며, 아무것도 달라지지 않았다면 아무런 해법도 나오지 않을 것이라는 주장을 거듭하는 것이다. 한일관계 개선을 원한다면 한국과 일본이 모두 달라져야 하며, 상대방만 달라지라고 요구하는 것은 해결 의지가 없는 것이나 마찬가지라는 것이다.

그런 의미에서 문재인 대통령이 2021년 1월 18일 신년 기자회견에서 징용피해자 판결에 따른 강제집행(현금화)에 대해 부정적인 의견을 밝히고, 2015년 한일 위안부 합의에 대해 긍정적인 입장을 표명한 것이 양국의 경색 국면에 어떤 영향을 줄지 주목된다.

2. 문희상 법안의 '다빈치 코드'

이 글에서는 문희상 국회의장이 2019년 12월 18일 대표발의한 '기억·화해·미래재단 법안'과 2010년부터 6년간 활동하다 2015년 12월 31일에 활동을 종료한 '대일항쟁기 강제동원 피해조사 및 국외강제동원 희생자 등 지원위원회'를 한시적으로 부활시키는 '대일항쟁기 강제동원 피해조사 및 국외강제동원 희생자 등 지원에 관한 특별법 일부개정법률안'의 '숨은 그림'을 찾아보려고 한다.

'숨은 그림 찾기'란 법안의 어떤 조문이 어떤 배경에서 나왔는지를 살펴보겠다는 것이다. 이는 옳고 그르다는 가치판단과는 상관없다. 법안이 현실을 어떻게 수용했는지를 알아보겠다는 것이다. 그 전에 법안을 발의하던 날 국회의장실에서 내놓은 보도자료를 소개한다. 법안의 개요를 알기 위해서다(일부 생략).

문희상 국회의장은 18일 일제 강제동원 피해자 지원과 관련된 '기억·화해·미래재단 법안'과 '대일항쟁기 강제동원 피해조사 및 국외강제동원 희생자 등 지원에 관한 특별법 일부개정법률안'을 대표발의했다.

문 의장은 "현재 교착상태에 빠져 악화일로를 걷고 있는 한·일 양국관계가 과거를 직시하는 동시에 미래를 지향하는 관계로 나아가도록 (이 법안이) 마중물의 역할을 하길 바란다"고 강조했다.

문 의장은 법안의 제안 이유에서 "(이 법안은) 1998년 10월 대한민국 김대중 대통령과 일본의 오부치 게이조 총리가 함께 선언했던 '21세기 새로운 한일 파트너십 공동선언'(김대중-오부치 선언) 중 '금세기의 한·일 양국관계를 돌이켜보고, 일본이 과거 한때 식민지 지배로 인하여 한국 국민에게 다대한 손해와 고통을 안겨 주었다는 역사적 사실을 겸허히 받아들이면서, 이에 대하여 통절한 반성과 마음으로부터의 사죄를 하였다'는 일본 정부의 반성·사죄의 뜻을 재확인하는 역할을 한다"고 밝혔다.

'기억·화해·미래재단 법안'은 2018년 말 대법원 판결에 따라 이미 집행력이 생긴 국외강제동원 피해자들과 재판에서 승소가 예상되는 피해자들 및 그 유족들에게 위자료를 지급할 목적으로 특수재단(기억·화해·미래재단)을 설립하여 양국 기업과 개인 등의 자발적 기부금을 재원으로 조성한 기금(기억화해미래기금)에서 위자료를 지급한다는 내용을 골자로 한 제정안이다.

법안의 주요내용을 보면 ① '기억·화해·미래재단'을 설립하여 국외강제동원 피해자에 대한 위자료 지급, 추도·위령사업, 강제동원 피해에 대한 조사·연구 등을 수행하게 하되, ② 여기서의 '위자료'는 국외강제동원 기간 중에 있었던 반인도적인 불법행위로 인한 정신적 피해에 상응하는 금전으로 명시했다. ③ 재단이 설치하는 기억화해미래기금은 우리나라와 일본의 기업·개인 등의 기부금으로 재원을 조성하되, ④ 기부금을 모집할 때 기부를 강요해서는 안 된다는 것을 명시했다. ⑤ 재단이 위자료를 지급하면 이는 제3자 임의변제로서 해당 피해자의 승낙을 받아 재단이 채권자 대위권을 취득한 것으로 간주하고, ⑥ 해당 위자료를 지급받은 피해자는 확정판결에 따른 강제집행청구권 또는 재판청구권을 포기한 것으로 간주한다는 것을 명시했다.

이런 취지가 법조문에는 어떻게 구체화되어 있을까. 이 법안의 골자는 10조, 18조, 19조에 있다.

제10조(기금)

① 재단에 기억화해미래기금(이하 "기금"이라 한다)을 설치한다.

② 기금은 다음 각 호의 재원으로 조성한다.

　1. 우리나라 또는 일본의 법률에 따라 설립한 기업의 기부금

2. 우리나라 또는 일본에 국적이 있는 개인의 기부금
3. 제1호 또는 제2호 외의 정부·국제기구·기업·단체·개인 등의 출연금·기부금
4. 기금의 운용 수입금

제18조(재단의 채권자 대위)

재단이 제2조 제1호 가목에 따른 피해자에게 위자료를 지급한 때에는 민법에 따른 채무자의 의사에 반하지 아니한 제3자 임의변제로 보며, 해당 국외강제동원 피해자의 승낙을 받아 재단이 채권자 대위권을 취득한 것으로 본다. 이 경우 해당 국외강제동원 피해자는 민사상의 강제집행 권한을 포기하고, 재단은 민법 제450조에도 불구하고 채무자에게 채권양도의 통지를 할 수 있다.

제19조(피해자의 재판청구권 포기 등)

① 국외강제동원 피해자(제2조 제1호 가목에 따른 피해자는 제외한다)가 위자료를 지급받은 때에는 국외강제동원에 따른 정신적 피해에 대한 재판청구권을 포기한 것으로 본다.
② 제1항의 국외강제동원 피해자가 위자료를 지급받을 때에 해당 피해자가 원고인 손해배상청구 사건 등이 법원에 계속 중인 경우에는 재단은 소의 취하를 조건으로 위자료를 지급할 수 있다.

위 3개 조를 종합하면 "한일 기업과 양국 국민의 성금 등으로 기금을 만들고, 이 기금으로 강제동원 피해자들의 승낙을 얻어 '위자료'를 지급하면, 법원의 판결에 따라 이른바 전범기업에 대한 강제집행 권한을 가진 피해자는 그 권한을 포기하고, 아직 소송을 제기하지 않은 피해자는 재판을 청구하지 않는다"는 것이다.

이 법안은 20대 국회에서 먼저 제출한, 비슷하지만 세부사항에서 차이가 나는 여러 법안을 검토한 흔적이 엿보인다.

<表 3-1> 20대 국회에 제출한 일제 강제동원 피해자 지원 관련 법안들 비교분석 *

구분	법안명	발의자	주요 내용
대일항쟁기 강제동원 피해조사 및 국외 강제동원 희생자 등 지원위원회 활동 재개	대일항쟁기 강제동원 피해조사 및 국외강제동원 희생자 등 지원에 관한 특별법 일부개정법률안	김민기 의원 등 10인 (2019. 5. 27.)	대일항쟁기 강제동원 피해 사실에 대한 조사 및 관련 유해의 조사·발굴·수습·봉환 업무가 위원회의 소관하에 다시 체계적으로 이루어질 수 있도록 대일항쟁기 강제동원 피해조사 및 국외강제동원 희생자 등 지원위원회(이하 '지원위원회')를 재설립.
		김동철 의원 등 13인 (2019. 2. 27.)	'지원위원회'를 재설립하여 추가적인 진상조사와 위로금 등의 지급 신청이 가능하도록 하고, 유전자검사 실시 근거를 마련함.
		오제세 의원 등 10인 (2019. 2. 26.)	'지원위원회'를 재설치하여 추가 진상조사와 위로금을 지급함.
일제 강제동원 피해자 지원재단 근거법 제정	일제강제동원 피해자 지원재단 설립 및 운영에 관한 법률안	강창일 의원 등 12인 (2018. 12. 7.)	• 추도공간의 조성 등 위령사업 및 일제 강제동원 피해자 및 유족에 대한 복지지원, 일제 강제동원 피해 사료관 및 박물관 건립 등을 수행하는 일제강제동원피해자지원재단을 설립·운영하도록 함. • 기금재원 강창일 안: 정부의 출연금 또는 보조금, 기부금품, 그 밖의 수입금 등
	일제강제동원 피해자 인권재단 설립에 관한 법률안	함진규 의원 등 10인 (2017. 8. 29.)	함진규 안: 정부의 출연금 또는 보조금, 기부금품, 정부 외의 자의 출연금 등
	일제강제동원 피해자 지원재단 설립 및 운영에 관한 법률안	이용호 의원 등 13인 (2017. 12. 7.)	이용호 안: 정부의 출연금 또는 보조금, 기탁금품, 그 밖의 수입금 등
	일제강제동원 피해자 인권재단의 설립에 관한 법률안	이혜훈 의원 등 10인 (2017. 6. 13.)	• 국가로 하여금 일제강제동원 피해자 인권재단을 설립하여 강제동원 피해자와 그 유족의 손해를 배상하고 그 생활을 지원하도록 함. • 기금재원: 정부의 출연금 또는 보조금, 기부금품, 국·공유 재산의 무상대부 등
	일본의 한반도 침략과 식민지배 및 중대인권침해의 진실 규명과 정의·인권 실현을 위한 기본법안	천정배 의원 등 17인 (2019. 10. 25.)	일본의 침략과 식민지지배의 피해, 중대 인권침해상을 명확하게 규명하고 국제규범에 따른 불법성을 밝혀내어 정의와 인권을 실현하고자 "일본한반도침략과 식민지배 및 중대인권침해 진실규명위원회"를 두고, 정부는 동 위원회가 규명한 진실에 따라 피해자 및 유가족의 피해 및 명예를 회복하기 위하여 재단을 만들어 운영함. (※ 재단 명칭이나 사업은 대통령령에 위임)
	<참고> 일제하 일본군 위안부 피해자에 대한 보호·지원 및 기념사업 등에 관한 법률 일부개정법률안	정춘숙 의원 등 10인 (2019. 8. 14.)	일본군 위안부 문제에 대하여 독자적인 조사·연구 기능을 수행하는 "여성인권평화재단"을 설립하여 업무 수행의 독립성·자율성·지속성을 담보하도록 하고 연구 결과물을 효율적으로 관리·활용하며, 이를 통해 여성인권과 평화라는 가치 증진에 기여함.

〈표 3-1〉 계속

구분	법안명	발의자	주요 내용
피해자 지원 확대	대일항쟁기 강제동원 피해조사 및 국외강제동원 희생자 등 지원에 관한 특별법 일부개정법률안	김영호 의원 등 10인 (2018. 10. 31.)	미수금 지원금의 기준을 당시 일본국 통화 1엔당 2천 원에서 1엔당 9만 3천 원으로 현실화함.
	대일항쟁기 강제동원 피해조사 및 국외강제동원 희생자 등 지원에 관한 특별법 일부개정법률안	정양석 의원 등 10인 (2017. 7. 19.)	국외강제동원 희생자의 배우자에게도 의료지원금을 지원하고, 국가가 해외동포의 유해안장을 위해 설치한 묘지에 유골 또는 시신을 안장할 수 있도록 함.
	대일항쟁기 강제동원 피해조사 및 국외강제동원 희생자 등 지원에 관한 특별법 일부개정법률안	강창일 의원 등 13인 (2017. 3. 6.)	군인·군무원으로 국외에 강제동원되었다가 사망 또는 행방불명된 국외강제동원 희생자 중 '지원위원회'에 의해 위로금 지원을 받은 유족에 대해서 추가적으로 특별피해보상금 및 특별생활지원금을 지급함.
	대일항쟁기 강제동원 피해조사 및 국외강제동원 희생자 등 지원에 관한 특별법 일부개정법률안	이명수 의원 등 10인 (2016. 9. 27.)	법의 제명을 '대일항쟁기 강제동원 피해조사 및 국외강제동원 희생자 등 지원에 관한 특별법'에서 '대일항쟁기 강제동원·관동대지진 피해조사 및 피해자 지원에 관한 특별법'으로 변경하여 대일항쟁기 피해조사 및 지원대상에 관동(關東)대지진 대학살을 포함하고, 한반도 내에서의 강제동원 피해자에 대한 지원을 신설함.
강제징용 피해자 배·보상을 위한 기금 설치	일제하 강제징용피해자기금법안	홍일표 의원 등 48인 (2019. 9. 30.)	• 일제하 강제징용 피해자에 대한 강제징용손해배상금의 원활한 지급에 필요한 재원을 마련하기 위해 일본 정부 및 기업과의 협력 등 외교적 노력을 다하도록 국가적 책무 규정. • 법원의 판결로 확정된 일제하 강제징용피해자의 일본 기업에 대한 손해배상금의 원활한 지급을 위하여 일제하 강제징용피해자기금을 설치. • 기금 재원은 한일 양국 정부 및 민간기업의 출연금 또는 기부금 등으로 조성함. • 기금은 강제징용 손해배상금 지급 및 그에 필요한 경비를 지원하는 용도로 사용. • 일제하 강제징용 피해자는 판결로 확정된 손해배상금의 지급을 위원회에 신청할 수 있도록 하고, 정부는 위원회의 지급 결정에 따라 손해배상금 상당을 지급하거나 공탁할 수 있도록 함.
강제징용 피해자 손배소송 승소에 따른 일본 정부 및 전범기업의 배상 이행 촉구	일제하 강제징용 피해자 손해배상 소송 최종승소에 따른 일본 정부 및 전범기업 배상 이행 촉구 결의안	김광수 의원 등 28인 (2018. 11. 12.)	대한민국 국회는 일본 및 전범기업이 전범국가 및 강제노동의 주체로서의 책임을 직시하도록 하고 대법원 판결에 따라 일제 강제징용 피해자들에게 위자료 손해배상을 성실히 이행해 피해자들의 인권을 신속히 회복할 수 있도록 결의안 제안.

〈표 3-1〉 계속

구분	법안명	발의자	주요 내용

이상의 내용을 합리적 범위 내에서 종합하여 '새로운 제도' 제시	대일항쟁기 강제동원 피해조사 및 국외강제동원 희생자 등 지원에 관한 특별법 일부개정법률안	문희상 의원	• (목적조항) 피해자/유족에 대해 위자료도 지급함을 명시.
			• 위자료 지급 업무를 담당할 (가칭) '기억·화해·미래재단'을 설립함.
			  - 위자료 배상 대상의 범위를 설정하거나 제한하기 위하여 (가칭) '기억·화해·미래재단' 산하에 '심의위원회'를 둠.
			• 동 개정안('새로운 제도')의 의의
			〈한시 입법〉
			  - 위자료로 지급될 재단의 기금 재원:
			    ① 한일 양국 기업들의 자발적 기부금,
			    ② 양국 민간인들의 자발적 기부금,
			    ③ '화해·치유재단'의 잔액(약 60억 원),**
			    ④ 그 밖에 기부금 및 수입금 등
			  - 위자료 이외의 재단 운영경비는 한국 정부의 출연금·보조금으로 충당.
			  - 위자료 신청은 1년 6개월 내에 하도록 함.
			  - 위자료 지급은 2년 이내에 종료하도록 함.
			〈포괄 입법〉
			한·일 청구권협정 제2조의 해석·운용과 관련하여 그동안 지속적으로 발생해 온 강제징용 피해자 및 일본군 위안부 피해자 문제 등 한일 간의 갈등을 근원적·포괄적으로 해결.
			〈소급 입법〉
			1) 대법원 판결로 집행력이 생긴 피해자들에 대하여 위자료가 지급되면 일본 기업의 배상 책임이 대위변제된 것으로 간주.
			2) 아직 소송을 제기하지 않은 사람들이 1년 6개월 내에 위자료 신청을 하지 않으면 해당 신청권은 포기한 것으로 간주.
			3) 위자료 배상을 받은 사람들에 대하여는 민사소송법에 따른 '재판상 화해'가 성립한 것으로 간주.
			• 본 법안의 구조적 특징: 투 트랙(two track)
			  - 종래 마무리되지 못한 위로금·미수금지원금·의료지원금 지원 업무를 계속 진행하기 위하여 동 업무를 담당하였던 〈대일항쟁기 강제동원 피해조사 및 국외강제동원 희생자 등 지원위원회〉를 부활시키는 한편, 대법원 판결에 따라 이미 집행력이 생긴 국외강제동원 피해자들(원고)과 향후 동일한 내용의 재판에서 승소가 예상되는 피해자들 또는 그 유족들에게 위자료를 지급할 목적으로 설립되는 특별재단 (가칭) '기억·화해·미래재단'을 새로 설립하여 상기 위원회와는 별도로 활동하도록 하는 투 트랙을 상정.

   * 국회에서 정리한 자료이다.

  ** '기억·화해·미래재단'의 기금에 '화해·치유재단'에서 쓰고 남은 60억 원(실제로는 56억 원)도 넣는 것으로 되어 있었으나 관련단체의 반대로 실제 법안에서는 빠졌다.

이러한 사전 지식을 갖고 문희상 법안에서 눈여겨볼 대목을 살펴보면 다음과 같다.

우선 법안의 제안이유에서 '김대중-오부치 선언'을 언급한 배경이다. 이 법안이 제안이유에서 '김대중-오부치 선언'을 언급하는 것은 이 법안이 일본 측에 일방적으로 면죄부를 주는 것이 아니라 일본의 사죄를 전제로 하고 있다는 것을 강조하기 위한 것이다. 그래서 "금세기의 한·일 양국 관계를 돌이켜보고, 일본이 과거 한때 식민지 지배로 인하여 한국 국민에게 다대한 손해와 고통을 안겨 주었다는 역사적 사실을 겸허히 받아들이면서, 이에 대하여 통절한 반성과 마음으로부터의 사죄를 하였다"는 '김대중-오부치 선언'의 한 구절을 길게 인용한 것이다.

일본은 한국에게 사죄한 적이 여러 번 있다. 한국인은 "일본은 한국에게 한 번도 사죄한 적이 없다"고 쉽게 말한다. 사죄한 적이 여러 번 있다고 하면 "마음에서 우러나와 제대로 사과한 적이 있느냐"고 반문한다.

'제대로 하는 사죄'의 기준이 무엇이고, 누가 판정해야 할지 모르겠으나 1990년 아키히토(明仁) 천황은 노태우 대통령 방일 때 "통석(痛惜)의 염(念)"이라는 말을 썼다. 1993년 호소카와 모리히로(細川護熙) 총리는 일본이 일으킨 전쟁을 "공격의 전쟁이었고 잘못된 전쟁"이라고 지적했다. 국회 답변에서는 "나는 정직하게 우리 국가의 행동이 많은 사람에게 과거에 참을 수 없는 고난과 슬픔을 가져왔다는 인식과 다시 한 번 깊은 유감과 사과를 표시하기 위해 '공격의 전쟁'과 '공격의 행동'이라는 표현을 사용했다"고 밝혔다.

1995년 무라야마 도미이치(村山富市) 총리는 종전 50주년 담화에서 "식민지 지배와 침략으로 아시아 제국(諸國)의 여러분에게 다대한 손해와 고통을 줬다. 의심할 여지없는 역사적 사실을 겸허하게 받아들여 통절한 반성의 뜻을 표하며 진심으로 사죄한다"고 하면서 '통절한 반성의 뜻'이라는 표현을 썼다. '무라야마 담화'라고 불리는 이 담화는 총리 개인의 견해가 아니라 내각의 의결을 걸쳐 발표했다는 점에서 무게가 있고, 이후 일본 정부는 '무라야마 담화'를 계승한다는 뜻을 밝혀 왔다. 다만 '무라야마 담화'는 한국만을 특정해서 사죄한 것이 아니라 아시아 전체에 대해 사죄한 것이라는 한계가 있다.

호소카와 총리 시절은 자민당이 1955년 이후 처음으로 완전히 정권을 잃고 야당이 연립정권을 운영할 때였고, 무라야마 총리 시절은 자민당이 무라야마 사회당 위원장을 끌어들여 연립정권을 세움으로써 정권 일부를 되찾아 왔을 때였다. 자민당이 정권을 완전히 되찾아 왔을 때인 1998년 오부치 총리는 '김대중-오부치 선언'을 통해 일본의 과거사에 대해 '통절한 반성'이라는 말을 썼는데, 과거의 잘못을 수용하면서 진전된 한일관계를 지향한 것으로 평가할 수 있다.

한국에 대한 일본 정부의 사과로 빼놓을 수 없는 것이 한일병합 100년이 되던 2010년, 민주당 정권의 간 나오토(菅直人) 총리가 발표한 담화이다.

백 년 전 바로 8월 일한병합조약이 체결되고, 그 후 36년에 이르는 식민지 지배가 시작되었습니다. 3·1독립운동 등의 격렬한 저항에서도 드러났듯이, 정치적·군사적 배경하에 당시 한국인들은 그 뜻에 반한 식민지 지배로 인하여 나라와 문화를 빼앗기고 민족의 자긍심에 큰 상처를 입었습니다. 저는 역사에 대하여 성실히 임하고자 합니다. 역사적 사실을 직시하는 용기와 이를 받아들이는 겸허함을 가지고 자신의 잘못을 성찰하는 데 솔직하고자 합니다. 아픔을 준 측은 잊기 쉽고, 당한 측은 그것을 쉽게 잊을 수 없는 법입니다. 이 식민지 지배가 가져온 다대한 손해와 고통에 대하여, 이에 다시금 통절한 반성과 진심 어린 사죄의 마음을 표명합니다.

간 총리는 이 담화에서 '조선왕조의궤'를 한국 측에 인도하겠다는 뜻을 밝혔고 이듬해 실제로 반환했다. 최근 한일 양국 학계에서는 '간 담화'가 한국만을 특정해 한국이 당한 고통을 구체적으로 언급하고 이에 대해 사죄했다는 점에서 재평가해야 한다는 의견이 나오고 있다.

이처럼 일본이 사죄한 사례도 적지 않은데 한국에서 '사죄하지 않는 일본'이라는 인식이 강한 이유는 무엇인가. 간 총리 담화에 들어 있는 "아픔을 준 측은 잊기 쉽고, 당한 측은 쉽게 잊을 수 없다"는 표현에 답이 숨어 있을 것이다. 최서면 국제한국연구원장은 "일본은 사과한 것만을 기억하고, 한국은 사과를 번복한 것만 기억한다"고 표현했다.

문희상 법안이 '김대중-오부치 선언'에 주목한 것은 이 선언을 양국 지도자가 합의해서 발표했기 때문일 것이다. 문희상 의장은 이 법안을 발의하기 한 달 반 전인 2019년 11월 5일 와세다대 연설에서 이렇게 촉구했다.

무엇보다도 중요한 것은 '21세기의 새로운 한일 파트너십 선언'을 꿰뚫고 있는 정신입니다. '과거를 직시하면서 미래를 지향하자', 과거를 직시한다는 것은 역사적 사실을 있는 그대로 인식하는 것이고, 미래를 지향하는 것은 인식된 사실에서 교훈을 찾고 보다 나은 미래를 함께 열어 가자는 것입니다. … (문재인 대통령과 아베 총리가) 정상회담을 통해 첫째, 1965년 국교정상화를 매듭지었던 한·일 청구권협정과 1998년 김대중-오부치 한일 파트너십 공동선언의 정신을 재확인하고, 둘째, 일본의 화이트리스트 한국 배제와 한국의 지소미아 종료 조치를 원상복구하며, 셋째, 양국의 현안 문제(강제징용자 문제 등)를 입법을 통해 근원적으로 해결한다는 대타결이 이뤄지기를 기대해 봅니다. 한일 정상이 빠른 시일 안에 만나 '21세기의 새로운 한일 파트너십'을 능가하는 제2의 김대중-오부치 선언, '문재인-아베 선언'이 이뤄지기를 희망합니다.

이 법 3조(기본원칙) 1항은 "이 법을 적용하고 기억·화해·미래재단을 운영할 때에 국외강제동원 피해자의 의사가 최우선적으로 고려되어야 한다"고 규정하고 있다.

이 조항은 분명 박근혜 정부가 2015년 12월 28일 발표한 한일 위안부 합의에 대한 부정적 인식을 반영한 것이다. 문재인 정부는 2017년 5월 출범 직후 검토 태스크포스를 만들어 그해 12월 27일 위안부 합의에 대한 검증 결과를 발표했다. 그때 공표한 4가지 문제점 중 첫째로 꼽은 것이 '피해자 중심적 접근의 결여'로, 검증 보고서에서는 "전시 여성인권에 관해 국제사회의 규범으로 자리 잡은 피해자중심적 접근이 위안부 협상과정에서 충분히 반영되지 않았고, 일반적인 외교현안처럼 주고받기 협상으로 합의가 이루어졌다"고 비판했다.

피해자 의사를 존중해야 한다는 의견에 토를 달 사람은 없다. 문희상 의장이 법안을 만들기 전에 이해당사자나 소속 단체의 의견을 많이 들으려 했던 것도 그런 취지에서일 것이다. 그러나 필자는 문재인 정부가 징용자 문제의 대안을 모색하는 과정에서 '피해자중심주의'를 얼마나 적용했는지 의문이다. 이해 당사자가 최소 수만 명에서 최대 20만 명에 달한다는 이 문제를 누구와 어느 선까지 상의하는 것이 '피해자중심주의'를 만족시키는 것인지 불분명하다. 또 상대방이 있는 문제에서, 특히 외국과의 협상에서, 피해자의 의사를 존중하는 것은 필요하나 그것을 지키는 것이 얼마나 힘든 일인지를 피해자도 알아야 하고, 결국은 외국과 타협하기 전에 국내에서 정부와 피해자가 먼저 타협을 해야 한다는 것이 필자의 생각이다.

8조(사업)는 재단의 사업을 다음과 같이 열거하고 있다.

① 기억·화해·미래기금의 조성 및 운용.
② 국외강제동원 피해자에 대한 위자료 지급.
③ 국외강제동원 피해자와 일본 정부 또는 일본 기업·국민 간의 분쟁·협상 등에 대한 조정 및 지원.
④ 추도·위령사업.
⑤ 국외강제동원 피해에 대한 사료관 및 박물관 건립.

⑥ 국외강제동원 피해와 관련한 문화・학술・조사・연구 사업.

⑦ 그 밖에 제1호부터 제6호까지와 관련된 사업으로서 정관으로 정하는 사업.

이 중 1, 2, 3호는 재단의 고유 업무이지만, 4, 5, 6호에 대해서는 재단이 꼭 해야 하느냐, 그런 일에까지 기금을 써야 하느냐는 말이 나올 수 있다. 그러나 그런 주장은 단견이다. 과거사 문제는 사과, 처벌, 보상 외에, 같은 일이 다시는 일어나지 않도록 교육하고 연구하는 것도 중요하다. 따라서 재단이 4, 5, 6번 사업을 하겠다는 것은 당연하며 권장해야 한다. 기금을 만들어 피해자들이 나눠 갖는 것만이 재단의 목적이 아니라는 사실을 보여 줘야 국제사회에서도 지지를 받을 수 있다.

10조(기금) 2항을 다시 보자.

② 기금은 다음 각 호의 재원으로 조성한다.

1. 우리나라 또는 일본의 법률에 따라 설립한 기업의 기부금.

2. 우리나라 또는 일본에 국적이 있는 개인의 기부금.

3. 제1호 또는 제2호 외의 정부・국제기구・기업・단체・개인 등의 출연금・기부금.

4. 기금의 운용 수입금.

2항 3호 '정부・국제기구・기업・단체・개인 등의 출연금・기부금'에 주목해야 한다. 2항 1, 2호는 널리 알려진 대로 1 + 1 + α 안(한국 기업 + 일본 기업 + 양국 국민의 성금)의 주요 재원이기 때문에 새로울 것이 없다. 3호 중에서 1, 2호 외에 국제기구, 기업, 단체, 개인 등의 출연금과 기부금을 염두에 둔 것도 이상할 것이 없다. 주목할 대상은 '정부의 출연금이나 기부금'이다. 당초 한국이나 일본 모두 강제징용자 문제를 해결하는 데 정부 예산은 쓸 수 없다는 입장이었다. 한국 측은 "사법부의 판결은 일본의 전범기업이 위자료를 내라는 것이니 정부 돈을 써서는 안 된다"는 것이고, 일본 측은 "한 · 일 청구권협정에 따라 양국의 채권채무관계는 끝났으니 일본 정부가 다시 강제징용자에게 위자료를 지불할 의무가 없다"는 것이다. 그럼에도 불구하고 3호에 이런 규정을 넣어 둔 것은 분명, 나중에라도 양국 정부가 참여할 수 있는 틈새를 열어 놓은 것이다(한국 정부가 일본 정부에 대한 위안부 배상 판결이 확정된 2021년 1월 23일 "한국 정부 차원에서는 일본에 대해 어떤 추가적인 청구도 하지 않겠다"고 밝힌 것이 법안의 구도에 어떤 영향을 미칠지도 모르겠다).

같은 10조 3항은 비용지출의 우선순위를 정한 것이다.

③ 기금은 다음 각 호의 순서에 따른 중요도에 근거하여 제1호에 따른 비용부터 우선 지출되어야 한다.
    1. 국외강제동원 피해자에 대한 위자료.
    2. 국외강제동원 피해자와 일본 정부 또는 일본 기업 · 국민 간의 분쟁 · 협상 등에 대한 조정 · 지원 비용.
    3. 제8조 제1호 또는 제4호부터 제6호까지의 사업.
    4. 제39조에 따른 재정 지원이 부족한 경우 재단의 인건비 및 경상운영비.

1, 2, 3호는 당연하다. 그런데 4호가 관심을 끈다. 4호가 언급하고 있는 이 법 제39조는 이렇게 되어 있다.

제39조(재정 지원) 정부는 재단의 인건비 및 경상 운영에 필요한 경비를 예산의 범위에서 출연 또는 보조할 수 있다.

10조 3항 4호와 39조를 합쳐서 읽으면 "정부는 재단의 인건비와 경상운영비를 지원할 수 있다. 그리고 이것이 부족하면 재단 기금의 일부를 인건비와 경상운영비로 쓸 수 있다"는 것이 된다.

이런 규정을 왜 넣게 됐을까. 당연할 수도 있으나 선례에서 배운 듯하다. 박근혜 정부가 만든 화해·치유재단 이사회는 일본이 출연한 기금은 전액 위안부 할머니들에게만 써야 한다는 입장을 견지했고, 박근혜 정부도 이를 수용해서 2016년에 재단 인건비와 운영비로 1억 5천만 원을 지원했다 (그해 모자라는 5,900만 원은 일본 출연금에서 썼다). 그러나 정권이 바뀌면서 더불어민주당이 예산을 전액 삭감하는 바람에 재단은 2017년, 2018년 부득이 일본 출연금을 사용할 수밖에 없었다. 그런데 그해 국감에서 더불어민주당 소속 의원들은 재단 기금을 인건비와 운영비로 쓰는 것조차도 강하게 비판했다.

따라서 이 법 39조는 양국 기업과 국민이 낸 기부금은 오로지 강제동원 피해자에게만 쓰도록 하고, 재단운영비는 국가가 지원해서 국가의 국격을 세우라는 것이다. 또 이를 법에 규정함으로써 재단에 국고를 지원하는 문제를 둘러싸고 여야가 싸우지 않도록 미리 교통정리를 해놓은 것이다.

그러나 만약 정부가 이를 지원하지 않는 상황이 오면 어떻게 하나. 10조 3항 4호는 그런 일이 벌어질 경우 합법적으로 재단 기금을 인건비와 운영비로 쓸 수 있도록 근거를 만든 것이다.

39조와 10조 3항 4호는 분명 화해·치유재단의 논란에서 배운 것이다.

15조(자료·정보의 공유)는 이렇게 되어 있다.

① 재단은 제14조에 따른 위자료 신청자에 대하여 제2조 제1호 나목 및 다목의 국외강제동원 피해자에 해당하는지를 확인하기 위하여 필요하다고 인정하는 경우 행정안전부장관이나 관련 기관·단체에 자료나 정보를 요청할 수 있다.

② 재단은 국외강제동원 피해자에 대한 현황 조사를 위하여 행정안전부장관이나 관련 기관·단체에 자료나 정보를 요청할 수 있다.

③ 재단은 행정안전부장관이나 관련 기관·단체로부터 국외강제동원 피해자에 관한 자료나 정보의 공유 요청이 접수된 경우 필요하다고 인정하면 해당 자료나 정보를 제공할 수 있다.

이 조항도 선례에서 배웠을 것이다. '화해·치유재단'은 연락이 안 되거나 보상금 신청을 하지 않는 위안부 할머니와 그 후손들의 소재지, 가족관계 등을 파악할 필요가 있었다. 그렇지만 강력한 '개인정보보호법'에 막혀 어떤 서류에도 접근할 수 없었고 오로지 본인들이 내는 자료에만 의지해야 했다. 화해·치유재단 이사회는 "국가와 국가가 합의해서 만든 재단인데 어떻게 이럴 수가 있느냐"며 행정안전부와 외교부에 여러 차례 자료접근권을 요청했으나 '개인정보보호법'의 벽을 넘지 못했다. 이 법의 15조는 이런 불합리한 상황을 막기 위한 사전 조치이다.

27조(이사회)의 3항까지는 이렇게 되어 있다.

제 27조(이사회)
① 재단에 이사회를 둔다.
② 이사회는 이사장을 포함한 이사로 구성한다.
③ 이사는 국외강제동원이나 위자료 지급과 관련된 풍부한 전문성 및 경험을 가지고 공정하게 직무를 수행할 수 있는 사람 중에서 다음 각 호와 같이 구성한다.
   1. 국회의장이 지명하는 2명
   2. 국회 교섭단체 및 비교섭단체가 지명하는 3명
   3. 외교부장관 및 행정안전부장관이 지명하는 2명
   4. 제 34조의 국외강제동원피해자단체협의회가 지명하는 4명
   5. 대한변호사협회장이 지명하는 1명

눈길이 가는 것은 3항 4호 "제34조의 국외강제동원피해자단체협의회가 지명하는 4명"이다.

34조는 이렇다.

제34조(국외강제동원피해자단체협의회)

① 재단은 위자료 지급과 관련된 국외강제동원 피해자의 의견수렴 등을 위하여 재단에 국외강제동원피해자단체협의회를 둘 수 있다.

② 제1항에 따른 국외강제동원피해자단체협의회는 다음 각 호의 사람으로 구성된다.

   1. 제2조 제1호 가목의 피해자를 대표하는 사람

   2. 제2조 제1호 나목부터 마목까지의 피해자로 구성된 민법 등에 따른 법인으로서 그 법인을 대표하는 사람

   3. 그 밖에 정관으로 정하는 사람

③ 그 밖에 제1항의 국외강제동원피해자단체협의회에 대한 구성 및 운영에 관하여 필요한 사항은 재단규정으로 정한다.

이 법이 '국외강제동원피해자단체협의회'를 두고, 협의회에 4명의 이사 지명권을 준 이유는 짐작이 간다. 현재 강제동원 피해자 단체는 60여 개에 이른다. 단체가 많다 보니 대표성을 두고 갈등을 빚는 사례가 적지 않다. 따라서 단체협의회를 두도록 한 것은 앞에서 언급한 '피해자중심주의'를 염두에 둔 것이기도 하지만, 관련단체들끼리 사전에 의견을 조율하도록 해서 다툼을 줄이려는 의도로 보인다.

이 법과 함께 발의한 '대일항쟁기 강제동원 피해조사 및 국외강제동원 희생자 등 지원에 관한 특별법 일부개정법률안'의 취지는 이렇다.

'대일항쟁기 강제동원 피해조사 및 국외강제동원 희생자 등 지원에 관한 특별

법 일부개정법률안'은 2015년 말까지 활동했던 조사지원위원회를 다시 구성하고 일제 강제동원 피해에 대한 진상조사 및 위로금 등의 지급과 관련하여 종래 미진했던 부분을 보완·마무리하도록 하려는 목적의 개정안이다.

법안의 주요 내용을 보면, ① '대일항쟁기 강제동원 피해조사 및 국외강제동원 희생자 등 지원위원회'를 부활시키되, ② 강제동원 피해의 조사결과가 부정적으로 나온 경우라고 하더라도 이후 피해를 증명할 수 있는 새로운 자료가 발견되면 피해 신고인 또는 진상조사 신청인의 신청에 의하거나 직권으로 재조사할 수 있도록 했고, ③ 위원회는 강제동원 피해와 관련하여 조사·축적한 각종 정보·자료를 '기억·화해·미래재단'과 정보망으로 연계하여 공유하도록 했다. ④ 미수금 지원금 액수의 경우 이 법의 제정(2010년)이 9년 이상 지난 점을 고려하여 그동안의 물가상승률 등을 반영할 수 있도록 했다. ⑤ 국외강제동원 희생자 사망 시 그 배우자에게도 의료지원금을 지원할 수 있는 근거를 마련했고, ⑥ 피해자 또는 국외강제동원 희생자 중 사망한 사람의 유해 발굴·수습·봉환에 필요한 유전정보를 얻기 위하여 유해 및 그 유족에 대하여 유전자 검사를 실시할 수 있도록 했다. — 국회의장실 보도자료

법안의 의도는 알겠다. 각종 자료를 '기억·화해·미래재단'과 공유하도록 하겠다는 것도 당연하다. 그런데 이 법안에는 문제가 있다. '위원회'의 핵심이라고 할 수 있는 '조사지원위원회'가 활동을 종료하면서 그 업무를 물려받은 조직이 존재하는데, 그에 대한 언급이 전혀 없다는 것이다. 그 조직은 행정안전부 산하 '일제강제동원피해자지원재단'이다. 2014년 6월에 설립했으며 2016년부터 활동을 종료한 '조사지원위원회'의 업무를 포함해 피해자 유족 복지지원, 희생자 추도와 위령, 유해 발굴과 봉환, 문화 학술사업 등을 하고 있고, 국립 일제강제동원역사관(부산)도 운영하고 있다.

일제강제동원피해자지원재단은 설립 근거가 미약하다. 이 재단은 문희상 의장이 일부개정을 통해 '조사지원위원회'의 활동을 재개시키려고 발의

한 바로 '대일항쟁기 강제동원 피해조사 및 국외강제동원 희생자 등 지원에 관한 특별법' 제37조에 근거하여 설립한 공익법인이다. 제37조는 다음과 같다.

> **제37조(피해자 관련 재단지원 등)** 정부는 대일항쟁기 강제동원으로 인하여 사망한 자를 추도하고 역사적 의미를 되새겨 평화와 인권을 신장하기 위한 다음 각 호의 사업을 시행하거나 이 사업을 수행할 목적으로 설립되는 재단에 필요한 비용을 예산의 범위에서 출연하거나 보조할 수 있다.
> 1. 추도공간(추도묘역·추도탑·추도공원)의 조성 등 위령사업
> 2. 대일항쟁기 강제동원 피해 사료관 및 박물관의 건립
> 3. 일제강제동원 피해와 관련한 문화·학술 사업 및 조사·연구 사업
> 4. 그 밖의 관련 사업

피해자지원재단의 설립근거가 특별법의 한 조항에 불과하기 때문에 재단의 위상이 떨어진다는 지적이 예전부터 있어 왔다. 앞에서 표로 소개한 여러 관련 법안 중 강창일, 함진규, 이용호 의원 등이 발의한 '일제강제동원피해자지원재단 설립 및 운영에 관한 법률안'은 바로 이런 지적을 받아들여 재단의 설립근거를 독립 법률로 만들려는 것이다. 그러나 문희상 법안은 피해자지원재단을 보강하는 방법을 택하지 않고, '위원회'를 다시 살리는 방법을 택했다. 만약 문희상 법안이 성립될 경우 활동을 재개하는 '위원회'와 '피해자 지원재단'은 어떤 관계가 될지 매우 궁금하다. 반드시 교통정리가 필요하다.

피해자지원재단과 중복되는 업무를 하는 조직이 또 있다. 행정안전부의 임시조직인 '과거사관련업무지원단'이다. 지원단 업무 중에는 대일항쟁기 강제동원 피해지원과 강제동원 희생자 유해봉환 사업이 들어 있다. '대일항쟁기 강제동원 피해조사 및 국외강제동원 희생자 등 지원에 관한 특별법

일부개정법률안'을 통해 부활시키려는 '위원회'는 "피해자 또는 국외강제동원 희생자 중 사망한 사람의 유해에 대한 발굴·수습·봉환에 필요한 유전정보를 얻기 위하여 유해 및 그 유족에 대하여 유전자검사를 실시할 수 있다"고 규정하고 있다. 이는 행정안전부의 '과거사관련업무지원단'이 일하는 과정에서 겪은 애로사항을 해결해 주려는 것으로 보인다. 다만, 앞에서 지적했듯 '위원회'를 부활시킬 경우 '일제강제동원피해자지원재단'과 행정안전부의 '과거사관련업무지원단'까지 3개의 기관이 공존하게 되는데 이를 어떻게 할지 의문이다.

이 법률안의 참고사항에는 "이 법률안은 문희상 의원이 대표발의한 '기억·화해·미래재단 법안'의 의결을 전제로 하는 것이므로 같은 법률안이 의결되지 아니하거나 수정의결되는 경우에는 이에 맞추어 조정되어야 할 것"이라고 되어 있다.

마지막으로 '기억·화해·미래재단'이라는 이름을 보자. 제2차 세계대전 후 독일이 강제노역 동원자를 보상하기 위해 만든 재단이 '기억·책임·미래재단', 한일 합의로 만든 위안부 배상 재단이 '화해·치유재단', 한국정신대문제대책협의회와 정의기억재단이 통합한 단체가 '정의기억연대'이다. 4개의 재단에 들어간 단어를 열거하면 기억, 화해, 치유, 책임, 미래, 정의이다. 이 모든 가치를 충족시킬 수 있는 더 큰 가치는 무엇인가. 그 가치를 실현하기 위해 구성원들은 무엇을 추구하고 무엇을 양보해야 할 것인가. 징용자 문제를 푸는 길은 이 두 가지 질문에 대한 답변을 찾는 길이라는 느낌이 든다.

3. 문희상 법안 '보도자료' 뜯어보기

2019년 12월 22일 국회 대변인실에서 내놓은 '보도 참고자료'가 있다. 문희 상 당시 국회의장의 홈페이지에 '희망통신 159호'로 올린 글을 '보도 참고자 료'라는 이름으로 배포한 것이다. 희망통신의 제목은 '한일관계 해법을 위 한 입법제안에 대한 소회'라는 것이었다.

문희상 의장이 이 글을 쓴 목적은 이렇다.

> 저는 지난 12월 18일 '기억 · 화해 · 미래재단 법안'과 '대일항쟁기 강제동원 피 해조사 및 국외강제동원 희생자 등 지원에 관한 특별법 일부개정법률안'을 대 표발의했습니다. … 이러한 법제화 움직임에 대해 여러 우려의 목소리가 있습 니다. 이에 대해서는 법안 발의 전후 과정 속에서 충분히 숙지하고 있습니다. 그러나 법제화하는 지난한 과정과 그 배경, 선의를 오해하고 곡해하는 부분에 대해서는 안타까운 마음을 금할 수 없습니다. 특히, 와세다대학 연설문과 여 러 인터뷰, 의장비서실의 설명회에서 누차 설명과 해명을 했음에도 이러한 오 해와 곡해는 더욱 불어나고 있기에 다시 한 번 오늘 저의 소회와 입장을 말씀 드립니다.

글 전체는 200자 원고지 25장 분량이다. 보도자료에는 두 가지 종류가 있다(필자 생각이다). 하나는 기자가 끌어당겨 기사를 쓰고 싶도록 만드는 것이 있고, 하나는 대충 읽어 보고 옆으로 치워도 되는 것이 있다. 전자에 는 중요한 사실관계나 새로운 팩트, 쓸모 있는 통계자료 등이 들어 있다. 후자는 보도자료를 통해 자기 입장이나 주장을 전하고, 선전이나 홍보를 하려는 것이다. 문희상 국회의장이 낸 보도자료는 엄격히 말하면 후자에

속한다.

그런데 필자는 이 '보도자료'를 읽으며 몇 가지 대목에 주목했다. 필자는 평상시 대한민국에 유일하게 남은 성역이 일본에 대해 호의적인 발언이나 글을 써서는 안 된다는 것이라고 말해 왔다. 공인은 더욱 그렇다. 그런데 문희상 의장의 소회에는 지금까지 공인이 안 했거나, 안 하려 했거나, 하지 못한 부분이 들어 있다. 그것이 얼마나 진정성 있는 발언인지는 가늠하기 어렵다. 그는 이 글을 쓰던 당시, 2020년 4월의 21대 국회의원 선거에는 출마하지 않기로 이미 공표했기 때문에 정치적 부담이 덜했을 것이다. 또 2019년 2월 "일본 천황(지금의 上皇)은 전범의 아들"이라고 해서 큰 물의를 빚은 데 대한 부채의식도 법안 발의에 영향을 줬을 것이다.

문 의장의 글에서 가장 주목했던 대목은 이 구절이다.

"일부 원칙적인 주장을 앞세우는 단체들은 이들의 절절한 목소리에도 귀를 기울여야 할 것입니다."

여기서 '일부 원칙적인 주장을 앞세우는 단체들'은 한일문제에 관여하고 있는 시민단체와 지원단체들을 지적한 것이고, '이들의 절절한 목소리'는 '피해당사자들의 목소리'를 의미한다. 이 말은 이런 맥락에서 나왔다.

피해자들의 입장과 의견을 반영하지 않았다는 주장은 반은 맞고 반은 그렇지 않습니다. 법안 발의 전에 여러 피해자 및 지원단체 관계자들을 만나 의견을 들었습니다. 여기에는 법안 발의에 반대하는 의견도 있었지만, 적극 지지하며 법안 제출을 서둘러 달라는 목소리도 많았습니다. 위안부 피해자 측에서는 법안에서 빼달라고 요구했고, 최종 법안에 반영했습니다. 화해·치유재단 60억 원 부분도 당연히 삭제했습니다. 반면, 39개 강제징용 피해자단체가 법안을 적극 지지하는 청원서를 내기도 했습니다. 발의 후에는 피해자 및 유가족 1만 1천여 명이 법안 통과를 촉구하는 연대서명을 해 국회 정론관에서 기자회견을 갖고 저에게 직접 서명명부를 전달했습니다. 그분들은 "하루빨리 문희상 의장의 법안이 국회를 통과하여 피해당사자들이 죽기 전에 실질적인 지원이 이뤄져야 한다"고 호소했습니다. 이분들은 '우리가 진짜 피해자이고 유족들인데 왜 지원단체와 시민단체에서 우리의 권리를 막느냐'고 주장하고 있습니다. 일부 원칙적인 주장을 앞세우는 단체들은 이들의 절절한 목소리에도 귀를 기울여야 할 것입니다.

실제로 피해자단체 대표들은 시민단체의 관여를 강하게 비판하는 성명서를 문 의장에게 전달했다. 다음은 전문(全文)이다.

성명서

우리 '일제 강제동원 피해자' 대표들은 지난 2019년 11월 26일 '일제 피해자 지원재단'의 대회의실에서 전국의 '일제 피해자단체장'들이 모여서 40여 명이 문희상 의장님 법안을 지지하기로 서명날인하여 제출한 바 있습니다.

　주지하시다시피 우리 '일제 피해자 유족'들은 세수가 80~90세의 고령으로 선친을 잃고 평생을 고아처럼 살아온 한 맺힌 사람들입니다.

　하루빨리 문희상 의장님의 법안이 국회를 통과하여 피해당사자들이 죽기 전에 실질적인 유족지원이 이루어져야 한다고 강력히 주장하고, 어떠한 부정한 세력도 단호히 배척하며 이에 투쟁할 것을 경고하고, 또 경고합니다.

　피해당사자도 아닌 일부 몰지각한 운동권 시민단체들이 이에 편승하여 자기들 밥벌이를 계속하려고 이 법안을 반대하고 있는 현실에서 단호히 운동권 시민단체들은 여기에서 빠져 줄 것을 강력히 권고하고, 피해당사자들이 이를 배척하며 이후 강력히 제재할 것을 천명합니다.

　이에 피 끓는 심정으로 의장님에게 호소하며 피해자들의 염원을 담아서 1만여 명의 피해자 동의서를 제출하오니 속히 일제 피해자 법안을 통과하여 주시옵소서. 공사다망 중 감사드립니다.

－전국 일제피해자 23만여 명을 대표하여 이주성 · 김봉시 · 백장호, 2019년 12월 19일

성명서에 나오는 '일제 피해자 지원재단'의 공식명칭은 '일제강제동원피해자지원재단'이고, 이주성 씨는 (사)일제강제동원희생자유가족협동조합 이사장, 김봉시 씨는 (사)전국일제피해자연합회 회장, 백장호 씨는 일제피해자연합회 대표이다.

일제강점기 피해자는 위안부, 징용, 징병, 군속 등 4개 그룹이다. 이 중 위안부 할머니의 발언과 그들을 지원하는 단체의 주장은 곧바로, 그리고 충분히(어떤 경우는 과할 정도로) 보도한다. 징용 문제는 최근에서야 겨우 관심을 끌고 있으나 그전에는 징용, 징병, 군속 등의 주장은 귀 기울이는 사람도, 보도하는 언론도 없었다. 필자는 위안부 문제는 한일문제를 '과잉 대표'하고 있고, 나머지 문제는 '과소대표'하고 있다고 생각한다(문희상 의장은 39개 피해자 지원단체가 지지의사를 밝혔다고 했으나 앞의 〈중앙일보〉에서는 53개 단체가 지지했다고 밝혀 2020년 들어 지지단체가 늘어난 것 같다).

피해자단체들은 이 성명서를 발표하기에 앞서 11월 26일 '문희상 법안'에 대한 청원서도 제출했다.

최광필 국회의장 정책수석 등은 26일 서울 종로구 일제강제동원피해자지원재단 회의실에서 40여 개 일제 강제동원 피해·희생자단체 대표들과 간담회를 갖고 피해자들의 요구사항을 경청했다. 이날 간담회에서 김봉시 전국일제피해자연합회 대표, 김건기 서울수도권태평양전쟁유족중앙회 대표, 김금란 일제강제동원희생자유족회 서울시 회장, 김이홍 일제강제동원희생자유가족협동조합 경북회장, 김정부 일제강제동원희생자유가족회 전남회장 등 35명은 문 의장에게 청원서를 제출했다.

청원서는 "법안이 조속히 발의되고 이번 국회에서 반드시 처리되어 피해자들의 보상과 명예가 회복될 수 있도록 촉구하며, 의장님의 강제동원 지원법안에 전적으로 찬성한다"는 지지와 당부의 내용을 담고 있다

— 국회의장실 보도자료, 2019년 11월 27일

다시 문 의장의 글로 돌아가서 문 의장이 "시민단체들도 피해자들의 목소리에도 귀를 기울이라"고 한 것은 공인 중에서는 처음으로 한 발언 같다. 윤미향 사건 이전에는 언론에서도 그런 발언을 본 기억이 없다.

문 의장은 그런 맥락에서 시민단체의 주장에 대해 이의를 제기한다.

현재 몇몇 시민단체에서 '문희상 안'에 대해 일본의 사과가 빠졌다는 지적에는 동의할 수 없습니다. 일본의 사죄는 정치적인 것으로 정상 간 합의와 선언에 담겨야 하는 것이지, 한국의 국내법에 명문화할 수 없는 부분입니다. 때문에 이러한 부분을 '기억·화해·미래재단 법안' 제안설명에 명확히 했습니다.

"금세기의 한·일 양국관계를 돌이켜 보고, 일본이 과거 한때 식민지 지배로 인하여 한국 국민에게 다대한 손해와 고통을 안겨 주었다는 역사적 사실을 겸허히 받아들이면서, 이에 대하여 통절한 반성과 마음으로부터의 사죄를 하였다"는 일본 정부의 반성·사죄의 뜻을 재확인하면서 … (중략)

이렇게 일본의 사죄를 법안 본문 내에는 명문화할 수 없지만, 이미 법안을 왜 만드는지 제안하는 이유와 그 문장 속에 들어가 있는 것입니다. 즉, 한일 정상간 '김대중-오부치 공동선언'을 재확인하는 양 정상 간의 사과와 그에 따른 용서가 없으면 이 법도 존재 의미가 없고 진행되지도 못한다는 것을 뜻합니다.

다음으로는 이 대목이 눈길을 끌었다.

"법안에 반대하는 분들은 공동발의자인 이분들에게 항의하지 마시고, 대표발의자인 저에게 항의해 주시길 간절히 바랍니다."

이 구절은 이런 맥락에서 나왔다.

법안에 대한 논의가 시작된다면, 상임위와 법사위 등 여러 과정에서 충분히 국민의 뜻을 반영할 수도 있을 것입니다. 발의과정에서도 의원님들에게 부담을 드리지 않기 위해 만 하루의 시간 동안만 공동발의를 받아 열세 분의 국회의원님들이 동참해 주셨습니다. 개인적으로 멀리 한일 양국의 미래를 바라보고 눈 앞의 불이익을 감당하겠다는 매우 용기 있는 분들이라고 생각합니다. 법안에 반대하는 분들은 공동발의자인 이분들에게 항의하지 마시고, 대표발의자인 저에게 항의해 주시길 간절히 바랍니다.

정계를 은퇴하는 문 의장이 자기에게 항의해 달라는 것은 레토릭에 불과할 수도 있다. 그러나 그가 이 법안을 만들며 리더십을 발휘한 것은 사실이다. 이 법안에 동참한 의원 13명은 김진표, 윤상현, 김성수, 이동섭, 김경진, 백재현, 홍일표, 김세연, 조배숙, 서청원, 정성호, 김태년, 정병국 의원이다. 여야를 망라하고 있다. 이들 의원은 비슷한 법안을 제출해 놓고 있었다. 이후 문 의장과의 협의를 통해 문 의장을 대표발의자로 이른바 '문희상 안'을 발의하고, 본인들은 공동발의자에 이름을 올렸다.

문희상 국회의장은 27일 오전 의장집무실에서 일제 강제동원 피해자 지원 관련 법안을 제출한 의원들과 간담회를 가졌다. 참석의원들은 문 의장이 강제동원 피해자 지원을 위해 발의 예정인 법안의 취지와 내용을 설명듣고 적극적인 지지를 보냈다. 또한 의원들은 정부가 움직이기 어려운 상황이니 국회가 먼저 법안을 마련해서 정부가 움직일 수 있도록 도와야 한다며 빠른 시일 내에 법안을 발의해 줄 것을 문 의장에게 요청했다. 의원들은 문 의장이 법안을 대표발의할 때 공동발의자로 참여하겠다는 의견도 밝혔다.

문 의장은 "일제 강제동원 피해자 문제를 해소하기 위한 법안들이 이미 많이 제출되어 있다. 저는 이 법안들을 면밀히 분석하고 합리적인 범위 내에서 종합하여 획기적인 법안을 제시하려고 한다"면서 "관련 법안을 이미 제출하신 의원님들의 고견을 직접 청취하고 이를 법안에 반영하려 한다"고 말했다.

— 국회의장실 보도자료, 2019년 11월 27일

다음으로 문 의장의 준비성이다. 문 의장의 준비는 2단계였다. 첫 번째는 국회가 이니셔티브를 쥐고 법안을 만들겠다는 것을 공표한 것이고, 두 번째는 이 법안이 지지를 받고 있다는 것을 홍보한 것이다.

법안을 만들겠다는 의지는 2019년 11월 5일 G20 국회의장 회의에 참석하기 위해 일본을 방문했을 때 와세다대에서 행한 연설에서 밝혔다. 대학에서 의지를 밝힌 것은 좋은 아이디어였고, 전문가의 도움을 받았겠지만 내용도 한국의 입장과 일본의 분위기를 적절히 고려했다는 점에서 괜찮은 연설이었다(고 필자는 평가한다). 그 전날 태국(아세안+3회의와 동아시아정상회의)에서 문재인 대통령과 아베 신조 총리가 '깜짝 회동'을 통해 "대화를 통해 문제를 해결하자"고 원칙적으로 합의한 것과, 그 전달인 10월 24일 이낙연 국무총리와 아베 총리가 '징용자 문제'가 불거진 이후 1년 만에 만난 것이 긍정적인 영향을 줬을 것이다. 문 의장의 연설 중 법안에 대한 언급은 이런 것이었다.

법안이 구체적으로 담아야 할 내용은

첫째, 강제징용 피해자와 위안부 피해자 문제 등 한일 사이의 갈등을 근원적이고 포괄적으로 해소하는 내용이어야 합니다.

둘째, 한국 대법원의 판결에 따라 이미 집행력이 생긴 피해자들과 향후 예상되는 동일한 내용의 판결에서 승소한 피해자들에게 '위자료'가 지급된다면 일본 기업의 배상책임이 '대위변제'된 것으로 간주되고, 배상받은 사람들에 대해서는 민사소송법에 따른 '재판상 화해'가 성립된 것으로 간주함으로써 오랜 논란이 종결되는 근거를 담아야 하겠습니다.

셋째, 미래지향적인 한·일관계를 위하여 한·일 청구권협정 등과 관련된 모든 피해자들의 배상문제를 일정한 시한을 정해 일괄적으로 해결하는 규정을 담아 낼 필요가 있습니다. 당연히 이와 관련한 심의위원회를 두어야 하겠습니다.

재원 마련에 대해서는 '기금'을 조성하되, 양국의 책임 있는 기업이 배상하자는 1+1 방식을, 원점에서 재검토하는 방향이 바람직합니다. 기금의 재원은, 첫째, 양국 기업의 기부금으로 하되, 책임 있는 기업뿐만 아니라 그 외 기업까지 포함하여 자발적으로 하는 기부금 형식입니다. 둘째, 양국 국민의 민간성금 형식을 더하겠습니다. 셋째, 현재 남아 있는 '화해와 치유 재단'의 잔액 60억 원을 포함하는 것입니다. 마지막으로 이러한 기금을 운용하는 재단에 대해 한국 정부가 출연할 수 있는 근거 조항을 만들어야 하겠습니다.

— 문희상 국회의장, 2019년 11월 5일 와세다대 연설

알다시피 화해·치유재단의 잔액 60억 원(실제로는 56억 원)을 기금에 넣겠다는 복안은 심한 반대로 결국은 철회했다. (필자도 그에 대해서는 반대했다. 그래서는 안 되기 때문에 반대한 것이 아니라 그래서는 지지를 얻기 어렵다고 판단했기 때문이다.) 또한 "기금을 운용하는 재단에 대해 한국 정부가 출연할 수 있는 근거 조항을 만들겠다"고 한 것은 기금 자체는 1(한국 기업)+1(일본 기업)+α(양 국민 성금)로 조성하기 때문에 한국 정부의 돈이 들어가지 않지만, 재단운영비는 한국 정부가 내도록 하겠다는 것이다. 이는 앞서 소개한 '기억·화해·미래재단 법안'의 39조(재정 지원)로 구체화했다.

준비성의 두 번째 영역인 홍보는 관련단체와의 접촉과 대국민 설득으로 나눌 수 있다. 관련단체나 관계자와의 만남은 생략하고, 대국민 설득 노력을 살펴보자. 국회의장실은 여론조사를 통해 유리한 분위기를 만들려고 했다.

문희상 국회의장실은 12월 11~13일 한국리서치에 의뢰해 한일관계 및 강제징용 해법과 관련된 현안에 대해 대국민 여론조사를 실시했다. 동시에 '국회 휴먼네트워크'에 등록된 각계각층 전문가를 대상으로 여론조사를 실시했는데, 위자료 재원마련 방안을 제외한 모든 분야에서 일반국민과 전문가 견해가 상당 부분 유사하게 나타났다.

한국 기업과 일본 기업 및 양국 국민의 자발적 기부금 등을 통해 일제 강제징용 피해자에게 위자료를 지급하도록 하는 '기억·화해·미래재단 법안'에 대해서 여론조사 결과를 살펴보면 다음과 같다.

첫째, 피해자 중심 위주로 준비된 '기억·화해·미래재단 법안'에 대해 일반국민 68.6%, 전문가 64.2%가 찬성(전문가 반대 23.8%, '잘 모르겠다' 12.0%)했다. 양국 기업 및 국민 기부금으로 위자료 재원을 마련하는 방안에 대해 일반국민은 찬성하는 반면 전문가는 찬반이 팽팽하다. 일반국민 53.5%가 위자료 재원마련 방안에 찬성했고, 반대는 42.1%, '잘 모르겠다'는 4.4%로, 찬성 의견이 반대 의견을 앞섰다. 전문가는 찬반이 각각 44.5%, 49.1%, '잘 모르겠다'는 6.4%로 반대 의견이 오차범위 내에서 조금 더 높게 나타났다. 일반국민의 54.3%, 전문가의 44.3%가 기금 모금 시 참여할 것이라고 답변했다.

둘째, 일반국민 61.6%, 전문가의 72.6%는 현재 한일관계에 대해 갈등상태를 계속 방치하면 양국에 득보다 실이 많으므로 개선이 필요하다고 답했다.

셋째, 대법원의 강제징용 판결과 관련하여 일본 기업이 위자료를 지급할지 여부에 대해 일반국민의 82.3%와 전문가의 82.4% 등 대다수가 일본 기업이 위자료를 지급하지 않을 것이라고 답변했다. 일본 기업이 배상금을 지급하지 않아 압류된 자산에 대한 강제집행이 이루어질 경우 한일관계에 부정적 영향이 있을 것이라고 답변한 사람이 일반국민 77.7%, 전문가 81.6%에 달했다.

넷째, 일제 강제징용 피해자 중 생존자들의 연령을 고려할 때, 비록 시간이 걸리더라도 일본의 사죄를 우선 받아내야 한다는 답변이 일반국민 53.1%, 전문가 55.0%로 조사되었으나, 금전적 지원을 통한 실질적 보상을 신속히 시행해야 한다는 의견도 각각 일반국민 44.2%, 전문가 41.7%로 높은 수준이다.

— 국회의장실 보도자료(일부 생략), 2019년 12월 17일

물론, 반대가 많다는 여론조사도 있다.

일제 강제징용 피해자 배상문제 해법으로 문희상 국회의장이 제시한 일명 '문희상 안'에 대해 반대 의견이 찬성 의견의 두 배를 넘는다는 조사결과가 23일 나왔다. 문희상 안은 한일 양국 기업·국민들의 자발적 기부금을 조성해 피해자들에게 위자료를 지급하는 내용이 골자다.

여론조사 전문기관 리얼미터가 지난 20일 성인 502명을 대상으로 여론조사를 벌인 결과, '일본의 사죄와 법적 책임성이 분명하지 않으므로 반대한다'는 응답이 53.8%, '일본이 받아들일 가능성이 있고 현실적이므로 찬성한다'는 응답은 26.0%로 집계됐다. '모름/무응답'은 20.2%.

국회 발의 전인 지난달 29일 1차 조사(찬성 44.4%, 반대 32.6%)와 비교하면 반대 의견은 9.4%p 증가했고, 찬성 의견은 6.6%p 감소했다.

— 〈프레시안〉 2019년 12월 23일 입력

양쪽 여론조사의 신뢰도는 차치하고, 문 의장이 논란이 큰 법안을 발의하며 모든 정책수단을 총동원하겠다는 인상을 준 것은 긍정적이다.

문희상 의장은 법안을 발의했을 경우 비난받을 가능성이 높다는 사실도 알고 있었다. 법안의 제안 배경으로 양국 행정부의 협의가 교착된 상태에서 입법부의 역할이 필요하다고 강조했으나 법안 통과를 낙관하지 않고, 법안의 내용도 완벽하지 않다고 인정했다.

'문희상 안'은 발의단계로서 완성이 아니라 시작일 뿐입니다. 양국의 대화와 화해협력의 물꼬를 트는 촉매가 목적입니다. 이번 '문희상 안'은 이제 겨우 발의되었을 뿐입니다. 완성이 아니라 시작일 뿐입니다. 이 법이 현재 내용 그대로 100% 통과될 것이라고 믿기 어려운 상황입니다. 앞서 말씀드린 대로 한일 정상회담에서 합의가 나올지, 합의가 나온다면 어떤 내용인지에 따라 이 법안의 추진 동력이 결정될 것입니다. 그래도 이 법안 발의 자체가 한일 양국 간 대화와 논의를 촉발하는 계기로 작용하고 있다고 생각합니다.

발의를 고민하고 준비하는 단계에서 와세다대학교 연설 요청이 들어왔습니다. 저에 대한 일본의 험악한 분위기도 익히 알고 있었고, 일본에서 이 구상을 공개적으로 밝힐 경우, 돌이킬 수 없다는 것도 잘 알고 있었습니다. 이런 이유로 주변의 많은 분들이 방일 자체를 반대하기도 했고, 이 구상을 국회의장이 나서서 발의할 필요가 없다고 조언하는 분들도 많았습니다.

그렇습니다. 외교관계의 가장 큰 책임은 정부입니다. 때문에 어떻게 보면 국회의장인 제가 굳이 이번 '문희상 안'을 내지 않아도 됐습니다. 그러나 양국 정부가 충돌만 거듭할 뿐 한 걸음도 내딛지 못하는 상황에서 의회의 수장으로서 할 수 있는 일이라면 무엇이든 해야 했습니다. 한일관계를 이대로 방치하는 것은 미래에 대한 무책임이라는 말을 통감하며, 어떠한 비난도 감수하겠다는 생각이었습니다. ㅡ 국회의장실 보도 참고자료, 2019년 12월 22일

물론 양국 국민의 눈높이에 못 미쳐 모두에게 비난을 받을 수도 있다는 것을 알고 있습니다. 그러나 누군가는 제안하고 말해야 합니다. 이 또한 나의 책무라고 생각합니다. 양국 국민의 전향적인 이해와 지지가 필요하다고 생각합니다. ㅡ 문희상 국회의장, 2019년 11월 5일 와세다대 연설

문희상 의장이 서둘러 법안을 발의한 데는 2019년 12월 24일 중국 청두 (成都)에서 열릴 예정인 한일 정상회담에 대한 기대와 촉박한 시간이 영향을 미쳤을 것이다. 문 의장은 자신이 대표발의한 법안을 정상회담에서 의제로 삼아 양국의 교착상태를 푸는 실마리가 되길 기대했다.

24일 한일 정상회담에서 대화와 화해협력의 물꼬를 트고, 빠른 시일 안에 문재인 대통령과 아베 총리가 '신 21세기 한일 파트너십 선언'을 이뤄 내길 바랍니다. ① 1965년 국교정상화를 매듭지었던 한·일 청구권협정과 1998년 김대중 -오부치 선언을 재확인하고, ② 일본의 화이트리스트 한국 배제와 한국의 지

소미아 종료 조치를 원상복구하며, ③ 양국 간 강제징용 피해자 문제 등의 현안문제를 입법을 통해 해법을 찾는다는 '문재인-아베 선언'을 이뤄 내길 바랍니다. 당장 이번에 이뤄진다면 양국 국민에게 커다란 크리스마스 선물이 될 것입니다. — 문희상 국회의장, 2019년 11월 5일 와세다대 연설

그러나 그의 희망은 빗나갔다. 그러나 법안의 의도는 아직도 살아 있다고 본다.

일본의 명시적 사죄가 없는데 왜 우리가 먼저 화해를 제안하느냐는 비판이 있습니다. 공감합니다. 저 역시 가해국이 움직이지 않는 상황에 피해국이 앞서서 화해를 제안하는 데 대한 비판이 있다는 점을 잘 압니다. 가해국의 범죄 사실 및 책임 인정, 공식 사죄, 재발 방지조치 등이 이루어져야 진정한 화해가 성립할 수 있다는 점도 잘 알고 있습니다. 하지만 새로운 화해의 틀을 우리 스스로 만들어 보자고 제안하는 것이며, 일본의 사죄를 면제해 주고자 하는 것이 아닙니다. — 국회의장실 보도 참고자료, 2019년 12월 22일

4. 일본의 '산업유산정보센터'는 꼼수다
"제2의 야스쿠니 신사로 만들지 말라"

2020년 6월, 유네스코 세계문화유산으로 등재한 일본의 근대산업시설이 또다시 뉴스로 떠올랐다. 이 문제는 5년 전 일본 8개 지역의 근대산업유산 23곳을 유네스코 세계문화유산으로 등재할 때도 한일 간에 첨예한 외교 갈등을 빚은 적이 있다. 당시 일본 측은 세계문화유산을 홍보하는 기관을 열때 조선인들이 강제노동을 했다는 사실을 명기하겠다고 약속했고, 유네스코도 그런 약속을 전제로 세계문화유산으로 지정했다. 그런데 일본 정부는 이번에 '산업유산정보센터'(Industrial Heritage Information Center)를 개관하며 5년 전의 약속을 지키지 않았다. 당연히 한국 측은 반발했다.

〈동아일보〉도쿄특파원은 일본 정부의 태도를 다음과 같이 비판했다.

14일 오후 일본 도쿄 신주쿠구 소재 총무성 제2청사 별관에 자리 잡은 산업유산정보센터. 투명 유리로 된 현관을 지나니 65인치짜리 대형 TV 화면 7개가 붙은 스크린이 눈길을 사로잡았다. 화면에서는 2015년 유네스코 세계문화유산으로 등재된 나가사키현의 일명 '군함도'(하시마) 탄광의 모습이 다각도로 소개됐다.

다른 공간에선 군함도에 살았던 주민의 증언 영상이 흘러나왔다. 태평양전쟁 당시 어린 시절을 부친과 함께 군함도에서 보낸 것으로 알려진 재일교포 2세 스즈키 후미오(鈴木文雄·고인) 씨는 영상에서 '조선 출신자들이 노예노동에 내몰렸나'라는 질문에 "그런 이야기는 들어 본 적이 없다"고 말했다. 그는 "조선인이 채찍을 맞은 건 아니다. 작업반장이었던 아버지는 임금을 잘 받았다"고 말했다.

영상에 나온 대만 징용자도 "급여를 정확히 받았다"고 증언했다. TV 화면 옆 패널에는 월급봉투가 전시됐다. "당시 조선인과 일본인은 모두 같은 일본인이라서 차별이 없었다. 학대도 없었다"는 일본인의 증언도 있었다. 정보센터 어디에도 한국인 등이 군함도에 끌려와 열악한 환경에서 강제 노동을 한 것에 대한 사과나 이들을 추모한다는 내용은 보이지 않았다.

도쿄특파원 공동취재단이 이날 정보센터를 방문해 확인한 결과 세계문화유산 등재 당시 유네스코가 요구했던 조치 사항을 일본이 지키지 않아 국제적인 비난을 불러올 것으로 예상된다. 일본 정부는 정보센터를 15일부터 일반인에게 공개한다.

한일 양국은 2015년 7월 일본이 23곳을 유네스코 세계문화유산으로 등재했을 때 격렬한 외교전을 벌였다. 한국 정부는 "군함도를 포함한 11곳에 조선인 6만 3,700여 명이 징용돼 가혹한 노동을 강요당했기 때문에 인류 보편적 가치를 기리는 세계문화유산으로 적합하지 않다"고 반대했다. 그러자 사토 구니(佐藤地) 주 유네스코 일본대사는 세계문화유산 결정 직전 유네스코 위원 국가들을 상대로 한 발언에서 "1940년대 일부 시설에서 수많은 한국인과 여타 국민이 본인의 의사에 반해 동원돼 가혹한 조건하에서 강제 노역을 했다. 일본은 정보센터 설치 등 피해자들을 기리기 위한 적절한 조치를 하겠다"고 약속했다.

하지만 일본은 끝내 약속을 지키지 않았다. 1,078제곱미터(약 326평)에 이르는 산업유산정보센터는 산업유산에 대한 자화자찬으로 채워져 있었다. 그럼에도 유네스코는 약속 이행을 권고할 뿐 등재 취소 등 강제적인 조치를 하기는 힘들 것으로 보인다. 유네스코의 기준에 따르면 유산 자체가 훼손되거나 제대로 보존되지 않는 경우에 등재 취소가 가능하기 때문이다.

— 〈동아일보〉 2020년 6월 14일 자, 도쿄 = 박형준 · 김범석 특파원

필자는 5년 전 이 문제에 대해 긴 글을 쓴 적이 있다. 일본의 근대산업유산 유네스코 등재를 둘러싼 한일 외교전에서 한국 정부는 대응도 늦었고

내용 면에서도 패배했다고 비판을 받던 때였다. 그러나 필자의 의견은 달랐다. 한국이 일방적으로 패한 것이 아니라 굳이 말하자면 비긴 것이며, "앞으로 일본이 등재 유산을 소개하는 기념관이나 홍보관 등에 조선인의 강제노동 사실을 명기하도록 해 유산을 둘러보는 일본인과 외국인들이 그 사실을 알도록 하는 것이 더 효율적"이라고 주장했다.

그러면서 당시 사사에 겐이치로(佐々江賢一郎) 주미대사가 "너무 구체적인 자구(language)에 매달려선 안 된다"고 한 사실을 들어 일본이 약속한 '정보센터 설립' 등을 제대로 이행할지 의심스럽다고 우려하고, 만약 일본이 약속을 지키지 않는다면 일본만이 아니라 유네스코를 상대로 압력을 행사해야 한다고 했다.

다음은 당시 기사이다.

일본 문화유산 등재 논란, 방향이 틀렸다

일본 근대산업시설의 유네스코 세계문화유산 등재를 둘러싼 여진이 계속되고 있다. 논란은 두 가지다. 하나는 우리 외교부가 등재를 저지하거나 등재가 되더라도 '강제노동'이라는 말을 명기했어야 한다는 원론적인 문제이고, 다른 하나는 일본이 등재결정문에 쓰인 '강제노동'이란 표현을 아베 신조(安倍晋三) 총리까지 나서 곧바로 부정하고 있는 문제다. 논란은 두 가지지만, 후자도 결국은 외교부가 빌미를 줬기 때문에 모두 외교부의 잘못이라는 지적도 나오고 있다.

외교부는 일관되게 '잘한 협상'이라는 입장을 견지하고 있다. 윤병세 외교부 장관은 (2015년 7월 ― 필자) 5일 밤 기자회견에 이어 9일 관훈클럽 토론회에서도 "우리의 정당한 우려를 충실히 반영했으며, 많은 난관을 슬기롭게 극복하고 대화를 통해 문제를 풀어냈다"고 자평했다. 그러다 보니 일부 언론은 협상 내용과는 별도로 "자화자찬이 심하다"거나 "황당하다"는 표현으로 외교부의 태도까지 비난한다.

누구의 말이 옳은지, 그른지를 평가하기란 쉽지 않다. 사람에 따라, 입장에 따라, 매스컴에 따라 생각이 다를 수 있다. 더욱이 일본 문제는 논리만으로는 평가하기 어려운 대목이 적지 않다. 다만 기자는 외교부가 잘못했다면 얼마나 잘못했는지, 일본의 태도변화를 어떻게 봐야 할지, 지금부터 무엇을 해야 할지에 대한 최근의 논란에 대해서는 약간 다른 생각을 갖고 있다.

우선 외교부의 잘못에 대한 논란이다. 결론적으로 나는 외교부가 '예상보다는 선전했다'고 평가한다. 일본은 유산 등재를 위해 2009년부터 치밀한 준비를 해왔다. 이에 비해 우리 외교부는 문제의 심각성에 대한 인식이 부족했고, 대응도 늦었다. 그러다 보니 밀린 숙제 하듯 이 문제에 매달렸다. 이는 비판받아 마땅하다. 그렇다고 해서 '결과'까지도 비난해서는 안 된다고 본다. 예를 들어 100m 프로 육상선수가 출발이 늦었는데 기록은 비교적 좋았다면, 이를 어떻게 평가할 것인가와 상황이 비슷하다. 출발이 늦은 것을 연습부족이라고 비판하는 것은 당연하지만, 그렇다고 '기록'까지 무시해서는 안 된다는 게 기자의 생각이다.

그렇다면 이번 합의가 '비교적 좋은 기록'이라는 근거는 무엇이냐는 질문이 있을 수 있다. 정당한 의문이다. 몇 가지 근거 중에 우선 일본이 이 합의에 만족하지 않는다는 것이 방증이다. 등재가 결정되는 순간, 일본 대표단은 웃지도 않고 박수도 치지 않았다. 일본 국내에서도 일본이 너무 많이 양보를 했다거나, 외교를 제대로 못했다는 비난도 나온다. 비난은 점점 더 커지고 있다. 스타트라인을 일찍 떠났던, 그래서 버거운 상대였던 일본의 이런 반응은 무엇을 의미하는가.

이게 일본의 엄살이라고 한다면, 제3국의 시각은 어떤가. 마리아 뵈머 세계유산위원회(WHC) 위원장(독일)은 등재결정 방망이를 두드린 후 "한일 양국에 사의를 표하고 싶다"며 이렇게 말했다. "오늘, 그리고 최근 며칠간, 우리는 신뢰가 얼마나 중요한지를 목도했다. 신뢰라는 것은 무엇보다 중요한 '통화'(通貨)다." 즉, 한일 양국이 다 잘했다는 의미다. 외국의 시각을 객관적으로 반영한 발언이라고 생각한다. 이번 등재를 둘러싼 양국의 전방위 압박 외교에 세계유산위원회의 19개 회원국들(한국과 일본 포함 21개국)은 대단히 불편해하고, 곤혹스러워했다는 게 정설이다. 우리가 100% 맞고, 일본이 100% 틀리다는 주장은 국제사회에서는 통용되지 않는다.

일본이 이 정도나마 굽히고 들어온 것도 외교부만의 힘이 아니다. 강제노동 사실을 포함해 등재 대상의 모든 역사(*full history*)를 기록하라는 국제기념물유적협의회(ICOMOS)의 권고가 결정적이었고, 대통령의 정상외교와 친서, 국회의 결의와 의원외교, 국제사회의 압력 등이 종합적으로 영향을 미친 결과다.

이런 사정 때문에 등재가 결정된 직후에 한국이 '역전 판정승'을 거뒀다고, 비교적 후한 평가를 한 언론도 있었다. 또한, 일본이 그렇게 인정하기 싫어한 '강제노동' 사실을 처음으로 국제사회에서 공개적으로 인정하게 만들었다는 평가도, 최근 몇 년간 불편한 관계였던 한일이 표 대결을 하지 않고 대화를 통해 합의를 이뤘다는 평가도 지지를 받았다. 적절한 평가이고, 이 평가는 유지돼야 한다고 본다.

문제는 일본이 곧바로 "강제노동 사실을 인정한 것은 아니다"라며 결정문을 부정하고 나선 데 있다. 그러자 외교부는 또다시 비난의 도마 위에 올랐다. 외교부가 일처리를 매끄럽게 하지 못했기 때문이라는 것이다. 일견 수긍이 가지만, 이런 주장은 평가의 시점을 원점에서 다시 시작하는 '재탕 비난'이며, 더 큰 책임이 있는 일본에 면죄부를 주는 것이나 마찬가지다.

일본 정부 대표인 사토 구니(佐藤地) 유네스코 대사는 등재를 전제로 한 제39차 세계유산위원회 연설에서 분명 "자신의 의사에 반하여 가혹한 조건하에서 강제로 노동했으며"(*against their will and forced to work under harsh conditions*)라고 했다. 이를 어떻게 해석할 것인가. 와카미야 요시부미(若宮啓文) 전 〈아사히신문〉 주필은 9일 자 〈동아일보〉 칼럼에서 "보통 생각하면, 이는 '강제 노동'에 대한 요약 설명이라고 말해도 틀림없을 것"이라고 평가했다. 윤병세 외교부장관도 관훈클럽 토론회에서 "한일이 합의한 것은 영어본이고, 일본 대표가 발언한 내용도 영어본이고, 의장이 공식적으로 선언했듯이 회의의 정본도 영어본이다. 영문본에 충실하면 아무런 오해가 없다'고 했다. 즉, 강제노동의 의미를 담고 있다는 사실은 명약관화하다는 것이다.

이와 관련해 기자는 'forced to work'의 일본어 번역문에 대한 일부 한국 언론의 해석도 오해가 있다고 본다. 일부 한국 언론은 일본이 'forced to work'를 '働かされた'(하타라카사레타) 라고 번역했는데, 이는 '일하게 됐다'라는 의미여서 강제성이 들어 있지 않다고 지적했다. 그러나 '일하게 됐다'라는 의미로는 '働かされた'가 아니라 '働くようになった'(하타라쿠 요우니 낫타), '働くことになった'(하타라쿠 고토니 낫타) 라고 해야 맞다. 즉, '働かされた'는 '강제노동(强制勞動) 을 당했다'고 쓰는 것보다는 물론 의미가 약하지만 '원치 않는 노동'이라는 뜻은 들어 있다. '노역을 당했다'는 정도로 해석하는 게 맞다. 납득하기 어려운 비판은 모자람만 못하다. 그것 말고 일본의 잘못은 따로 있다.

일본의 잘못은 근본적으로 '부(負) 의 역사(negative heritage)'를 인정하지 않으려는 퇴행적 역사관에 있고, 이번에는 그 바탕 위에 손바닥으로 해를 가리려 한다는 것이다. 도대체 '자신의 의사에 반해 가혹한 조건하에서 일을 한 것'이 '강제노동'이 아니면 무엇이란 말인가.

이런 논란에 기시다 후미오(岸田文雄) 외상에 이어 10일에는 아베 신조 총리까지 가담했다. 아베 총리는 이날 국회에서 "'forced to work'는 대상자의 의사에 반해 징용된 경우도 있다는 의미"라고 했다. 즉, 강제노동을 의미하는 것이 아니라 이미 일본이 인정한 강제징용을 한 경우도 있다는 뜻이라는 것이다. 아베 총리는 또 "강제노동을 부인한 기시다 외상의 발언에 대해 한국 정부가 이의를 제기하지 않았다"고도 했다. 마치 일본의 주장이 맞기 때문에 한국 정부가 대응을 하지 못했다는 뜻으로 읽힌다.

두 가지를 나눠서 살펴보자. 아베 총리의 말이 맞다면, 강제징용은 있었으나 강제노동은 없었다는 뜻이 된다. 모순이다. 강제징용된 사람의 노동행위는 강제노동으로 봐야 하는 것이 아닌가. 더욱이 일본 학계에도 강제노동에 관한 연구가 꽤 축적돼 있다. 이 문제에 정통한 도노무라 마사루(外村大) 도쿄대 교수는 "의사에 반한다는 것은 강제를 했다는 것. 말장난은 국제사회에서 통용되지 않는다"(〈아사히신문〉 8일 자 사설에서 재인용)고 했다.

다음으로 한국 정부가 대응을 하지 않았다는 문제. 외교부는 "이미 공개적으로 여러 차례 밝힌 바 있고, 중요한 것은 일본이 국제사회에서 약속한 대로 이행하는 것"이라고 했다. 외교부가 기시다 외상이나 아베 총리의 발언에 대응하지 않는 것을 두고, 일부에서는 비판할 수도 있다. 그러나 만약, 외교부가 일본의 움직임에 정면 대응하는 것이 오히려 우리에게 손해라는 판단을 했다면 존중해야 한다. 축구경기에서 우리가 이미 골을 넣었는데, 일본팀이 감독(아베 총리)까지 나서 골이 아니라고 우긴다 해서, 우리가 일본팀과 싸울 이유는 없다. 만약 일본의 주장 때문에 등재결정문을 바꾼다고 하면(그럴 리는 없겠지만), 그때는 일본이 아니라 세계유산위원회를 상대로 싸워야 한다.

한국으로서는 이미 국제사회에서 '강제노동'이라는 점을 인정받았으므로, 이 문제가 다른 문제를 푸는 데 나쁜 영향을 주지 않도록 관리할 필요가 있다. 즉, '칸막이 대응'이 필요하다. 아베 총리나 기시다 외상의 발언은 국내용의 성격이 짙다. 계속해서 일본이 이 문제를 물고 늘어진다면, 점잖게 "정 그렇게 생각한다면, 세계유산위원회의 등재결정문을 바꾸라"고 하면 그뿐이다.

8일(현지시간) 미국 워싱턴에서 안호영 주미대사와 일본의 사사에 겐이치로(佐々江賢一郎) 주미대사가 보수 싱크탱크인 헤리티지재단 주최 세미나에서 만났다. 이 자리에서 사사에 대사는 "한일 모두 국내적으로 어려움이 있었지만, 합의를 이뤄 내 등재를 했다는 사실이 가장 중요하다. 다른 것들은 사소한(minor) 일"이라고 했다. 이에 대해 안 대사는 "합의한 내용은 문안으로 나와 있고, 앞으로 합의한 내용을 어떻게 이행하느냐가 중요하다"고 맞받았다. 그러자 사사에 대사는 다시 "너무 구체적인 자구(language)에 매달려선 안 된다"고 했다. 일본이 약속한 '정보센터 설립' 등을 제대로 이행할지를 의심할 만한 대목이다.

사사에 대사의 발언은 평상시 법과 원칙, 기록과 약속을 중시하는, 글자의 자구를 중시하는 일본의 태도와는 큰 차이가 난다. 강제징용은 있었어도 강제노동은 없었다는 일본의 논리도 일본군 위안부를 모집할 때 '광의의 강제성'은 있었어도, '협의의 강제성'은 없었다는 궁색한 논리를 떠올리게 한다.

앞으로 우리는 어떻게 해야 할 것인가. 우리가 원하는 걸 100% 달성하지 못한 것은 틀림없지만, 100% 달성은 무리였다는 것을 인정해야 한다. 최근 한일문제는 우리 뜻대로 해결되는 것이 점점 줄어들고 있다. 이는 무엇을 의미하는가. 국제질서와 환경이 바뀌었다는 뜻이다. 따라서 늘 목표를 높게 잡는 것만이 능사가 아니다. 유산 등재 문제는 일본이 약속을 제대로 지키는지 지켜보고, 제대로 지키도록 압력을 행사하는 게 우리가 할 일이다. 그 일은 착오가 없도록 추진해야 한다.

조태열 외교부 2차관은 독일 본 현지에서 일본의 사토 구니 유네스코 대사의 발언이 끝난 뒤 "한국 정부는 위원회의 권위를 전적으로 신뢰하고 일본 정부가 오늘 이 권위 있는 기구 앞에서 발표한 조치들을 성실하게 이행해 나갈 것이라고 믿기 때문에 이 문제에 관한 위원회의 컨센서스 결정에 동참하기로 결정했다"고 말했다. 즉, 일본의 발언과 이행 의지를 신뢰하기 때문에 표 대결을 하지 않기로 했다는 뜻이다. 조태열 차관과 안호영 대사가 말한 것처럼 앞으로는 일본이 한 약속을 상기시키고, 이를 이행하도록 하는 것이 최선의 공격이다.

일부에서는 말한다. 일본 정부의 강제노동 관련 발언과 인포메이션 센터(정보센터) 건립 약속이 결정문의 본문에 명기돼 있지 않고 주석과 참고문에 들어 있어 찾아보기가 어렵다고 비판한다. 맞다. 그러나 우리의 목적이 국제사회에서 일본을 망신 주는 게 아니라면, 그런 발언이 어디에 들어 있든 무슨 상관인가. 발언의 내용을 일본이 알고 있고, 한국이 알고 있다. 그것도 양국 최대의 현안이었다. 국제사회에 일본이 강제노동을 시켰다는 것을 알리는 일보다 등재 유산을 소개하는 기념관이나 홍보관 등에 조선인의 강제노동 사실을 명기하도록 해 유산을 둘러보는 일본인과 외국인들이 그 사실을 알도록 하는 것이 더 효율적이다.

약속을 깨뜨리는 것은 일본의 자유지만, 그렇게 한다면 그에 상응하는 비난과 손해를 감수해야 할 것이다. 일본은 2017년 12월 1일까지 경과보고서를 내도록 되어 있고, 2018년 제 42차 세계유산위원회에서 이행결과를 점검받아야 한다. 이행을 안 한다면, 그때는 국제사회에서 일본을 망신 줘도 정당성은 우리에게 있다.

이번에 독일 본에서 세계유산 등재를 둘러싸고 벌어진 한일 간의 대결은 분명 아전인수 격 해석의 여지를 남긴 '미봉책'임에 틀림없다. 그러나 '미봉책'이라고 해서 반드시 비난을 받아야 한다고는 생각하지 않는다. 만약 '강제노동'을 못 박지 않은 걸 우리가 계속 문제 삼았다면, 표 대결을 했을 수도 있다. 그러나 결과는 아무도 예측 못 한다. 진 쪽은 국내적으로 치명적인 타격을 입었을 것이며, 양국은 지금보다 훨씬 더 깊게, 더 오랫동안 외교 냉각기를 가져야 했을 것이다. 양국 모두 그런 사태는 원치 않았음이 분명하다. 따라서 이번 문제를 이기고 졌다는 시각으로 봐서는 안 될 것 같다. 굳이 말하자면 비긴 것이며, 한일 양국은 연장전에 들어갔고, 연장전에서 우리는 공격수라는 유리한 위치를 점하고 있다는 사실을 명심했으면 싶다.

〈아사히신문〉은 8일 자 사설에 이렇게 썼다. "씁쓸한 뒷맛을 남겼지만, 쌍방이 마지막까지 양보해서 최악의 사태를 면한 것도 사실이다. … 일본 정부는 위원회에서 '부의 역사'도 포함해 정보 발신을 하겠다고 약속했다. 성실히 실행해서, 세계유산을 다면적인 역사를 증언하는 장소로 만들 책임이 있다. …"
이번에 등재된 산업시설이 몰려 있는 일본 규슈지역 신문이지만 전국적으로 영향력 있는 유력지 〈니시니혼(西日本) 신문〉도 "빛과 그림자를 응시하며 미래로"라는 7일 자 사설에서 '부의 유산'도 직시할 필요가 있다고 강조했다. 일본 내에도 일본의 책임을 촉구하는 그룹과 세력이 분명 존재한다. 한국에서도 이번 외교전을 우리만의 시각이 아니라 객관적으로 보려는 노력을 해야 한다.

이번 외교전에 대한 평가를 보면서 한 가지 걱정을 하게 된다. 일본군 위안부에 대한 한일협상이다. 어느 정도 진척됐는지를 말하긴 어렵지만, 만약 군 위안부 문제를 이번 사안과 같은 시각에서 평가한다면 절대로 만족할 만한 합의는 어려울 것이다. 그렇다면 어떻게 할 것인가. 아예 합의를 하지 않고 폭탄 돌리기를 하는 것처럼 다음 정권으로 넘기든가, 아니면 비난을 감수하고라도 대통령 차원에서 결단을 내리든가 둘 중의 하나일 것이다. 둘 다 고민스러운 선택이다. 고민의 가장 큰 이유는 국민의 생각, 즉 여론이다. 국민은 군 위안부 문제를 어느 수준에서 해결해야 만족할 것인가. 누구도 대답하기 힘들지만 누구도 피하기 어려운 질문이다. 한일갈등은 정부 혼자서 풀 수 있는 문제가 아니라, 국민과 언론도 함께 풀어야 한다는 사실을 실감하는 요즘이다.

　　　　　　　　　　　　　　　　　　　　— 〈동아닷컴〉 2015년 7월 11일 입력

이상의 경위를 보면 한국이 '혹시나' 했던 일에 일본은 '역시나'로 응수했다. 한국 정부의 양보를 '꼼수'로 갚은 것이다. 당시 일본 측에 좀더 확실하게 못을 박았어야 한다는 생각이 들기도 한다. 일본은 손바닥으로 해를 가리려 하지 말고 일본의 근대산업유산에 뿌려진 조선인의 피와 땀의 역사를 더도 말고 덜도 말고 있는 그대로 기록할 의무가 있다. 근대산업유산을 보유한 선진국이 국제사회를 상대로 한 약속이므로 당연히 지켜야 한다.

일본은 이 약속을 한 지가 불과 5년밖에 안 됐다는 점도 명심해야 한다. 일본은 한국 측에 1965년에 맺은 한·일 기본조약과 청구권 협정을 준수하라고 일관되게 요구하고 있다. 55년 전에 맺었기에 새로운 쟁점에는 대응하기 어려운 옛날 협약은 지키라고 줄기차게 요구하면서, 불과 5년 전에 한 약속을 아무런 사정변경이 없는데도 무시하는 것은 용인할 수 없다.

한국 정부가 도미타 고지(富田浩司) 주한 일본대사를 초치해 항의한 것은 당연하고, 유네스코에 서한을 보내 세계문화유산 등재를 취소하라고 요구한 것도 지지한다. 다만 등재 취소는 어려울 것으로 보는 전문가가 많다. 길윤형 〈한겨레〉 기자에 따르면 세계유산을 취소한 경우는 1972년 이

제도가 생긴 이래 두 번밖에 없으며(오만의 '오릭스 보호구역'과 독일 드레스덴의 '엘베강 협곡'), 그것도 문제가 있어서 취소한 것이 아니라 당사국이 보전과 개발 중 개발을 택했기 때문이라고 한다. 유네스코의 '세계유산 조약이행을 위한 작업지침'에 따르면 지정 취소를 하려면 '자산이 그 특징을 상실할 정도로 망가진 경우'나 '유네스코가 요구한 개선 조치를 이행하지 않은 경우'에 '유네스코 위원국 3분의 2 이상이 찬성해야 한다'. 따라서 일본의 근대산업유산 등록 취소는 현실적으로 어렵다는 것이다(2020년 7월 29일, 아래에 소개하는 국제포럼).

사실 이 문제는 위안부 합의 파기와 강제징용 판결에 따른 갈등 때문에 풀기가 더욱 어려워진 측면이 있다. 예전 같으면 접점을 찾을 수 있는 문제들도 최근 양국 관계가 매우 악화하면서 두 나라 모두 유화책을 버리고 강경책을 쓰고 있다. 두 나라 정부 모두 '국민감정'을 강하게 의식하기 때문이다.

이 문제를 어떻게 풀 것인가. 2020년 7월 29일 서울 중구 한국프레스센터에서 아시아평화와역사연구소 주최, 해외홍보문화원 후원으로 국제포럼이 열렸다. 포럼 주제는 '인류 공동의 기억, 유네스코 세계문화유산과 국제사회의 신뢰 ― 일본 근대산업시설, 강제노동의 진실과 왜곡된 역사'였다. '국제사회의 신뢰'와 '왜곡된 역사'라는 말에서 일본에 대한 불신을 읽을 수 있다.

이 포럼에는 한국, 일본, 호주, 미국, 대만의 전문가들이 참가했다(코로나19로 인해 외국인 전문가들은 '줌'으로 참가했다). 전문가들은 이구동성으로 2020년 6월 15일 일본 정부가 일반에 공개한 '산업유산정보센터'는 부당하다고 비판했다.

야노 히데키(矢野秀喜) 강제동원문제해결과 과거청산을 위한 공동행동 사무국장, 김민철 경희대 교수, 마쓰노 아키히사(松野明久) 오사카대 교수 등의 주제발표를 듣고 새롭게 알게 된 사실도 꽤 있다. 새로운 사실을 발표했다는 것이 아니라 필자가 처음 알게 됐다는 의미이다. 요약하면 다음과 같다(2020년 7월 29일 국제포럼의 자료집 정리 및 일부 추가).

① 일본 정부는 2015년 7월 5일 유네스코 세계유산위원회에서 사토 구니(佐藤地) 수석대표가 "ⓐ 일본은 1940년대에 일부 시설에서 수많은 한국인과 여타 국민이 ⓑ 본인의 의사에 반하여 동원되어 ⓒ 가혹한 조건하에서 강제로 노역하였으며 ⓓ 제2차 세계대전 당시 일본 정부도 징용정책을 시행하였다는 사실을 이해할 수 있도록 하겠다"고 약속했다. 그러나 2017년 11월 유네스코에 제출한 '보전상황보고서'에서는 ⓓ만을 언급하였고, 그조차 "전쟁 전과 전쟁 중, 전쟁 후에 많은 한반도 출신자가 일본의 산업현장을 지원하였다(supported)는 것을 이해할 수 있는 전시를 하겠다"고 했다. '의사에 반한 강제노동'은 빼버리고 '지원'(support)이라는 새로운 단어를 쓴 것이다.

② 일본 정부는 2017년 보고서에서 한국 노동자 관련 조사업무를 '산업유산국민회의'에 위탁한다고 밝혔다. 이 단체는 평상시 한국인의 강제노동 사실 자체를 부인해 왔으며 이 단체가 수집한 "군함도에서 한국인 강제노동은 없었다"는 증언을 산업유산정보센터에 게시하면서 문제가 발생했다. 이 단체의 전무인 가토 고코(加藤康子)는 '산업유산'을 유네스코에 등재한 일등공신으로, 초창기에는 "산업유산의 그늘진 부분도 객관적이고 리얼하게 차세대에 전달해야 한다"고 주장했으나 내각관방참여 등을 거치며 말과는 다른 길을 걸었다. 지금은 '산업유산정보센터'의 센터장이 되었다.

③ 유네스코 세계유산위원회(WHC)는 2018년 6월 일본의 '보전상황보고서'가 권고 이행을 제대로 안 하고 있다고 지적하고 "설명전략에 관한 국제적인 모범 사례를 참고하고" "관계자와 계속 대화를 나누라"고 촉구했다. 그러나 일본 정부는 주요 '관계자'라고 할 수 있는 한국과 중국의 강제동원 피해자, 피해자단체나 NGO, 전문연구자와 단 한 차례도 대화를 한 적이 없다.

④ 산업유산정보센터는 한국인 강제노동과 관련해 군함도만을 언급하고 있고, 미쓰이 미이케(三池) 탄광, 미쓰비시 나가사키(長崎) 조선소, 야하타(八幡) 제철소 등에 대해서는 언급하지 않고 있다. 한국인 이외의 중국인이나 연합국 포로에 대한 언급도 없다. 강제동원과 관련한 공문서나 관련 자료도 전시하지 않고 있고, 데이터베이스화도 하지 않고 있다.

⑤ 산업유산정보센터를 희생자를 기억하는 장소로 만들고자 했다면 그들이 일했던 후쿠오카현, 나가사키현 등 현장에서 가까운 곳에 센터를 만드는 것이 순리 아닌가. 어째서 멀리 떨어진 도쿄에 만들었는가.

⑥ ICOMOS(국제기념물유적회의)와 TICCIH(국제산업유산보존위원회)의 공동원칙은 산업유산을 정의하며 "산업유산에는 유형의 것(동산과 부동산)에다 무형의 것, 예를 들어 기술 노하우와 노동조직과 작업자, 공동체 생활을 만들고 사회와 세계 전체에 커다란 조직적인 변화를 가져다 준 복잡한 사회적·문화적 유산을 포함한다"고 했다. 일본 정부의 메이지 산업혁명유산에 대한 접근 태도는 이런 정신을 제대로 반영하지 못하고 있다.

⑦ 유네스코에 등록된 근대산업유산의 공식명칭은 '메이지 일본의 산업혁명유산: 제철·제강, 조선, 석탄광업'이다. 일본이 처음 등록을 시도할 때인 2006년에는 '규슈·야마구치의 근대화산업유산군(群)'으로 시작했다. 이때의 총리가 아베 신조이며, 그의 지역구는 야마구치다. 그 후 유네스코에 신청할 때의 이름은 '규슈·야마구치의 근대화산업유산군 - 비서양 세계에서의 근대화의 선구', '근대국가 일본의 대두~규슈·야마구치', '메이지 일본의 산업혁명유산 규슈·야마구치와 관련 지역'으로 계속 이름을 바꾸었다. 최근으로 올수록 산업유산을 서양의 산업혁명이나 기술이전의 시각이 아니라, 메이지라는 영광스러운 시대의 견인차로 보려는 시각이 강해진다. 정치적 의미를 가미한 것이다. 그러지 않고서는 산업유산과는 상관없는 야마구치현 하기(萩) 시의 쇼카손주쿠(松下村塾)를 산업유산으로 등록한 것을 설명할 수 없다.

⑧ 요시다 쇼인(吉田松陰)이 개설한 쇼카손주쿠는 근대산업유산을 유네스코에 등록하는 프로젝트의 핵심이다. 이 학교에서 가르치는 요체는 천황중심주의, 외국인배타주의, 영토확장주의이며 그 바탕에서 이토 히로부미(伊藤博文) 초대 수상 등 메이지시대에 크게 활약한 인물들을 다수 배출했다. 그리고 아베 총리는 자신의 지역구가 배출한 이토 수상을 존경한다. 2013년 8월 일본 문화청 문화심의회는 '나가사키(長崎)의 교회군(群)과 그리스도교 관련 유산'을 유네스코에 등록 신청하기로 결정했다. 정부는 보통 문화청의 의사를 존중하는데, 그해는 달랐다. 내각관방(우리의 대통령비서실에 해당—필자)은 근대산업유산을 등록하기로 결정했고, 관방장관은 둘 중에서 근대산업유산을 선택했다. 2017년 내각관방이 이례적으로 '보전상황보고서' 작성에까지 관여하면서 '설명전략'으로서 "일본 메이지시대의 변모라는 자랑스러운 기억을 차세대에게 계승하겠다"고 했다. 이것이 바로 총리관저가 내외에 제시하고 싶던 것이다.

이상이 전문가들의 견해이다. 이러한 정황들로 볼 때 일본 정부는 산업유산정보센터에 대한 비판에서 자유로울 수 없다. 더 늦기 전에 바로잡는 것이 옳다.

일본 근대산업유산 유네스코 등재 문제와 2015년에 동시 진행한 한일 위안부 합의(2015년 12월 28일 발표)와의 관련성도 살펴볼 필요가 있다.

관심은 두 가지이다. 하나는 한일 양국이 위안부 합의의 골격을 이미 2015년 4월경에 만들어 놓고도 일본 근대산업유산의 유네스코 등재 문제로 싸우는 바람에 위안부 합의 발표가 늦어졌다는 설을 어떻게 볼 것인가 하는 점이다. 이 설은 만약 일본 근대산업유산의 유네스코 등재 문제가 없었더라면 위안부 합의 발표를 더 일찍 했을 것이고, 그렇다면 박근혜 대통령이 탄핵을 당하기 전에 위안부 합의에 대한 설득작업을 할 수 있는 시간을 벌었을 것이며, 그렇다면 위안부 합의에 대한 사후 평가는 달라졌을 것이라는 '희망사항'으로 이어진다. 이에 대해 위안부 합의에 깊숙이 관여했던 한 고위 인사는 "두 사안은 관련이 없다"고 잘라 말했다. 그렇지만 위안부 합의 검토 태스크포스 보고서에는 "2015년 4월 제 4차 고위급 협의에서 잠정 합의내용이 타결된 뒤 외교부는 내부 검토회의에서 네 가지의 수정·삭제 필요사항을 정리하였다"는 구절이 들어 있어, 2015년 4월의 '잠정 합의'를 무시할 수도 없을 듯하다.

또 하나의 관심은 한국 정부는 근대산업유산의 등재 과정에서 일본의 양보를 얻어 내고, 일본 정부는 위안부 합의 과정에서 한국의 양보를 얻어 내는 식으로 주고받기를 하지 않았느냐는 의문이다. 물론 두 사안은 관련이 없다고 한 전직 고위 인사의 말이 맞다면 이 의문도 성립하지 않는다. 그러나 관련이 있는 것 같다고 주장하는 학자도 있다(남기정, 2020년 7월 29일 국제포럼 자료집).

모든 주장이 전부 거짓이거나 전부 진실은 아닐 것이다. 유네스코에서 근대산업유산 등재 문제가 일단락된 뒤 일본 측이 한국 측에 불만을 토로했던 것도 사실이다. 요지는 'forced to work'에 대한 해석의 차이였다. 한국 측은 'forced to work'를 'forced work' 또는 'forced labor'로 해석해서 일본이 국제사회에서 '강제노역'이나 '강제노동'을 처음으로 인정한 것이라고 평가했다. 그러나 일본 측은 'forced to work'는 '강제노동'이 아니라 '의사에 반해 끌려와 일하게 됐다'는 뜻이라고 주장했다. 즉, 동원과정에 강제성이 있었다는 것이지, 노동과정에 강제성이 있었다는 의미는 아니라고 반발했다. 더욱이 일본 측은 "당시 일본은 그렇게 해석한다고 한국 측에 분명히 전달했는데도 한국이 오히려 딴소리를 한다"고 주장했다. 그래서인지 "아베 신조 총리가 외무성의 말을 믿고 합의를 인정했는데, 나중에 한국의 주장을 듣고는 크게 화를 냈다"는 말이 들려왔다. 일본 측이 "유네스코 등재 문제로 위안부 협상이 영향을 받을 수도 있다고 말했다"는 전언도 있다.

이런 정황을 종합하면 두 사안이 직접적인 영향을 주고받지는 않았지만, 간접적인 영향마저 없었다고 단언할 수는 없다. 즉, 위안부 문제를 다시 논의하는 데 상당히 부정적이었던 아베 총리가 위안부 협상에 응한 것을 '긍정적인 신호'라고 본 것도 사실이지만, 근대산업유산을 둘러싼 갈등으로 그런 분위기가 냉각된 것도 맞는 것 같다.

경위야 어떻든 이 문제는 일본이 단추를 풀고 다시 꿰어야 한다. 그런 주장을 하고 있는 〈아사히신문〉의 사설을 소개한다.

세계유산대립, 부(負)의 역사를 직시해야만 풀 수 있다

국가로서 대외적으로 약속한 것은 성실하게 지킨다. 일본이 추구해 온 이 원칙을 스스로 왜곡해서는 신뢰를 쌓을 수 없다.

5년 전 세계문화유산에 등록된 〈메이지 일본의 산업혁명유산〉에 관한 전시를 둘러싸고, 일본과 한국 사이에 마찰이 일고 있다. 전쟁 중의 징용자에 대한 설명에 관해 일본 측이 충분한 대응을 하지 않고 있기 때문이다.

등록 당시 일본 정부 대표는 세계유산위원회에 "의사에 반해 끌려와서 혹독한 환경 아래에서 노역을 당한 다수의 조선반도 출신자들이 있었다"고 명언했다. 나아가 시설 설치 등 "희생자를 기억하기 위한 적절한 조치"를 취하겠다는 방침을 제시했다. 올해 도쿄도 내의 국유지에 개관한 '산업유산정보센터'가 그에 해당하는데, 일부 전시에 대해 한국 측이 반발하고 있다.

등록 당시의 일본 대표의 발언이나 징용에 이르게 된 제도적 경위 등을 패널로 보여 주고 있는데, 문제가 된 것은 징용 당시에 대한 증언을 소개하는 부분이다. 군함도라고 불리는 나가사키현 하시마(端島)에 있던 탄광의 원주민들이 조선반도 출신자에 대한 차별은 없었다고 말하는 인터뷰를 (영상으로) 보여 주고 있다. 센터에 따르면 증언은 앞으로 더 늘릴 방침이라고 하는데, 지금까지 면담한 원주민들로부터는 차별이나 학대한 사실을 인정할 만한 증언은 없었다는 것이다.

당시를 아는 사람들의 증언이 귀중한 가치를 지니는 것은 이론의 여지가 없다. 그러나 개개인이 체험한 증언을 제시하는 것만으로는 역사의 전체상을 파악할 수 없다.

조선반도 출신자의 노무동원에 폭력을 수반한 사례가 있었다는 것이나, 가혹한 노동을 강요당했다는 것은 당시 정부의 공문서 등으로 판명이 됐고, 일본의 재판에서도 피해 사실은 인정받고 있다. 이런 사실(史實)도 충분하게 설명하고, 당시 국책의 전체상을 서술하는 것이 바람직한 전시의 형태일 것이다. 센터는 지식인과의 회의를 거쳐 전시를 결정했다고 하지만, 현 상태로는 약속한 취지를 실현하고 있다고는 말하기 어렵다.

최근에는 세계적인 유산 인정에 정치적인 의도가 끼어드는 케이스가 눈에 띈다. 그래서 '세계유산'(예전의 기억유산)은 당사자 간의 의견이 정리될 때까지 심사를 보류하도록 제도가 바뀌었다.

유산의 가치가 세계적으로 인정을 받았다고 해서, 특정의 역사인식을 보증한다는 것은 아니다. 어느 나라가 걸어 온 길도 빛과 어둠이 있고, 이웃 나라와의 관계도 복잡하다. 명암을 따지지 말고 사실(史實)을 겸허하게 마주 보며, 미래를 생각해야 할 책임은 일본도 한국도 마찬가지일 것이다.

메이지 이래 일본은 많은 이의 노력과 희생을 바탕으로 눈부신 공업화를 이룩했다. 부(負)의 측면에는 눈을 돌리지 않는다고 한다면, 유산의 광채는 빛이 바랠 것이다.　　　　　　　　　　　　— 〈아사히신문〉 2020년 7월 9일 자

사설 중 눈에 띄는 대목은 "지금까지 면담한 (군함도 — 필자) 원주민들로부터는 차별이나 학대한 사실을 인정할 만한 증언은 없었다"라는 구절이다. 일본은 이런 주장을 종종 한다(백 보를 양보해도 '절반의 진실'인 것을 '전체의 진실'이라고 당당하게 말하는 '자기확신'이 강하다). 위안부 문제를 다룰 때도 '광의의 강제성'이니 '협의의 강제성'이니 하는 말을 만들어 어떻게든 책임을 피하려 한다. 일본은 반대되는 주장도 충분히 채록해서 전시하거나 보여 줘야 한다.

이 문제가 어떻게 해결될지는 모르겠으나 2020년 7월 29일의 국제포럼

에서 어느 외국인 학자가 한 말이 귀에 남는다. 로런 리처드슨 호주국립대 교수의 말이다.

"산업유산정보센터를 우익들만이 찾는 제 2의 야스쿠니로 만들어서는 안 된다."

에필로그

과거사로부터의 해방을 허(許)하라*

한일 간의 과거사 문제는 과거에서 미래로 나아가야 할 가늘고 긴 종이띠의 끝을 한 번 뒤틀어 붙인 '뫼비우스의 띠'로 바뀌었다. '뫼비우스의 띠'의 특징은 어느 지점에서나 띠의 중심을 따라 이동하면 출발한 곳과 정반대 면에 도달할 수 있고, 계속 두 바퀴를 돌면 처음 위치로 돌아온다는 것이다. 한일 간의 과거사 논쟁이 바로 그렇다. 두 나라는 모두 앞으로 나아간다고 주장하지만 결국은 원점으로 돌아오는 일을 반복하고 있다. 어떤 이는 무거운 돌을 밀며 산꼭대기와 바닥을 무한 반복해야 하는 시지프스의 운명에 빗대기도 한다.

왜 종이띠를 한 번 뒤트는가. 일본의 그런 행위를 우리는 '역사수정주의'라 부르고, 한국의 그런 행위는 '역사우월주의'에서 나온다. 이 틀을 깨지 않는 한 한일 간의 과거사 논쟁은 더 악화할 것이라는 우려가 점차 현실화하고 있다.

2020년 9월 '포스트 아베'인 스가 요시히데(菅義偉) 총리가 취임하자 한

---

* 이 글은 월간 〈신동아〉 2020년 10월호에 게재한 글을 수정한 것이다.

일관계가 달라질지 궁금해하는 사람이 많았다. 당시 필자는 달라질 것이 없다고 단언했다. 이유는 간단하다. 양국 모두에서 변화를 추동할 분위기도, 의지도, 인물도 없기 때문이다.

스가 총리는 2021년 2월 현재 코로나19 방역과 경제 대책, 도쿄올림픽 개최 문제로 정신이 없다. 한국 문제에 신경 쓸 틈도 없고, 우선순위도 높지 않다. 오히려 한국에 대해 부정적 인식을 가지고 있다는 소식이 들려온다. 2015년 위안부 합의 당시, 관방장관으로서 위안부 문제를 다시 논의하는 것조차 거부하던 아베 총리를 설득해 합의에 이르게 했고, 문재인 정부가 위안부 합의를 검증하는 태스크포스를 만들었을 때도 "비판은 강하게 하겠지만 파기는 하지 않을 것"이라는 일본 외무성과 한국 지인들의 말을 믿었다가 화해·치유재단을 해산하는 것을 보고 문 정권에 대해 상당히 부정적인 인식을 가지게 되었다고 한다. 2013년 12월 남수단에 주둔 중인 한빛부대의 요청을 받고 각의까지 열어 '선의로' 실탄을 빌려줬는데, 오히려 한국 내에서 '무기수출 3원칙'을 무력화하려는 꼼수라고 강하게 비난하자 상당히 실망했다는 말도 있다.

하지만 이런 정치공학적 분석은 문제의 본질을 가린다. 필자는 한일관계를 악화시키는 일본 쪽 원인은 다른 데 있다고 본다. 정치인이 아니라 일본 국민이 변했다는 사실이다. 일본 국민이 한국 국민처럼 변한 것이다. 국민의 바뀐 정서가 일본의 정치와 정치가를 구속하고 있다. 이런 변화를 이해하지 못하면 문제 해결이 요원하다. 그 연원을 따지면 2012년 8월 이명박 대통령의 독도 방문까지 거슬러 올라간다. 그 이후 박근혜 대통령의 중국 중시, 위안부 문제 해결을 전제로 한 정상회담 거부, 문재인 대통령의 위안부 합의의 사실상 파기, 일본 해상자위대 욱일기 게양 갈등, 대법원의 일본 강제징용기업 배상 판결, 일본의 대한(對韓) 수출규제와 이에 맞선 한국의 일본제품 불매운동과 군사정보보호협정(GSOMIA·지소미아) 일시 중지, 일본 해상자위대 초계기와 한국 해군 함정의 조사(照射) 충돌,

그리고 얼마 전 일본 정부를 상대로 한 위안부 피해자의 첫 승소 판결 등으로 한일관계는 줄곧 곤두박질쳤다.

이 과정에서 일본 국민은 정부의 대한(對韓) 강경책을 전폭적으로 지지했다. 예전과는 전혀 다른 현상이다. 일본 국회의원들은 "지역구 주민들이 좋아한다"는 말을 공공연하게 한다. 필자도 공개 석상에서 여러 번 그런 말을 들었다. 따라서 일본의 국민 정서가 바뀌지 않으면 일본 총리도 강경책을 쓸 수밖에 없다. 필자는 이런 상황을 "일본에도 국민이 있다"는 말로 표현한다. 지금까지 우리는 일본을 끝까지 밀어붙이면 언젠가는 굽히고 들어온다고 생각해 왔고, 실제로 그랬다. 그럴 때는 일본 정부만 보였지, 국민은 보이지 않았다. 그러나 일본 국민이 바뀌면서, 앞으로 그런 일은 없을 것이다.

한국은 어떤가. 문재인 대통령은 취임 이후 일본에 대해 강경 입장을 굽힌 적이 없다. 사법부 판결은 행정부가 어쩔 수 없고, 피해자중심주의에 입각해서 해법을 찾아야 하며, 반성의 토대 위에서 일본이 먼저 해결책을 내놓으라고 했다. 한국 정부의 이런 입장을 문제 삼는 국민은 없다(있어도 공개적으로 반대를 하지 못한다). 일본과 빨리 협상하라고 다그치는 단체도 없다. 그러니 한국은 달라질 필요가 없다.

국제관계나 국익 등을 고려해 해법을 고민할 수도 있으나 필자는 현재로서는 어떤 방안도 실현하기 어렵다고 본다. 방안에 문제가 있어서가 아니라, 어떤 방안이든 협상 테이블에 올리지 않거나, 올리지 못할 것이기 때문이다. 비유하자면, 출판사들(전문가들)이 아무리 다양한 교과서(각종 방안)를 만들어 내도 교과서를 채택할 권한이 있는 교장, 교감, 교사들(대통령, 장관, 고위공직자 등)은 학생과 학부모(국민과 유관단체)가 '교과서가 마음에 들지 않는다'고 비난할 것이 두려워 교과서와 교실을 버려두고 들판으로 나가 자연학습을 하겠다고 마음을 굳혔기 때문이다.

더욱이 한국은 일본의 수출제재도 잘 극복해서 오히려 일본에게 '본때'를 보여 줬다고 생각하고 있고, K방역의 성공으로 자부심도 커졌기 때문에 일본에게 아쉬운 소리를 하지 않을 것이다.

그런데 최근 변수가 생겼다. 문재인 대통령의 태도에 변화가 일어난 것이다. 앞에서 몇 번 언급했듯 문 대통령은 2021년 1월 18일 신년 기자회견에서 2015년 한일 위안부합의가 공식합의였음을 인정하고, 징용피해자 승소에 따른 강제집행(현금화)에 대해 부정적인 의견을 표시했으며, 서울중앙지법의 위안부 첫 승소 판결에 대해서는 곤혹스럽다는 입장을 밝혔다. 일본 정부가 항소를 하지 않아 1월 23일 서울중앙지법 판결이 확정되자 한국 외교부는 "한국 정부 차원에서는 앞으로 일본에게 추가 청구를 하지 않겠다"고 선언했다.

다만, 문 대통령의 이런 화해 제스처가 제1장에서 분석했듯 한일관계 개선 그 자체를 위해서가 아니라 다른 목적 때문이라는 시각이 많아 얼마나 실질적인 변화를 견인할지는 미지수다. '다른 목적'이란 문 정권의 최대 국책과제인 남북관계 개선에서 레전드(유산)를 남기기 위해 도쿄올림픽을 이용하려고 한다는 것과 한미일 공조를 중시하는 바이든 정권의 출범을 염두에 둔 사전 퍼포먼스라는 것이다.

김석기 국민의힘 국회의원이 이런 관측과 관련해 2021년 2월 4일 대정부질문에서 "문재인 정부가 도쿄올림픽에서 북한 쇼를 성공시키지 못하면 언제든지 한일관계를 틀어 버릴지 모른다는 우려가 제기되고 있다"고 하자, 정세균 총리는 "듣기가 좀 거북하다"고 응수했다. 문재인 정부의 전반적인 대일 강경 기조는 실패한 것 아니냐는 김 의원의 추궁에 정 총리는 "일본을 두둔하는 듯한 말씀에 경악할 수밖에 없다"고 반박했다. 일본 문제는 말하는 사람의 의도와는 상관없이 듣는 사람이 경악하면 그대로 '친일파'가 되는 '반일 프레임'이 여전히 작동하고 있음을 보여 준다.

의도야 어떻든, 그리고 어떤 방안을 내놓든 한일관계를 정말로 개선하려면 양국은 다음 4가지 전제조건을 수용해야 한다고 본다.

첫째, 양보와 타협이 필요하다. 어떤 해결책이든 한국과 일본이 100% 만족하는 방안은 없다. 양보와 타협을 전제하지 않으면 협상 테이블에 앉아 있을 수 없다.

둘째, 리더의 결단이 필요하다. 과거사 문제는 한국 대통령과 일본 총리의 결단이 없으면 해결할 수 없다. 지금 하고 있는 양국 외교부와 산업부의 국장급 회담은 관객 없는 싸구려 연극이다. 양쪽 모두 명분만 쌓고 있을 뿐이다.

셋째, 대국민 설득이 필요하다. 원하는 것을 모두 얻을 수는 없다고 국민을 설득해야 한다. 어렵지만 피할 수 없는 길이다. 필자는 역사 문제는 과거사에 원칙적인 입장을 견지해 온 진보 정권이 해결을 시도하는 것이 바람직하다는 견해를 갖고 있다. 반발도 덜하고, 후유증도 줄일 수 있으며, 국민 설득에도 상대적으로 유리하다고 보기 때문이다.

넷째, 한일이 동시 행동에 나서야 한다. 지금은 상대방에게 먼저 안을 내라고 한다. 하지만 한쪽이 먼저 무릎을 꿇는 일은 없을 것이다. 한국과 일본은 순차 행동이 아니라 고위 접촉을 통해 방안을 조율한 뒤, 동시 행동을 하는 쪽으로 협상의 방식을 바꿔야 한다.

위의 원칙은 그럴듯하다. 그런데 허점이 있다. 쌍방, 또는 일방이 협상에 응하지 않으면 아무 일도 일어나지 않는다. 그러기 위해서는 서로를 필요로 해야 한다. 한국과 일본은 그동안 서로 필요한 것을 찾아내기 위해 노력해 왔다. '한일은 아시아에서 자유주의와 시장경제, 법치와 인권을 공유한 유이(唯二) 한 나라다', '중국을 견제하려면 한일이 손잡아야 한다', '한국은 저출산, 고령화 등을 먼저 경험한 일본에서 배울 것이 많다', '한미일 동맹의 약한 고리인 한일동맹을 강화해야 한다', '북한의 비핵화를 위해선 한일 협력이 필요하다', '한일이 국제사회에서 손을 잡으면 얻을 이득이 많다'는 등의 이유를 '발견'했다. 그러나 이 모든 것도 갈등을 줄이는 데 실패했다. 과거사가 국익 위에 있기 때문이다. 지금은 의료선진국인 두 나라가 코로나19 방역 모델을 개발해 필요한 국가로 전파하면 좋겠다는 제안도 있다. 그러나 이것도 진전이 없다. 양국 모두 그럴 마음이 없다. 필자는 이렇게 '공통의 무엇'을 찾으려는 노력을 '희망의 살라미'라고 표현한다. 북한이 비핵화 협상과정에서 썼던 '살라미 전술'을 한국과 일본은 겨우 협상 테이블에 앉기 위한 '명분 찾기'에 쓰고 있다.

관계를 개선한다고 해도 두 나라는 과거로 돌아갈 수 없다. 못 볼 것을 너무 많이 봤고, 너무 멀리 떨어져 나와서 그렇다. 그러니 관계 회복이 아니라 관계를 재정립해야 한다. 그런 점에서 이제 우리는 자신에게 두 가지 진지한 질문을 해야 할 때가 왔다.

"일본과 어떤 수준의 합의를 해야 해결로 볼 것인가."

일본과 합의하기에 앞서 우리 내부에서 먼저 합의의 수준을 합의해야 한다. 일본과 합의를 하더라도 다시 요구하거나 부정하는 악순환을 막기 위해서다. 이는 국격에 관한 문제이다.

더 근본적인 문제가 있다.

"일본과의 협상을 통해 과거사 문제를 해결할 수 있다고 보는가."

일본의 전폭적인 협조를 얻어 그랬으면 좋겠다. 그러나 그럴 가능성이 없거나 적다면 어떻게 할 것인가. 해결하지 않은 것으로 해결했다고 할 수도 있지 않은가. 이제 그런 자신감을 가질 때도 됐다.

그러나 이런 방법은 수세적이다. 김영삼 대통령이 1993년 3월에 했던 것처럼, 일본에게는 계속해서 진상규명을 요구하되 국제사회에서는 과거사 극복을 위한 공동작업을 해나가면서, 금전적 조치는 한국 정부가 책임지겠다고 선언하는 것이 오히려 당당하다. 필자는 이를 '신 투 트랙', '제2의 투 트랙'으로 부른다. 한국과 일본이 짐을 나눠 지자는 것이다. 그러나 이 방식은 현 정권이 쓸 시기는 이미 지나 버렸다. 새로운 정권은 진지하게 고려해 볼 만하다.

국민도 문제해결을 원한다면 좀더 어른스러워져야 한다. 찬성과 반대는 국민의 권리이자 자유이다. 모든 것을 얻을 수 없다면 합의를 해서는 안 된다는 것이 국민의 뜻이라면 정부는 그렇게 하면 된다. 다만, 그럴 경우 국민은 우리가 입을 손해나 불편 등을 감수하겠다는 각오를 하고 그런 결정을 한 정부도 지지해야 한다. 무조건 최상의 결과만을 내놓으라고 다그쳐서는 안 된다. 이는 일상생활에서는 물론이고 국제관계나 외교에서도 두루 통용되는 상식이다. 유독 통하지 않는 곳이 한일관계이다. 한국도 이제 성장했으니 모든 책임을 일본 탓으로만 돌리지 말고, 정부도 당당하게 일본과 협의할 수 있도록 '심리적 여유'를 허락하면 어떨지.

이 글을 쓰고 있을 때 이런 칼럼을 읽게 됐다.

… 한국이 도덕적 절대우위를 가진 과거사 문제에서 일본에 밀리는 초현실적일들이 벌어지게 된 원인과 책임이 문제인 정부에만 있는 것은 아니다. 일본에 대한 강경 일변도의 목소리 외에는 용납하지 않는 한국 사회 전체의 책임이다. 일본 문제에 대해서는 생산적인 토론이 불가능하다. 무엇이 국익에 도움이 되는지, 도덕적 우위를 계속 유지하려면 어떤 전략을 가져야 하는지 냉철하게 논의할 여지가 허용되지 않기 때문이다. 한국에는 반일감정을 정치적·사회적으로 이용하려는 부류, 그런 선동에 휘둘려 대책 없는 강경론을 외치는 부류, 잘못된 길로 가고 있음을 알면서도 눈치 보고 침묵하는 부류만이 존재한다. 그런 세월이 쌓여 이뤄진 결과가 지금 우리가 목도하고 있는 한·일 과거사 문제의 현실이다. 정치인·관료·학자·법조인·언론·시민단체 모두가 공범이다.

이순신이 부산의 일본군 본진을 공격하라는 선조의 명령을 따르지 않은 것은 나라를 구하려는 충정이 없었기 때문이 아니라 그런 싸움은 이기기 어렵고 결국 나라를 지킬 수도 없게 된다는 것을 알고 있었기 때문이다. 강제징용·위안부 판결의 후폭풍을 우려하고 정부 대응의 문제점을 비판하는 것은 친일적 시각을 갖고 있기 때문이 아니라 그런 방식으로는 일본에 이기기도 어렵고 문제를 해결할 수도 없다는 것을 말하기 위한 것이다. 지금부터라도 진지하고 냉철하게 과거사 문제를 풀어 가야 한다. 그러기 위해서는 이순신이 환생한다고 해도 친일파로 몰릴 수밖에 없는 지금의 사회 분위기가 바뀌어야 한다. "비분강개하여 목숨을 내던지는 것은 쉬우나 끝까지 참고 의를 성취하는 것은 어렵다(慷慨赴死易 從容就義難)."

— 유신모의 외교포커스, 〈경향신문〉 2021년 1월 29일 자

필자는 이 에필로그를 "우리는 현실적으로 '불가능한 최선'과 '가능한 차선' 중에서 하나를 선택할 수밖에 없다. 하지만 원칙론자들은 '불가능한 최선'을 '가능한 최선'으로 바꿀 수 있다며 강경한 투쟁과 끝없는 희망고문을 요구한다. 국가도, 국민도, 피해자도, 운동단체도, 언론도 이제는 '가능한 최선'에 대한 믿음을 재고할 때가 됐다"는 내용으로 끝맺으려 했다. 그런데 필자의 주장과 비슷하면서도 더 좋은 글이 있으니, 이 칼럼을 에필로그의 에필로그로 삼는다.

구로다 후쿠미 인터뷰
" '친일파' 소리 사라져야 언론자유국가다"

한일관계가 악화하면서 생겨난 현상 중 하나가 일본 내 지한파, 친한파의 급격한 쇠퇴다. 그들은 요즘 한국의 입장을 설명하거나 두둔하기가 힘들어졌다고 호소한다. 그들의 행동은 둘로 나뉜다. 한 그룹은 한국에 대해 침묵하면서 불만을 삭이지만, 다른 그룹은 공개적으로 쓴소리를 하기 시작했다. 여기에 소개하는 1세대 지한파 구로다 후쿠미(黑田福美) 씨는 후자에 속한다. 그와 인터뷰한 것은 2018년 12월로, 대법원에서 강제징용 피해자에게 승소 판결을 한 직후여서 일본의 분위기가 매우 안 좋을 때였다. 이후 양국 관계는 최악의 상태로 치달았다. 그의 인터뷰를 이 책 말미에 싣는 것은 오래전부터 아낌없이 한국을 사랑했던 일본의 지한파들이 왜 쓴소리를 하게 됐는지를 가감 없이 전달함으로써 우리 자신을 되돌아보는 거울로 삼기 위해서다.

구로다 후쿠미는 1956년 도쿄에서 태어났다. 도호가쿠엔대(桐朋學園大) 연극학과를 졸업하고 다수의 드라마와 영화에 출연했다. 일본인들이 한국에 대해 별로 관심이 없던 1980년대 초부터 한국어와 한국문화를 익혀 한국을 자주 오가며 일본에 한국을 알린 한류 전파 1세대 연예인이다. 구로다 씨는 한국의 지방을 일본에 소개하

는 데도 남다른 열정을 보였다. 이런 인연으로 합천군, 창녕군, 경기도, 여수세계박람회의 관광홍보대사 등을 지냈다.

구로다 씨를 얘기하며 빼놓을 수 없는 것이 가미카제 탁경현(卓庚鉉) 씨와의 인연이다. 1991년 구로다 씨는 꿈속에서 낯선 조선 청년을 만난다. 청년은 "비행기를 몰고 전쟁에 나가 죽었다. 억울한 것은 나는 조선인인데 일본 이름으로 죽었다는 것이다"라고 말한다. 구로다 씨는 〈요미우리신문〉에 꿈 얘기를 썼고 결국 25살의 나이에 미쓰야마 후미히로(光山文博)라는 이름으로 오키나와 상공에서 숨진 조선 청년 탁경현의 존재를 알게 된다. 구로다 씨는 16년의 노력 끝에 2008년 그의 고향인 경남 사천군 서포면에 '귀향기원비'(歸鄕祈願碑)를 세우기로 군청과 합의한다. 그러나 제막식 당일 탁 씨를 '친일부역자', '전범'이라고 주장하는 광복회와 시민단체의 반대로 비석 건립은 무산된다. 비석은 우여곡절 끝에 2009년 10월 경기 용인 법륜사의 주지 스님이 자신의 절로 옮기지만 역시 반일 시위로 인해 세우지는 못하고 비석 이름이 위로 오도록 쓰러뜨려 놓은 채로 보관하고 있다. 구로다 씨는 이 일을 추진하며 겪은 일을 일본에서 책으로 냈고, 2018년 한국에서 《그래도 나는 포기하지 않는다》는 이름으로 번역 출간됐다.

구로다 씨는 그 외에도 《서울 마이 하트》, 《서울의 달인》, 《구로다 후쿠미의 한국 둘러보기》 등의 책을 출간했고, 2020년 11월에는 한국의 한방(韓方)을 소개하는 책을 펴냈다. 2011년 한국 정부로부터 수교훈장 흥인장을 받았다.

인터뷰 일시: 2018년 12월 20일
장소: 도쿄 쓰키지(築地) 〈아사히신문〉 내 〈동아일보〉 도쿄지사

심규선 지금부터 구로다 후쿠미 씨와 인터뷰를 시작하겠습니다. 우선 인터뷰에 응해 주셔서 감사합니다. 한국과 일본이 서로를 바라보는 시각에서 전환기를 맞이했다고 느껴집니다. 한국은 일본에 대한 존경심을 잃었고, 일본에는 두 가지 한류가 공존하는 것 같습니다. 하나는 '한국'의 한류(韓流)이고 또 하나는 차가울 '한'(寒) 자를 쓰는 한류(寒流)입니다. 이 미묘한 시점에, 한일관

계를 위해 애써 오면서 성공과 좌절을 모두 겪었다고 할 수 있는 구로다 씨의 솔직한 얘기를 직접 듣는 것은 의미가 있다고 생각합니다. 우선, 《그래도 나는 포기하지 않는다》는 책이 한국에서도 번역 출판됐는데, 반응은 어떤지요?

구로다 아직 들은 것이 전혀 없습니다. 이 책은 일본에서 2017년 7월 말에 《유메노아토사키(夢の後先)》라는 제목으로 한 번 출판됐습니다. 그 출판사는 한일문제를 다루는 책도 비교적 많이 출판한 중견 출판사였는데, 안타깝게도 그 책을 출판하고 두 달 만에 출판업계의 불황으로 도산하고 맙니다. 그 사실을 우연히 WAC출판의 사장님이 알고는 없애기에는 아까운 책이라고, 오야 소이치(大宅壯一)의 논픽션 대상에 출품하지 그랬느냐고까지 높이 평가해 주셔서, 지금처럼 출판업계가 불황이고 베스트셀러가 아닌데도 이례적으로 초판 1만 5천 부를 인쇄해 주셨습니다. 나름대로 꾸준히 판매되고 있는 것 같습니다.

그 책을 집필할 때 저는 한국의 독자를 상당히 의식했습니다. 그렇다고 이 책이 한국어판으로 나오게 되리라고는 상상하지 못했어요. 왜냐면 내용이 내용인지라 한국인의 입장에서는 (신경이) 거슬릴 수도 있는 이야기였기 때문입니다. 하지만 이런 생각은 듭니다. 제가 요즘 여러모로 한일 간에 주목받는데, 왜 그런가 하고 생각해 봤더니, 여성의 시선으로 한일관계를 표현한 사람이 별로 없어서 그런 것 같습니다.

학자나 연구자들이 쓰는 한일관계는 매우 관념적이지만, 제 책은 한 여성이 꿈에 대한 이야기로 시작해서 한일 역사 속에서 일본인으로 희생당한 조선인 병사들의 존재를 알게 되고, 그들의 넋을 위로하게 되는 이야기를 사실적으로, 기승전결에 따라 그리고 있습니다. 특히 한국에서는 그들을 매국노 취급했는데 오히려 일본인 중에 그를 애도하는 사람들이 있습니다. 책에는 비석을 세우는 과정에서 실제로 어떤 장벽, 문제, 배신, 실망에 부딪혀야 했는지를 쓰고 있습니다.

저는 민족과 사상, 종교를 초월해 단지 역사 속에서 희생된 사람들을 애도한다는 생각으로, 전적으로 위령의 마음과 선의로 한 것인데, 그것이 한국에서는 받아들여지지 않고 매국노를 위한 비석이라고 비난당하면서 비석은 두 번이나 쓰러집니다. 그런 구체적인 장면들에 대해 연구자들은 의외로 연구하지 않습니다. 저는 그 일을 통해 한일 사이에 뭔가를 하려면 구체적으로 어떤 어려움이 있고 어떤 일을 당하게 되는지 잘 알게 되었던 것 같습니다. 그런 의미에서는 지금까지 없던 획기적인 책이지요.

저는 이 책을 집필하면서 가능한 한 추측은 배제하고 날짜, 인명, 경비 등 구체적인 사실을 매우 자세히 기록했습니다. 첫 번째 이유는 시간 순서에 따라 전개했기 때문이고, 두 번째 이유는 개인적인 생각을 쓴 글이 아니고 읽는 사람으로 하여금 내용을 제대로 이해할 수 있도록 증거를 제시해야 한다고 생각했기 때문입니다. 단순히 감정에 휩쓸려 쓴 책이 아니라는 것을 알리고 싶었던 것이죠.

쓰는 도중에 이런 책이 한국에서 출판되기는 도저히 어렵겠다고 생각하면서도, 또 한편으로는 오히려 한국인들이 좀 읽어 줬으면 좋겠다는 생각도 들어서 매우 신중하게 썼습니다. 그것이 한국의 학자나 언론 관계자들의 눈에 들어 추천을 받게 되고 한국어판으로도 출판되었는데, 그 과정이 어찌나 착착 진행되는지 저도 놀랐습니다.

심규선 선생님께서는 그 책이 한국어판으로 출판된 것에 대해 의외라고 말씀하셨는데, 그것은 선생님께서 한국을 너무 어렵게 생각하신 것이 아닌가 싶습니다. 저는 한국이 그 정도 책은 낼 수 있는 나라라고 생각합니다. 이 책에서 선생님은 '귀향기원비'를 (본인의) 일생에서 가장 중요한 일로 정의하셨고, 아직도 현안이 남아 있다고 하셨는데, 앞으로는 어떻게 될 것 같습니까?

구로다 제가 해야 할 일은 모두 끝났다고 생각합니다. 저는 두 번 비석을 세웠고 그것이 두 번 쓰러졌으니, 일본인인 제가 할 일은 다했다고 생각합니다. 저는 35년간 한국과 관계를 맺어 왔는데 이 비석을 세우고 책을 다 썼을 때 "내가 갖고 태어난 사명이 이것이었구나"라고 생각했습니다. 때때로 한국을 일본

2009년 경기 용인 법륜사에 세웠던 '귀향기원비'(왼쪽)는 반일시위로
현재는 눕혀서 보관 중(오른쪽)이다. (사진제공 - 구로다 후쿠미)

에 알리는 일을 계속해 왔지만 궁극적으로는 꿈속에 나타난 그 청년이 했던 말
처럼 "나는 조선인인데 일본 이름으로 죽었다"는 원통함을 알리고 싶었습니다.
이런 사실이 있었다는 것을 한국인과 일본인에게 알리고 싶었고 그 형태가 비
석이 된 것입니다. 이 책에도 썼습니다만 "형태가 있는 것들은 언젠가 파괴될
것이다. 그러니 이 비석도 언젠가는 한 줌의 먼지가 될지 모르지만, 이와 같은
일을 했다는 것을 책으로 다 쓰기 전까지는 죽지 않겠다"고 생각했습니다.

이렇게 책으로 남기면 한일의 역사 속에도 남을 것이고, 이제는 그 누구도
이것을 없었던 일로야 할 수 없겠지요. 저는 이 책을 쓰고 나서 "이렇게까지 했
으니 이제는 역사에서 지우지는 못할 것이다. 여기까지 해냈다는 것은 내가 그
런 사명을 가지고 태어난 사람이기 때문이다. 한국과 일본을 이어 주는 큰일을
했다"고 생각했습니다. 그리고 "이제는 어깨의 짐을 내려놓자. 내가 이 땅에
태어난 의미는 모두 달성했다"고 생각했습니다. 이제 공은 한국 쪽으로 넘어갔
습니다.

최서면 선생님께서는 이 비석에 대해 "이 귀향기원비는 세워져 있었다면 더 좋았겠지만 쓰러져 있어도 의미가 있다"라는 글을 써주셨습니다. 누군가에 의해 쓰러져 있음으로 해서, 아무도 모르는 채 멀쩡히 서 있는 것보다 더 큰 메시지를 한국인들에게 매 순간 제시하는 비석이 되었다는 것입니다. "이런 짓을 하는 것에 대해 어떻게 생각하느냐"는 메시지를 말이죠.

심규선 최서면 선생님다운 해석인 것 같습니다. 구로다 선생님은 한국인들이 읽기에 거슬릴 것이라고 말씀하셨지만 제가 읽어 본 바로는 그래도 예의를 갖춰서 썼다고 생각합니다. 거기 보면 시민단체나 매스컴에 대한 불만, 사회 전체에 대한 불만이 들어 있습니다. 물론 책에도 쓰셨지만 '귀향기원비'와 관련해서 더 털어놓고 싶은 불만이 있으신가요?

구로다 법륜사 주지 스님을 만났고, 그분이 많은 일을 해주셨기 때문에 저의 한은 다 풀렸습니다. 정말로 결과에 만족하고 제가 해야 할 일을 다했기 때문에 어떤 불만도 없습니다. 다만, 이 책에도 썼지만 제가 한국과 일본을 오가면서 처음에도 느꼈고 지금도 느끼고 있는 한일 간의 문제점은 하나도 달라지지 않았어요. 저는 한국을 '달걀 껍질'에 비유한 적이 있는데, 달걀 속은 부드럽고 영양 많고 따뜻한 데 비해 그것을 감싸고 있는 껍질은 차갑고 딱딱하고 거칠다는 것입니다.

한일의 매스컴이 다 그렇지만 예를 들어 한일 간에 강제징용 같은 문제가 발생했을 때 일본대사관 앞에서 아베 총리의 사진을 불사르는 등 과격한 부분, 바깥 부분만 비춰 줍니다. 일본에서 혐한 발언을 하는 사람들의 의견을 일본인이 봤을 때 일본인 전체의 의견이라고는 누구도 생각하지 않는 것처럼, 실은 한국에서 볼 때 그런 과격한 사람들은 일부에 불과하다는 것을 잘 압니다.

하지만 언론을 통해 그런 것이 확대됨으로써 마치 서로의 나라가, 모든 국민이 그런 식으로 생각하는 것처럼 비쳐지지요. 그것이 '달걀의 껍질'입니다. 저는 한일축제 실행위원을 오랫동안 맡고 있는데, 이제는 정말 많은 한국인들이 일본으로 여행을 가지 않습니까? 그리고 한국의 지방에서도 도쿄로 1박 여행을 오는 사람들이 있어요. 이처럼 따뜻한 시민 교류가 이뤄지고 있는데, 그처럼 이해가 없는 견해들이 매스컴을 통해 조성되고 있다는 것이 예전부터 전혀 달라지지 않는 문제라고 생각합니다.

그와 동시에 한국은 정말로 언론의 자유가 없다고 생각합니다. 가장 극단적인 예는 박유하 선생님의 《제국의 위안부》입니다. 한 나라의 연구자가 전심전력을 다해 연구한 결과를 책으로 냈는데, 그 연구성과가 괘씸하다는 이유로 발매금지를 하고, 대학교수의 급여를 압류하는 등 다양한 의견을 존중해 주지 않아요. 지금 대법원에 계류 중이죠? 〈아사히신문〉의 와카미야 요시부미(若宮啓文) 씨를 비롯한 외국인, 저널리스트 등 54명이 이 일에 대해 항의했습니다만, 한국은 이처럼 언론을 봉쇄하는 사회입니다.

매스컴이라는 것이 대체로 정부의 의향을 살피면서 움직이는 것이긴 합니다. 하지만 일본에는 '양론병기'(兩論並記)라고 해서 이런 의견이 있으면 반드시 저런 의견도 있다는 것을 공평하게 다뤄야 한다는 원칙이 있습니다. 하지만 지금 일본의 매스컴에서 화제가 되고 있는 것은 '보도하지 않을 자유'에요. 여론을 자신들이 원하는 방향으로 몰고 가기 위해, 문제를 자세히 다루지 않음으로써 전혀 다른 방향으로 유도하는 것이죠. 따라서 일본의 매스컴도 반드시 공평한 것은 아니며 매스컴의 문제는 언제나 있다고 생각합니다. 그렇다고 해도 한국의 매스컴과 일본의 매스컴에는 큰 차이점이 있습니다. 어느 쪽이 좋고 어느 쪽이 나쁘다는 이야기는 아닙니다. 예를 들어 일본에는 〈보도스테이션〉 같은 '뉴스 버라이어티 쇼'가 있고, 주부들이 보는 '와이드 쇼'가 있습니다. 그런 것이 한국에는 없어요. '와이드 쇼'는 예를 들면 매니페스토란 무엇인가, 강제징용 문제란 무엇인가, 65년 협정이란 어떤 내용인가와 같이 평상시에 일어나는 정치, 경제, 사건, 사고의 이슈에 대한 기초적인 지식을 알기 쉽게 전달한 후 정치가부터 개그맨까지, 우익부터 좌익까지 다양한 사람들이 스튜디오에 나와 본인의 생각을 자유롭게 발언하는 프로그램인데, 그런 프로그램을 한국에서는 볼 수가 없습니다.

심규선 2007년에 강상중 교수와의 대담집에서 선생님께선 한국을 소개할 때 처음에는 여행이나 문화같이 쉬운 테마에서 시작하고 싶다고 하셨는데, 지금은 어쩔 수 없이 정치나 역사 등에 대해서도 언급할 수밖에 없는 시점에 온 것 같습니다. 왜 이런 변화가 왔다고 생각하십니까?

구로다 아니오, 지금도 마찬가지입니다. 저는 어디서부터 접근해도 좋다고 생각해요. 이제 한류 2세대가 활동하는 시대가 되었습니다. 엄마가 한류를 좋아했기 때문에 그 영향을 받아 아이들도 좋아하게 되었지요. 그런 것들로부터 접근해서 한국어를 공부할 수도 있어요. 제 나이의 세대에는 쉬운 부분부터 접근하더라도 그 배경에 있는 한국 문화를 지적(知的)으로 추구하려고 하는 사람들이 꽤 있습니다. 그런가 하면 K-POP이나 드라마만으로도 충분하다는 사람들, 문화 같은 것은 별로 필요 없다는 사람도 늘었습니다. 그것도 그것대로 좋다고 생각합니다.

아까 제가 '달걀 껍질'을 얘기했습니다만, 껍질 속의 부드러운 부분인 양국 시민들은 정말로 교류를 잘하고 있습니다. 그 부분에는 변화가 없어요. 일본인이 혼란을 느끼는 이유는 한국의 정치적인 면이나 험한 말을 하는 사람들을 도저히 이해하지 못하면서도 마음속으로는 여행가서 만났던 따뜻한 한국인에 대한 기억들을 부정할 수 없기 때문이에요. 그런 이중구조가 될 수밖에 없는 상황이라고 생각합니다. 문화로부터 시작된 교류는 지금도 많이 이루어지고 있고, 고노 다로(河野太郎) 외무대신 같은 경우는 (2018년) 8월부터 10월까지 2시간씩 4회에 걸쳐 (한일 간 문화 및 인적 교류 확대방안을 논의하기 위한) 전문가 회의에 모두 출석했습니다. 일반적으로 외무대신은 그런 것은 아랫사람들에게 맡기고 잘 참여하지 않는다고 하는데, 그는 매우 열심히 귀를 기울이면서 들어 주었어요. 그 직후에 강제징용 문제가 불거져 경직된 인터뷰를 해야 하는 장면에서도 그는 교류를 방해해서는 안 된다고 몇 번이나 말했습니다. 그는 정치적인 문제와는 별개로 민간 교류를 방해해서는 안 된다는 것을 매우 잘 알고 있어요.

하지만 아무리 민간교류를 활발히 하고 싶어도 정부가 이런 식으로 반목하면, 저와 같이 현장에서 일하는 사람들은 힘들어요. 한국에서 여행 프로그램을 해보려고 수십 년간 기획서를 내도 받아들여지지 않습니다. 1988년 올림픽을 계기로 수많은 한국 관련 프로그램을 만들었고 그 과정을 제가 다 겪었는데, 좋았던 것은 2005, 2006년까지였고, 그 무렵부터 조금씩 여러 가지 문제가 생기기 시작했어요. 우리 민영방송에는 스폰서라는 것이 있는데, 1980년대 초에는 어느 방송사가 한국 여행 프로그램을 만들려고 해도 방송을 하다가 혹시 불미스러운 일이 발생하면 스폰서 기업에 대한 불매운동이 일어날 수도 있기 때문에, 긁어 부스럼을 만들지 않는 것이 좋겠다고 모두가 말리는 그런 시절이었습니다. '한반도'라는 말만으로도 문제가 되던 시절이었으니까요.

그러다가 서울올림픽을 계기로 한국 관련 프로그램들이 조금씩 늘어나게 되었습니다. 지금은 또 달라졌습니다. 프로그램을 만들고자 하는 신념이 있어도 정치적으로 무슨 일이 생기면 세상이 그것을 허락하지 않습니다. 그래서 최근에는 한국 관련 프로그램을 일절 만들지 않고 있어요. 저는 만들고 싶어서 계속 기획서를 내고 있습니다만, 전혀 만들 수 없게 되었습니다.

심규선 선생님 얘기 중에서 세 가지에 대해 다시 질문 드리겠습니다. 첫 번째는 문화에 대한 질문이고, 두 번째는 고노 외무대신이 주재한 지식인 모임에 관한 질문, 세 번째는 정치가 문화에 미치는 영향에 대해서입니다.

우선, 문화에 대해서는 몇 가지 다른 의견이 있는 것 같습니다. 우리는 보통 1차 한류의 시작을 2003년 NHK에서 방영한 〈겨울연가〉로 보는데, 선생님의 책에는 1988년 서울올림픽이라는 의견이 있습니다. 그렇다면 지금은 어떤지요. 지금이 '3차 한류 붐'이라는 사람도 있는가 하면, '옛날보다는 한류 붐이 식었다', '아니다, 지금도 저변에는 잘 흐르고 있다'는 등 의견이 분분한데, 오랫동안 문화에 관여해 오신 선생님께서 볼 때 지금 한류는 어디쯤 와 있나요.

구로다 아까도 말씀드렸지만, 언제나 우리에게는 양국의 가교가 될 수 있는 새로운 세대가 필요합니다. 지금까지 한국에 대해서 좋은 이미지나 나름대로 따뜻한 감정을 가졌던 사람들은 그것을 유지하고 있습니다. 하지만 지금과 같은 한일관계 속에서 일본인에게 대만과 한국 중 어디를 여행하겠냐고 물으면 아무 생각이 없는 사람들은 틀림없이 대만이라고 대답할 것입니다. 그래서 새로운 세대를 키워야 한다고 생각합니다. 그런 면에서 지금과 같은 소란은 좋지 않다고 생각합니다.

심규선 알겠습니다. 두 번째 질문은 아까 고노 외무대신이 4회에 걸쳐 시민과의 대화에 참여했다고 (긍정적으로) 말씀하셨는데, 저는 생각이 좀 다릅니다. 지금 이 시대에 맞춰서 뭔가 일을 하겠다고 한다면 김대중, 오부치 때보다 더 구체적이고 더 큰 것이 나오지 않을까 싶었는데, 사실은 김대중 대통령과 오부치 총리가 이미 합의한 문화 부분을 가지고 지금 이 시점에서 이야기를 했다는 것이 저로서는 좀 '스몰 포테이토'(small potato)가 아니었는가 하는 생각이 듭니다.

구로다 양측의 의견서를 다 읽어 보셨습니까? 한국에서 내놓은 것도.

심규선 한국은 (논의해서 내놓은 결과물이) 스케일이 더 작았습니다.

구로다 저는 그것을 보고 도대체 구성원들이 어떤 사람들일까 생각했습니다. 일본 측은 연구자, 50대 등 다양한 계층의 사람들이 의견을 내놨습니다. 제가 가장 나이가 많은 편이었고요. 일본 측의 의견은 한일 간에 있던 여러 가지 문제들 때문에 좀 신중해졌다는 인상을 받았습니다. 한국 측에서는 20개 항목 정도를 냈는데, 물론 젊은 층의 의견이라는 점도 있지만, 우리가 볼 때는 너무 세상 물정 모르는 소리를 한다는 느낌이 든 것이 솔직한 소감이었습니다. 한일관계를 매우 낙관적으로 보고 있더군요.
　일본 측 의견은 항상 뭔가를 당하는 입장이기 때문에 한국의 심기를 건드리지 않으면서 어떻게 하면 좋을지에 대해 굉장히 고민한 흔적이 역력한 것들이었습니다. 그리고 한국 측에 대해서 "이런 것을 검증하면 더 좋을 것 같다"는 식의 제안도 있었는데, 지금과 같은 상황에서 한국에서 일본에 대해 좀더 알아보려는 활동을 했다가는 '친일파'로 몰려서 곧 끝나 버릴 수도 있어요. 한국 측의 제안은 좀 교과서적 모범답안을 내놓은 것 같다는 인상을 받았습니다.

심규선 세 번째 질문은 오늘 인터뷰에서 가장 중요한 질문이 될지도 모르겠는데요. 앞으로는 도대체 어떻게 해야 될까요. 정치에 대해서 바라는 것이 있다면 말씀해 주시고, 문화 쪽에 특기를 가지고 계신 선생님께서 생각하시기에 앞으로 어떻게 했으면 좋겠는지, 두 가지에 대해 말씀해 주시기 바랍니다.

구로다 저는 이번 지식인 모임에서도 사이버 공문서관 같은 것을 만들자고 제안했습니다. 최근에 외무성 공문서관을 대폭 공개했습니다만, 그 외에도 한일에 관련된 공문서관을 만들어서 어떤 관점에서 서로가 조인(調印)을 했는지 한눈에 볼 수 있게끔 하면 어떨까 하는 제안을 했습니다. 예를 들어 한국의 외무부 사이트에 들어가서 뭔가를 찾는 것은 매우 힘듭니다. 그런 식으로 자료가 여기저기 흩어져 있기 때문에 서로가 힘듭니다. 공문서관 같은 것이 하나 있어서 국가 대 국가가 약속한 조약들을 팩트로서 열람할 수 있다면 서로 간의 망언은 막을 수 있지 않을까요? 해석은 일체 넣지 말고요. 저는 상호 간에 사실 인식을 강화해야 한다고 생각합니다.

예전에는 일본인이 한국에 가면 제 의견을 물어보는 한국 사람들이 많았는데, 요즘은 제가 항상 물어봅니다. 택시를 타도 "이런 것에 대해서 어떻게 생각하느냐"고 항상 물어봐요. 그러면서 최근에 깨달은 것은, 질문의 내용과는 거리가 멀지도 모릅니다만, 일대일의 상황에서는 한국인들도 상당히 유심히 듣는다는 것입니다. 그리고 아주 새로운 의견을 말해 주기도 합니다. 예를 들면 소녀상 이야기가 나올 무렵부터는 "한국도 이제 그만 정도껏 하는 것이 좋겠다"든가, "물론 식민지 지배는 불행한 일이었지만 우리 선조들도 방법이 없었다"든가, 그런 것들을 말해 주는 사람들을 보면 일반인들의 감각이 좀 달라진 것 같다는 생각이 듭니다.

　제가 볼 때 좀 놀라운 것은, 결국 정부 측의 의견을 살펴야 하기 때문에 지상파는 여러 의견을 충분히 말할 수는 없지만 한국에는 유튜브 같은 매체들, 인터넷 방송이라는 것이 굉장히 많고, 등록자 수와 시청자 수도 일본과의 인구비를 생각하면 어마어마하게 많다는 것입니다. 인터넷 시대가 되면서, 특히 한국은 젊은 세대의 교육수준이 매우 높지 않습니까, 세계를 보는 눈도 열려 있고 인터넷을 통해 다양한 정보가 들어오는 시대에, 젊은 세대가 나만 모르는 것 같은 느낌을 받는다면, 그 모든 원망은 정부를 향하게 될 것입니다. 오히려 팩트는 팩트로서 공정하게 제대로 알리고 논의를 숙성시키는 과정이 필요하다고 생각합니다.

심규선　선생님 말씀에는 상당 부분 동의를 하지만, 시각의 차이가 있는 것 같습니다. 선생님 말씀으로는 한국은 사실관계를 아는 것이 좀 부족한 부분이 있다고 하셨는데, 한국은 일본인에 대해서 "역사인식이 너무 없다, 예를 들어 가까운 선조가 세계를 향해서, 한반도를 향해서 무슨 일을 했는지에 대해서도 잘 모를 정도로 역사 문제에 너무 관심이 없는 것이 아니냐, 그렇기 때문에 더 갈등이 증폭되는 것이 아니냐"고 합니다. 그래서 어떤 사람은 일본의 젊은이들에게 근세사, 현대사를 가르칠 필요가 있다는 주장도 하는데, 그것에 대해서는 어떻게 생각하십니까?

구로다　그렇다면 한국의 젊은이들이 올바르게 하고 있느냐 하는 문제는 차치하더라도, 제가 한국의 TV를 보면 정부 홍보가 많은 것 같습니다. 그런 것들이 상당히 멋지게 만들어져 있어요. 한국의 젊은이들은 역사를 알고 있다기보다는 정부 견해를 그대로 받아들이고, 그것을 일본인에게 강요하는 것처럼 느껴집니다. 물론 어떤 나라의 젊은이들도 정치, 역사에 관심이 없습니다. 일본의 경우 역사에 대해서는 입시 교육 등으로 인해 근대사 같은 것들은 특히 더 배우지를 않아요. 가르치는 쪽도 힘든 면이 있어서 그냥 뛰어넘는 경우도 있고

요, 오히려 그래서 햐쿠타 나오키(百田尙樹)의 《일본국기(日本國紀)》라는 책이 50만 부나 팔린 것입니다. 사실은 근대사를 더 알고 싶으니까요. 다른 관점에서 더 잘 알고 싶으니까요. 일본 사회에는 그런 목마름이 있습니다.

저는 한국의 젊은 세대들이 수요집회 같은 곳에서도 과격하게 하는 것을 봅니다. 그런 사람들을 보면 선의를 가진 사람들이에요. 누군가에게 배웠고 할머니들이 불쌍하다는 선의가 있으니까 굉장히 열심히 합니다. 하지만 그런 사람들은 진실을 비판 없이 그냥 받아들이는 것입니다. 저는 한 번이라도 (사실을) 확인해 본 적이 있느냐고 묻고 싶어요.

일본인은 "다케시마가 누구네 땅이냐"는 질문을 받으면, 보통 "잘 모르겠다"고 말합니다. 그것은 "잘 알지도 못하는데 그런 대답을 가볍게 할 수 없다, 잘 알아보지도 않은 것에 대해 말할 수 없다, 신념이 없는데 말할 수 없다"는 것이에요. 하지만 한국인은 정부가 그렇게 말하니까 "우리 땅이다"라고 말해 버리죠. 그 차이입니다.

심규선　현재 선생님께서는 35년간 한국과 관련된 일에 관여하고 계십니다. 처음 시작할 때는 어려웠고, 그다음에는 꽃을 피웠다고 볼 수도 있고, 그러다가 비석 때문에 좌절도 겪으셨고, 지금은 오히려 본인의 일보다는 국가 간의 정치 문제 때문에 35년 동안 해온 것의 끝이 본인이 바라던 대로 된 것은 아니라고 볼 수도 있는데, 이 다음을 위해서는 어떻게 하면 좋을까요. 꼭 본인이 아니더라도 앞으로 어떤 사람이 어떤 일을 어떻게 해야 할지에 대해 들어 보고 싶습니다.

구로다　그거야 물론 동북아시아의 안전과 발전을 위해서는 반드시 한일이 손을 잡고 서로 이해해야 한다고 생각합니다. 일본인이 싸울 때는 참고 참습니다. 진실은 언젠가 드러날 것이라는 불교적인 생각이죠. 상대방도 언젠가는 알게 될 날이 있겠지 하고요. 끝내 생각대로 되지 않는다면 "이제 이 사람과는 평생 안 보겠다"고 합니다. 그래서 일본인의 싸움이라는 것은 미래가 없기 때문에 무섭습니다. 하지만 한국인은 싸우면서도 의사소통을 해요. 조정을 합니다. 그런 면에서 한일이 다른데, 일본은 한국이 이것저것 말을 해도 참고 참아 왔습니다. 하지만 (일본 기업은 강제징용자에 배상하라고 판결한) 이번만큼은 한국에 대해 인내심이 바닥났다는 그런 느낌이 있습니다. 그런 부분을 알아 주셨으면 합니다.

심규선　선생님의 말씀을 들으니 한국도 변했지만, 일본도 변했다라는 말씀을 하시고 싶은 것 같은데요.

구로다　변했다기보다 쭉 참아 왔다는 이야기입니다. 듣기 좋은 말도 삼세번이라는 말이 있지 않습니까.

심규선　한국 사람들의 입장에서는 일본이 말하는 팩트도 역시 선택의 과정을 거친다고 생각합니다. 무엇을 선택하느냐에 따라서 굉장히 다른 결과가 나올 수 있기 때문에, 일본이 말하는 팩트는 인정하지만 일본이 선택하는 팩트도 국가의 영향을 받는다는 것이고, 한국도 마찬가지로 일본에게 비난을 받지만 역시 일본을 이야기할 때 팩트를 선택하다 보니까 서로 마찰이 생긴다는 것뿐이지, 그것이 결국 "팩트를 중시하는 일본은 옳고 식민지 시대를 겪었던 한국의 불만은 팩트에서 멀기 때문에 비난을 받아야 한다"고는 생각하지 않습니다. 그런 부분은 오래전부터 있어 왔던 갈등이기 때문에 지금 그 이야기를 하기에는 시간이 좀 없는 것 같고요. 선생님께서 한국과의 일에 관여하면서 가장 인상에 남았던 에피소드, 보람 같은 것이 있으면 말씀해 주시기 바랍니다.

구로다　2001년, 김대중 대통령이 단계적으로 일본 문화를 개방했는데, '차게 앤 아스카'라는 그룹이 2만 명 규모의 잠실 콘서트장에서 처음으로 대규모 콘서트를 개최하게 되었을 때, TV아사히의 의뢰로 가두인터뷰를 한 적이 있습니다. 명동에 나가서 "일본 문화를 개방하는 것에 대해 어떻게 생각하느냐"는 질문을 다양한 세대의 사람들에게 했는데요, 젊은 세대가 모두 "너무 좋은 일"이라고 했기 때문에 샘플로 반대 측의 의견도 필요했어요. 그래서 굉장히 '민족적'으로 보이는 할아버지를 찾아서 여쭤 봤는데 "우리 지식인들은 문화의 흐름이란 멈출 수 없는 것이라고 생각한다"고 대답하신 적이 있었습니다.

문화의 교류는 역시 매우 중요하지만, 우리 문화인은 정말 약하고, 정치가도 아니고, 결국 정치가의 망언에 의해 지금까지 쌓아 올린 것들을 한순간에 잃기도 합니다. 그리고 다시 처음부터 시작해야 합니다. 그럼에도 불구하고 의지할 것은 문화밖에 없다는 것을 피부로 느꼈습니다. 한국에 처음 갈 때 누가 때리면 어떻게 하나, 하는 생각도 있었지만, 모두가 따뜻하게 맞아 주었어요. 그래서 사람과 사람 간의 만남을 더욱 소중히 해야겠다는 마음에서 여행을 통해 한국인들을 만났으면 좋겠다는 이야기를 계속해 온 것 같습니다.

심규선 기자들이 하는 질문 중에 빠지지 않는 것이 있습니다. 지금 좋았던 일에 대해 말씀해 주셨는데요, 반대로 힘들었거나 안타까웠던 일이 있으면 말씀해 주시기 바랍니다. 역시 비석 이야기인가요?

구로다 그건 그렇습니다. 아무래도 그 후에 좀 아팠습니다. 하지만 다행히도 도움을 받았고 그것이 이처럼 책을 내는 결과를 가져왔기 때문에 다행이라고 생각합니다. 그 해답을 제가 살아서 얻어야겠다는 생각은 하지 않습니다. 언젠가는 그것에 대한 해답이 나올 거라고 생각합니다.

심규선 마지막으로 지금까지 본인이 해오셨던 일에 대한 자기 평가를 해주시기 바랍니다.

구로다 제가 할 수 있는 것은 100% 다 했습니다. 다들 (한국 관련 활동은) 본업으로 하죠. 연구 과제로 하든지, 대학교수들이 하든지, 관계자니까 합니다. 나는 배우라는 직업으로 돈을 벌어, 그 돈을 들여서 활동했어요. 그런 사람들은 많이 있습니다. MC를 하는 후루야 마사유키(古家正亨) 씨도 있고요. 사재를 털어서 활동하는 사람은 신용할 수 있습니다. 그것은 신념이니까요. 누가 하라고 해서 하는 일이 아니니까요. 오히려 남들은 모두 그만두라고 말리죠. 하지만 내가 하지 않으면 누가 하나, 라고 생각했을 때, 역시 나밖에 없었습니다. 《서울의 달인》도 그렇고 비석도 그렇고요. 할 수밖에 없었어요. 안 본 것으로, 생각하지 않은 것으로 했더라면 얼마나 편했을까 하는 생각도 합니다. 그 비석만 하더라도 처음부터 그렇게 27년이라는 긴 시간과 돈이 들고 고생스러울 것이라고 알았다면 안 했을 겁니다. 하지만 이것만, 이것만, 하면서 하나씩 극복할 때마다 그분들의 넋을 위로하는 일이 되지 않을까 하고 여기까지 왔어요. 그분들의 흔적은 야스쿠니 신사와 그 비석밖에 없으니까요.

심규선 더 하고 싶으신 일이 있으신가요?

구로다 있습니다. 제가 이 책을 써야겠다고 생각한 것은 예순이 된 이후였어요. 환갑도 되고 35년이나 일을 했으니 나도 한마디 해야겠다, 솔직하게 한번 써봐야겠다고 생각했습니다. 이것으로 끝이 아니라 저는 이다음으로 생각하는 책이 있는데, 한국이 앞선 것은 유교와 불교와 한의학이라고 생각합니다. 이 다음번에 준비하고 있는 책은 한의학에 관한 책입니다. 일본은 한의학을 완전히 닫아 버렸으니까요. 한의학이라는 아이템을 통해 한국 측이 하고 싶은 말, 한국 문화에 대한 존중, 그런 것들을 일본인들에게 제안하는 일을 예순도 넘었으니 천천히 해보고 싶습니다.

그리고 저는 사람들이 지방에 더 많이 갔으면 좋겠습니다. 서울 주변 6개 도시, 경기도의 6개 도시를 소개하는 책을 예전에 만들었는데, 여력이 있다면 부산을 중심으로 하는, 역시 한국의 관문은 서울과 부산이니까, 부산 주변의 6개 도시에 대해 알리는 책을 쓰고 싶어요. 모두가 대도시로만 가려고 하니까요. 좀더 시골로 가보면 한국의 맛이라는 것을 더 잘 느낄 수 있기 때문에, 그런 것들도 알리고 싶습니다.

보도만 듣고 증오만 할 것이 아니라 실제로 가보면, 일본인에게는 없는 따뜻함이 한국인에게는 있습니다. 서로에게 없는 것을 느끼기 때문에 끌리는 것 아니겠습니까? 가교로서 우리가 해야 할 역할은 서로의 좋은 부분을 소개하는 것이라고 생각합니다.

심규선 지방 이야기가 나와서 여쭤 봅니다만, 선생님께서는 한국 지방의 홍보대사를 많이 하셨는데요. 몇 개 지역이나 됩니까?

구로다 잘 모르겠습니다. 명목상의 일이니까요. 해당 지역을 방문하면 기자들이 기다리고 있다가 입맛에 맞게 기사를 쓰고 나면 그뿐입니다. 그래서 저는 아무 의미가 없다고 생각합니다. 하지만 명함 한 장 들고 어디를 가는 것보다 홍보대사라든가 훈장을 받았다는 이야기를 하면 이야기가 잘 통하기 때문에 편리합니다. 일종의 신분증 같은 것이에요.

심규선 훈장 이야기가 나왔는데, 비석 문제로 굉장히 힘들 때 훈장을 받으셨습니다. 제 생각에는 훈장이 구세주 같았을 것이라고 생각되는데요. 한국 정부에서 훈장을 준다고 했을 때 어떤 느낌이었습니까?

구로다 '어떻게 하지?'라는 생각밖에 안 들었어요. 훈장을 받으려면 자료를 제출하라고 하는데, 몇십 년이나 활동을 했으니 너무 방대해서 어떻게 할까 하다가, 형식은 자유라고 하길래 연표 형식으로 만들었어요. 그 연표를 만드는 데 힘들었던 기억밖에 없습니다. 훈장은 물론 기쁘지만, 그것이 국가의 의사일까, 라는 생각이 들었어요. 책에도 썼지만 일본대사관에서도 축사와 꽃을 준비해 주셔서 오랜만에 한일 간에 좋은 화제가 되었습니다. 그렇게 해서 2011년에 이명박 대통령으로부터 훈장을 받았을 때는 '내가 한 일을 평가받은 건가' 하는 느낌이었습니다. 구세주까지는 아니더라도요.

심규선　마지막으로 인터뷰 내용 중에 꼭 들어가야 할 내용이 빠진 부분이 있다면 보충하고 끝내도록 하겠습니다.

구로다　이번에는 듣기 좋은 말만 해서는 쓸모가 없을 것 같아서 매우 솔직하게 말씀드렸습니다. 한국의 문제점은 언론 봉쇄입니다. 자유국가라고 하지만 친일파라는 꼬리표가 붙으면 일자리까지 없어지는 나라에서 누가 솔직한 말을 할 수 있겠습니까. 그러니까 모든 사람이 좀더 자유롭게 의견을 말할 수 있는 사회가 되고, 성숙해져야 한다고 생각합니다.

심규선　네. 인터뷰를 마치겠습니다. 감사합니다.